우리
성씨와
족보
이야기

우리 성씨와 족보 이야기
— 족보를 통해 본 한국인의 정체성

지은이 　박홍갑
펴낸이 　윤양미
펴낸곳 　도서출판 산처럼

등　록 　2002년 1월 10일 제1-2979
주　소 　서울시 종로구 사직로 8길 34 경희궁의 아침 3단지 오피스텔 412호
전　화 　02-725-7414
팩　스 　02-725-7404
E - mail 　sanbooks@hanmail.net
홈페이지 　www.sanbooks.com

제1판 제1쇄 2014년 8월 25일
제1판 제2쇄 2014년 9월 25일

값 25,000원

ISBN 978-89-90062-52-9-03910

우리
성씨와
족보 이야기

박홍갑 지음

족보를 통해 본 한국인의 정체성

昌寧成氏世系

肇祖二十代祖中尹戶長 諱 仁輔
漢弼有先公弼
十九代祖太尉開府儀同三司 諱 松
十八代祖都僉議門下贊成事 諱
十七代祖匡靖大夫門下評理 諱 君百
十六代祖檢校門下侍郞右文館太學
十六代祖匡靖大夫檢校門下侍中 諱
乙臣有先甲臣
諱 戩
十五代祖正議大夫檢校都僉議贊成事
十四代祖匡靖大夫都僉議贊文閣太
賢殿太學士 諱 士弘初諱元度擬
十三代祖奉翊大夫版圖判書寶文閣太
士 諱 萬庸有家大庸同良仲庸
十二代祖中直大夫宜寧縣監 諱 旺
我十二代祖中直大夫宜寧縣監 諱
清河縣監 有先 蹟 有寄路
十代祖司諫院左正言 諱自諒世宗
年巳亥文科榜目以子字書 有先自甫
佐自保有寄自久
十代祖宣務郞長興ㆍ庫副使 諱 祐
敬天有先裕有寄社

차례 | 우리 성씨와 족보 이야기
— 족보를 통해 본 한국인의 정체성

들어가며

전주 인근에 있는 영산靈山 모악산 기슭에는 경순왕의 후예 김태서 공의 무덤이 있어 호사가의 발길이 끊이지 않는다. 이런 현상은 한 시대를 풍미했던 육관도사 손석우가 김일성 시조 묘(김일성의 32대조)라고 언급한 1990년대부터였다. 김태서는 경순왕의 넷째 아들 김은열의 9세손인데, 고려 고종 때 몽골 침입군이 경주까지 초토화하자 전주로 옮겨와 완산군에 봉해짐과 아울러 전주김씨의 시조가 됐다. 한때 재일 조총련계 거물이 김일성을 만난 자리에서 "주석님은 어디 김씨입니까?" 하고 묻자, 김일성이 너털웃음을 터뜨리며 "난 조선김씨외다"라고 받아쳐 위기를 모면한 적이 있었다. 봉건 잔재를 청산하고 가족주의를 척결한다고 표방해온 북한으로서는 공식적으로 본관을 쓰지 않기 때문이다. 그런데도 김일성은 그의 회고록 『세기와 더불어』에서 경주김씨라고 밝힌 적이 있다. 그의 시조가 경순왕의 후예이기에 경주김씨라고 한 것으로 보인다.

한발 더 나아가 김정일은 2000년 김대중 대통령과의 정상회담 자리에서 전주김씨라고 당당하게 밝히기까지 했다. 김대중의 자서전에 따르면, 순조롭던 회담 막판에 불거진 주한미군 철수 문제로 회담이 꼬이자 김정일이 먼저 "본관은 다르지만 종씨라서 잘 통한다" 하며 말을 꺼냈고, 이 기회를 틈타 김 대통령이 본관을 묻자 그는 주저하지 않고 전주김씨라고 밝혔을 뿐 아니라 시조 묘에도 꼭 한번 방문하고 싶다고 했다. 그러하니 전주 인근에 널리 퍼진 소문, 예컨대 간첩이 몰래 성묘를 온다거나, 6·25전쟁 당시 전주 지역에 북한군의 폭격이 없었던 것도 시조 묘 때문이라는 등 도시 전설까지 생겨나게 됐다.

필자는 이런 얘기를 듣고는 무릎을 쳤다. 조상과 족보를 찾는 이들을 반동분자로 몰아 처형해야 할 당사자가 오히려 이를 적절하게 활용하다니, 김일성도 김정일도 어쩔 수 없는 '한국인이구나!' 하는 생각을 하게 된 것이다. 그리하여 천하에 둘도 없는 옹고집 코뮤니스트도 '한국인의 굴레'를 벗어나지 못한다는 엄연한 현실 앞에서, 우리를 휘감은 조상과 족보에 대한 의식이 얼마나 뿌리 깊은지를 다시금 생각하지 않을 수 없게 됐다. 이렇듯 한국인에게서 조상과 양반 의식은 일종의 영원한 노스탤지어임이 분명하다. 그러하니 양반 계급이 타파된 갑오년이 두 바퀴를 돌아 120년이 지난 지금도 종친회별 수보修譜 작업은 계속되어 전자 족보로까지 거듭나고 있지 않은가.

10여 년 전에 충청도·내륙에서 상경한 촌로 한 분이 보따리를 들고 찾아온 적이 있다. 그 보따리는 직접 깨알같이 써내려간 집안 내력을 담은 것으로, 요지는 자신이 묘꼴박씨임이 분명한데 그 집의 족보에 끼워주지 않는다는 것이었다. 그분이 직접 묘꼴박씨라는 표현을 쓰지는 않았지만, 대구 인근에서는 그렇게 불러왔다. 묘꼴이란 세조 때 순절한 박팽년의 후손이 살고 있는 달성 하빈의 순천박씨 집성촌이다. 지형이 묘하게 생겼다 하여 묘곡妙谷이라 불렸고, 한글 표현인 묘골을 이곳 사람들이 세게 발음해 묘꼴이라 부른다.

단종복위운동을 주모하다가 순절한 인물 중에 유일하게 혈손을 남긴 가문이 박팽년의 후손이다. 세조에 의해 모두 참형되어 멸문지화를 당할 때 마침 박팽년의 둘째 며느리 성주이씨는 임신 중이었다. 그리하여 조정에서는 아들을 낳으면 죽이라고 명했는데, 비슷한 시기에 낳은 계집종의 딸과 바꾼 후 그 여종이 박팽년의 손자를 안고 몰래 빠져나가 성주이씨의 고향 인근으로 내려와 숨어살게 됐다. 그곳이 바로 묘꼴이었다.

그 노인이 풀어헤친 보따리에서 나온 노트 속의 깨알 같은 내용도 이와 유사한 것이었다. 단지 숨어들어간 지역이 충청도 어느 산골이었다는 것만 달랐다. 자신이 어려서부터 선조에게 들었던 내용을 수없이 쓰고 지우기를 반복한 끝에 자료를 완성한 후 순천박씨 문중에 요청을 했는데 거절당했다는 것이다. 그 내용이 한 편의 드라마를 보는 것 같아 필자 자신도 빠져들고 말았지만 이것이 계보를 증명하는 자료가 될 수는 없었다. 그러니 문중의 거절도 당연한 것이었다. 노인을 돌려보내는 심정이야 안타까웠어도, 필자로서도 어찌할 방도가 없는 일이었다.

국사편찬위원회에 근무하다 보면 이런 식의 민원을 자주 접하게 된다. 자신의 가문과 문중에 관한 청원 형태가 보통은 몇 가지로 나뉘는데, 관직이나 역사적 사실을 모르는 부분을 해결하기 위한 간단한 사안이 있는가 하면, 턱없이 가문을 높이기 위해 막무가내로 떼를 쓰는 경우도 흔하다. 자기 입맛에 맞는 해석을 해놓고 여기에 동의해달라는 협박식의 청원도 흔하다. 다분히 국사편찬위원회의 권위를 빌려 위선僞

先 사업을 해보겠다는 의도가 깔려 있음은 물론이다. 이와 함께 또 골치 아픈 것은 가문 내에서 일어났던 계파 간의 시비와 갈등 혹은 타 문중과 벌어진 시비를 놓고 옳고 그름을 판정해달라는 민원으로, 이는 더욱 난감한 일이다.

판정이라는 것이 심판의 권위를 인정하는 바탕에서 가능한 것이지 막무가내로 우기려는 사람에게는 애당초 소용없는 일이고, 대개 이런 일은 자기들끼리 다투다가 법정으로까지 가는 경우가 다반사다. 법정으로 간들 조상과 관련된 근거 자료가 빈약해 명쾌하게 고증이 되지 않는다. 남아 있는 단편적 자료라 할지라도 자신에게 유리한 해석으로 일관해 형평을 잃는 경우가 대부분이다. 그러니 서로 다른 주장이 평행선을 달릴 수밖에 없고, 설사 합리적인 판단 결과가 나왔다 할지라도 절대로 수긍하지 않는 것이 조상에 관한 일이다. 옛날 자신의 할아버지들이 남긴 기록이나 유리한 자료만 신봉하기 때문이다.

멀리서 찾아온 노인이 어깨가 축 처진 모습으로 돌아서는 걸 보면서 죄송스러운 마음이 앞섰던 경험은 아직도 생생하다. 그리고 그때부터, '왜 우리는 이리도 조상과 족보에 매달려 살아야 할까?' 하는 의문을 갖기 시작했다. 이는 전통사회를 지탱해온 양반사회의 근본부터 이해하지 않고는 답을 얻기가 어려울 것으로 보이는데, 조선 사회를 관통하는 전반적인 흐름과 연결되는 것이기에 간단한 작업이 아님은 분명하다. 그러하니 기초가 부족한 데다 게으르기까지 한 필자가 감당해낼 수 있는 것은 아니었기에 그 고민도 아스라이 멀어져가고 있었다.

그러던 차에 이 방면의 연구에 한 획을 이룬 송준호 교수와 이수건 교수가 안타깝게도 고인이 되고 말았다. 다행인 것은 큰물이 지고 나면 새로운 강줄기가 생기듯, 한국 씨족이나 족보와 관련된 논문은 꾸준하게 나오고 있었다. 필자 역시 성씨별로 마을을 형성해 정착해 나가던 과정이나 족보 관련 논문을 작성해보았다. 물론 아직 걸음마 단계여서 나무의 잎사귀만 볼 뿐 전체를 조망할 여유를 가지진 못했지만 말이다. 그런데다 조선시대 전체를 아우르고 버무려 명쾌한 입장 정리를 하는 데는 외국인 학자, 예컨대 이미 고인이 된 동양학의 대가 에드워드 와그너 교수를 비롯해 마르티나 도이힐러, 미야지마 히로시宮嶋博史 같은 분이 거시적인 안목으로 방향을 제시해주고 있었다. 이렇듯 족보와 관련한 연구 성과가 차곡차곡 쌓여가고 있었기에 학술지에 갇힌 전문적인 글을 쉽게 디자인해 일반 독자와도 공유해야겠다는 생각이 들기 시작했다.

원래 시조란 혈연 계보로 자연스럽게 출발하는 것이지만, 우리 족보상의 시조는 후손에 의해 추대된 사람들이다. 그것도 반드시 유명 인물이어야만 시조가 될 수 있었다. 따라서 시조는 당시의 본관지에 살았던 수많은 씨족원 중에서 단 한 사람이었고, 후손을 잘 둔 사람만이 누릴 수 있었다. 아울러 우리 사회에서는 시조와는 별도로 후대에 내려와 역사적으로 큰 인물인 현조顯祖가 있어야만 양반 행세가 가능했다.

이것이 중국과 큰 차이를 보이는 출발점인데, 그렇게 추대된 시조 아래 질서정연한 계보를 어떻게 정리할 것인가 하는 문제 또한 자의적 발상에 따라 조작된 측면이 강했다. 우리의 조상 관련 기록과 족보는 '수정장점隨定粧點'이란 말이 딱 들어맞을지 모른다. '정해진 바에 따라 꾸며 보탠다'는 뜻이다. 장점이란 원래 여자가 화장을 한다는 의미인데, 역사적 사실을 미화하거나 왜곡할 때 쓰는 말로 전용됐다. 어느 씨족이나 종족을 막론하고 족보를 간행할 때마다 크고 작은 시비로 얼룩지지 않았던 적이 없었다. 문중의 속사정을 잘 아는 독자라면 마음

속으로 맞장구를 칠 것이다. 이렇듯 시조와 계보를 놓고 벌인 시비와 소송 사례는 수없이 많았다. 필자는 이를 직면할 때마다 최근 담론으로 떠올랐던 '집단기억'이란 말이 머릿속에 맴돌기 시작했다.

아무튼 우리의 '조상과 족보'에 관한 태도는 일정한 역사성의 틀을 넘어 고유의 심성으로까지 깊이 파고들어 있는데, 조선 전기까지 보이지 않던 조상에 대한 무조건적인 관념이 한국인 특유의 정서로 자리 잡게 된 이유가 궁금했다. 한국의 어머니가 한평생 자식(특히 아들)을 품안에 넣고 애정을 쏟아 부으며 자신과 일체화해 살아가는 것과 마찬가지로, 우리는 언제부터인가 조상과 자신을 일체화해 살아왔다. 이미 돌아가신 지 500년도 더 된 조상까지 '○○ 할배'로 호칭하며 마치 옆에 살아 있는 사람을 부르듯 하는 것은 물론이거니와, 자신이 욕을 먹으면 먹었지 조상 욕만큼은 참지 못하는 것이 한국인 특유의 정서로 자리 잡아온 것이다.

우리 전통사회에서 지식인의 소통 수단 중에 가장 컸던 것이 바로 보학譜學 커뮤니케이션이었다. 자신의 족보만이 아니라 남의 집 혈통까지 훤히 꿰고 있어야만 대화에 끼일 수 있었다. 어느 지역 어느 동네엔 어떤 성씨가 집성촌을 이루며, 그들이 사는 동족 마을에 처음 터를 잡아 정착한 입향조入鄉祖는 누구이고, 선조 중에 유명한 인물은 누구인지 아는 정도는 기본 중에 기본이다. 통성명이 이루어지는 자리엔 늘 그들이 가진 보학 지식이 총동원되기에, 밑천이 달리면 사람대접 받기가 힘들었다.

이렇듯 중요하던 보학 커뮤니케이션이 21세기에 남북 정상이 마주앉아 회담하는 자리에서도 여전히 위력을 발휘하고 있었다. 국익에 관련된 민감한 사안을 앞에 두고 종씨를 들먹이더니, 급기야 "난(김대중)

김해김씨이니 원래가 경상도 사람이고, 위원장(김정일)은 전주김씨이니 본디 전라도 사람 아닌가요? 경상도와 전라도가 힘을 합쳐 함께 잘 해봅시다"라는 설득으로 긴장감을 녹이며 회담 분위기를 반전시킨 것이다.

이것은 동족 의식의 차원을 뛰어넘는 한국인만이 가진 특유의 '조상과 족보'에 대한 뿌리 깊은 정서라는 것이 필자의 생각이다. 다원화된 초현대 사회에 살아가는 우리에게도 여전히, 예컨대 혼사나 집안 대소사에 빠지지 않는 것이 조상이요, 족보다. 그리하여 시조 할배를 비롯한 조상의 뿌리 찾기와 위선 사업에 혼신의 힘을 쏟아 붓는 것은 물론이고, 때로는 조상의 실체에 대해 제대로 밝히려는 학자들의 연구 결과에 행패에 가까운 위협을 서슴지 않고 가하기도 한다. 이렇듯 우리에게 조상과 족보는 과거가 아니라 현재진행형이며, 부정적인 요소와 긍정적인 요소가 병존하고 있다. 따라서 이제는 조상과 족보에 대한 실상을 제대로 파악하고, 그 바탕 위에서 조상과 족보에 대한 새로운 전통 가꾸기를 시도해야 할 시점이 아닌가 싶다.

조상을 숭배하는 사상이야 동서고금을 둘러봐도 보편적 사고임에는 틀림없을 것이다. 그리고 우리를 지배하는 유교적 사고와 관념은 중국에서 흘러들어온 것인데, 조상과 자신을 일체화하는 심성과 정서는 우리가 중국보다 훨씬 심하다. "왜 그럴까?"라는 물음을 끝없이 진행하다 지쳐 결국 원고를 포기해버릴까도 했다. 우리의 조상과 족보에 관해서는 단순한 역사만이 아니라, 이와 결부된 사회심리적인 면까지 고려해야만 선명한 답을 얻을 수 있다는 결론에 도달했기 때문이다. 한동안 고민하다 다시 생각을 고쳐먹었다. 지금까지의 중간 결산만으로 독자들과 만나더라도 필자가 해야 할 일차적인 임무는 마칠 수 있을 것 같았다. 일종의 만용인지도 모르겠다.

　모두 4부로 꾸며진 이 책에 언급된 수많은 가문의 이야기가 때에 따라서는 그 후손에게 상처를 안길 수도 있다는 점을 잘 알고 있다. 이 부분에 대해서는 명가의 자존심을 무너뜨리기 위한 의도가 아니라는 점을 이해 부탁드린다. 수많은 학자가 기존 학술지에 발표했던 사례를 많이 소개한 것도 그런 고충을 반영한 결과다. 따라서 이 책에는 그간에 학술지를 통해 발표된 수많은 연구자의 글이 그대로 인용된 부분도 많은데, 일일이 주석으로 명기하지 못한 점에 양해를 구한다.

　그렇기에 이 책은 필자 혼자만의 것이라고 생각하지 않는다. 평생 남의 집 족보만 뒤지며 살다 가신 이름난 보학자를 비롯해 수많은 족보 연구자에게 이 책을 바친다. 아울러 책의 출간을 권하고 책이 나오기까지 여러모로 도움을 준 도서출판 산처럼의 윤양미 대표와 깔끔한 편집과 난삽한 문장 교정에 성심을 다한 유은하 씨에게도 감사의 마음을 전한다.

2014년 6월

박홍갑

제1부

우리 족보 변천사

昌寧成氏世系

肇祖二十代中尹松長 諱 仁輔

十九代祖大副開府儀同三司 諱 松國

十八代祖都僉議門下贊成事 諱

十七代祖匡靖大夫門下評理 諱 君百

十六代祖檢校門下侍郞右文館太學士

漢弼有兄公弼

十五代祖正議大夫檢校門下侍中 諱

乙臣有兄甲臣

諱 嚴

十四代祖匡靖大夫都僉議贊成事集

賢殿太學士 諱 士弘初諱元度

十三代祖奉翊大夫版圖判書寶文閣太學

士 諱 萬庸有弟大庸同良仲庸

十六代祖中直大夫宜掌縣監 諱 珏云

清河縣監有兄 踐有等路

十代祖司諫院左正言 諱自諒 世崇元

年己亥文科榜目以子字書有兄目雅目

佐自保有芽自久

十代祖宣務郞長興庫副使 諱祐字

敬夫有兄裕有榮社

九代祖通德郞永文院校理 諱安重字

제1장

족보의 발달 단계와 그 특징

우리가 족보를 만들기 시작한 것은 15세기부터지만, 실제적인 기점은 17세기 후반이 될 것이다. 그 이전에 간행됐던 족보와는 내용과 형태가 많이 다르기 때문이다. 그리고 우리가 일반적으로 생각하는 족보는 18세기에 들어와야 완연한 형태로 자리를 잡게 된다.

우리 역사상에 나타나는 초기 족보는 대개 다음과 같은 특징을 지닌다. 첫째, 지파별로 힘을 모으는 공동 작업이 아니라, 어느 한 가계家系 구성원의 개인적인 발상과 노력으로 만들어졌다. 둘째, 아들과 딸의 구분 없이 출생순으로, 외손(녀)도 친손(녀)과 마찬가지로 세대를 제한하지 않고 편찬 당시까지의 인원을 모두 수록했다. 셋째, 인물에 대한 자호字號, 생몰년, 과거 급제와 관직, 묘 소재지와 좌향坐向 같은 내용은 싣지 않았다. 넷째, 처의 본관이나 4조(부·조·증조·외조)와 그에 대한 이력 사항 같은 처계妻系는 기록하지 않았다. 다섯째, 향직을 수행하는 이파吏派와 서얼 출신인 서파庶派를 제외한 '양반자손보'의 성격을 지녔다.

이는 현대판 보학의 대가이던 송준호 선생이 제시한 기준이었는데, 초기 족보에는 왜 이런 현상이 나타났을까? 외손 당대만이 아니라, 외손의 외손의 외손으로 한없이 이어지는 외후손을 족보에 차별 없이 등재했다는 것은 무슨 의미일까? 그것은 내·외손을 구분하지 않고 동등한 가족의 지위를 인정했다는 뜻이다. 그리고 양자를 들여 가계를 잇는다는 관념도 없었던 사회였다. 그러하니 초기 족보엔 가계가 단절된 경우가 꽤 많았다. 따라서 우리가 일반적으로 생각하는 조선시대의 사회풍속과는 거리가 먼 것이 17세기 이전에 생산된 초기 족보다.

이렇듯 가승家乘이나 족도族圖 혹은 내외종합보 같은 초기 족보는 남계男系 위주의 친족만을 대상으로 한 것이 아니다. 남계 위주의 친족만을 대상으로 하는 족보는 대개 17세기 후반에 나타난다. 아들 위주로, 더 좁혀서 장남 위주의 사회로 가면서 친족의 조상을 찾아 거슬러 올라가다 보니, 시조 아래 후손을 함께 실어야만 했다. 그러하니 외손을 무제한으로 수록한다는 것이 물리적으로 불가능한 사회로 변한 것이다.

아울러 남계 위주의 친족을 대상으로 한다 할지라도 광범위하게 흩어져 있는 동족을 빠뜨리지 않고 모으는 일은 만만치가 않았다. 이는 개인이 할 수 있는 일이 아니어서 공동 작업이 필요했다. '창시보創始譜'라 할 때는 언제나 인쇄물로 간행된 족보를 말하는데, 이는 공동 발의와 공동 노력에 의해 편찬, 간행됐음을 전제로 한다. 구체적으로 족보에 수록할 명단 및 관련 기사의 작성과 제출, 편찬과 간행에 들어가는 경비 역시 공동으로 부담하는 것이 원칙이었다. 이를 '합동계보'라 한다. 합동계보가 실질적인 족보였다. 개인이 편찬했던 초기 족보는 자기 조상을 자세하게 기록한 반면에, 방계는 계보로 연결한 선만 있다. 그

「연산서씨석보」 1853년(철종 4)경에
사각입체 오석에 새긴 족보로, 4개 판
석 8면에 약 4,500자를 새겼다. 충청
남도 홍성 구항면 지정리 마을 입구의
암벽을 깎아 만든 석고石庫에 보관되어
오다 1996년 후손들에 의해 개봉되어
세상에 알려졌다. 충청남도 홍성 연산
서씨 종중 소장. 충청남도 문화재자료
제354호(25×36×3cm).

런데 합동계보는 범례라는 원칙으로 기술 방법과 내용을 정했기 때문
에 특정인에 대한 배려를 할 수 없는 구조였다.

조선은 가히 '보학譜學의 나라'라 할 만큼 다양한 족보를 간행해왔
다. 여러 씨족의 족보를 종합한 계보서인 『동국씨족보東國氏族譜』, 『백씨
통보白氏通譜』, 『청구씨보靑丘氏譜』, 『조선씨족통보朝鮮氏族統譜』 등도 그중
한 부류이며, 이런 토대가 후일 『만성대동보萬姓大同譜』로 이어졌다. 조
선 사회에서는 일찍부터 이런 종합보가 발달해 잡다한 씨족의 계보를
집대성해왔는데, 이런 종합보가 개별 가문의 씨족보보다 오히려 더 일
찍 발달했다는 것이 우리 가계 기록 역사의 특징 중의 하나였다.

특히 우리 선조들의 조상과 족보에 관한 애착은 그 누구도 따라올
수 없을 정도로 타의 추종을 불허한다. 그기에 족보를 영구히 보존

김임 신도비와 석보石譜 김임(1479~1561)의 아들 김수문이 소세양에게 비문을 받아 1561년(명종 16)에 건립했는데, 뒷면에 고령김씨 가계도와 비를 세운 사정을 기록했다. 당시는 양자제도가 일 반화되지 않았던 때인데도 김임과 그의 아들 김수문 모두 양자로 기록되어 있다. 충청남도 논산시 노성면 호암리 신양촌 소재. 충청남도 문화재자료 363호.

고성이씨감실 대전시 대덕구 비래동 뒷산 바위에 파놓은 고성이씨족보 보관함이다.

광산김씨족보함 충정공 김극성(1474~1540) 이 자손들에게 족보함을 만들도록 당부하여 1589년(선조 22) 충정공의 큰조카 김문서의 묘 상석 아래 장방형 석재로 '광산김씨족보함' 을 만들었다. 충청남도 보령 소재.

능성구씨보갑 화강암재를 사용하여 상·하가 분리될 수 있도록 보갑을 만들었다. 충청북도 보은군 마로면 관기리 고봉정사孤峰精舍 건물 뒤쪽에 있다(80×56×84cm).

하기 위해 돌판에다 족보를 새긴 「연산서씨석보」, 신도비 뒷면에다 조상계보와 족보를 새긴 「고령김씨족보」 등과 같은 희귀한 족보들도 나타났다. 그런가 하면 무덤 앞에 석재로 된 족보함을 만들어 후손들에게 물려주려 했던 광산김씨족보함이나 유사시에 대비하기 위해 족보를 땅에 묻고 덮개돌을 덧씌운 능성구씨보갑譜匣 그리고 마을 인근 바위에 홈을 파서 족보를 감춘 고성이씨감실 등도 오늘에 전해져오고 있어, 우리 선조들이 족보를 경외했던 정신을 엿볼 수 있다.

이런 면들을 지닌 우리 족보의 발전 단계에 대한 이해를 돕기 위해 가승이나 족도와 같은 초기 족보를 먼저 살펴보고, 그다음 단계인 내외종합보 형태로 변화한 모습, 이것이 다시 오늘날 족보 형태인 합동계보로 이행해간 과정 그리고 합동계보가 다시 대동보로 진화하는 과정 등을 사례 중심으로 살펴볼까 한다.

족보란 무엇인가?

우리에게 족보族譜라는 단어만큼 친숙한 어휘도 없을 것 같다. '족보 있는 집안 자식'이라 했을 때는 은연중에 지체가 높고 뼈대 있는 가문의 혈통을 지닌 우수한 자손임을 나타낸다. 이런 식의 언어 습관은 개나 물건에게도 동일하게 적용되어 '족보 있는 개' 혹은 '족보 있는 물건'이라고 할 경우 혈통이나 생산 이력이 분명해 유사한 종류와의 비교 우위에 있다는 뜻을 함축한다.

그런데 국어사전에서 족보를 찾아보면 "한 집안의 계통과 혈통의 관계를 적어놓은 책"이라고 간단하게 규정하고 있다. 그렇다면 족보라는 단어의 사전적 의미는 결국 사람에게만 적용되는 것으로 봐야 하는데, 족보 구성에서 횡적 요소가 되는 한 집안의 규모는 어느 정도여야만 할까? 나와 같은 성씨를 쓰는 모든 사람을 한 족보에 채워 넣는다는 것은 너무나 방대한 것 같고, 한편으로는 족보 구성에 종적인 요소가 되는 계통과 혈통의 관계를 적은 책이라고 했는데, 그렇다면 도대체 어떤 방식과 형태로

화투판 족보

계통과 혈통 관계를 적어 넣어야만 제대로 된 족보로 대접받는 것일까? 궁금해서 찾아본 족보의 사전적 의미로 인해 족보의 정의는 더욱 아리송해져버렸다.

오늘날에 와서 보다 다양하게 쓰이는 족보의 사례를 찾다 보니, 우선 화투판 족보부터 살펴봐야 할 것 같다. 화투장 두 장씩 돌려 숫자 조합으로 따지는 이른바 섯다판 족보는 잘 알려진 대로 10월을 뜻하는 단풍 두 장을 잡은 장땡 아래 9월을 뜻하는 국화꽃 두 장인 9땡, 둥근 달이 뜬 모습을 그린 8월의 공산명월 두 장을 잡은 8땡 그리고 7땡, 6땡 등으로 순위가 매겨지니 여기에서는 화투장마다 의미하는 숫자만 안다면 헷갈릴 만한 게 없다. 다만 땡 아래의 뻥에 해당하는 다양한 순서는 복잡하기도 하거니와 동네마다 조금씩 달리 적용하기도 하여, 섯다판이 벌어지면 족보를 적어 놓고 시작하기도 한다. 1과 2의 조합인 알리, 1과 4의 조합인 사뼁, 1과 9의 조합인 9뼁, 1과 10의 조합인 장뼁, 4와 10의 조합인 장사, 4와 6의 조합인 사륙(세륙) 등이 기본적인 족보다.

어린 시절 별다른 오락 거리가 없었던 필자 정도의 나이라면 이 정도 섯다판 족보야 기본 상식이지만, 화투를 별로 손에 잡아보지 못한 젊은이들에게는 생소할 수밖에 없다. 한때 놀음판 세계를 배경으로 한 영화 「타짜」(최동훈 감독)에서 손기술을 벌이던 주인공의 모습을 상상하면 재미를 더할 것 같은데, 실상은 그렇지가 않았다. 화투판 족보를 전혀 모르는 상황에서 영화를 본 이들이 많았기 때문이다. 영화를 보고 온 자식에게 물어보니, 아들도 역시 족보를 전혀 모르고 관람한지라 대강 돌아가는 분위기로 눈치껏 이해했다는 것이었다. 그날로 당장 화투를 갖다놓고 섯다판 족보를 그려가며 아들에게 늦은 교육을 시켰다.

오늘날에 와서 족보라는 용어가 가장 많이 사용되는 사례 중 하나는 학교 시험에 활용되는 '기출문제 정리'라는 것이다. 인터넷으로 검색하다가 족보닷컴 같은 사이트가 유명하다는 것을 알았는데, 기출문제를 지역별·학교별·학년별로 다양하게 제공하고 있어 이런 족보가 정보화 사회에서 새로운 돈벌이 수단으로 활용되고 있는 것에 놀라고 말았다. 그런데 이런 종류의 족보는 학교 집단뿐 아니라 취업시험이나 각종 자격고사에도 통용되고 있으니, 우리 모두 새로운 족보 사회에 매달려 사는 신세가 되고 말았다.

21세기에 들어와 신종 족보 사회가 등장한 것에 대해서는 사회학이나 인류학에서도 반드시 주목해야 할 현상 중의 하나임이 분명하고, 앞으로는 이를 주제로 한 좋은 논문도 많이 나오리라 기대된다. 아울러 향후 국어사전에도 족보의 의미 풀이가 새로운 내용으로 추가되어야 할 것이다. 이렇듯 다양한 의미로 사용되는 족보이고 보면, 지금 우리가 살아가는 새로운 시대가 가히 족보 세상이라고 아니할 수가 없겠다. 마치 전통사회에서 양반, 상놈 할 것 없이 모두가 족보에 매달려

가첩 한 집안의 세계世系를 알기 쉽게 정리한 휴대용 족보가 가첩이며, 이 가첩에는 주인공의 친가인 창원황씨 세계와 외가인 영일정씨 세계가 기록되어 있다. 국립민속박물관 소장.

목숨을 걸고 살았던 것처럼 말이다.

족보의 정의에 대해서는 족보를 연구하는 학자들 역시 견해가 다양하다. 이는 우리 역사에 등장한 초기 족보가 그 시대의 상황을 반영하긴 하지만, 후기의 정형화된 족보와 비교할 때 상이한 점이 많기 때문인데, 이를 바라보는 시각 자체가 연구자마다 조금씩 다르기 때문이기도 하다. 즉 족보라는 단어를 놓고 볼 때 광의의 족보와 협의의 족보를 따로 생각해야 하는 사례가 넘쳐나고 있어서 나타날 수밖에 없는 자연스러운 현상이다.

족보란 "동족(여기서 동족이란 같은 조상에서 갈라져 나왔다는 동조同祖 의식을 가진 남계 족친을 지칭한다)이 그들의 시조로부터 족보 편찬 당시의 자손까지 계보를 중심으로 한 기록"이라고 정의 내린 최재석 교수, "어느 한 개인 혹은 그의 가족을 중심으로 하는 계보가 아니라, 그 개인이 속한 씨족 집단 전체 또는 그 씨족 내 파의 합동계보"라고 정의해 특정한 개인의 조상만을 밝힌 계보 종류에 해당하는 가첩家牒이나 가승, 내외보內外譜, 팔고조도八高祖圖 등과 대비한 송준호 교수, "선대로부터 자신의 아버지에 이르기까지 일직선상의 조상과 그 각 조상의 배우자를 세대별로 기록하고 그들의 전기 사항을 밝힌 가승의 확대된 형태로서, 가승에 나타난 역대 조상의 모든 자손을 찾아 계보상에 수록한 것"이라고 정의한 김용선 교수 등과 같이 다양한 면을 보인다.

이런 사실로 미루어보면, 개인 단위로 조상을 밝힌 가승류는 족보 축에 끼이지 못하는 것으로 해석되거니와, 여러 가승이 합쳐진 계보 정도가 되어야만 족보로 인정받을 수 있다는 결론이 된다. 즉 한 인물의 시조로부터 편찬 당시까지의 자손을 모두 일정한 양식에 따라 계보에 올려야만 족보가 될 것이니, 여기서 시조란 성씨와 본관을 같이 쓰는 계파 전체의 조상이어야 한다는 전제 조건이 붙는다.

따라서 우리가 흔히 대하는 일반적인 족보 체제는 ① 간행 의의와 종족의 근원 및 내력을 기록한 서문, ② 시조와 중시조中始祖를 비롯한 현조의 전기나 분묘도 등의 도판, ③ 범례, ④ 본문에 해당하는 계보표, ⑤ 발문 등의 순서로 질서정연하게 작성된다. 이 중에서 범례는 독자의 편의를 위해 제공하는 것이기도 하지만, 동시에 편찬 과정에서 일어나는 문제점을 해결하기 위한 지침이기도 했다. 해결되지 않는 사항은 그 사유를 밝히는 등 객관성과 신빙성을 확보하기 위해 노력하기도 했다. 범례는 통상적으로 다음과 같은 것을 규정했다.

- 우리 시조에는 성을 쓰고 다음 자손에는 성을 안 쓰니 일본一本의 뜻이요. 외손은 사위의 아들이라도 모두 성을 써서 내외의 분별로 본종과 혼동하지 않는다.
- 다음 쪽 위층의 다시 시작하는 곳에 본종이면 자子 자字를 안 쓰고, 사위면 여女 자를 안 쓰고 사위 성명만 쓴다.
- 중시조 이하로 어느 공에 이르고 어느 공으로부터 자손에 이르는데

차례대로 나누는 파보로서 각기 모관某官 모공파某公派라고 쓰며 자손의 많고 적은 데 따라 일一 이二 삼三 편 혹은 사四 오五 편으로 한다.

- 양자는 본집 부친 아래 모후某后로 출계出系했다고 쓰고, 출계한 부친 아래에는 계자系子라고 쓰지 않고 다만 자子 자를 쓰며 자호字號 아래에 반드시 생부모生父某라고 써서 혼란의 혐의를 피하고, 계후系后의 종통을 귀중하게 하니 선유의 말씀을 따른 것이다.

- 곁 주註에 자호와 어느 임금 몇 년 연졸年卒이며 향수享壽 몇 살과 어느 임금 때 몇 년 어느 과科 벼슬, 시호 묘소의 좌향이며, 합장, 각장, 쌍련봉雙連封, 표석, 지석, 묘갈墓碣(묘비)의 유무를 갖추어 쓴다.

- 전후 배실간配室間에 자녀가 있으면 기자기녀幾子幾女라고 써서 누구의 소생을 밝히니 역시 내력의 구분을 밝히는 것이다.

- 아들이 없고 딸만 있으면 그 아래의 한 줄을 비우고 딸을 쓰니 종통의 자리를 메울 수 없는 까닭이다.

- 사위는 성명, 본관, 벼슬, 계급, 부명父名을 쓰고, 혹 명조가 있으면 모某의 몇 대손이라 쓰고 자손은 3대를 모두 기록하는데, 다른 파의 예대로 못된 것은 수단收單이 미비한 것이다.

- 적자, 서자의 구별은 벼슬하는 데서 발단된 것이다. 적자는 귀중하고 서자는 천하다는 것은 원래 미풍양속이 아니요, 현금現今 시대는 전날과 다르므로 서자는 모두 삭제해 친목을 확대했다.

—『삼척김씨임술보三陟金氏壬戌譜』「범례」에서 부분 발췌

④의 계보표는 족보의 본문에 해당한다. 따라서 족보 전질의 대부분을 차지하며, 수록 내용과 체제는 대략 다음과 같다. 시조부터 시작해 세대순으로 종계縱系를 이루고, 그 지면이 끝나면 다음 면으로 넘어

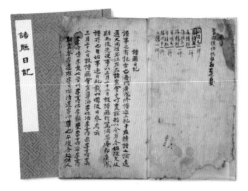

『보청일기譜廳日記』 족보 간행 시 보청譜廳 또는 보소譜所를 설치하여 업무를 원활하게 처리하는 것이 관례였다. 이『보청일기』는 1910년 재령이씨 영해파에서 경술보소庚戌譜所를 설치하여 매일 진행했던 업무를 기록한 것이다. 재령이씨 영해파 종가 소장.

간다. 이때 매 면에 표시(예컨대 천자문의 글자를 차례로 기입)를 하여 대조에 편리하게 한다. 각각의 인물에 대해서는 이름, 자호, 시호諡號, 생졸生卒(생몰) 연월일, 관직과 봉호封號, 과방科榜(과거 급제), 훈업勳業, 덕행, 충효, 정표旌表, 문장, 저술 등 신분과 경력 관계를 기입한다. 특히 이름은 반드시 관명冠名을 기입하는데, 그 세계世系와 배항排行(연령과 항렬에 따라 줄을 세움)에는 종횡으로 일정한 원칙에 의거한다. 자녀에 대해서는 후계 유무, 출계出系 또는 입양 및 적서 구별, 남녀 구분(여자는 이름 대신 사위의 성명과 본관 등을 기입) 등을 명백히 한다. 또 왕후나 부마가 되면 특별히 이를 명기한다. 아울러 분묘의 표시, 그 소재지, 묘지와 비문 등을 표시한다.

여러 갈래의 후손을 모두 포함하는 계보도는 개인적인 노력으로는 작성이 불가능하며, 반드시 여러 갈래의 후손이 함께 수보 작업에 참여해야만 한다. 또한 수보 작업에 들어가는 경비 역시 만만찮아서 각 지파의 후손이 십시일반으로 공동 부담하는 것이 원칙이다. 아울러 이런 수보 작업 뒤에는 족보들을 많은 후손들이 나눠 가져야 하기 때문에 반드시 인쇄물로 간행되어야 한다는 전제가 따른다. 초기 족보는 개인

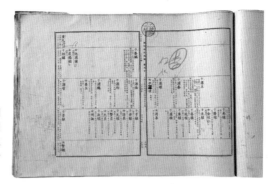

족보 교정지 부본 『양주조씨 족보』 편찬 과정에서 생산된 초교지(1970년대)로, 수정 표시가 되어 있다. 한국족보박물관 소장.

적인 노력으로 제작된 필사본이 많았는데, 이와 구분하려는 의도이기도 했다.

초기에 만들어진 대다수의 구족보 서문에 보면 '침재鋟梓'라는 글자가 많이 나온다. 이는 나무판에 글자를 새겼다는 뜻인데, 그들의 족보가 목판 간행본이었다는 사실을 부각하려는 것이었다. 인쇄 시설이 부족한 시기에 그 어려웠던 여건을 잘 극복했다는 점을 은연중에 과시하기 위함이었다. 목판 한장 한장에 글자를 새기는 작업은 여간 힘든 과정이 아니었기 때문이다.

이렇듯 문중 구성원의 공동 발의와 공동의 노력, 공동의 경비 분담, 인쇄 간행본이라는 세 가지 조건을 갖춘 합동계보일 때만이 명실상부한 족보로 인정할 수 있다는 것이 학계의 시각이다. 여기서 공동의 노력이란 족보에 수록될 명단이나 그와 관련된 기사 작성 등을 말한다. 따라서 이는 조선 후기부터 시작되어 오늘날에 이르기까지 각 종족 단위로 생산해낸 족보의 전형적인 모습을 파악한 것인데, 좁은 의미로 한정해 본 족보를 구체화한 것이라 할 것이다.

한 개인이나 가족을 중심으로 한 계보가 아니라 씨족 집단 전체 또는 씨족 내 한 파의 합동계보여야만 족보라고 정의를 내린 송준호 교수는 전통사회에서의 가계 기록 유형을 크게 두 가지로 나누었다. 개인을 기점으로 위로 부·모, 부의 부·모, 모의 부·모 등과 같은 방법으로 피를 물려받은 조상을 찾아 올라갈 때 역삼각형 모양이 나오는 '개인 중심의 가계 기록'과 특정 씨족의 공통 조상을 꼭대기에 두고 작성 당시의 씨족원을 저점으로 하여 찾아내려오는 피라미드형 '시조 중심의 가계 기록'이 그것이다.

우리가 통상적으로 족보라 칭하는 것은 물론 후자를 두고 말하는 것이다. 전자는 팔고조도가 대표적이며, 여기에는 '우리'와 '남'을 구분할 때 모계와 부계 혈연집단이 혼재되어 있다. 반면에 후자는 부계 혈연집단만을 '우리'의 범주에 넣는다는 특색을 가진다. 중국의 종법제도가 정착되기 이전에 살았던 우리 조상의 가족 개념으로 본다면 친손이나 외손이 동등한 지위와 권리를 가지고 있었다. 하지만 조선 후기에 들어와 종법제도가 정착해가면서 친손과 장자 중심의 사회로 변해갔다. 이에 따라 부계 혈연집단이 확대되면서 가문의 틀을 벗어나 문중이라는 기구로 변해갔고, 족보 역시 이런 시대적 상황을 반영하게 됐다.

이제 족보에 대한 소박한 결론이라도 내려야 할 것 같다. 우리 역사에서 쓰인 족보의 의미는 '한 성씨의 시조를 기점으로 하여, 그로부터 출생한 자손을 일정한 형식과 범위로 망라한 집단적 가계 기록'이라고 파악하면 큰 무리가 없을 것 같다. 그렇다면 집단적 가계 기록이라는 성격이 상대적으로 약한, 다시 말해 특정인이나 가족의 직계에 국한된 개인적인 기록을 통상 '가첩'으로 불러왔는데, 이는 본격적인 족보의 단계에 못 미치는 가계 기록으로 분류해야 할 것이다.

따라서 족보를 '한 시조로부터 일정한 원칙과 형식에 따라 정해진 후손을 가능한 한 망라하는 것을 지향하면서 소규모 가족 단위의 계보와 혈통 자료를 집적해 만든 종합 계보'라고 정의한다면, 우리 역사에서 족보가 등장한 시기는 15세기라고 할 수 있겠다. 그렇다 할지라도 나중에 다시 검토하겠지만, 이 시기의 족보에 등재된 인물을 꼽아보면 외손이 친손에 비해 90퍼센트 이상을 차지하는 등 우리가 일반적으로 생각하는 족보와는 너무나 동떨어진 모습이 기다리고 있다는 것을 알아야 한다.

그 후 세월의 흐름에 따라 외손이 도태되고 친손 위주의 족보가 됐는데, 친손 위주의 족보라 할지라도 초기에는 일개 지파를 대상으로 한 '파보派譜'가 대세를 이루었고, 시기가 지나면서 경쟁적으로 시조의 상한선을 끌어올리면서 파보와 파보를 합치거나 아예 수록 범위를 성관姓貫 전체로 포괄하는 '대동보大同譜'까지 나오게 됐다. 이 밖에 여러 성씨를 망라한 족보의 백과사전인 '만성보萬姓譜' 부류와 『선원록璿源錄』, 『종친록宗親錄』 등 국왕의 혈통과 일정 범위의 종친과 외척을 정리한 왕실 족보가 있는가 하면, 내시도 가계를 잇는다는 관념으로 족보를 만들어 『양세계보養世系譜』 같은 것도 세상에 빛을 보게 됐다.

사실 대다수 가문의 '창시보'는 17세기 후반부터 간행된 경우가 많은데, 창시보 간행 이후 30년에서 50년 단위로 새로 태어난 종원을 담은 '재수보再修譜'가 만들어진다. 조선시대 500년간 4,000개가 넘는 성관이 있었지만, 17세기 전반 이전에 창시보를 내놓은 가문은 30개 정도에 불과하다. 당시에 책으로 묶어 인쇄한다는 것은 어마어마한 경비와 물력이 동원되어야 가능하기 때문이기도 했지만, 횡으로 넓혀가며 모든 자손 명단을 확보하는 일 또한 쉬운 일이 아니었기 때문이다. 같은 성과 본관을 지녔다 할지라도 각기 파별로 시조를 추심해 올라가

『반계선생행장』 조선 후기의 실학자 반계 유형원(1622~1673)이 세상을 떠난 지 2년 뒤에 그의
조카가 작성한 행장이다. 유형원의 가계와 행적 등을 기록했다.

다가 연결하지 못한 경우도 가끔 있는데, 족보 편간 과정에서 별보別譜
로 처리한 것이 바로 이에 해당한다.

우리 가계 기록의 연원과 현황

우리 역사를 보면 정식 족보가 간행되기 이전에도 각종 가첩과 가
승, 내외보, 팔고조도 등과 같은 다양한 형태의 가계 기록이 있었다. 여
기서 정식 족보란 정형화된 형태로 간행된 창시보와 그 이후의 재수보
를 총칭하는 것이다. 이는 여러 계파의 혈족을 동일 체제와 동일 수준
으로 수록한 일종의 합동계보로서의 의미를 포함하지만, 계파별로 인
적·물적 자원을 공동으로 부담해야 한다는 전제가 있었다.

원시공동체 사회가 무너지고 계급이 분화되면서 지배 계층은 당연히
선민의식과 차별 의식으로 피지배 계층을 구속하려 했고, 이에 점차 높
아진 가계 의식으로 살아가면서 이를 기록으로도 남겼다. 이러한 가계
기록은 고대부터 전기傳記, 행장行狀, 행록行錄 등의 형태로 나타나는데,

허재 묘지명(왼쪽) 고려 인종 때 여진 정벌에 공이 많았던 허재(1062~1144)의 묘지명. 그의 가계
와 가족 상황, 행적 등이 기록되어 있다.
권성기 묘지명(오른쪽) 안동권씨 권성기(1775~1829)의 묘지명. 고려 태사 권행의 후손임을 나타
내는 선조의 가계부터 그의 가족 상황이나 행적이 잘 기록되어 있다.

『삼국사기』나 『삼국유사』 및 각종 금석문 자료에 나타나는 기록을 보
면, 신생 가계일수록 그 뿌리 깊음을 과시하기 위해 조상을 중국으로
연결하는 사례가 많았다. 아울러 그 기록 방식도 추심 가능한 조상에
서부터 아래로 직계만을 기록하는 방식이 주류였지만, 후손을 기점으
로 조상을 거슬러 올라가는 방법 또한 이용되기도 했다. 이는 후대에
각 문중에서 흔하게 작성된 팔고조도와 같은 형식이었다.

　고려시대에 들어와 가계 기록은 더 큰 진전을 보여주었다. 흔히 고
려 초기 묘지명에서 확인되는 가첩 · 보 · 가보家譜 · 세보世譜 · 씨보氏譜
등의 용어가 바로 그러한 사례이며, 이는 골품제 붕괴에 따른 새로운
귀족층의 가문 의식, 왕실에서 족보를 편찬한 것에 따른 파급 영향, 관
직 출사와 그에 따른 문음 혜택이나 자손의 재산 상속 등과 같은 필요
에 의해 작성됐던 것이다. 또한 중국의 오복제五服制가 985년(고려 성종
4)에 반포됐는데, 이는 친족의 범위를 규정한 것이어서 혈족 관념과 가
계 의식을 더욱 고조시키는 분위기 조성에 기여했을 것으로 추정된다.

고려 전기의 가계 기록은 4조(부, 조, 증조, 외조)를 기준으로 처와 장인, 자녀와 사위의 이름을 기재하는 방식이 주류였지만, 후기로 갈수록 고조 이상의 먼 조상이나 증손·외손 등의 후손 기록이 다양해지고, 또한 모계·처계나 며느리와 사위 같은 인척에 대한 기록도 풍부해졌다. 그러면서도 부계가 모계보다 강조되는 분위기는 이어지고 있었다. 그리하여 『이씨보』, 『완산지최씨보』 등과 같은 씨족보 형태도 나타났고, 이색이 『정씨가전』을 지으면서 인용한 『서원정씨보西原鄭氏譜』에서는 내외 가계의 다양한 구성원을 나열하기까지 이르렀다. 이런 사례는 종과 횡으로 연결된 다양한 가계 기록을 참조했음을 반증하는 것이기도 하다.

하지만 이는 후대의 족보와 같은 형식이 아니라, 가승 또는 소규모 자손보 정도의 가계 기록이었음이 분명하다. 또한 여기에는 부계와 모계를 동일시하고 아들과 딸을 구분하지 않던 양측적 친족사회 세태가 그대로 반영되어, 사위와 외손(녀)은 물론이고, 외손(녀)의 외손(녀)까지도 친손 수록 대수의 범위 안에서는 모두 등재했다는 특징을 지닌다.

이는 당시 혼속婚俗이 남자가 여자 집으로 장가를 가는 남귀여가혼男歸女家婚(솔서혼率壻婚)인 데다, 아들과 딸을 차등하지 않는 균분 상속, 딸까지도 자식의 의무를 동등하게 지우는 윤회봉사輪回奉祀 등이 서로 인과관계를 가지면서 나타난 결과였다. 그리하여 부·모 양변의 혈통과 재산 유래를 소급 추적하기 위해 거슬러 올라가는 가계 기록이 나타났고, 출사와 승음承蔭 및 상속의 필요에 의해 특정 인물 아래로 내려가는 내·외 8촌 규모의 가계 기록도 요구됐다. 따라서 아들과 딸을 구분하는 후기의 족보와는 상이한 형태로 나타날 수밖에 없었다.

특히 고려 후기로 갈수록 가첩·보·가보·세보·씨보 등 다양한 가승류가 만들어졌고, 나아가 족보라는 용어가 등장하기까지 했다. 그러나 족보라는 용어가 사용됐다고 해도 우리가 생각하는 후대 관념의 족보는 아니었다. 15세기 조선시대에 들어와 간행된 초기 족보를 보면, 그 구성 형태가 가승과 족보 양식이 혼재된 실로 다양한 모습이었다.

조선 문장의 4대가로 꼽히는 장유(1587~1638)가 그의 선조 세보를 만들면서 "세보에 방친傍親을 포함하지 않은 것은 혹 번거롭게 되어 혼란스러운 지경에 이르지 않을까 하는 두려움 때문이었고, 그런 까닭에 족보라 하지 않고 세보라 칭했다"라고 한 것처럼, 17세기 초반까지도 족보다운 족보를 만들지 못한 가문이 많았다. 반면에 가문에 따라서는 『안동권씨성화보安東權氏成化譜』(15세기 후반)와 같이 선대의 계보와 유래는 물론, 횡으로 많은 지파 자손까지 수록한 족보가 등장하기도 했다. 그러나 『안동권씨성화보』는 내·외손을 막론한 혈손을 모두 수록했기에 권씨보다 타성他姓이 95퍼센트 이상을 차지하는 만성보의 성격을 가졌다.

우리나라의 족보 발전 과정을 몇 시기로 구분할 수 있는데, 대체로 15세기 중엽부터 17세기 중엽까지를 초기 단계로 상정할 수 있다. 따라서 이 시기에 출현한 족보는 우리가 흔히 아는 족보 체제나 성격과 상이한 것이 많다. 족보가 만들어지기 위해서는 계파별로 정리된 기록이 있어야 하고, 그러한 가계 기록으로 대표적인 것이 가승이었다. 이는 흔히 가첩家牒, 가첩家帖, 가계, 세계 등의 명칭으로도 불렸는데, 방계를 제외한 직계 조상과 그 배우자를 세대별로 구분해 간단한 전기 사항을 채워 넣은 것이며, 접어서 휴대하기 간편하도록 만들기도 했다.

가승 중에는 작성자의 고조로부터 갈라진 자손을 내·외손 구분 없이 수록한 것도 많다. 이는 전통사회에서 흔히 '동고조 8촌'이라 하듯이, 복제 의무를 갖는 범위 내의 가족제도 아래서 나온 산물임을 알 수 있다. 따라서 이런 개별적인 가계 기록을 모아 종합한다면 족보가 되는 것이니, 족보란 일종의 합동 가승보라고도 할 수 있다.

조선 초기의 보첩류는 1405년(태종 5)의 수원백씨 족보를 비롯해 안동권씨 족보가 나오기까지만도 광주안씨, 문화류씨, 원주변씨, 남양홍씨, 제주고씨, 진양하씨, 남양홍씨 당홍파, 성주이씨, 충주박씨, 전의이씨, 강릉김씨, 고성이씨 등의 족보가 있으며, 그 후에도 꾸준하게 작성되어 15세기에는 20여 개가 등장한다.

그러나 서문만 남은 것이 많으며, 혹 현존한다 할지라도 그 실상을 보면 명실상부한 족보는 아니었다. 더욱이 서문에 '침재'라는 표현으로 그들의 족보가 인쇄본이자 간행본이었다는 사실을 부각하는 경우도 있으나, 여러 가지 상황으로 볼 때 그 가능성은 희박하다. 이들은 대개 족도·파계도派系圖·세계도·가첩류거나 간행되지 않은 초본에 지나지 않으며, 더욱이 후대에 소급 추기追記된 서문일 가능성이 많다.

설령 현존한다 할지라도 직계 내외의 조상 세계, 부·모·처의 3족과 본인을 중심으로 한 승음의 한도 내에서 내외 조상을 정리한 것이지, 횡적 연계인 방조와 방계는 제외되어 있었다. 즉 본인을 기준으로 종적인 조상 세계를 계보화한 것이 세계도이며, 횡적인 자녀와 내·외손의 파계를 정리한 것이 족도인데, 이들은 당시 상속 범위와도 대개 일치한다는 점에 유념해야 할 것 같다. 즉 세계도와 족도는 후대의 족보 편찬 관념과 같은 입장에서 만들어진 것이 아니라는 점이다.

고려 중기 또는 후기에 군현과 향리에서 성장한 가문이 그 시조를 고려 초의 개국 또는 삼한공신에서 찾아 조상 세계를 연결하려는 데서 중간에 공백이 생기거나 대수代數가 맞지 않는 경우가 많고, 아울러 이런 가문들의 족보에 기재된 관직을 당시 묘지나 『고려사』와 비교해보면 크게 과장되어 있음을 발견하게 된다. 이는 그 가문을 세상에 드러내게 한 기가조起家祖 이래의 가계 기록 정리와 족보 편찬 과정에서 고려 초기의 공신을 시조로 내세워 300~400년간의 공백을 적당히 보충하고 연접했던 데서 대수와 직역職役이 맞지 않게 된 것인데, 이런 사례는 전의이씨, 청주한씨, 울산박씨, 벽진이씨, 안동김씨, 안동권씨, 문화류씨 족보 등에서도 확인된다.[1]

고려 광종~성종조 이래 성관제도 정비와 함께 적극적인 중국 모방 정책으로 읍명의 별호를 제정함과 아울러 봉작읍호封爵邑號(작위 앞에 출신지의 지명을 따서 호칭으로 삼던 일)하거나, 중국 당나라 때의 '성망姓望'(유력 성씨)과 『당서』「지리지」의 주군(현) 명호를 우리 성과 본관에 맞추어 즐겨 쓰는 한때의 풍조가 있었다. 중국에서도 문벌이 숭상되자 이씨는 농서隴西, 최씨는 청하淸河, 유씨劉氏는 팽성彭城, 왕씨는 태원太原, 정씨는 영양滎陽, 오씨는 복양濮陽, 윤씨·강씨는 천수天水, 채씨는 제양濟陽, 류씨柳氏는 하동河東, 노씨는 범양范陽으로 모칭했듯이, 고려시대의 문사들 역시 묘지 찬술과 『고려사』 소재 인물들의 봉작읍호나 본관 표기에서 당대의 관행을 즐겨 모방했다.

성주이씨의 중시조는 고려 중기의 이장경이다. 그의 아들인 백년·천년·만년·억년·조년 5형제가 공민왕 집권을 전후해 나란히 중앙 관직에 진출해 성주이씨 가문은 일약 명문으로 도약했다. 이장경은 후에 농서공으로 불렸는데 이는 중국의 농서이씨에서 따온 것이다. 연안이씨나 고성이씨 등 다른 이씨도 하나같이 농서이씨로 부르길 주저하지 않았다. 중국의 농서와 연결한 것이었음은 물론이다. 특히 신라 말 고려 초의 문사들이 찬한 고승들의 탑 비문에서 주인공의 부계 성씨가 최·이·장씨인 경우 이를 모두 중국에서 동래한 것처럼 적은 것이 많다.

그리하여 대중국 외교상 기자동래설이 정착하는 고려 중기 이후의 분위기에 편승해 고려의 대표적 벌족이던 인주이씨와 남양홍씨까지도 시조 유래를 중국에서 구했고, 결국『고려사』와 중국의『원사元史』에까지 기록으로 남길 수 있었다. 그러나 이런 성관이『세종실록지리지世宗實錄地理志』에 군현 토성으로 나타나는 한 시조동래설은 후대에 와서 윤색된 것으로 봐야 하며, 이런 풍조는 조선에 들어와서도 후기로 갈수록 만연되어갔다는 것이 학계의 견해다.

따라서 우리 족보는 단순한 생물학적 계보를 추적한 것이 아니라, 당대의 사회현상을 반영한 결과물이었다. 시조로부터 갈라진 모든 후손을 족보에 수록한 것이 아니라, 특정 가계의 내외 혈손만을 대상으로 하되 양반만을 수록하는 '양반보' 형식을 취했다. 그러다가 장자 중심의 종법제도가 정착하면서 외손을 탈락하고 친손 위주의 족보를 만들었고, 여기에 향리나 서얼까지 그들의 족보에 등재하기 시작했다. 향리나 서얼도 원래는 양반 사족士族과 같은 뿌리이기 때문이다.

일정 지역 안에서 함께 생활하는 종족 내부에서도 사족과 이족吏族이 공존할 수밖에 없었고, 함께 생활하는 첩의 자식도 꾸준히 태어나기 마련이어서 갈등의 소지는 항상 안고 있었다. 16세기 이전의 초기 족보에는 사족의 이름만 올렸으나, 점차 종족을 확대해 문중이 성립하는 과정에서 이들을 더 이상 외면할 수 없게 됐다. 그렇다고 양반 사족과 동등한 자격으로 실어줄 리는 없었다. 이파吏派와 서파庶派에 대해 자신들과 구별하는 다양한 방법을 고안해낸 것이다. 이에 불만을 품은 향리·서얼 후손은 족보에 실리는 것 자체를 거부하기도 했으나, 종국에는 차별하지 않는 족보가 대세를 이루기 시작했다.

족보와 상관없이 살았던 하위 계층은 독자적으로 가족사를 정리한 가계 기록을 만들거나 족보를 제작한 것이 아니라, 이미 만들어진 족보에 끼어드는 방법을 택했다. 이때는 가급적 명망 있는 성관에 편입하여 그 위세를 공유하려는 노력을 게을리하지 않았다. 17세기 중엽까지도 성과 본관을 가지지 못한 자들이 절반이나 됐는데, 한 세기가 흐른 후에는 10퍼센트 미만으로 줄어들었다. 그럼에도 성씨와 본관의 수가 급증하지 않았으며, 이전의 수치와 비교해도 큰 변화는 없었다. 이런 현상이 나타났다는 것은 기존의 유명한 성과 본관에 편입된 수가 그만큼 많았음을 증명하는 것이다.

이상에서 살펴보았듯이, 대체로 17세기 이전에 살던 조선 사람들의 생활양식은 우리가 일반적으로 이해하는 것과는 상당히 다른 것이 사실이다. 가족 구성 자체만 봐도 친손과 외손을 구분하지 않았으니 직계의 먼 조상까지 찾아 제사를 지내는 사회 분위기가 아니었고, 그러다 보니 고조의 범위를 벗어나는 조상에 대한 가계 기록이 잘 갖춰지기를 기대할 수는 없었다. 이식(1584~1647)의 『택당집澤堂集』에 수록된 그의 편지글에 따르면, 당대 최고의 보학자로 이름난 정곤수조차 잔디를 입히고 제사를 올리곤 했던 선조 묘소가 남의 조상이었음을 알아채고 크게 부끄러워했다고 한다. 이는 이 시기부터 고조 이상의 조상을 찾는 사회적 분위기에 겨우 접어들었음을 의미하는 단적인 사례라고 할 수 있다. 서천군西川君 정곤수야말로 성씨와 보첩에 뛰어나 어떤 사람이 와서 자신의 세계世系를 물어도 막힘이 없던 자로 명성이 대단한 보학자였으니, 무슨 설명이 더 필요하겠는가. 아울러 당대의 선구자 허균에게 정곤수가 "8고조를 물어보면 백에 한두 사람도 아는 이가 없는데, 자네는 8고조를 하나하나 알고 있으니, 참으로 조상을 잊지 않는 사람이군"이라 말했던 사실이 허균의 『성소부부고惺所覆瓿藁』에 기록된 것만 봐도 당대의 상황을 쉬이 짐작할 수 있겠다.

족보의 원형, 가승과 족도

우리의 가계 기록에서 가장 원초적인 것이 가승이다. 작성자 본인의 가계에 대해 직계 조상으로 거슬러 올라가면서 간단한 계보를 밝힌 가계 기록을 가승이라 한다. 족보라는 용어와 혼용해 쓰지만, 엄밀한 의미에서 족보는 아니다. 가첩이나 가계, 세계 등의 명칭으로 된 직계 중심의 소규모 가계 기록도 모두 가승의 범주에 넣을 수 있다.

가승이란 명칭 아래 작성된 가계 기록이라 할지라도 형식이나 내용과 규모에서 차이가 많이 나기도 한다. 따라서 일정한 틀을 제시할 상황은 아니다. 가승의 일반적인 형태는 시조로부터 작성자의 아버지에 이르기까지 연결되는 직계 조상과 그 조상의 배우자를 각각 찾아 기록하고, 각 인물에 대한 내용을 채워 넣는 방식이 일반적인 것 같다. 이때 조상의 간단한 방계도 연결해 병기하기도 하고, 역대 조상 하나하나의 형제자매도 아울러 밝힌 것도 있다.

각 인물에 대한 내용은 대체로 생몰 연월일, 과거 합격 여부와 역임 관직에 관한 이력, 묘의 소재지, 배우자의 성씨와 가계 그리고 자녀에 관한 내용을 순서에 따라 기입하는 것이 일반적인데, 간혹 작성자의 고조 이하 자손은 빠뜨리지 않고 모두 수록하는 친절함을 베풀기도 한다.

그것은 동고조 8촌이라 하듯이 복제服制의 의무를 가진, 다시 말하면 제사를 함께 지내고 상을 당해도 복의 의무가 있는 범위 내에 드는, 그야말로 한집안 사람들이기 때문이다. 요즘 같은 핵가족 시대에는 8촌

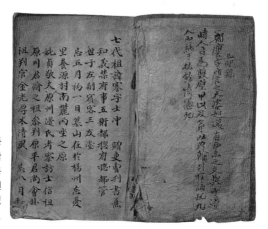

『동래정씨가승』 직계 조상 중심의 혈통 내력을 간단하게 밝힌 가계 기록이 가승인데, 『동래정씨가승』은 정홍겸이 자신의 선대를 간편하게 볼 수 있도록 제작한 일종의 계보도다.

이면 얼굴도 잘 모르고 남으로 살아가는 사람이 많지만, 조선시대 가족제도에서 8촌은 그야말로 가족 구성원이었던 셈이다.

가승을 작성하는 목적은 자신의 직계 조상에 대한 계보를 잘 숙지하기 위한 것이었기에 휴대할 수 있도록 간편한 크기로 만들었던 사례가 많으며, 병풍처럼 접었다 폈다 할 수 있게 제작한 것도 많다. 그런데 명칭은 가승으로 붙여졌지만, 많은 내용을 담아 책자 형태로 제작한 특이한 경우도 있다. 다산 정약용이 작성했던 『압해정씨가승押海丁氏家乘』이 그것인데, 무려 170쪽이나 되는 분량이다. 이 가승은 크게 내편과 외편으로 구성되는데, 내편에는 직계 조상을 중심으로 수록하고, 외편에는 방계 조상 중에서 뛰어난 인물의 이력을 기록했다.

『압해정씨가승』의 분량이 방대해진 것은 내편에서 그의 시조로부터 정약용의 아버지 정재원에 이르기까지 직계 조상 하나하나를 거의 연보와 맞먹을 정도로 상세하게 기록했기 때문이다. 특히 인물에 대해 각종 문헌에 나오는 자잘한 기사까지도 찾는 대로 모두 수록했으며, 이는 배우자의 경우에도 동일하게 적용했다. 이와 아울러 다산 정약용의

압해정씨 시조묘 압해정씨 시조로 추앙 받는 대양군 정덕성은 당나라 사람으로 신라에 유배를 왔다고 한다. 정덕성묘는 전라남도 신안군 압해면 가룡리 도선산 자락에 있다.

10대조로부터 그의 아버지에 이르기까지는 각 조부와 조모의 팔고조 도까지 첨부했으니, 자연히 방대한 양으로 늘어날 수밖에 없었다. 따라서 『압해정씨가승』은 이름만 가승으로 붙인 것이지, 실제로는 가승도 족보도 아닌 '다산 정약용 조상 인물록'이라 할 수 있을 것이다.

여기에서 정약용은 시조와 원조遠祖를 구분했는데, 시조에 대해서는 묘가 나주 압해도에 있다는 것 외에는 아무것도 알려진 게 없다고 말한다. 그리하여 그의 가계는 고려 전반기에 생존한 것으로 추정되는 정윤종을 원조로 비정해 여기서부터 대수를 계산하고 있다. 특히 다산 정약용은 그의 시조로 알려진 대양군 정덕성묘가 정승묘로 알려진 사실에 대한 변증에서(『다산시문집』 12, 변辨, 압해정승묘변押海政丞墓辨) 중국에는 정승이란 용어를 사용한 일이 없었음을 상기시키며 의문으로 남겼으니, 당시 실사구시를 추구한 실학자다운 면모를 여기에서도 엿볼 수 있을 것 같다.

고려 말에서 조선 초기에 많이 작성됐을 것으로 짐작되는 것이 족도이며, 그 대표적인 것이 「해주오씨족도」다. 이는 기록으로만 전해지다가 1987년에 실물이 발견되어 세간의 주목을 받았다. 현존하는 족도 중에서 가장 오래된 것은 「건문삼년신사족도建文三年辛巳族圖」라고 되어 있다. 제작 시기가 1401년(태종 1)인데, 가로 112센티미터, 세로 115센티미터 크기의 장지 한 장에다 표제와 발문을 비롯해 1세부터 9세까지를 수록 범위로 했다.

족도 중앙부에 친족의 계보를 그려 넣었는데, 1세 오인유부터 5세 오승까지는 단선으로, 6세에서 9세까지는 비교적 자세한 가계도에다 자녀를 출생순으로 기재했으며, 사위의 경우 '서婿' 혹은 '여부女夫'로 표시했다. 그리고 족도 외곽부에는 3세, 4세, 5세와 통혼권을 이루는 채춘(평강), 임원후(정안), 김봉모(경주), 최누백(수원), 민지령(황려), 기수전(행주) 가문의 내·외계를 배치했다.

아울러 좌측 하단에는 고려 말 공조전서를 지낸 오광정과 그의 아들 오선경 2대에 걸쳐 제작 과정을 담은 발문을 써넣었다. 여기서 주인공들은 그들과 인척 관계로 연결되어 있던 우씨 가문의 자료까지 이용하지 못했음을 아쉬워했는데, 이는 당시 내·외손을 막론하고 족도에 등재하는 것이 관례였기에 그들의 선대 자료가 우씨 가문 족도에도 올랐음을 의미한다. 이를 통해 당시 명문들은 대개 족도를 비치했으며, 이는 외손(녀)의 상세한 가계 이력까지 포함한 것이었음을 알 수 있다.

이렇듯 당시 족도가 광범위하게 제작된 이유는 세계를 증빙하는 공적인 자료로도 활용된 일종의 신원증명서 같은 역할을 했기 때문이다. 특히 족도류는 과거 응시나 관직 제수(서경署經, 승음 등) 같은 공적인 일을 증명하는 자료일 뿐 아니라, 상속을 비롯한 사적인 일에도 크게 활용됐을 것으로 추정된다.

오선경이 족도 제작 과정에서 오인유 이전의 가계 기록을 확보하는 데 실패하여, 그 후 1643년(인조 21)에 간행한 해주오씨 창시보인 『갑술보甲戌譜』에서도 오인유를 시조로 할 수밖에 없었다. 이는 『갑술보』

「사촌족보지도」(왼쪽)와 「육촌족보지도」(오른쪽) 족보의 기준점인 이원(1368~1430)의 손자들을 「사촌족보지도」에, 증손들을 「육촌족보지도」에 각각 묶어 수록하고 있다. 친손·외손 구분 없이 출생순으로 기록했다. 『철성연방집鐵城聯芳集』(계명대학교 도서관 소장본) 소재所載.

작성에 「해주오씨족도」를 기본 자료로 이용했기 때문이니, 가승 차원에 머물던 족도가 족보 편간에 이용됐음을 보여주는 사례이기도 하다. 그 후 거듭되는 족보 중간 과정에서는 물론이고 오늘날까지도 오인유를 시조로 받들고 있다.

대체로 조선 중·후기의 족보 편찬 과정을 보면, 중간보를 거듭할수록 상한 연대를 매우 끌어올리고 또 다른 인물을 내세우는 게 일반적인 관례였음을 생각할 때 해주오씨의 경우 우리에게 시사하는 바가 크다. 그럼에도 「해주오씨족도」에 기록된 내용을 검토하면, 임원후의 장녀 공예태후가 인종의 비였으나 어머니로 기록되어 있고, 강종의 아들인 고종이 강종의 형제로 나타나거나, 이제현의 사위로 기록된 이유방(판사)은 3처 서씨의 딸과 혼인한 인물인 데도 2처 박씨의 여부女夫로 기록되는 등 다소의 오류를 범하기도 했다.[2]

초기 족보, 내외자손록과 내외종합보

내외자손록이란 8촌 이내에 드는 내·외손 모두를 형식에 구애받지

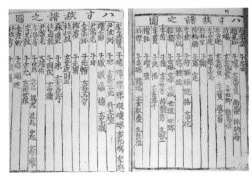

「팔촌족보지도」 주인공 이원의 현손들을 친손·외손 구분 없이 모두 수록하여, 당시 동고조 8촌을 기준으로 내·외 혈손이 모두 가족 구성에 포함된다는 점을 잘 보여주고 있다. 『철성연방집鐵城聯芳集』(계명대학교 도서관 소장본) 소재所載.

않고 수록한 것을 말한다. 반면에 내외종합보란 16세기 이전의 전형적인 족보 형태인데, 내·외손을 동일하게 추적해 실은 것이다. 내외자손록으로 대표적인 것이 1476년(성종 7)에 만들어진 「철성이씨족보지도鐵城李氏族譜之圖」이며, 내외종합보를 대표하는 것이 『안동권씨성화보』나 『문화류씨가정보文化柳氏嘉靖譜』다.

「철성이씨족보지도」는 세종 때 좌의정을 지낸 이원(1368~1430)과 그의 아버지 이강의 글을 엮은 문집 속에 들어 있다. 여기에서 주인공은 이원인데, 그의 손자와 증손 그리고 현손까지 묶었기에 8촌까지 벌어진 후손이 모두 포함된다. 즉 손자는 「사촌족보지도四寸族譜之圖」에, 증손자는 「육촌족보지도六寸族譜之圖」에, 현손은 「팔촌족보지도八寸族譜之圖」에 각각 구분하여 수록했다. 동시에 외손(녀)도 친손(녀)과 동일하게 출생순으로 수록했으니 친손보다 외손의 수가 훨씬 많아 총 555명 중에서 친손은 91명에 지나지 않을 정도다. 아울러 인물에 대한 설명 없이 아들과 사위 아래에 출생 순서대로 이름만 나열했다. 그래서 '내외자손록'이라 이름 붙인 것이다.

『문화류씨가정보』 서문에서도 내외 8촌의 보譜를 새겨 족손族孫에게 나누어주었다는 사실을 상기했듯이, 당시 대다수의 가승은 내외 8촌 정도의 가계 기록이었던 것으로 추정된다. 앞에서 살펴본 「해주오씨족도」에서도 기점이 됐던 오승의 동고조 8촌 이내의 내외 세계를 중앙에 배열했던 것도 그런 이유 때문이었다. 내·외손을 구분하지 않는 8촌 이내가 당시 가족을 구성하는 요체였다. 재산 상속이나 조상의 덕으로 관직에 나갈 때 문음 혜택을 받기 위한 증명서 구실을 했던 것이 가계 기록으로, 일종의 혈통검증서 역할을 했다.

우선 「사촌족보지도」부터 보면, 이원의 아들과 사위 열세 명의 이름이 오른쪽에서 왼쪽으로 배열되고, 그 명단 아래에 이들의 아들과 사위 이름 80명이 수록되어 있다. 여기에는 친손(녀)이나 외손(녀)을 불문하고 출생순이며, 외손이라 할지라도 아들인 경우에는 성을 생략했다. 그리고 「육촌족보지도」는 80명의 사촌 중에서 미혼이나 무후無後로 인해 자식이 없는 열세 명을 제외한 67명에게서 태어난 친손과 손서, 외손과 외손서를 나열하고, 그 이름 밑에 이들의 자녀를 배열했다. 67명의 내외 4촌이 낳은 자녀는 다시 6촌으로 벌어져 모두 257명이 등재됐다. 그리고 「팔촌족보지도」는 257명의 6촌 중에서 77명만이 자녀를 두어, 이들의 명단 아래에 각각의 자서子壻를 열거했는데, 이들 8촌의 수록 인원수는 모두 205명이었다.

작성자는 고성이씨 인물이 아니라 이원의 외손자 유윤겸(1420~?)이다. 윤호(유윤겸의 이종사촌)가 경상도관찰사로 부임할 때 외숙으로부터 외조부의 원고 간행을 부탁받았고, 이에 한양에 사는 유윤겸에게 원고를 보내자 그가 교정하면서 외가의 족보도를 새로 그려 넣은 것이었다. 고려 말과 조선 초기에 각각 제작됐던 「강릉김씨족도」 역시 외손에 의해 만들어졌고, 『안동권씨성화보』 또한 간행을 주선한 이가 외손이었다. 당시 양측적 친족 풍속으로 내·외손을 구분하지 않고 살아갔던 모습이 잘 드러나는 대목이기도 하다.

『안동권씨성화보』 간행도 외손이 주도했으며, 여기에는 이원의 외손자 윤호도 포함되어 있었다. 서문과 발문에 따르면, 권제가 편찬에 착수해 그의 아들 권람이 크게 증보했고, 마지막으로 서거정이 당시 상주판관이던 박원창, 대구부사이던 최호원과 함께 안동에서 완성했는데, 간행을 주선한 사람이 바로 경상도관찰사 윤호였다.『안동권씨성화보』에서 고조 이상의 상계는 가승을 참고했고, 그 아래 후손은 가계별로 작성됐던「내외팔촌지보」를 합친 것으로 보인다. 좀 더 구체적으로 말한다면 권람이 작성한 기초 자료의 토대 위에 외손인 서거정·최호원·박원창 등이 각자 갖고 있던「내외팔촌지보」를 합친 것으로 추정되는데, 수록된 안동권씨 3계파 간의 심한 불균형도 그 때문이 아닌가 한다.

『안동권씨성화보』를 편찬할 때 권행을 시조로 내세웠지만 후대와 같은 씨족 의식을 공유한 것은 아니었다. 친손이 아닌 외손으로 기재된 인물이 더 많기 때문이다. 그러나 먼 조상을 시조로 내세움으로써 후일 동종을 모두 수록할 수 있는 여지를 남겨놓은 셈이었다. 중국 송나라의 구양수나 소순의 족보가 고조를 기점으로 확실한 후손만을 수록한 것에 비해, 『안동권씨성화보』는 보다 먼 조상을 시조로 하는 개방성을 보여 다른 족보에 영향을 끼쳤지만, 그것이 오히려 우리 족보의 신빙성을 떨어뜨리는 결과를 초래하기도 했다.[3]

서거정의 아버지 서미성이 권근의 사위이니, 서거정은 권근의 외손자다. 서거정을 제외한 세 사람은 안동권씨 외손의 외손이거나 이 범위를 벗어나는 경우지만 모두『안동권씨성화보』에 외손으로 이름이 올랐다. 『안동권씨성화보』에서 찾은 윤호의 가계도를 나타내면 다음과 같다.

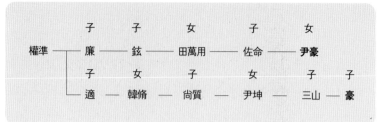

이 가계도에서 확인할 수 있듯이, 윤호는 『안동권씨성화보』에 이름을 두 번이나 올렸다. 즉 권현의 외손자 전좌명의 사위로, 또 권적의 외손자 한상질의 외증손으로 각각 이름을 올렸다. 외손자의 외증손까지 올렸던 『안동권씨성화보』를 보면, 당시의 사회 풍속이 어떻게 돌아갔는지를 쉽게 짐작할 수 있을 것이다. 아무튼 윤호는 고성이씨뿐만 아니라 안동권씨의 족보 간행에도 간여했으며 그의 이종사촌인 유윤겸의 주선으로 외조부 문집을 교정하면서 족보도까지 그려 넣은 것이었다. 조선 후기에 종법제도가 정착한 이후 부계 중심의 관념으로 본다면, 조선 전기의 이런 풍속이 잘 이해되지 않을 것이다.

『안동권씨성화보』에 실려 있던 권부의 내·외손 족도가 후대에 다른 족보를 초안할 때 참고가 됐듯이, 「고성이씨족보도(철성이씨족보지도)」 역시 그 영향을 받았을 것으로 보인다. 당시 안동권씨와 고성이씨는 중첩된 혼인으로 얽혀 있었는데, 특히 권근이 이원의 매형이고, 권람이 이원의 사위임을 상기한다면, 유윤겸이 권씨의 족보 편찬에 자극받아 외가의 족도를 그려 문집을 간행할 때 추가한 것으로 보인다. 『안동권씨성화보』의 수보 작업을 권근-권제-권람으로 이어지는 가계에서 주도했기 때문이다. 「고성이씨족보도」 작업에는 서거정 또한 일정한 역할을 했을 것으로 추정된다. 이원의 누이가 서거정의 외조모이기 때문이다.

『안동권씨성화보』 1476년(성종 7) 간행된 안동권씨의 족보로, 현존하는 족보 중에서 가장 오래된 것이다. 서울대학교 규장각 소장.

15세기의 가계 기록은 광범위한 수족收族에 의미를 두기보다 혈통 검증을 위한 문서라는 성격을 강하게 지닌다. 혈손 중심으로 수록한다는 방침은 딸이 개가한 경우에도 동일하게 적용됐는데, 사위에 대해 전부前夫·후부後夫로 구분했던 것에서 잘 드러난다. 예컨대 『안동권씨성화보』에서 남자의 배우자는 '전실·후실·삼실' 등으로 표기했고, 여자의 배우자는 '여부女夫' 혹은 '전부·후부' 등으로 표기했다. 이는 성리학적 질서가 잡힌 『경국대전經國大典』 편찬 이후에는 개가한 여인에게 엄청난 불이익이 있었지만 『안동권씨성화보』가 편찬된 1476년(성종 7)까지만 해도 여성의 재가에 차별이 없었음을 잘 보여주는 것이며, 또한 이렇듯 족보에 구태여 구분해 기록했던 것은 혈손을 모두 수록해야 한다는 현실적인 이유가 앞섰기 때문이다.

예를 들어 사위의 자식인 외손 가운데 엄마를 달리하는 여러 명의 자녀가 있다면, 그들 본가의 피를 이어받지 않은 딸과 상관없는 외손은 수록하지 않았다. 자기 딸에게서 난 자식만 외손으로 인정했다는 것이다. 동일한 아버지에게서 태어났다 할지라도 모계를 달리하면 '동기同氣'로 인식하지 않았다는 말이 된다. 한발 더 나간다면 종적인 혈손 개념과 횡적인 동기 개념 모두 피붙이를 매개로 성립했음을 알 수 있다.

따라서 내외종합보란 외손과 친손을 구분하지 않고 혈손인 경우 끝까지 추적해 족보에 올린다고 할 수 있겠다. 『안동권씨성화보』나 『문화류씨가정보』 등에서 외손의 수가 훨씬 많은 것도 그 때문이다. 『안동권씨성화보』에 수록된 총 인원수가 약 8,000명인데, 그중에서 안동권씨 성을 가진 남자는 약 380명에 지나지 않는다. 『문화류씨가정보』에서도 총 수록 인원 약 3만 8,000명 중에 친손 남자는 약 1,400명에 불과하다. 이것이 내외종합보의 두드러진 특징이다.

한편 이들 족보는 첩에게서 태어난 서출을 수록하지 않았을 뿐 아니라, 상민과 천민 계파는 수록 대상에서 제외했다. 조선 후기에 편찬된 합동계보일 경우 계보상 같은 조상의 후손임이 확인된 사람은 누구라도 그의 직업이나 사회적 지위에 관계없이, 자기 종족의 족보에 들어갈 권리가 있었다. 그것을 거절한다는 것은 있을 수도 없는 일이지만, 있지도 않았다. 천첩의 자손이라도 당당하게 족보에 올랐던 것이며, 시대에 따라 서자를 따로 표기하느냐 않느냐 하는 것은 별개였다.

이렇듯 15세기에 편찬된 내외종합보는 양반계파 혈손만을 수록한 '양반자손보'의 성격을 가지고 있다. 그렇게 편찬된 이유는 크게 두 가지 측면이 고려된다. 우선 공적인 영역에서는 벼슬길에서 우월한 가계를 계통적으로 증명함과 아울러 문음 혜택 검증을 위한 자료였던 것이고, 사적인 영역에서는 재산 상속의 하한선을 분명하게 하려는 경제적인 면이 크게 작용했던 것이다.

『문화류씨가정보』는 1565년(명종 20) 경상도 의성에서 간행됐는데, 인쇄본 분량이 10권 10책의 총 1,990쪽에 달하는, 당시로서는 유례가 없을 정도의 거질이었다. 총 수록 인원이 무려 4만 8,000명에 이르고, 이 중에서 중복된 인원이 약 1만 명이었다. 편찬에 약 10년이나 소요됐으며, 간행 비용을 마련하는 데도 적잖은 어려움을 겪었다.

그리하여 3남의 관찰사 세 사람이 간행에 동원됐다. 요즘으로 치자면 경기도를 제외한 한강 이남의 도지사들이 공동으로 MOU(양해각서)를 맺어 간행 방법을 찾은 것이다. 경상도관찰사 이우민과 전라도관찰사 남궁침 그리고 충청도관찰사 류잠이 협의한 후 해결책을 모색하게 됐으며, 당시 3남 지방의 각종 관직에 몸담고 있던 문화류씨 친손과 외손을 총망라해 비용을 분담한다는 계획을 세우게 됐다. 강제 분담이라는 폐해를 줄이기 위해 각 지역의 경제적 형편에 따른다는 방침도 아울러 세웠다. 고을마다 토지의 비옥함이나 경제 사정이 다른 것을 고려한 조치였다. 마치 세종 때 풍흉에 따라 혹은 토지의 비옥한 정도에 따라 세금을 차등 있게 거두던 것이나 다름없는 조치였다.

관찰사 세 명이 나서자 그 아래 소속 관청의 모든 관료가 총동원될 수 있었다. 세 관찰사를 비롯해 부윤·목사·군수·현령·현감과 같은 고을 수령은 물론이고, 수사·첨사·만호와 같은 병영 책임자나 감영 소속의 판관과 오늘날 역장에 해당하는 찰방에 이르기까지 모두 기꺼이 참여했는데, 그 수가 자그마치 191명이었다. 이 191명 중에 문화류씨 친손은 충청도관찰사였던 류잠을 비롯해 겨우 네다섯 명에 지나지 않았다. 나머지는 모두 외손 자격으로 참여한 것으로, 그 외손이란 것도 오늘날 우리가 이해하는 수준의 외손은 아니었다.

족보 간행을 주관했던 경상도관찰사 이우민을 예로 들어보면, 문화 류씨 시조 류공권에서부터 약 9대나 11대를 흘러 겨우 연결되는 존재에 불과했다. 류공권의 외손인 윤위극민의 외손의 외손이 김변이고, 김변의 증손의 외손의 손녀사위가 바로 이우민이다. 친손을 제외한 나머지 185명이 대개가 이런 식으로 연결되는 혈연관계일 뿐이었다. 이우민은 문화류씨 족보에 한 번 더 수록되는 영광을 안았는데, 시조 류공권의 증손인 류승의 사위가 권근의 증조인 권부이고, 권부의 사위가 이제현이며, 이제현의 사위 이계손이 이우민의 7대조 할아버지다. 다시 말한다면 류승의 외손서가 이제현, 이제현의 사위가 이계손이니, 이우민의 7대조 이계손은 문화류씨 가문 외손서의 사위인 셈이다. 그러하니 문화류씨의 피가 내려오다가 이우민에게까지 제대로 전달이 됐는지도 모를 그런 인연에 불과한 외손이었다. 이들 두 계통의 혈연관계를 나타내보면 다음과 같다.

시조	女	子	女	子	子	子	子		女	子	子	女
류공권	윤위	윤극민	허공	김변	○	○	김경장	안상계	○	안종전		이우민

시조의증손	女	女	女	子	子	子	子	子	子	子
류승	권부	이제현	이계손	○	○	○	○	○	○	이우민

아무튼 『문화류씨가정보』를 찾아보면 정도의 차이는 있지만, 간행에 동원된 외손 185명은 대개 이우민과 비슷한 상황에서 류씨의 피를 이어받은 사람들이다. 이우민이 중복 수록됐듯이, 중복된 인원만도 약 1만 명에 이르며, 그 인원을 제외하면 모두 약 3만 8,000명이 수록되어 있다. 이 정도라면 조선 팔도에 널리고 널린 관직자들이 이 족보에 오

르지 않고는 양반이라 할 수가 없을 정도다.

한국 족보 연구에 매진했던 하버드 대학의 에드워드 와그너 교수의 연구에 따르면, 성종~중종 연간의 75년 동안 배출된 문과 급제자 1,595명 중에서 70퍼센트인 1,120명이 『문화류씨가정보』에 수록되어 있다고 한다. 따라서 초기 족보는 조선의 지배 계층을 총망라한 양반 만성보라 해도 무방하다. 그런데 이들 1,120명 중에서 문화류씨는 25명에 불과하고, 나머지는 모두 외손으로 수록된 사람이다. 이렇듯 문화류씨와는 가물가물한 끈으로 연결된 네트워크라 할지라도 역시 외가요, 외손이라는 유대감이 형성됐고, 이런 의식을 당연한 것으로 받아들이던 것이 당시의 풍속이었다.

외손의 외손의 외손의 외손에 이르기까지, 피를 나누어준 외손은 끝까지 추적해 수록했던 것이 17세기 이전의 한국 족보가 취했던 일반적인 형식이었다. 지금의 우리 관념으로는 도저히 이해할 수 없는 일이지만, 이는 우리가 18세기 이후의 관념을 머릿속에 집어넣고 조선 전기를 바라보기 때문에 그렇게 느끼는 것이다. 그리고 보면 그간 우리가 갖고 있던 조상과 족보에 대한 생각이 얼마나 허무한 것이었는지 잘 알 수 있다. 이제 우리는 족보가 시조 할아버지 시절부터 있었던 것이 아니며, 17세기 후반에야 수백 년 전에 살았던 조상을 만들어 넣은 것이라는 사실을 솔직히 인정해야 한다.

족보다운 족보, 합동계보 : 초보에서 간행본으로

우리 족보의 역사에서 족보를 간행한다는 의미는 매우 크다. 오늘날

이야 붓으로 한 글자씩 써내려가는 것이 훨씬 더 고된 작업일 테지만, 옛날에는 인쇄술이 좋지 않아서 간행된 책이 매우 귀했다. 족보가 많이 간행됐던 조선 후기만 하더라도 인쇄 시설은 지방관이나 규모 있는 절간이 아니면 구하기 힘들었다. 간단한 문집 역시 목판으로 새기는 것이 다반사지만, 이 역시 각수刻手를 동원해 목판 한장 한장을 칼로 새겨야 하는 것이니, 그 공력이 얼마나 들어가는지 쉬이 짐작할 수 있을 것이다. 현존하는 오래된 족보의 서문을 보면 으레 나무판으로 글자를 새겼다는 '침재'라는 표현이 나오는데, 이런 상투적인 표현은 필사본이 아닌 인쇄 간행본임을 전하려는 것으로, 인쇄 시설이 부족한 시기에 그 어려웠던 여건을 잘 극복했다는 점을 은연중에 과시하려는 의도이기도 하다.

조선 전기에는 이미 편찬해놓은 족보를 보관하고 있다가 해당 종족과 관련된 인물 중에 누군가가 지방관으로 나가게 되면, 그에게 부탁해 관할하는 관아의 인쇄 시설이나 경비로 간행하던 것이 관례였다. 이미 앞에서 「고성이씨족보도」 제작 과정이나 『안동권씨성화보』와 『문화류씨가정보』가 매우 어렵게 간행됐던 과정을 살펴본 것과 같이, 지방관이 나서서 해결하는 것이 유일한 방법이었다.

그러나 조선 후기에는 사정이 달라졌다. 남계 친족을 대상으로 같은 성관을 가진 사람을 가능한 한 빠뜨리지 않고 수록하려는 것이 족보이다 보니, 우선 분량이 엄청 많아졌다. 그리고 조선 전기처럼 지방관을 동원하는 것도 여의치 않게 됐다. 그리하여 17세기 말부터는 족보를 간행할 때 으레 해당 종원들이 경비를 분담할 수밖에 없었다. 이런 사정이고 보니, 초벌 원고를 만들었지만 끝내 인쇄하지 못한 채 필사본으로 된 족보로 만족해야 했던 일도 흔했다. 이런 족보를 간행되지 않은 초벌 원고라는 뜻으로 '초보草譜'라 했고, 지금까지 전해 내려오는 것이 많다.

우리 족보사에서 '창시보'라 한다면 으레 인쇄 간행된 족보를 의미한다. 이런 관념은 오늘날에 와서 정착된 것이 아니라 전통사회에서는 늘 통용되어온 개념이다. 또한 추대된 시조로부터 계보를 확보한 다음, 그 후손을 모두 찾아 넣는다는 수족收族의 의미가 포함된 것이라야 창시보의 의미를 높여준다. 족보 제작은 여러 파의 공동 경비와 공동 작업으로 이루어진 결과물이어야 하고, 그것이 합동계보다. 따라서 초보에서 합동계보로 발전하게 되는 것이 일반적인 순서다.

고성이씨 문중의 이름난 보학자 야로당 이순(1530~1606)은 오랫동안 자료를 수집한 끝에 『철령초보鐵嶺草譜』를 완성했다. 제작 시기가 1600년 전후로 추정되는데, 전반부 76쪽의 결락 부분을 제외하면 약 230쪽에 달하는 필사본이다. 족보의 정형을 이루는 정간井間의 칸을 이용하지 않은 채 연결선으로만 표시했는데, 때로는 세로와 가로선을 함께 사용하기도 했다. 또 하단 끝의 인물이 어디로 연결되는가를 일러주는 '견見○'라는 표시도 있다.

『철령초보』는 앞에서도 언급했던 우리 역사상 초기 족보가 갖는 몇 가지 특징을 담고 있으면서도 아울러 이를 탈피하여 제작자의 직계 인물이나 백·숙부같이 가까운 방계에 대해서는 풍부한 내용을 수록하고 있다. 해당 인물의 생몰년이나 묘 위치 등과 같은 내용은 물론이고, 관력과 특이 사항 등을 길게 늘어놓은 것이다. 후대의 여러 계파가 공동 제작한 족보라면 형평성에 어긋난 것이지만, 야로당 개인이 작성한 것이기에 가능한 일이었다.

또한 처의 본관이나 4조(부·조·증조·외조)는 물론이고, 처가 두 명 이상인 경우 선취先娶·중취中娶·후취後娶를 밝히면서 각각에서 낳은 자녀를 따로 명시한 경우도 보인다. 가끔 처의 4조의 성명과 관력까지 넣은 사례도 보이는데, 선대로 올라갈수록 풍부한 표현으로 나타난다. 딸의 경우 사위의 이름 아래에다 선실·중실·후실의 표현이 자연스러울 정도인 반면, 서자의 등재 사례는 보이지 않는다. 아울러 양자를 들인 입후 관련 내용도 아직 나타나지 않았다. 따라서 이 시기까지의 사회 풍속을 고스란히 담고 있다는 점에서 중요한 자료임에 틀림없다.

그 후 고성이씨는 다시 한 번 초보를 만든다. 1726년(영조 2)에 제작한 『병오초보丙午草譜』가 그것으로, 이는 창시보로서도 손색이 없는 족보다. 표지를 빼고 총 774면의 비교적 방대한 양이며, 표지 제목 역시 『고성이씨족보固城李氏族譜』라고 된 3권 4책이다. 7단의 정간을 만들어 종적인 세계와 횡적인 방계 전체를 아우르는 완벽한 족보 형태를 유지하는데, 인쇄하지 못한 필사본이기에 초보라는 명칭을 붙일 수밖에 없었다.

『병오초보』는 세 사람이 만들었다. 양평 용문에 살던 이명규가 선대부터 만든 초안을 토대로 공주 사람 이기가 곤양군수로 재직할 때 수집했던 단자單子들 그리고 서울 소공동에 거주했던 이섭 가문에서 모아 온 단자들을 합치고, 다른 파들의 자료도 어렵게 구해 넣었으니, 여러 파를 아우르는 족보를 만든 셈이다. 일종의 공동 작업에 의한 합동계보인 것이다.

이해 늦여름 집에 간직한 보책譜冊을 가지고 다시 숙화叔和(이섭의 자)씨를 찾으니, 여첨汝瞻(이기의 자)이 공주로부터 온 지 이미 수일이 지났다. 그날로 바로 선군先君(이명규의 아버지 석)께서 편집한 것을 대략 모방해 대수의 차례를 정하고 기록을 보태고 감했다. 시중공 이엄충과 도촌공 이교

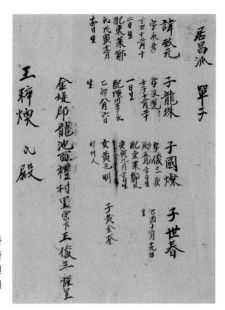

족보단자 족보단자는 파별로 개인별 관직, 혼인, 가족관계 등을 조사하고 기록한 내용에 대해 족보간행소에서 수단收單하던 과정을 잘 보여준다. 사진은 개성왕씨의 족보단자다.

양파에 이르니, 아버님께서 매양 그 계보를 얻지 못해 한탄하셨는데, 지금 다행히 그 후손의 세계를 모두 얻어 첨부 기록하고 이듬해 병오년(1726) 여름에 비로소 완성했다.

—『병오초보』이명규 발문

이러한 『병오초보』이고 보면, 초기 족보의 한계에서 벗어나 후기 족보로의 이행 단계를 잘 보여주는 것이기도 하다. 자녀를 출생순으로 수록한 것은 전과 다름없으나, 우선 외손에 대한 차별 의식이 나타나 있다. 친손은 성을 생략했는데, 이는 내외의 구분을 엄격히 하기 위해서였다. 아울러 외손은 남녀를 불문하고 시조로부터 11세 되는 이원까지는 3대, 그 이하는 2대로 한정해 수록하는 것을 원칙으로 했다. 단 특별히 기록할 행적이 있는 자는 예외로 했다. 이원이 기점이 된 것은 세종조에 좌의정을 지낸 현조였기 때문이다. 또한 사위의 성관, 관직, 가계 등은 수록하되, 외손은 생략했다.

한편 적서 구분은 엄격히 했는데, 이는 매우 민감한 사안이어서 가능한 한 여러 자료를 종합해 판정했다. 또 반드시 적자(녀) 다음에 '서자, 서녀'로 표기한 후 그 아래에 수록하는 것을 원칙으로 했다. 이에 비해 양자 입양은 아직까지 보편화되지 않아 무후 관행과 혼재된 모습을 보인다. 무후로 기록할 때도 신중을 기해 여러 자료를 토대로 판정했으며, 생부 아래에는 '계출거繼出去', 양부 아래에는 '계자繼子'로 구분해 전보다 진전된 모습을 보였다. 부인의 경우 대개 '실'로 표기했는데, 두 명 이상일 때는 '초실·중실·삼실'로 구분하고, 여기에서 각각 낳은 자녀를 알 수 있도록 표기했다. 경우에 따라서는 '전부인, 후부인'으로 표기한 사례도 보인다. 이런 식의 혼인 형태를 구분한 것은 최초의 족보인 『안동권씨성화보』에도 나타난 것이었는데, 이때까지 지속된 것이다.

아무튼 규모 면에서 방대한 『병오초보』가 만들어짐으로써 고성이씨의 1차적인 가계 정리는 마련된 셈이었다. 다만 인쇄물로 간행할 수 없었기에 그때까지 창시보를 낼 수 없었을 뿐이다. 그로부터 27년 후인 1753년에 『계유보癸酉譜』를 간행하면서 고성이씨 창시보가 결실을 맺게 됐다. 족보 간행을 주도한 사람은 이기였는데, 그의 고조 때부터 진행해온 유업을 이어받았다 한다. 그의 고조 이만승은 여러 서책을 상고하며 족보 작업을 하던 중에 사망했고, 그의 아들과 손자가 뜻을 이어받아 작업을 이어갔다. 이만승이 『사성강목四姓綱目』의 저자 이노의 조카임을 감안할 때, 그의 족보에 대한 관심은 이노에게서 영향을 받은 것으로 보인다.

그리고 이기는 선조의 족보 편찬 사업을 이어받아 한양의 종원들과

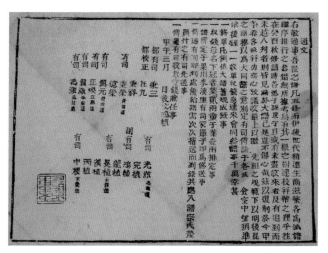

통문通文 맥계최씨 가문에서 족보 간행을 위해 종원들에게 보낸 통지문(1894). 수단收單 방식과 간행 경비 부담 등에 관한 내용이 들어 있다. 과천문화원 소장.

의논 끝에 영남에 활자가 있다는 말을 듣고 간행을 결심하기에 이른다. 그리하여 여러 고을에 흩어져 있는 종원들에게 통문을 보내 각 파에서 소유한 단자나 보첩을 수집하고, 기존에 편집했던 족보를 참고해 줄기를 잡아 첨삭 작업을 시작했다. 그리고 여러 파의 도움을 거쳐 초벌 원고를 완성한 후 대구에서 마침내 활자 간행의 결실을 맺었다.

이기는 「족보도」, 『철령초보』, 『병오초보』, 『사성강목』 등 선대에 만들어진 가계 기록은 물론, 각 파에서 소장한 사보私譜와 가승을 참고해 완성한 것으로, 특히 종통을 중시해 자녀를 선남후녀 방식으로 수록한 것이나, 서파가 족보 등재를 원하지 않을 때는 제외하는 등 당시 사회 인식의 변화상을 엿볼 수 있다.

이후 1804년에 이탁은 뜻을 같이하는 몇 사람과 함께 '재수보'를 위해 전국에 산재한 일가에 통문 300여 통을 보냈고, 이듬해 경기도 광주 입비동 선산 아래 재회에서 재수보 결정을 보았다. 그리하여 남한산에 보소를 설치하려다 여의치 않자 청주 상당산 성불사에서 수보 작업을 마치니, 이것이 1807년의 『정묘보丁卯譜』다. 이때 『병오초보』를 근간으로 첨삭 작업을 했는데, 이는 당시 『계유보』에 대한 종원들의 불만이 팽배했기 때문이다. 이후에도 1874년의 『갑술보』를 비롯한 몇 차례 중간보가 간행되어 오늘에 이른다.[4]

이상에서 고성이씨 족보 간행 사례를 통해 본 것처럼, 필사본인 초보에서 간행된 합동계보로 가야만 창시보로 인정됐으며, 문중마다 앞다투어 창시보를 위해 매달리던 것이 우리네 삶이었다.

파보에서 대동보로 : 국성國姓 전주이씨 사례

시조에서 내려오다 어느 시점에서 분기되는 파의 형성은 18세기에 접어들어 본격적으로 진행됐는데, 초기에는 갑파·을파로 나누거나 사람 이름에 파명을 붙이기도 했다. 다시 말한다면 파는 복잡한 족보를 보다 쉽게 찾을 수 있게 하는 부호 역할을 했다. 그러다가 점차 대종과 소종의 관념이 분명한 종법제도가 정착해감에 따라 파조派祖를 중심으로 다른 계보와 구분하는 수단으로 사용됐다. 즉 시호나 관직명으로 파의 이름을 붙이게 됨과 아울러 파조를 중심으로 결집시키는 역할을 하게 됐다. 이때부터 파별로 내부적으로 정체성을 확립함과 동시에 밖으로는 다른 파보다 우월하다는 경쟁심리가 발동하게 되어 문중 내부에서 알력이 벌어지는 폐단까지 야기됐다. 특히 종법제도의 정착에 따른 종통宗統을 놓고 벌이는 주도권 다툼이 많았다.

2010년 현재 김해김씨가 412만 명을 웃돌고 있고, 그다음 밀양박씨

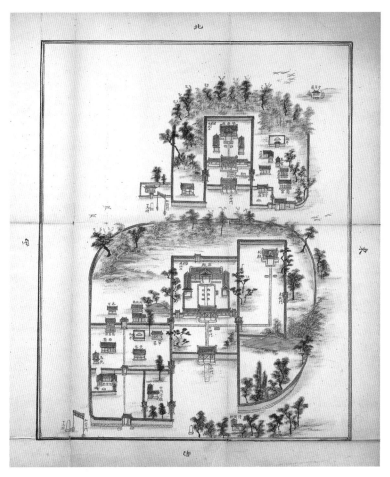

조경묘肇慶廟와 경기전慶基殿　전주이씨의 시조인 이한(?~754)과 부인 경주김씨의 위패를 모신 조경묘와 이성계의 초상을 모신 경기전을 나타낸 「조경묘경기전도형肇慶廟慶基殿圖形」. 국립고궁박물관 소장.

가 300만 명을 넘겼으며, 전주이씨 역시 260만 명을 넘었다. 이럴 경우 대동보를 만든다는 것이 거의 불가능하고, 각기 파보를 만들어 활용하는 것이 효율적인 방법이다. 설명하기가 좀 쉬운 전주이씨로 한정해보면, 목조穆祖로 추존된 이성계의 고조부터 다섯 왕자로 분리되어 오늘

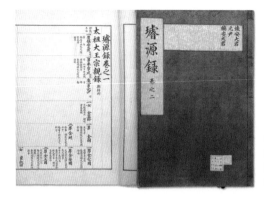

『선원록』 1681년(숙종 7) 국가 차원에서 왕의 친인척에 관한 인적 사항을 정리한 왕실 족보. 국립고궁박물관 소장.

날 후손은 모두 125개의 파계派系로 구성된다. 그러나 무후로 후사가 끊어진 파도 있어 현재 사단법인 전주이씨대동종약원에 등록된 파종회는 모두 89개다. 종원 수가 많으니 그에 따라 파가 많이 세분된 것은 당연한 귀결이고, 따라서 대동보보다는 파보에 의존할 수밖에 없다.

왕의 아들인 대군들로 시작하는 파보로 나누어지는 것은 자연스러운 일인데, 예를 들면 태종은 양녕대군을 비롯해 효령대군, 충녕대군, 성녕대군, 경녕군, 함녕군, 온녕군, 근녕군, 혜령군, 희령군, 후령군, 익녕군의 열두 아들을 두었다. 셋째 아들 충녕은 세종대왕이니 정통으로 계승되지만, 나머지는 모두 파로 나누어지고, 같은 파에서 또다시 세분되어 파세보를 간행하게 된다. 양녕대군의 자손이 다시 세분되어 순성군파와 함양군파 등으로 나누어진 것이 그것이다. 『전주이씨효령대군파보』니 『전주이씨덕천군파보』니 또 무슨 파보니 하는 것이 수없이 많은 것도 그 때문이다. 덕천군은 2대 임금 정종의 열 번째 아들로 후궁 성빈지씨가 낳았다. 오늘날 전주이씨 중에서 효령대군파가 약 50만 명이고, 30만 명의 덕천군 후손이 두 번째 규모에 해당한다.

본래 조선 왕실의 족보는 개국 직후인 태종조부터 작성되기 시작했

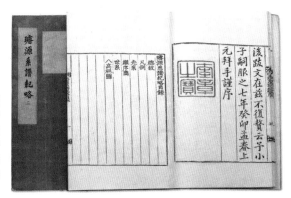

『선원계보기략』 숙종 때 『선원록』, 『종친록』, 『유부록類附錄』을 종합하여 왕의 내외 후손을 모두 동일하게 6대까지 기록한 왕실 족보. 국립고궁박물관 소장.

다. 국보로 지정된 이성계의 호적이 지금도 남아 있어서 이를 근거로 충실한 족보를 작성할 수 있었다. 그러나 『선원록』이란 게 어디까지나 왕실을 이어가는 직계 중심이었고, 한편 숙종 때 만들었던 『선원계보기략璿源系譜紀略』 역시 왕의 내외 후손 6대까지만 수록했기에, 여기서 벗어나는 후손은 파별로 작성되는 파보에 수록되는 수밖에 없었다.

그러나 조상 계보를 가급적 위로 끌어올리려다 보니, 후손의 범위도 넓어질 수밖에 없었고, 이에 따라 대동보 간행이 시대의 한 흐름으로 자리 잡아가고 있었다. 성과 본관이 같은 성씨들의 모든 파를 아우르는 계보를 실은 종합보가 바로 대동보다. 따라서 대동보는 각 성관의 파보를 묶어 하나의 조상 아래 계보로 연결한 것이라 할 수 있다.

1790년(정조 14)에 이헌휘가 1년 동안 대궐 문을 엿보다가 임금의 행차 길에 상소를 올려 전주이씨의 대동보를 작성하자고 요구했던 것도 시대적 고민을 보여주는 것이다. 하지만 종부시宗簿寺에서 지엄하게 관리하는 『선원록』이 따로 존재했으니, 모든 전주이씨를 수록한 대동보를 만들어 더구나 사가에서까지 소장한다는 것은 쉽게 허락될 일이 아니었다. 그럼에도 1860년(철종 11)에 이르러 조선 왕실의 대동보인 『선원속보『璿源續譜』가 작성되기 시작했다. 임금도 여기저기에 흩어져 사는 전주이씨의 요구를 더 이상 외면할 수 없었기 때문이다. 친족을 돈독히 한다는 명분으로 시작된 『선원속보』는 여전히 종부시에서 주관했으며, 대한제국 시기에는 종친부의 후신인 종정원에서 담당했다.

전주이씨 전체를 수록한다는 원칙 아래 먼저 지파별로 파보를 만들고, 이를 다시 종합해 대동보로 집약하는 형태를 취했다. 파별로 파조가 되는 대군이나 군 이하 당시까지 생존한 후손을 포함했다. 선임된 각 파의 문장門長들이 지역별 족파로부터 단자를 수합해 1차 자료를 확보했고, 간행 경비는 단자를 제출할 때 납부해야 하는 명전名錢과 완성된 족보를 반질頒帙(완성된 책을 배포)할 때 매겨진 책값으로 충당했다.

목활자로 간행된 『선원속보』 체제는 15항목의 범례에 이어 6단의 세보가 차례로 실려 있다. 범례는 수록 방법이나 작성 원칙 같은 것을 밝힌 것이다. 아울러 족보의 장마다 천자문으로 면수를 매겨 편리하게 열람할 수 있게 했다. 마지막에는 파별로 족보를 책임진 종손宗孫이나 문장과 유사有司 등의 직명이 기록되어 있다.

철종 때 시작한 『선원속보』는 8년 만인 고종 때 완성됐는데, 전주이씨 102파의 파보를 종합한 350권에 이르는 방대한 분량이었고, 이것이 간행으로 빛을 보게 된 것은 1900년에 이르러서였다. 조선 왕실을 상징하는 전주이씨 족보였기에 허위로 끼어들기를 노리는 사람이 수없이 많았을 것이다. 특히 1909년 민적부民籍簿가 작성될 때 새로 성을 갖게 된 사람 중에는 김해김씨나 밀양박씨와 아울러 전주이씨가 가장 많았다고 하는데, 『선원보』와 연결되지 않는 『선원속보』가 일제강점기에 와서 양산된 것도 이런 시대적 배경과 연결되는 것으로 추정된다.

정승모의 연구에 따르면, 전주이씨가 가장 많이 분포하는 지역이 경기도다. 이는 다른 지역보다 왕실 소유의 땅이 많았기 때문이며, 한편으로는 다른 지방에 비해 군현 단위에서 양반 관계망이 조밀하지 않아 향권 경쟁이 약한 곳이기도 했기 때문이다. 따라서 경기도는 다른 지역에 비해 씨족 간 경쟁이 약해서 족보 위조나 신분상의 모칭이 상대적으로 쉬웠고, 특히 주로 전주이씨가 그 대상이 됐다고 한다.[5]

이런 면으로 본다면, 황해도를 비롯한 서북 지역도 예외는 아니었다. 다산 정약용이 황해도 외직에 나가 있을 당시의 경험을 『경세유표經世遺表』「부공제賦貢制」에 담으면서 "우리나라 법에 공족公族은 비록 10대라도 군역을 매기지 않기에 서성천족庶姓賤族이 거짓 족보를 만들어 함부로 선파璿派에 의탁하고 있다. 내가 전일 서도西道에 있을 때 스스로 선파라 칭탁하는 자를 보면 반드시 성심을 다하여 조사했는데, 위모僞冒가 아닌 것이 하나도 없었다"라고 했듯이, 상대적으로 족친 범위가 넓은 전주이씨의 경우 위조하기가 쉬웠던 것이다. 이리하여 정약용은 4대만 기록하는 『선원보략璿源譜略』이 너무 간략하니, 그 제한을 넓혀 4대 이상의 자녀는 지금같이 모두 기록하고, 4대 이하 10대까지는 성손姓孫만 기록하도록 하여, 무릇 그 이름이 『선원보략』에 있는 자만 정전丁錢을 면제하자고 주장하기에 이르렀다. 이러한 주장이 나온 것도 만연한 전주이씨 족보 위조에 대한 당대의 고민을 반영한 것이었다.

특수한 족보와 생뚱맞은 족보

왕실 족보 『선원록』과 『선원계보기략』

왕실 족보를 통칭해 '선원록'이라 하며, 고려시대에도 편찬됐다고 하지만 전하는 것은 없다. 조선 태종 이전의 왕실 족보에는 전주이씨 시조 이한을 비롯해 이성계의 이복형제도 수록되어 있었다. 이원계·이화 등이 잘 알려진 이성계의 이복동생이며, 이들은 조선 건국에 참여해 많은 공을 세웠다. 그러나 태종은 이복동생들을 제거하고 왕위에 올랐기에 서얼에 대한 명분과 위계 확립에 힘을 쏟았다. 왕실 족보를 『선원록』, 『종친록』, 『유부록類附錄』의 세 형태로 작성하게 한 것도 이를 위한 것이었다.

『선원록』에는 시조로부터 태종까지의 직계를, 『종친록』에는 왕의 아들 중에서도 적자를 대상으로 하여 이성계와 자신의 아들만을, 『유부록』에는 딸과 서얼을 수록하게 했다. 태종이 왕위에 오른 12년째 되던

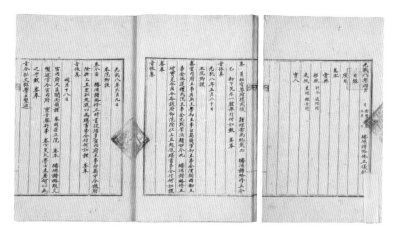

『선원보략수정의궤』 1902년 3월부터 1905년 2월까지 『선원보략』을 수정하면서 이에 관한 사항들을 정리한 것이다. 출생, 가례, 책봉, 사망, 존호 등의 내용을 기록했다. 일본 궁내청 소장 조선왕실 의궤 중의 하나였는데 2011년에 환수됐다.

1412년에 벌인 작업이었다. 그리하여 『종친록』에는 특정 왕의 직계 후손 9대까지 수록했고, 『유부록』에는 특정 왕의 여계 후손을 6대까지 실었다. 9대까지의 남계 후손과 6대까지의 여계 후손이 왕실 족보에 올라가게 된 이유는 의친議親(왕실의 친척)으로서 특별대우를 받았기 때문이다. 조선시대의 의친은 형사적으로나 경제적으로도 특혜를 받았는데, 그 근거 자료로 『종친록』과 『유부록』이 크게 활용됐다.

숙종조에 이르리 『종친록』과 『유부록』을 종합한 『선원계보기략』이 작성됐으며, 이것이 『선원보략』으로 약칭되어 조선 후기의 왕실 족보를 대표하게 됐다. 이는 1908년까지 250여 년에 걸쳐 114회나 작성됐고, 국가의 족보로 인식되어 실록을 보관하던 사고에 비장됐다. 총서·범례·선원선계·열성계서도·선원세계·팔고조도 등으로 구성되어 있으며, 계속 중간했던 이유는 왕실의 여러 경조사로 인한 변경 사항이나 새로운 기재 사항이 생겼기 때문이다. 왕의 즉위, 존호, 휘호, 시호, 능호, 비빈 책봉, 왕세자나 왕세손의 탄생과 같은 일이 생길 때마다 새로 추가했던 것이다.

『선원계보기략』은 체제상 두 가지 형태가 있는 것으로 알려져 있으며, 규장각과 장서각에 각각 보관되어 있다. 장서각본은 매 왕대별 간본들이 빠지지 않고 잘 갖추어져 있고, 아울러 간행 연도 미상의 낙질본들과 사본들이 별도로 보관되어 있다.

한편 『선원계보기략』을 수정 또는 보완할 때마다 그 경위와 전말을 기록한 책이 『선원보의궤』인데, 현재 93종이 남아 있다. 특히 1680년 10월에 『선원록』 50권이 만들어졌으나, 서출을 적자로 기록했던 것과 같은 모록冒錄이 문제가 되자, 수정을 결정한 내용도 포함되어 있다. 1680년부터 1681년까지의 『선원록』 교정에 관한 기록인 『선원록교정청의궤』에 그런 사실이 잘 나타나 있다. 의궤는 그 명칭이 다양했으나 대략 1764년부터 『선원보략수정의궤』로 고정되어 1907년까지 사용됐다. 대부분 규장각에 소장되어 있다.

족보의 파생 상품, 팔고조도와 십육조도

족보에 관심 있는 웬만한 사람들에게는 잘 알려져 있지만, 일반인에게는 다소 생소한 것이 팔고조도가 아닌가 생각된다. 앞에서도 언급했듯이, 뿌리를 찾기 위해 자신의 계보를 확인하고자 할 때 서구인은 자신을 기점으로 하여 가까운 조상부터 찾아 올라가는 데 반해, 우리는 조상을 기점으로 하여 내려오는 계보 찾기 형식을 취한다는 특징을 보인다. 그런데 우리의 수많은 가계 기록 형식 중에서 서구인이 즐겨하던

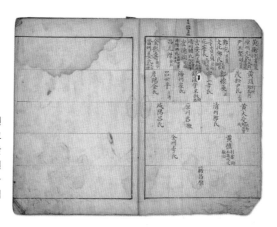

팔고조도 팔고조도는 주인 공의 일직선상에 나타나는 고 조대까지의 내외 조상을 찾 아 넣은 가계 기록이다. 사진 은 창원황씨 황일호(1588~ 1641)의 「팔고조도」다. 국립 민속박물관 소장.

방식으로 계보를 추적하던 것이 바로 팔고조도다.

팔고조도는 주인공을 기점에 놓고, 실제 그 자신을 있게 해준 순수한 혈통을 찾아 올라가는 방식이니, 부계 친족 중심의 계보 기록이 아니다. 주인공 자신을 기점으로 순수 혈통을 찾아 올라간다면 주인공 위 칸은 아버지와 어머니 두 명이고, 그다음 위 칸은 아버지를 낳아준 할아버지와 할머니 그리고 어머니를 낳아준 외할아버지와 외할머니 네 명이다. 또 그 위 칸은 앞에서 설명한 네 명을 실제 낳아준 증조대 실제 인물 여덟 명, 또 그 위 칸은 고조대 인물 열여섯 명, 또 그 위 칸은 5조대 인물 서른두 명 등으로 불어나니, 10대조 선까지 거슬러 올라간다면 무려 1,024명의 인물이 나에게 피를 물려준 이들이다. 아울러 23대를 거슬러 올라가면 1677만 7,216명의 선조가, 33대를 올라가면 수억 명의 선조의 피가 주인공인 나에게 흘러 들어왔다는 것인데, 정녕 이로써 우리는 생명이 매우 소중하다는 것을 새삼 느낄 수 있을 뿐만 아니라, 우리 모두 혈연으로 맺어진 남남이 아니란 사실을 알 수 있다.

허균이 어린 시절 당숙 집에서 『고려사』를 뒤적이다가 권한공權漢功

전을 보고는 옳고 그름을 논했더니, 옆에서 듣고 있던 당숙이 "어린애는 말을 조심해야 한다", "우리나라 재신들의 허물을 부디 논하지 마라" 하고 주의를 주면서 가보家譜를 가지고 와서 보여주는데, 알고 보니 권공은 자신의 5대조 할머니의 외증조였던 것이다. 이를 계기로 내외 조상을 널리 조사해보니, 고려 이전에 드러나게 벼슬한 집안치고 자신의 조상과 연관되지 않은 집이 없었다고 한다(『성소부부고』 「성옹지소록惺翁識小錄」).

이 정도까지 설명이 됐으면, 팔고조도에는 언제나 남자와 여자의 수가 정확하게 반반이라는 사실을 알아차렸을 수 있을 것이다. 4조대에 해당하는 고조대 설명을 덧붙이자면, 정확하게 할아버지 여덟 명에 할머니가 여덟 명이 될 것이고, 도합 열여섯 명의 조상 중에서 부계로 거슬러 올라간 고조할아버지 한 명을 제외한 나머지 열다섯 명은 언제나 모계 쪽 조상임을 알 수 있다. 그러니 생물학적으로 따진다면 당연히 모계사회로 가야 하는 것이 자연스러운 이치일 것이다.

18세기의 실학자 성호 이익은 그의 종질 이관휴가 윗대로 거슬러 올라가는 팔고조도식의 『십세보』를 작성해 서문을 부탁하자, 이렇게 썼다.

족보에는 한 사람의 몸에서 뻗어나온 수백 수천의 자손이 외손까지도 포함해 빠짐없이 수록되어 있다. 그러나 나의 근원이 된 조상을 찾아보면 겨우 내가 속한 씨족의 시조에 도달할 뿐, 외가 계통의 근원에는 이르지 않고 있으니, 이것은 아래로는 상세히 밝히면서 위로는 소략하게 다루는 것이다. 무릇 사람들이 자식을 기를 때 아들과 딸을 똑같이 사랑하는 것과 마찬가지로 자식이 어버이에 대한 효성에 있어서도 아버지와 어머니 사이에 차이가 있을 수가 없다. 그렇다면 족보에서 딸자식에 대한 애정을 생각해 그 딸자식의 자손까지도 다 수록하는 것과 마찬가지로 어머니에 대한 효성을 생각하면 그 어머니의 선대도 수록하고 할머니에 대한 효성을 생각해 그 할머니의 선대도 밝히는 것이 자손 된 도리가 아니겠는가?

인간의 정리로 생각한다면 팔고조도식의 계보 정리가 매우 합당한 방식인 것은 분명하다. 그런데 왜 전통사회에서는 이런 방식의 족보가 부차적인 것으로 밀려나고 말았을까? 그것은 결국 조선 후기에 들어와 중국의 종법제도가 서서히 정착해가면서 딸보다는 아들, 아들 중에서도 차자보다는 장자 위주의 사회로 변한 것이 주원인이었다.

이렇듯 부계 친족사회로 이동하는 과정에서 종가가 만들어지고 문중이 확대되어가면서 종족과 씨족사회가 됐기에, 오로지 부계 친족 중심의 족보 편찬 방법에만 매달리게 됐다. 그리하여 '우리'라는 둥우리에는 성씨를 달리하는 외손이 탈락하고, 오로지 동일한 성관을 가진 자와 이 무리에 시집온 여자만 남게 됐다.

아무튼 팔고조도 가계 기록 방식으로 계보를 정리하던 옛 선조들이 대개는 고조대에 한정해 끝을 맺었고, 5대 32명, 6대 64명, 7대 128명 등으로까지는 거슬러 올라가지 않았다. 고조대로 한정했다면 고조할아버지가 모두 여덟 명이 되는 가계도일 것이고, 그에 따라 명칭이 팔고조도로 정해졌음을 알 수 있다.

고조대로 한정한 가계도가 된 연유에 대해서는 정확하게 알 수 없다. 후손을 촌수로 따질 때도 고조할아버지가 피를 물려준 범위 내에 속한 8촌과 그 밖의 9촌 이하가 큰 차이를 보였던 관례는 일찍부터 정착됐을 것이다. 고려 성종 때 중국으로부터 복제服制를 도입한 유교적 가족윤리로 친진親盡(4대 조상보다 더 멀어져 제사 지내는 대수를 다함)이라는 것이 정착됐고, 자손에게 상속이나 문음의 혜택을 줄 때도 복제의 의무가 있는 고조와 현손 이내로 한정하던 것이 조선시대에도 그대로 답습됐다.

이에 따라 고려 말부터 조선 초기에 이르는 시기의 족도를 비롯한 내외자손록 같은 종류의 가계 기록을 작성할 때에는 반드시 복제의 의무가 있는 현손까지로 한정해 내외손 구분하지 않고 모두 수록했던 것이다. 전통사회에서 '동고조 8촌'이란 관용구를 자연스럽게 썼던 것도 그 때문이다. 이런 유교 윤리의 측면에서 본다면 위로 거슬러 올라가는 조상 계보에도 자연스럽게 영향을 미친 것이 아닌가 여겨질 뿐이다.

아울러 조선 왕실에서는 왕비의 가계를 추적해 8고조의 범위로 추심하던 관례가 일찍부터 정착되어 있었던 것으로 보인다. 왕실 족보인 『선원보략』에는 태조 이래 역대 왕의 8고조가 첫 권에 수록되어 있는데, 이것은 왕비의 8고조에 대한 자료 정리 없이는 불가능하다고 보이기 때문이다.

이상에서 살펴본 팔고조도 관념 때문인지는 모르나, 증조대로 한정해 사증조도 혹은 5대조까지 거슬러 올라간 십육조도와 같이 축소하거나 확대한 가계 기록은 보이지 않는다. 물론 우리 역사상 십육조도라는 가계 기록이 작성되기는 했었다. 그런데 그 십육조도라는 것도 알고 보면 고조에서 한 대 더 확대한 5대조까지의 가계도가 아니다. 5대조까지로 확대한다면 배열하는 공간이 여섯 칸으로 되어야 하나, 십육조도에도 배열 공간 역시 다섯 칸으로 제한되어 있다. 다시 말한다면 팔고조도 두 개를 합쳐 십육조도로 만들었던 것에 불과하다.

이때 기준점은 작성자 자신이 아니라 아버지와 어머니가 된다. 팔고조도에서 기준점이 됐던 작성자 본인에서 한 대 더 거슬러 올라간 두 명을 기준점으로 삼았으니, 이에 따라 각각 작성된 팔고조도를 펼치면 자연스럽게 십육조도가 된다. 이 기준점은 부·모가 될 수도 있고, 조부와 조모가 될 수도 있다. 작성자의 의지에 따라 더 거슬러 올라갈 수도 있다. 이렇듯 언제나 한 쌍으로 배치한 팔고조도를 우리 선조들은 십육조도라고 불렀던 것이다.

따라서 전통사회에서는 고조대의 여덟 명을 기준으로 한 팔고조도가 기본이었음을 알 수 있다. 만약에 고조 윗대로 소급하는 가계도를 만들려고 한다면, 팔고조도를 여러 개 만드는 방식으로 추진하곤 했다. 먼저 주인공의 아버지 팔고조도와 어머니 팔고조도를 만들고, 그 다음으로 조부와 조모의 팔고조도를 각각 만들고, 또 증조부와 증조모의 팔고조도를 각각 만드는 방식을 취하는 것이니, 팔고조도가 바로 최소 단위인 동시에 최대 단위라는 것을 쉽게 알 수 있다.

한편 내외 족보를 함께 추적한 것으로 내외보라는 것이 있는데, 내외보는 글자 그대로 내보와 외보로 구성된 것을 말한다. 작성자를 기준으로 직계 조상의 계보를 밝힌 것이 내보이고, 직계 조상의 배우자 쪽을 수록한 것이 외보다. 따라서 내보는 앞에서 설명한 가승 체제와 비슷하다고 보면 되고, 외보는 내보에 수록된 조상의 배우자 한 사람 한 사람을 대상으로 그 배우자가 속한 씨족의 시조로부터 해당 배우자 대에 이르기까지의 계보를 내보와 같은 방식으로 기록한 것이다. 따라서 외보를 다른 입장, 즉 배우자의 입장에서 보면 바로 그들의 내보가 된다.

그러하니 직계 조상 10대까지를 대상으로 한 내외보를 만든다고 가정하면, 최소한 직계 내보 한 개와 그들의 배우자 내보 최소한 열 개가 합쳐져야 완성된 내외보가 되는 것이다. 여기에서 최소한이라고 한 것은 배우자가 열 명일 때를 가정한 것인데, 실제는 이보다 많은 것이 일

청도 임당리 김씨고택 내시 김일준(1863~1945)이 낙향하여 살았던 집으로, 임진왜란 전부터 400여 년간 16대 내시 가계가 이어져온 곳이며, 특이한 내시가의 족보를 남겼다.

반적일 것이다. 부인이 죽고 난 후 재혼한 사례가 많기 때문이다. 따라서 내외보에 수록된 전체 인물을 대상으로 한다면, 친가 인물보다 외가 인물이 열 배 이상의 수를 차지하게 될 것이다. 얼마나 많은 수의 내외보가 작성됐는지는 확실치 않으나, 오늘날 남아 있는 것은 극히 드물다. 현존하는 것 중에 대표적으로 이재 황윤석이 작성한 『기성황씨 내외보』가 있다.

내시의 족보, 『양세계보』

경상북도 청도 임당리에 가면 내시가 살았던 김씨고택이 있다. 중요 민속문화재 제245호인 김씨고택은 일반적인 가옥 구조와 비교해 다소 특이한 점이 있는데, 안채에서 살림하는 부인들의 동선을 제한하고 이를 감시할 수 있도록 설계됐다. 고택 실측 조사 중에 별묘에서 『내시부통정김일준가세계內侍府通政金馹俊家世系』라는 내시 족보가 발견되어 주위의 관심을 끌었다. 김일준(1863~1945)은 조선 말기 통정대부 정3품을 지냈으며, 내시 가문 시조로부터 16대째를 이어온 사람이다. 따라서 당대에까지 내시 생활을 해왔으며, 17대 광주김씨 김문선(1881~1953)부터 다른 길을 걸었다.

『내시부통정김일준가세계』에는 시조부터 2대 이세윤과 3대 김희보를 거쳐 14대 유광원과 15대 김병익에 이르기까지 수록되어 있다. 9대 정세경은 분무원종공신奮武原從功臣이 되기도 했다. 분무공신이란 1728년(영조 4)에 일어난 이인좌의 난을 평정한 공으로 녹훈된 공신을 지칭한다.

내시 가계를 잇는다는 것은 양자를 들이는 방법 외에는 없다. 그렇기 때문에 대를 이어가는 자손 모두 성씨가 다른 것이 특징이다. 시조부터 15세까지 지낸 관직과 성명·본관·묘소의 위치나 좌향 등이 소상히 기록되어 있으며, 시조가 청도에 입향한 내력도 수록되어 있는데, 그 시기가 1500년대였음을 알려준다.

국립중앙도서관에는 내시의 족보인 『양세계보』가 소장되어 있다. 이 역시 성씨를 달리하는 양자로 이어져온 내시의 계보다. 이 족보는 1805년 이윤묵이 만들었다. 내시도 다른 가문과 마찬가지로 가계 계승 의식이 컸음을 보여주는 대목이다. 종성은 아니지만 기른 정 역시 낳은 정 못지않아 족보를 만들게 됐다는 사실을 서문에서 밝혔다. 이후 100년이 더 지난 1920년에 중수본을 만들었는데, 나누어진 여러 파를 새로 정비할 필요성이 있기 때문이었다. 내시의 계파는 그들이 살았던 곳을 중심으로 한 계동파와 장동파로 양분됐는데, 계동파 인물이 주도적으로 족보 제작에 나섰다. 그것은 『양세계보』가 처음 만들어질 1805년 당시에 주역을 맡았던 이윤묵이 계동 계열이었기 때문이기도 하다.

책의 표지에는 『양세계략보養世系略譜』라고 되어 있으며, 당초에 이윤묵이 썼던 서문과 1920년대에 중수에 따른 서문을 추가한 후 「양세계총도養世系總圖」를 붙여놓았다. 이는 세계 전체에 대한 윤곽을 이해할 수 있도록 배려한 것이며, 구성원이 간단한 내시 계보이기에 가능했던 도판이었다. 이후 체제는 일반 족보와 별반 차이를 보이지 않는다. 다만 내용을 기록하는 원칙이 일반 족보와 조금 다르다. 성씨명이나 고향 등을 반드시 기록했기 때문이다.

입양하지 못한 경우 '무후'로 표시함과 동시에 앞의 「양세계총도」의 이름 아래 동그라미로 표시했다. 입양자가 두 명 이상일 때는 형제순으로 기록하고, 입양 후 개명을 한 때에는 초명과 개명한 이름을 동시에 적어 넣었다. 일찍 죽었거나 죄를 지은 경우 혹은 봉사손의 이동과 같이 특이한 사안은 따로 기록했는데, 품계나 생졸이 기록되지 않은 곳도 많다. 전체 세 권이며, 주관을 했던 계동파 인물이 상대적으로 자세하게 기록되어 있다. 고려 말 환관이었던 윤덕부 가계 579명, 이득수 가계 34명, 장필인 가계 37명을 합해 총 650명이 수록되어 있다.

벼슬길 따라 나뉜 문보, 무보, 음보

조선은 가히 보학의 나라라 할 만큼 많은 족보를 간행해왔다. 여러 씨족의 족보를 종합한 계보서인 『만성대동보』를 비롯해 『청구씨보』나 『조선씨족통보』 등이 그것이다. 『동국씨족보』나 『백씨통보』는 한국의

『진신보』『진신보』는 과거 합격을 통해 관직에 진출한 사람들의 계보를 수록한 족보다. 문과 출신들의 명단을 뽑아 모았다는 뜻으로 '문초文抄'라고 제목을 달았으나 이런 문과 출신들의 족보는 통상 '진신보搢紳譜'라고 했다. 전주류씨 정재 종택 소장.

씨족을 집대성한 것으로, 이러한 종합보가 사실 개별적인 씨족보보다 오히려 더 일찍부터 발달했다는 것이 한국 가계 기록의 역사에서 발견되는 특색 중 하나다. 가문별 족보 편찬 과정에서 기존에 나온 종합보를 참고하는 일이 빈번했던 것도 그런 이유 때문이다.

이와 함께 관직에 진출한 사람의 계보를 밝힌 『진신보搢紳譜』나 『잠영보簪纓譜』와 같은 족보도 있다. 조선시대에 관직에 진출할 때는 문과나 무과를 거치거나, 조상의 음덕을 이용한 문음으로 진출하는 등 크게 세 가지 방법이 있었는데, 이들 계통에 따라 각기 계보를 밝힌 '문보', '무보', '음보'가 제작됐다.

문보文譜

조선시대 문과 급제자에 관한 인명록 또는 일반 문사록에 해당하는 것이 '문보'다. 양반의 최종 목표가 관직으로 진출하는 것이기에 비슷한 형식의 보첩이 다수 만들어졌으며, 내용이 다르면서도 제목이 같은 것도 전해진다.

규장각에 소장된 『문보』 4책의 필사본을 소개하면, 순조조에서 고종조에 걸친 문과 급제자 1,033명을 성씨와 본관별로 분류해 성명, 자, 출생 연도, 급제 연도와 종류를 기재하고, 아버지 이상 8대조까지 조상과 외조부 및 장인의 성명과 관직을 기록했다. 27개 성씨의 인물을 대상으로 했다. 성명 상단에 역임한 최고 관직, 품계, 처벌 내용, 사망 여부를 기재했다. 규장각에는 이외에 다른 종류의 문보도 다수 소장되어 있으며, 장서각과 국립중앙도서관 및 국사편찬위원회 등에도 여러 종류의 문보가 소장되어 있다.

무보武譜

'무보'는 무관 출신 집안의 가계를 정리한 책으로, 필사본 형태로 남아 있으며, 규장각이나 국립중앙도서관 등에 소장되어 있다. 양반의 한 축을 형성한 무반이었지만, 오랜 문치주의의 영향으로 문반보다 천시됐던 것은 사실이다. 세족과 문벌을 자랑하는 조신朝臣이 문과 급제를 우대했기에 문보는 가가호호 소장한 경우가 많으나 무보가 귀한 것도 그런 이유 때문일 것이다. 장서각에 소장된 『무보』를 보면 무반 출신을 모아서 그 자손의 성쇠를 병기해 놓고 있어, 인맥 형성 과정을 이해하는 데 목적을 둔 것으로 파악되기도 한다. 수많은 성씨 가운데 『무보』에 오른 성씨가 그리 많지 않은 것으로 보아, 계획대로 마치지 못한 것 같은 느낌이다.

등재된 성씨로는 전주이씨를 필두로 이씨가 26본에 1,200명, 안동김씨를 비롯한 김씨가 12본에 320명, 동래정씨를 비롯한 정씨가 8본에

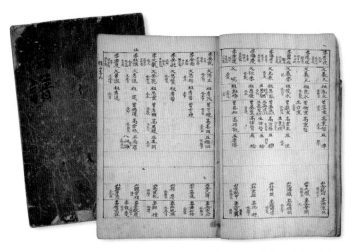

음보 음보는 문음으로 관직에 진출한 이들의 가계를 수록한 족보다. 필사본. 진성이씨 향산고택 소장.

210명, 평산신씨 175명, 능주구씨 113명, 인동장씨 57명, 청주곽씨 1 명 등 각 수십 종류의 성씨를 본관별로 구분해 각기 무관 계열을 나타냈고, 전주이씨의 경우는 각 왕자의 파별로 분류했다. 모두 2,100여 명의 출신 내력, 최종 관직, 자, 호 등이 수록되어 있다. 무과에 처음 급제한 사람을 상단으로 올리고 그 밑에 아들과 조카 등을 기록했다. 무관과 문관 출신을 구분해 표시했고, 최하단에서 위 칸까지는 무관 출신이 벼슬할 당시 소속청의 상관 이름을 기록해 인적 네트워크를 활용하려는 뜻을 내보이기도 한다.

음보蔭譜

조선시대에 음직으로 진출한 인물의 가계를 수록한 것이 '음보'다. 다양한 종류가 있는데 모두 필사본이며, 2책 또는 4책으로 된 것을 쉽게 찾아볼 수 있다. 조선 후기에 가계 의식이 강화되면서 음직 출신 관직자도 하나의 범주로 묶어보려는 의도가 엿보인다. 의관이나 역관이 뭉쳐『의역주팔세보醫譯籌八世譜』,『역등제보譯等第譜』등과 같은 족보를 만들었던 것도 같은 시기의 같은 맥락일 것이다.

여러 사람에 의해 만들어졌기에 제목과 형식이 비슷하면서도 수록 대상 인물에서 차이가 나는 것이 많다. 당대에 활동하던 음직 출신 인물을 성·관별로 나누어 놓은 뒤 개개인의 관직 진출 연도와 역임 관직 등 이력 사항을 기재하고, 8대 또는 10대까지의 직계 조상과 외할아버지·장인 등의 이름과 역임 관직 같은 인적 사항을 밝혔다. 양자로 출계한 인물은 생부와 양부 두 가계를 모두 기록했다. 규장각 도서인 『음관세보蔭官世譜』등도 같은 성격이며, 문음 출신들의 계보를 문·무관의 가계보와 함께 묶은『삼반십세보三班十世譜』와 같은 족보도 있다.

만인의 족보, 만성보

'만성보'란 글자 그대로 모든 성관의 혈통 관계를 기록한 족보다. 따라서 여러 씨족보를 합친 종합보인 셈이니, 그에 따른 명칭 또한 만가보萬家譜·백가보百家譜·백성보百姓譜·천성보千姓譜 등 다양하다.

『세조실록』에 따르면 1467년(세조 13) 1월 25일에 "대사헌 양성지가『해동성씨록』을 찬술해 올렸다"라고 했다. 그러나 양성지가 찬술한 『해동성씨록』은 현재 남아 있지 않다. 따라서 단순한 성씨 관련 자료를 모은 것인지, 성관별 계보까지 그려 넣은 족보 형태인지는 분명하지 않다. 따라서 실질적인 만성보는 17세기에 들어와 편찬되기 시작했다고 할 수 있다.

『동국잠영만성보東國簪纓萬姓譜』. 높은 관직에 오른 사람들을 성씨별로 정리해놓은 일종의 만성보. 전주역사박물관 소장.

17세기 이래 만들어진 만성보를 보면, 7권으로 된 조종운(1607~1683)의 『씨족원류氏族源流』, 18권으로 된 정시술의 『동국만성보東國萬姓譜』, 29권으로 된 임경창의 『성원총록姓苑叢錄』 등 쟁쟁한 족보가 세상의 빛을 보았다. 그러나 현재 모두 남아 있지 않아 안타까울 뿐이다. 아무튼 만성보를 편찬하던 분위기는 그대로 이어져 19세기 후반부터 20세기 초반까지 10권으로 된 이창현의 『성원록姓源錄』을 비롯해, 46권으로 된 『백씨통보』, 해남윤씨 종가에 소장된 『만가보』 등이 필사본으로 전해진다.

특히 20세기에 접어들면 활자본으로 만성보를 간행하기 시작했다. 1916년에 목활자본으로 간행된 『동국만성잠영보』를 비롯해, 1924년 윤창현에 의해 편찬된 『조선씨족통보』, 1925년 송윤식 등에 의해 편찬된 『청구씨보』, 1931년 윤직구에 의해 3책으로 간행된 『만성대동보』 등이 쏟아졌는데, 『만성대동보』는 종합 씨족보의 결정판이었다.

이들 만성보 중에서 오늘날 가장 많이 활용되는 것은 『씨족원류』와 『만성대동보』다. 『씨족원류』는 조종운이 풍양조씨의 족보를 편찬하던 과정에서 탄생한 족보다. 실전된 조상 계보를 확인하다가 다른 문중의 가계도를 그려 넣으면서 확대됐기 때문이다. 약 540개 문중의 계보를 그려 넣었고, 각각의 인물에 대한 자호, 과거 합격 여부와 종류, 최후의 관직 등을 기록했다. 아울러 배우자와 외가의 계보도까지 수록할 정도로 많은 양의 자료를 섭렵했다. 외손까지 출생순으로 기록한 것이 특징이며, 이 족보를 보노라면 조종운을 왜 당대 최대의 보학자라 하는지 단박에 알 수가 있다.

이창현의 『성원록』은 역관이나 의관 등 기술계 종사자의 중인층 계보를 밝혔다는 점에서 주목받을 만한 족보다. 이창현 당대의 노력으로 편찬된 것이 아니라, 그의 조부 때부터 3대에 걸쳐 수정 보완됐다. 46권으로 된 『백씨통보』는 50개 본관과 160개 성을 대상으로 하여 10칸으로 수록한 족보로, 당시 이름난 보학자 구희서가 편찬한 것이 아닐까 추정하기도 한다. 전라도 해남의 윤씨 종가에 소장된 『만가보』는 270여 성관을 대상으로 삼았다. 따라서 조선시대의 유력 성관을 망라한 셈인데, 초기 족보의 형태와 후기 족보의 형태가 혼용되어 있다. 예컨대 외손과 서자까지 기록하는 초기 방식과 친손과 부계 중심의 선남후녀로 등재하는 후기 방식이 동시에 나타난다.

당초 만성보는 자기 집안의 족보에 참고하기 위해 제작됐으나, 일제강점기에 들어와 수요가 급증함에 따라 활자본으로 간행하기 시작했다. 특히 『만성대동보』가 1931년에 상·하 두 권으로 출간되자 파장이 엄청나게 컸다. 근대 활자로 발간된 최초의 만성보이기도 했지만, 수록 범위와 내용이 타의 추종을 불허할 정도로 방대했기 때문이다. 이렇게 되자 『만성대동보』에 수록되지 않은 문중들이 전국에서 벌 떼같이 일어나 항의하는 소동이 벌어졌고, 결국 2년 후에 속편을 출간할 수밖에 없었다.

만성보와 씨족 단위의 족보는 상호 보완되는 측면이 있었다. 족적 기반을 확대하기 위해 여러 성관이 하나의 성관으로 통합되는 과정에서 만성보가 활용되기도 했다. 특히 상대上代 세계世系를 소급하는 과정에서 만성보에 근거한 조상을 찾아 올라가는 일이 많았고, 아울러 씨족보의 계보를 참고로 만성보를 정리하기도 했다. 만성보가 나타나게 된 것은 조선시대에 보학이 크게 유행한 것에 연유하는 측면이 강한데, 씨족보에 나타난 계보의 진위 여부를 판별할 때 만성보가 그 준거가 되기도 했다.

이처럼 만성보가 크게 유행했다는 것은 우리나라가 가히 보학과 족보의 나라임을 증명하는 것이 되고도 남을 것이다.

『사성강목』과 『선세외가족보』

족보를 공부하다 보면, 고성이씨 가문에서 편찬한 『사성강목』이나 『선세외가족보先世外家族譜』처럼 다소 엉뚱한 족보도 만나게 된다. 특히 16세기 말 송암 이노(1544~1598)에 의해 편찬된 『사성강목』은 원래 표제가 『송암세보사성강목松巖世譜四姓綱目』으로, 우리 족보사에 보기 드문 독특한 보첩 양식을 가지고 있다.

이 책은 건·곤 두 부분으로 나누어진 필사본으로 가로 36센티미터, 세로 26센티미터 정도인데, 족보 작성자 이노를 기점으로 부의 내·외

『용사일기(왼쪽)와 그 목판(오른쪽) 임진왜란 당시 의병장으로 활약했던 이노李魯가 남긴 일기 (1592~1593)와 그 일기를 찍었던 목판. 경상남도 의령군 정곡면 고성이씨 문중 소장.

변과 모의 내·외변에 네 개의 성씨와 혼인으로 연결된 가문의 선계先系와 후손을 인물 전기 형식으로 정리한 것이다. 건부 상편에는 친가인 고성이씨, 하편에는 진외가인 창녕성씨 편을, 곤부 상편에는 외가인 남평문씨, 하편에는 외외가인 안악이씨 편을 각각 수록했는데, 이노의 부계 2조(① 조부계, ② 조모계)와 모계 2조(③ 외조부계, ④ 외조모계)에 대해 살펴보면 다음과 같다.

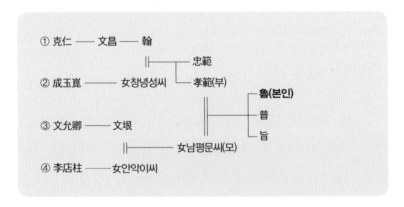

경남 의령 출신인 이노는 남명 조식의 문인으로 임진왜란 때는 의병으로 활약하면서 『용사일기龍蛇日記』를 남기기도 했다. 또한 이노는 자신이 속한 고성이씨 가문의 인척으로 묶인 네 개의 성씨 계보를 추적하

여 이들과 혼인으로 얽힌 총 41개 성씨 계보의 인물 전기를『사성강목』
에 실었다. 따라서 이들 대다수는 16세기 말 진주권 중심의 경상우도
남명학파 인사를 배출한 가문이라는 점에서 당시 진주권 재지사족의
현황을 파악하는 데 소중한 자료인데, 1577년부터 약 15년에 걸쳐 자
료를 수집하고 1597년에 최종 마무리를 했으니 약 20년간 공을 들인
산물이었다.

이노가『사성강목』을 편찬한 것은 "족보가 유래한 지 오래됐으나
비록 거가대족巨家大族이라도 없는 자가 많았고, 일을 알 만한 자도 그
선조 유래를 알지 못하는데, 하물며 외파外派의 본말을 능히 탐심하기
를 바라리오"라고 밝힌 것과 같이, 외파 세계의 본말까지 잘 정리해 후
세에 전하기 위해서였다. 그리하여 직계를 강綱, 방계를 목目으로 구성
했는데, 배위配位 선조 역시 강에다 수록했다. 이는 친족을 상세히 하
기 위한 자구책이었고, 직계 배우자(처)는 '모씨某氏, 출생 모년某年, 사망
모일某日, 장지 모산某山'이라고 표기했다. 그가 편찬 체제를 강목체로
한 것은 두드러진 행적이 있는 인물에 대해 횡간을 쳐서 기록하는 일반
적인 족보 체제로는 기록에 한계가 있기 때문이었다. 그리하여 마치 묘
지명법墓誌銘法처럼 인물 전기를 소개했는데 그 점이 이 족보의 가장 큰
특징이라 하겠다.

『사성강목』의 체제를 보면 '서문, 목록(건부 상편 고성이씨, 건부 하편
창녕성씨, 곤부 상편 남평문씨, 곤부 하편 안악이씨), 기법記法(26조항), 전성傳
姓(건 상부 15개, 건 하부 9개, 곤 상부 9개, 곤 하부 8개 성씨를 나열한 세부 목
록), 전조관호품질前朝官號品秩(일종의 고려 · 조선의 관직 대조표), 본문'으로
구성된다. 그리고 본문의 세부 구성을 보면, 고성이씨부터 소개되는 네
개 성씨의 시작 첫머리에 해당 읍(본관지) 고적을 여지輿志에 근거해 각

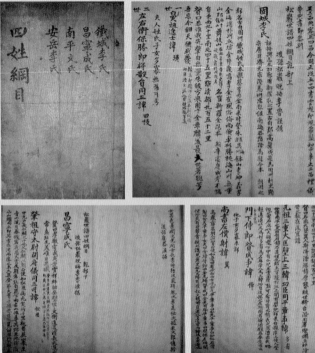

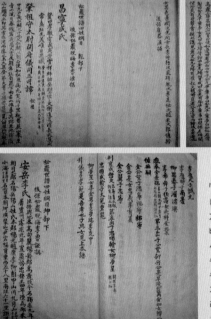

『사성강목』 경남 의령 출신의 이노李魯 (1544~1598)는 남명 조식의 제자다. 그가 편찬한 『사성강목』은 친가 고성이씨를 비롯하여 외가, 외외가, 진외가 등 4개 성씨에 대한 가계 인물을 추적하여 전기를 수록했다 할 정도로 자세하게 기록한 특수한 족보다. 따라서 조선 중기 영남우도 지역 사족 간의 혼맥과 네트워크가 잘 드러난다는 점에서 귀중한 자료다. 경상남도 의령군 정곡면 고성이씨 문중 소장.

『사성강목』에 수록된 성씨

목록	사성四姓	사성四姓과 혼인 관련 수록 성씨	합계
건상부乾上部	고성이씨	승화(전주)류씨承化(全州)柳氏, 기성조씨岐城曺氏, 의상서씨宜桑徐氏, 승평박씨昇平朴氏, 밀양변씨密陽卞氏, 창원황씨昌原黃氏, 함양박씨咸陽朴氏, 풍산홍씨豊山洪氏, 선산김씨善山金氏, 주계이씨周溪李氏, 흥양이씨興陽李氏, 문화류씨文化柳氏, **초계정씨草溪鄭氏**, 창산성씨昌山成氏, **춘천박씨春川朴氏**	15
건하부乾下部	창녕성씨	승평장씨昇平張氏, 익화이씨益和李氏, 철원최씨鐵原崔氏, **강양이씨江陽李氏**, 함안정씨咸安鄭氏, 진산강씨晉山姜氏, 창녕장씨昌寧張氏, 성주배씨星州裵氏, **춘천박씨**	9
곤상부坤上部	남평문씨	평산한씨平山韓氏, 광산노씨光山盧氏, 상주김씨尙州金氏, 청산정씨靑山鄭氏, 상산김씨商山金氏, 진주강씨晉州姜氏, **합천이씨陜川李氏**, 금산김씨錦山金氏, 안악이씨安岳李氏	9
곤하부坤下部	안악이씨	함흥이씨咸興李氏, **합천이씨**, **초계정씨**, 함안이씨咸安李氏, 밀양박씨密陽朴氏, **강양이씨**, 창원박씨昌原朴氏, 성주이씨星州李氏	8

읍 명호와 성씨, 산천, 명관名官 등을 수록한 후에 추심 가능한 선조부터 차례대로 강목 방법의 서술체로 소개했다. 『사성강목』에 소개된 성씨를 정리하면 위의 표와 같다.

위의 표에서 보듯이, 초계정씨는 고성이씨 및 안악이씨와의 혼인으로 양쪽에 등재됐고, 춘천박씨는 고성이씨와 창녕성씨, 강양이씨는 창녕성씨와 안악이씨, 합천이씨는 남평문씨와 안악이씨 간에 각각 중첩된 혼인으로 양쪽에 등재됐다. 따라서 『사성강목』에는 모두 37개 성씨, 41개 가문이 정리되어 수록된 셈이다.

한편 이노는 『사성강목』을 만들면서 무엇보다도 인물 소개에 대한 원칙과 기준을 꼼꼼하게 세웠는데, 그럼에도 가까운 친족은 한미하더라도 상세하게, 먼 친족은 번성하더라도 간단하게 서술한다는 원칙을 고수했으며, 사위의 가계가 명가나 대가大家일 때는 그 성씨의 유래부터 꼼꼼히 밝힌다는 원칙도 아울러 지켰다. 자녀를 구분하지 않고 출생순으로 하되, 딸의 경우 사위의 이름을 '여서女壻' 혹은 '여부女夫'라는 표현으로 혼용했으며, 외손 계열도 대수를 제한하지 않았다.

특히 『사성강목』에는 입양제도나 적서 문제에 대한 인식의 변화상이 잘 나타나는데, 이는 16세기 후반의 시대적 상황이 반영됐기 때문이다. 조선 초기까지는 가계를 계승해야 한다는 성리학적 종법 의식이 없어서 무후인 경우 가계가 단절된 것이 일반적이었다. 초기 족보에서 '무후' 혹은 '무속無績'이라는 표현만으로 끝냈던 것도 그러한 이유에서였다. 그러나 17세기 중엽 이후에는 반드시 양자를 들이는 분위기로 변해갔는데, 『사성강목』에서는 양자를 양부 아래 서술하지 않고 생부 아래에 그대로 두면서 출계出系 사실만 밝힌 정도다. 이는 『문화류씨가정보』에서도 동일한 서술 체제를 보이는, 16세기에서 17세기로 넘어가는 과도기적 현상을 보여주는 것이다. 아울러 서파의 경우 행적이 있거나 출사에 허통許通됐거나, 무적종無嫡宗 승가자承家者의 경우 족보에 기재한다는 원칙을 세웠고, 적자 없이 서자가 대를 이을 경우엔 '측실側室' 혹은 '서庶'로 구분했다. 이러한 사실에서 입후나 서파에 대한 사회적 인식이 조선 초기에 비해 크게 변했음을 알 수 있다.

한편 『선세외가족보』는 그 제목에서 보듯 외가의 계보를 추적한 외보外譜다. 이는 고성이씨 동추공파 이석(1647~1723)이 선대 조상의 배우자 가계를 하나하나 추적해 정리한 것으로, 가로 19센티미터, 세로 28센티미터 크기의 필사본으로 남아 있다. 모두 123장으로 구성된 목차에는 23개 성관이 기록되어 있고, 후반부에는 부록 형태로 각 외가의 가계표를 첨부했다. 대개 외보는 역대 직계 조상의 배우자를 대상으

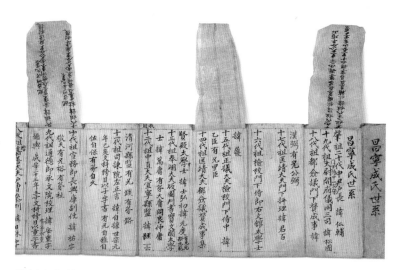

창녕성씨 세보첩 조선 후기 창녕성씨 가문의 세보 내용을 분첩 형태로 제작한 필사본이다. 성조석 씨 소장.

로 그 종족의 시조부터 배우자 당대에 이르기까지 계보를 수록하는 것이 일반적이지만, 『선세외가족보』는 마치 팔고조도처럼 외가뿐 아니라 외가의 외가까지 수록하는 방식을 취했다는 점에서 특이한 사례가 아닐 수 없다.

목차에 수록된 성관을 보면 청풍김씨, 홍주이씨, 해주최씨, 능성구씨, 평산신씨, 창녕성씨, 파평윤씨, 남양홍씨, 서산정씨, 광산노씨, 현풍곽씨, 문화류씨, 김해김씨, 재령이씨, 선산김씨, 재령이씨, 흥해최씨, 전주이씨, 파평윤씨, 양천허씨, 밀양박씨, 전의이씨, 완산이씨의 21개 성관 23개 가문을 열거하고 있으나, 남양홍씨, 서산정씨, 광산노씨의 세계는 첨부되어 있지 않다. 그 대신 강릉김씨 세계도가 첨부되어 있는데 목차에서는 보이지 않는다. 아울러 이석의 아들 이명규의 처가인 전주최씨와 처외가인 반남박씨, 처조모가인 초계정씨 세계도가 별첨 형식으로

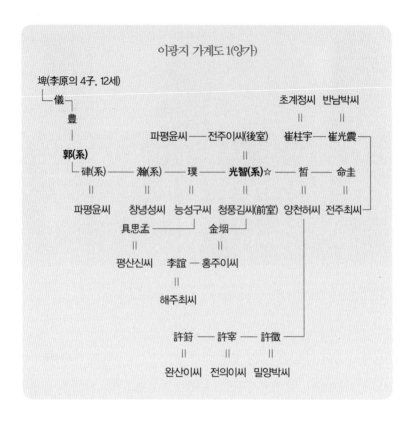

이광지 가계도 1(양가)

붙어 있다. 따라서 『선세외가족보』는 모두 24개 성관의 세계도를 싣고 있는 셈인데, 고성이씨 입장에서는 외보이지만 수록된 각 성관 입장에서 보면 그들의 내보에 해당한다.

　족보에 수록된 대상을 검토해보면 편찬자인 이석과 그의 아버지 이광지가 중심인물이다. 시조로부터 19세가 되는 이광지는 동고조 오복친을 훨씬 벗어난 15촌 이박李璞의 양자로 입적됐는데, 그 원인은 선대부터 생가에서 양가 쪽으로 입양된 사례가 많기 때문으로 풀이된다. 즉 세종조에 좌의정을 지낸 이원의 아들로 시작해 8촌으로 벌어진 이곽李郭부터 이광지 생가에서 연이어 양가로 입적되기 시작했으니[郭(系)

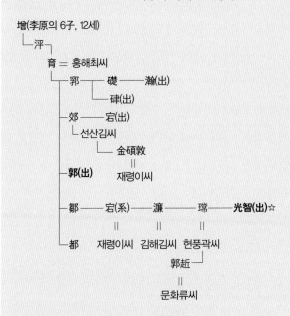

이광지 가계도 2 (생가)

```
增(李原의 6子, 12세)
└ 泙┐
   育 = 흥해최씨
    ├ 郭┬ 磝 ─── 瀚(出)
    │   └ 硨(出)
    ├ 郊 ── 宕(出)
    │  └ 선산김씨
    │      └ 金碩敦
    │          ‖
    ├ 郭(出)    재령이씨
    │
    ├ 鄒 ── 宕(系) ── 濂 ── 瑞 ── 光智(出)☆
    │         ‖        ‖       ‖
    └ 都     재령이씨  김해김씨  현풍곽씨
                             郭新┐
                              ‖
                            문화류씨
```

※ 한글 표시 성관 : 『선세외가족보』에 수록된 23개 가문

→ 硨(系) → 瀚(系)], 생가인 경상도와 양가인 경기도로 각각 거주지를 달리하면서도 꾸준한 관계가 지속되고 있었다. 양자를 주고받은 이원의 넷째 아들 비坤와 여섯째 아들 증增의 계보도를 이광지 중심으로 그려보면 가계도 1, 2와 같다.

이상에서 보듯이, 이석은 아버지 광지의 생가와 양가에 대한 외보를 동시에 작성했는데, 양가 가계도에서와 같이 이석의 외가 청풍김씨를 비롯해 외가의 외가 홍주이씨, 그 외가의 외가의 외가인 해주최씨는 물론, 후실의 친정과 그 외가의 세계도까지도 아울러 작성했다. 또한 이석 당대에는 처가·처외가·처조모가·처증조모가까지, 아들 명규 대에는 처조모까지 수록했다.

한편 이광지의 양가 외보는 고조모대가 상한선인 데 비해, 생가 외보는 6대 조모 흥해최씨까지 수록되어 대조를 이룬다. 당시 양자로 입양됐어도 생가를 더 중시하는 풍조 때문이었는지도 모르겠다. 그런데 그의 처가 청풍김씨, 양가의 모계인 능성구씨, 양가의 조모계인 창녕성씨 3대에 걸친 세계는 시조로부터 직계와 방계에 이르기까지 비교적 자세하게 기록했지만, 나머지 성관의 경우엔 시조로부터 일정한 대수까지 직계로만 연결한 것이 많다. 또한 아들과 딸을 구분하지 않고 출생순으로 수록했으며, 외손에만 그치는 것이 아니라 외5대손까지도 추적해 등재한다거나, 외손의 외손녀 자녀까지 수록했다. 이는 성관별 계보 자료 수집 당시의 상황을 그대로 전해주는 것이라 여겨진다.[6]

아무튼 이 족보는 조선 후기에도 여전히 내·외손을 동일하게 취급하던 분위기가 존재했음을 나타내주는 것이어서 흥미롭다.

제2부

성씨와 본관 그리고 조상 찾기

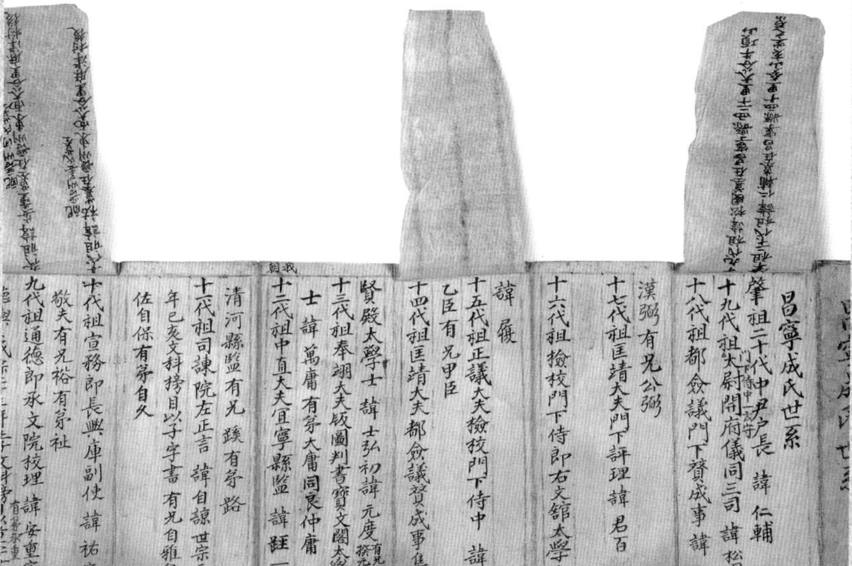

제1장

성씨와 본관의 이중주

고유 성씨와 외래 성씨

우리나라 성씨제도의 기원을 어떻게 잡아야 할까? 요즘 유행하는
언어 습관 중에 '대략난감'이라는 표현이 여기에 딱 어울릴 것 같다. 우
선 『삼국사기』 「신라 본기」에 소개된 박혁거세, 석탈해, 김알지에 관한
설화를 살펴보기로 하자. 이 어른들이 바로 우리나라 전체 인구의 약
20퍼센트나 되는 사람들의 시조 할아버지다.

박혁거세

성이 박씨이고 이름은 혁거세다. 전한 효선제 오봉 원년 갑자(기원전
57) 4월 병진(정월 15일이라고도 함)에 즉위해 거서간이라 일컬었다. 이때
나이는 13세였고 나라 이름을 서라벌이라 했다. 이에 앞서 조선의 유민들
이 산골짜기 사이에 나뉘어 살며 6촌을 이루고 있었다. (……) 고허촌 우

두머리 소벌공이 양산 기슭을 바라보니 나정羅井 옆 숲 사이에서 말이 무릎을 꿇고 앉아 울고 있었으므로 가서 보니 문득 말은 보이지 않고 다만 큰 알만 있었다. 그것을 쪼개니 어린아이가 나왔으므로 거두어서 길렀다. 나이가 10여 세에 이르자 남달리 뛰어나고 숙성했다. 6부 사람들은 그 출생이 신비하고 기이했으므로 그를 받들어 존경했는데, 이때 이르러 그를 임금으로 삼았다. 진한 사람들은 박瓠을 박朴이라 일컬었는데, 처음에 큰 알이 마치 박과 같았던 까닭에 박朴을 성으로 삼았다.

경주 나정의 박·석·김 유래를 담은 비석 혁거세의 탄생 설화를 간직한 나정에 자리한 이 비석은 1802년(순조 2)에 세워졌다. 사적 제245호.

석탈해

왜국의 동북 1,000리에 있는 다파나국의 왕이 여왕국의 딸을 왕비로 맞이했는데, 오래도록 아들이 없으므로 기도해 아들을 구했더니 7년 만에 큰 알을 낳았다. 왕이 말하기를 "사람이 알을 낳는 것은 상서롭지 못하니 버리는 것이 좋겠다"라고 하여, 비단으로 알을 싸고 보물과 함께 궤 속에 넣어서 바다에 띄우고 떠내려가는 대로 버려두었다. (……) 이때 바닷가에서 고기잡이하던 아진의선이라는 노파가 이를 보고 새끼줄로 배를 매어

「금궤도金櫃圖」 조선 중기의 사대부 화가 조속
(1595~1668)이 김알지 설화를 모티브로 그린
「금궤도」. 경주국립박물관 소장.

해안으로 끌어올린 후 궤를 열어 보니 용모가 단정한 사내아이가 있어 데려다 길렀는데, 키가 아홉 자나 되고 풍모가 준수하며 지혜가 뛰어났다. 아이의 성씨를 알지 못해 처음 배가 올 때 까치가 울면서 따라왔으므로, 까치 작鵲 자에서 새 조鳥를 떼어버리고 석昔으로 성을 삼고, 포장한 궤 속에서 나왔다고 하여 탈해脫解라는 이름을 지었다.

김알지

왕이 밤에 금성 서쪽의 시림 숲에서 닭 우는 소리를 들었다. 날이 새기를 기다려 호공을 보내 살펴보게 했더니, 금빛이 나는 조그만 궤짝이 나뭇가지에 걸려 있고 흰 닭이 그 아래에서 울고 있었다. 호공이 돌아와서 아뢰자, 사람을 시켜 궤짝을 가져와 열어보았더니 조그만 사내아이가 그 속에 있었는데, 자태와 용모가 기이하고 컸다. 왕이 기뻐하며 좌우의 신하들에게 말하기를 "이는 어찌 하늘이 나에게 귀한 아들을 준 것이 아니겠는가?" 하고는 거두어서 길렀다. 성장하자 총명하고 지략이 많았다. 이에 알지閼智라 이름하고 금 궤짝에서 나왔기에 성을 김金이라 했다.

이 설화에 바탕을 둔다면 당연히 신라가 건국되던 당시부터 박혁거세, 석탈해, 김알지 등과 같이 성과 이름을 연칭連稱하는 호칭이 있었을 것이다. 후대에 가서 우리 성씨를 일목요연하게 정리해준 『세종실록지리지』「경주부」 조항에서도 이들 세 성씨에 대해서는 토성土姓이라 불리는 일반적인 명칭과 구분하여 하늘에서 내린 '천강성天降姓'으로 표기할 정도였다. 그러나 박혁거세나 석탈해와 김알지에 사용된 성씨가 실제로는 후대에 와서 소급 추록한 것에 지나지 않는다는 것이 학계의 설명이다. 현존하

『삼국유사』 범어사본 『삼국유사』는 1281년(충렬왕 7)경에 승려 일연이 5권 2책으로 편찬한 역사서다. 여러 판본들이 개인이나 고려대 도서관, 일본 덴리天理 대학교 도서관, 규장각 등에 소장되어 있는데, 이는 부산 범어사 소장본이다.

는 삼국시대의 금석문 등에서는 성씨 사용에 대한 흔적을 찾을 수 없으니, 씨족이 분화, 발전해갔던 것과 중국식 한자 성 도입 과정은 구분해야 한다는 뜻이다. 진흥왕순수비와 같은 금석문은 당대에 만들어졌지만, 『삼국사기』나 『삼국유사』와 같은 서적은 훨씬 후대인 고려 중기 이후 편찬됐기 때문이다.

학계에 보고된 자료를 종합하면, 우리 성씨가 본격적으로 사용되기 시작한 시기는 신라 말에서 고려 초다. 당시 제작된 각종 금석문을 비롯해 『삼국사기』나 『삼국유사』에 등장하는 인물을 보면 고유 인명이 많은데, 이는 아직 중국식 한자 성을 받아들이는 초기 단계였음을 말해준다. 간혹 한자식 성명으로 된 인명이 나오기는 하지만, 고구려와

백제 계통의 성은 그 계보가 후대에까지 연결되지도 않았고, 이는 후삼국 시기에도 마찬가지였다.

따라서 통일신라 이전에는 중국과 달리 인간 호칭에 대해 고유명만 사용하다가 그 후 점차 중국식 한자로 된 성을 받아들이면서 성과 이름이 조합된 것으로 봐야 할 것 같다. 당나라에서야 이름을 함부로 부르는 것을 피휘避諱에 어긋나는 무례한 행동으로 간주해 이름 대신 성씨로 호칭했고, 그에 따라 성씨 없이는 정상적인 활동이 불가능했다. 그런데 신라에는 글자 수가 일정치 않은 이두식 이름만 있었으니, 우리에게 친숙한 거칠부居柒夫, 이사부異斯夫, 비지부比知夫, 급진부及珍夫 등과 같은 것이 그것이다. 그러다가 신라가 통일한 이후 중후기에 이르러 중국에서 한자식 두 글자로 된 '세련된' 이름이 도입되고, 아울러 이 시기에 성씨까지 출현하게 됐는데, 이들이 박·석·김을 비롯한 고유 성씨였다는 것이다. 그러하니 박·석·김은 신라 건국 당시부터 있었던 것이 아니라, 후대에 소급해 붙였다는 것이 성씨 관련 연구자들이 내린 결론이다.

신라의 성씨는 크게 7세기 중엽부터 출현한 성씨와 9세기 중반 이후 집중적으로 출현한 성씨로 나누는데, 전자의 경우 주로 중앙권력 핵심부에 있던 인물의 성씨로, 중국에는 아예 없거나 있어도 격이 상당히 떨어지는 것이다. 그런 점에서 볼 때 이들이야말로 바로 고유의 성씨이며, 박·석·김을 비롯한 설씨 등이 이에 해당한다. 성씨 관련 자료에 통상적으로 거론되는 신라 6촌의 이·최·정·손·배·설 6성 가운데 사성賜姓 시기나 이들 성씨에 관련된 인물의 최초 출현 시기 등을 고려할 때 그대로 받아들이기는 어렵지만, 가장 이른 시기에 출현한 설씨는 한국 자료나 중국 자료에서도 7세기 중후반부터 그 모습을 드러내고 있어 고유의 성씨 범주에 넣을 수 있겠다. 그런데 9세기 중반 이후 출현한 성씨인 경우, 즉 권력 핵심부와는 다소 거리가 있는 지방 거주자거나 6두품 출신으로 당나라에 유학했거나 무역 활동으로 국제 감각을 익혔던 최치원이나 장보고 등과 같은 인물이 중심이 된 정鄭·최崔·요姚·양楊·배裵·장張 등의 성씨는 중국 당나라에서 대성大姓으로 널리 알려져 있기도 하다. 따라서 이들은 신라 하대에 중국으로부터 선진 문물을 받아들이는 과정에서 함께 도입된 외래 성씨라 함이 옳을 것이다.[1]

북한산 신라 진흥왕순수비 진흥왕(534~576)의 순수척경비巡狩拓境碑 가운데 하나로, 왕이 지방을 방문하는 목적과 비를 세우게 된 까닭 등이 기록되어 있다. 국보 제3호.

대개의 진골 출신은 일찍이 박·석·김 등과 같은 고유의 성씨를 사용했을 것이고, 아울러 그 나름의 혈연집단을 의식했을 것이다. 하지만 신라 하대로 갈수록 4촌 간의 인물조차 동일 세력으로 묶이지 않을 만큼 혈연적 집단 의식이 느슨해져 개인 간의 결합 비중이 더 커져갔던 것으로 파악된다. 당대의 기록으로 현존하는 선사비문禪師碑文에도 조·부만 기록됐을 뿐 계보나 시조에 대한 언급이 별로 없다는 점에서 당시 그들의 집단적 혈연 의식을 엿볼 수 있다. 이런 상황이고 보면 개인 차원에서 중국 당나라의 성자姓字를 차용한 외래 성씨도 혈연적 집단 의식을 지니지 못한 채 운용됐을 가능성이 크다.

아무튼 우리나라 최초의 성씨 기록은 7세기 후반 금석문인 문무왕

릉비에서부터 나타나기 시작하는데, 비문 찬자撰者 김金○○와 서자書者 한눌유韓訥儒의 성이 바로 그것이다. 그런데 6세기 중반에 세워진 진흥왕순수비(북한산비 555년, 창녕비 561년, 황초령비·마운령비 568년)에 새겨진 수많은 수행 인원을 놓고 봐도 성을 사용한 예는 찾을 수가 없다. 그러다가 9세기에 접어들어 당나라에 유학을 갔다 왔거나, 아니면 대외무역 과정에서 중국의 유명 성씨를 도입하는 사례가 늘어났는데, 장보고 같은 이는 그의 원래 이름이었던 궁복弓福을 버리고 장보고張保皐라 창성 개명했다. 당시 중국에서는 장씨가 둘째가라면 서러워할 정도의 명문가였기에, 그의 이름에 활 궁弓 자가 들어 있다는 걸 빌미로 장씨를 선택하게 된 것이다.

이렇듯 신라 하대 9세기에 들어와 '세련된' 중국의 한자식 성과 이름을 연칭하는 새로운 문화 현상이 나타났고, 중앙의 관인사회뿐만 아니라 점차 지방의 9주 5소경 등 중앙의 진골 출신이 진출하던 대도시에서 한걸음 더 나아가 지방의 유력자에게까지 파급되어갔다. 그럼에도 고려 초에 접어들어서도 성씨는 인명의 필수 요소가 아닌 수식적인 부가 요소에 불과했다. 성씨보다는 이름과 관등 그리고 지역명이 오히려 앞선 시대였다. 예컨대 태조 왕건을 도왔던 공신조차도 한자식 이름이 아닌 고유명을 썼다. 그리하여 후삼국 통일 후 태조가 그들에게 한자식 성을 내려주었는데, 홍술弘述에게는 홍씨를, 백옥白玉에게는 배씨를, 삼능산三能山에게는 신씨를, 복사귀卜沙貴에게는 복씨를 사성했고, 이를 받아들인 후 공신들은 각자 이름을 홍유, 배현경, 신숭겸, 복지겸으로 개명했다. 이런 사실에서 후삼국 시기까지도 한자식 이름이 일반화되지 않은 저간의 사정을 짐작할 수 있고, 또한 이들이 일반 평민이 아닌 귀족이었음을 유념해야 한다.

심지어 왕건까지도 선조로부터 내려오던 성씨가 없었던 인물이었다.
『고려사』에 나오는 그의 기록을 보자.

세조(초명 용건, 왕융으로 개명)는 송악산 옛집에 여러 해 살다가 또 새
집을 그 남쪽에 건설했는데, 그때 도선이 당나라에 들어가서 지리법을 배
워 가지고 돌아와, 세조의 새집을 보고 말했다. "기장穄 심을 터에 어찌 삼
麻을 심었는가? (……) 이 땅에 (……) 집을 지으면 천지의 대수大數에 부
합해 다음 해에는 반드시 슬기로운 아들을 낳을 것이니, 왕건이라 이름을
지을 것이다." (……) 이제현은 '기장穄'과 '왕王'이 방언으로 비슷하기 때문
에 태조가 '왕씨'로 성을 삼은 것이라고 했다.

여기에서 세조는 왕건의 아버지 왕융을 말하는데, 이것은 왕건이 즉
위한 이후 바꾼 것이었으니, 그의 초명은 용건, 용건의 아버지는 작제
건이었다. 고려 말의 대학자 이제현의 말처럼 원래는 왕씨가 아니었으
며 기장과 왕의 방언상 발음이 비슷하기 때문에 왕씨로 했다는 것이다.
이는 이름의 첫 글자를 성으로 삼은 것으로 그 후 조상의 성씨에까지
소급한 대표적인 사례에 해당한다. 이를 학술 용어로 의제적擬制的 성씨
라 칭하기도 한다.

지금까지 살펴보았듯이, 고려 건국 당시까지도 일반 평민뿐 아니라
지방 호족까지 무성층無姓層이 꽤 많았음을 알 수 있는데, 후삼국 통일
직후인 태조 20년(936)부터 경종(955~981) 때까지 중앙 관직을 지냈던
인물을 조사해보면 대부분 성씨를 사용하고 있음이 드러난다. 따라서
이 시기에는 중앙 관인층의 경우 성씨 사용이 크게 확대됐음을 알 수
있다. 이는 광종 시기부터 중국에서 도입된 과거제도를 실시한다거나

적극적인 유교 정책에 힘입은 바가 크다 하겠다.

그리하여 우리 성씨는 대개 당나라 문벌사회에서 적용됐던『씨족지氏族志』,『군망표郡望表』,『통지략通志略』등에 나오는 유명한 성자姓字를 모방했던 것인데, 고려 초기만 해도 성씨가 없는 사람이 오히려 많았다. 원래 중앙 귀족부터 칭성稱姓하기 시작해 지방 유력층으로 파급되어갔기 때문이다. 심지어 조선 16세기까지도 성씨를 가지지 못한 층이 40퍼센트 정도였다고 한다. 그러나 오늘날 우리는 모두 성관을 가지고 있으며, 모두 양반의 후손으로 살아가고 있다.

본관, 대동강에서 원산만 이남의 어느 행정구역

오늘날 우리에게 본관이 주는 의미는 크게 세 가지다. 첫째는 시조가 살았던 거주지나 출신지요, 둘째는 동일한 본관을 사용하는 사람은 모두 피를 나눈 혈족 집단의 일원이라는 것, 셋째는 문벌 의식을 드러내는 부호나 기호로서의 역할이다.

요즘은 없어졌지만 얼마 전까지만 하더라도 이력서에 본관을 기재하는 별도의 난이 있을 정도였으니, 본관은 우리의 일상생활에 큰 부분을 차지하는 것이기도 했다. 따라서 한국인에게는 태어나면서부터 자연적이고도 선천적으로 주어졌던 것이 본관이었는데, 최근 귀화인을 보면 본관 없는 창성創姓만으로 호적을 만들기도 하여, 우리의 유구한 전통문화에도 변화의 바람이 불고 있다.

앞에서 우리의 성씨가 어떻게 도입되어 사용되어왔는지에 대해서 살펴보았는데, 본관 역시 성과 함께 보급됐으리라 생각하는 경우가 대다

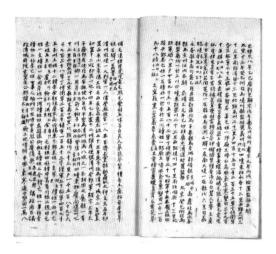

『세종실록지리지』『세종실록』의 부록 형식으로 첨부된 「지리지」에는 군현마다 토착해 살고 있던 당시 사람들의 성씨를 잘 정리해놓고 있다.

수다. 우리는 오랜 기간 동안 성과 본관이 실과 바늘처럼 따라다니는 관습 속에서 살아왔기 때문이다. 그러나 7세기 이후 성이 사용되고 보급됐다면 본관은 적어도 10세기 중엽 이후에 나타난 제도였던 것으로 파악된다. 우리가 흔히 사용하는 '성씨'라는 어휘는 성과 씨를 합성한 것으로 성은 부계를 중심으로 한 혈통 계보를 나타내는 것이고, 씨는 촌락 또는 지역 단위의 공동체를 의미하는 것이었다. 따라서 혈연적 요소와 지연적 요소가 합쳐진 말이 바로 성씨다. 전통사회에서 이런 두 가지 요소를 합쳐 부르던 용어가 바로 '토성土姓'인데, 『세종실록지리지』의 각 군현조를 보면 당시 행정구역별로 토착하고 있던 전국의 토성을 잘 정리해 일별해놓고 있어, 그 지역을 본관으로 하는 성씨가 무엇인지에 대한 전모를 파악하는 데 큰 도움이 된다.

이렇듯 토성이 바로 본관을 나타내주는 것이기에, 그 성립 시기가 바로 본관제도가 시작된 시점이라 할 수 있겠다. 그러나 태조 왕건이 후삼국을 통일한 후 각 지역의 호족 세력을 비롯한 지역민에게 토성을 분정分定해주었다는 설이 있는가 하면, 그보다는 어느 정도 시기가 흐른 성종 대에 가서 토성 분정이 이루어졌다는 설도 있어 정확한 시기를 알 수는 없다. 그 시기야 어찌 됐건 간에 당시의 고려 영토가 후삼국 통일 당시에 확정됐던 대동강에서 원산만 이남 지역으로 한정되어 있었고, 그 결과에 따라 이 지역에만 토성이 존재하는 것도, 오늘날 모든 본관이 이 지역에 존재했던 행정구역 단위였다는 것도 모두 그런 이유 때문이다.

당시의 행정구역이란 주로 군과 현이 중심을 이루지만, 그 아래의 향·소·부곡이나 촌까지 포함해야 한다. 향·소·부곡이나 촌에 살았던 주민이 본관을 그곳 명칭으로 했기 때문이다. 아울러 토성을 분정할 때 분정 대상이 된 호족 예하에서 본래 부계의 혈연적 연결이 되지 않더라도 가부장적으로 편성된 가호家戶는 동일한 성씨를 갖게 됐을 가능성도 얼마든지 있었다는 점을 염두에 두어야 한다.[2]

그런데 주목해야 할 또 한 가지는, 당시의 본관제도가 우리가 일반적으로 알고 있는 의미가 아니라는 점이다. 국가에서 지역 단위별로 호구를 파악하고 세금을 부과하는 따위의 국가 정책을 실현하기 위한 도구로 활용하기 위해 본관제도를 시행했기 때문이다. 그러니 흔히들 '경주김씨', '전주이씨' 하듯이, 성과 연관된 본관이 아니라 거주지 또는 본적지라는 의미에 불과했다. 따라서 성을 갖지 못한 천민에게도 본관만은 국가에서 지정해줘야 했으니, 고려 초에 정착된 본관제도하에서는 조선시대까지는 백정이었던 양수척楊水尺과 같은 특수한 천민을 제외하고는 양민과 천민 구별 없이 모두 본관을 갖고 있었다. 고려 성종 대에 성립됐을 듯한 4조호구식四祖戶口式을 작성하는 데 반드시 본관을 기재하게 했다거나, 『고려사』의 여러 기록에서도 고려 전반기까지는 여전히 백성을 통제, 파악하는 당초의 기능을 유지하고 있었던 것으로 보인다.

이렇듯 본관이 거주지라는 의미를 가지면서 단독으로 사용되다가 고려 후기에 접어들면서 성과 연칭하는 사례가 자주 등장하게 됐는데, 이것이 바로 우리가 아는 일반적인 본관제도의 의미다. 특히 고려 중기에 들어와 문벌귀족 사회가 한층 더 강화되면서 본관과 성을 병칭해서 사용하게 됐다고 판단되며, 이는 대체로 문종 대의 일로 여겨진다. 본관과 성을 병칭해서 사용하려면 우선 귀성貴姓 또는 저성著姓 의식이 있어야 하는데, 이 시기에 그런 현상이 나타난 것으로 보이기 때문이다. 예를 들어 『송사宋史』「고려전」에서 "류, 최, 김, 이의 네 개 성이 귀종貴種이다"라고 했듯이, 성씨와 연관해 문벌 의식을 드러내는 것이 단적인 예다. 여기에는 당시 고려의 대표적 문벌귀족으로 성장했던 김은부의 안산김씨나 이자겸을 배출한 인주이씨와 같은 가문이 포함됐을 것으로 보인다.[3]

그에 따라 충선왕이 즉위할 당시 왕실과 혼인할 수 있는 재상지종宰相之宗을 15개 가문으로 한정했는데, 언양김씨, 정안임씨, 경원이씨, 파평윤씨, 안산김씨, 철원최씨, 해주최씨, 공암허씨, 평강채씨, 청주이씨, 당성홍씨, 황려민씨, 횡천조씨, 평양조씨 그리고 신라 왕손 김흔 일가다. 이렇듯 고려 후기에 접어들어 본관을 성과 함께 병칭하는 관례가 정착되어갔으며, 이는 수도 개경에 모여든 귀족 간에 성만으로는 가문 구별이 잘 되지 않아 조상의 본거지인 본관으로 다른 가문과 구별해야 할 필요성이 제기된 것에 따른 현상이었다.

고려 후기에 들어와서 본관과 성을 병칭하게 된 것은 본관 기능이 새롭게 바뀐다는 것을 의미했으니, 본관이 더 이상 적籍으로서의 의미가 아니라 성과 관련한 하나의 부호 또는 표시로 사용됐음을 말해준다. 이에 본관이란 단순히 거주지를 의미하는 주부군현州府郡縣의 명칭이 아니라, 이제는 지방의 행정단위 명칭 두 글자를 앞에 두고 성과 함께 표현하여 문벌 의식을 드러내는 의미로 쓰이게 됐으며, 이것이 오늘날 우리가 일반적으로 알고 있는 본관제도다.

이상에서 살펴보았듯이 본관이 성립된 초기에는 본관과 거주지가 대체로 일치했으나, 세월이 지날수록 일치하지 않는 계층이 증가했다. 지방 군현의 토성 출신이 한양에 벼슬살이하러 올라온다거나 국가 정책에 따른 사민徙民과 유·이민이 발생한 것이었다. 특히 지방에서 상경한 귀족과 관료층은 본관과 거주지가 일치할 수 없었고, 이제는 거주지인 적을 바꿔도 본관은 그대로 간직했다. 그리하여 '원조遠祖' 대에 본적지와 일치했던 본관은 본래 뜻을 상실한 채 결국 문벌을 상징하는 하나의 부호로 변해버렸다.

이것은 말할 것도 없이 원조의 후손이 원래의 본적지를 떠나 다른 지방으로 옮겨왔다는 사실과 옮겨온 후에도 자신들의 출신을 말할 때는 원래의 본적지명을 사용했다는 사실을 의미하는 것이다. 실질적인 시조가 중앙 정계에 진출해 크게 활약함으로써 자기들의 본관지에서 집단을 이루고 살았던 가문의 존재를 세상에 알리는 데 결정적인 구실을 했고, 또 한편으로는 후일 자기들의 후손이 수도 개경의 한 문벌세족으로 성장하는 그 길을 튼 인물이라는 점에서 그리고 둘째로는 이들 각 씨족의 출발지는 수도 개경이었다는 점에서 공통점을 가지고 있었다.[4]

『세종실록지리지』의 각 군현 성씨조에는 약 250개의 성과 4,500개에 이르는 본관이 정리되어 있다. 물론 행정구역 단위별로 토성이란 용어로 나타나는데, 이는 단순히 한 지역의 토착 성씨라는 의미를 뛰어넘는다. '토土'의 의미는 본관지를 떠나 다른 지역에 정착했다 할지라도 원래 성의 출신지인 본관을 뜻했기 때문이다. 이것이 중국의 본관제도와 근본적인 차이점이라 할 수 있다. 중국에서는 거주지를 옮길 경우 본관과 시조까지 바뀌기 때문이다.

우리 전통사회에서 지방의 행정구역은 약 360개 내외로 운영됐다. 우리가 사용하는 본관 역시 이들 행정구역 중 하나였고 여기에는 예외가 없다. 오늘날 귀화인이 많아지면서 독일이씨, 태국태씨, 필리핀

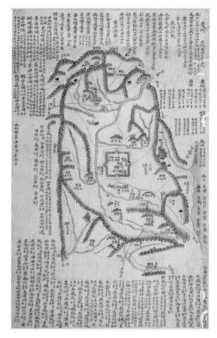

「해동지도」의 경주부 조선시대에 경주부는 지금의 경상북도 경주시와 포항시 죽장면 전 지역, 신광면, 기계면, 기북면, 영천시 임고면 일부, 고경면 일부, 북안면 일부, 대창면 대창리, 울산광역시 두동면·두서면을 포함하는 큰 고을이었다. 서울대학교 규장각 소장.

정씨 등이 생겨나고 있는데, 우리 본관은 언제나 지방의 행정구역 단위였다는 점에서 볼 때 전통문화에 큰 변화를 맞게 된 것이다.

2000년 통계청 조사에 따르면, 전체 286개 성씨 가운데 경주를 본관으로 둔 성씨가 87개로 최다를 기록했고, 그다음으로 진주(80개), 전주(75개), 밀양(67개), 청주(66개)순이었다. 전통사회에서 행정구역 단위는 주·부·군·현으로 구분됐으며, 읍격邑格이 클수록 그 예하에 소속된 속현을 비롯한 향·소·부곡과 촌 단위의 행정구역을 많이 거느리고 있었다. 심지어 본읍에 이웃해 바로 연결되지 않고 타 지역을 건너뛴 곳

에까지 예속된 속현을 거느리기도 했는데, 이를 월경지越境地라 불렀다. 그런 식으로 지방의 행정제도가 운영되다 보니 경주나 진주 같은 대읍에는 예하에 소속된 속현이 많았을 뿐만 아니라, 그 지역을 기반으로 딛고 일어선 토성 또한 많을 수밖에 없었다. 아울러 속현명으로 본관을 삼았던 성씨는 가급적 본읍의 행정구역명으로 개변을 희망하게 되어 자연스럽게 경주나 진주 같은 대읍에는 그 명칭의 본관 성씨가 많아졌다.

고려의 지방제도에서 군현을 유지하는 3대 요소는 행정구역, 주민, 향리였다. 원활한 지방행정을 위해서는 향리 공급이 우선되어야 했다. 『세종실록지리지』에 나오는 고을별 토성은 그 고을 읍사邑司를 구성하는 향리 성씨를 대상으로 기재한 것이다. 그렇다면 토성이 생성된 이래 그 역할은 자명하다. 지방 단위의 읍사를 장악하면서 꾸준하게 중앙 관료를 배출하는 모집단으로서 기능하는 것이다.

각 지역을 대표하는 토착민 중에는 벼슬을 하기 위해 상경한 부류도 있고, 토착했던 지역에 남은 재지 세력도 있었다. 재지 세력은 각 군현의 읍사를 담당하는 향리였다. 고려시대의 고급 관인을 분석하면 거의 토성 출신이고, 그 나머지는 중국이나 발해에서 귀화한 인물과 그 후손이었다. 재경 관인이 낙향할 때는 원래의 고향으로 갈 수도 있었지만, 처가나 외가 쪽을 낙향지로 택하는 일도 많았다. 재지 세력 또한 처향이나 외향을 따라 이주하는 경우가 흔했다. 당시에는 자녀균분상속제 아래 재산이 분산되어 있었기 때문이다.

고려시대에는 새로운 정착지로 본관을 개변하는 사례가 드물었지만, 본관지에 백성을 얽어매어 통제했던 사회였기에 벼슬을 하러 개경으로 옮기는 것 외에는 이동이 자유롭지 못했다. 그러다가 고려 말 조선 초기에 이르러 생활 터전을 옮기는 사례가 많아졌고, 이때 이주한 가문을 추적해보면 본관지를 떠나도 이적移籍한 경우는 잘 나타나지 않는다. 전라도 지역 토성이 경상도에 정착하거나 경상도 토성이 전라도에 정착해 살아간다 할지라도 본관지는 그대로 유지했다. 이러한 면이 우리 본관제도의 두드러진 특징 중의 하나인데, 시조가 살았던 본관지는 천년이 가도 만년이 가도 그 후손의 영원한 계급장이었던 것이다.

귀화 성씨와 단일민족 논쟁

앞에서 고유 성씨와 외래 성씨에 대해 살펴봤는데, 여기서 외래 성씨는 혈연적 계보를 달리하는 외국 이민족이 한반도에 들어왔음을 의미하는 것이 아니라는 점이다. 다시 말한다면 한반도에 정착해 살던 사람들이 중국의 성씨제도를 도입하는 과정에서 성자姓字만 차용해온 것을 외래 성씨라고 명명했던 것이다. 또다시 부언하자면, 우리 성씨가 적어도 7세기 정도에 시작되어 고려가 건국된 이후 일반인에게까지 보급되어갔고, 본관 역시 고려 초에 성립했지만 성과 결합해 연칭하던 관례는 고려 중기 이후였다는 점을 염두에 두어야 한다는 것이다. 그러니 강호의 연구자들 사이에서는 가야로 건너와 수로대왕과 혼인한 아유타국 허황옥의 후예인 김해허씨가 귀화 성이라는 주장까지 하기에 이르렀는데, 이런 논리에 따라서는 안 된다.

우리 성씨와 관련하여 1차 자료는 『세종실록지리지』가 담고 있는 군현별 성씨임에 분명하다. 여기에 근거한다면 김해허씨는 김해도호부의 토성土姓이다. 허황옥이 가야에 귀화했을 당시에는 성과 본관을 사용하던 시절도 아니고, 거의 1,000년이나 지난 고려 중기 이후에야 우리의 성관제도가 정착해갔으니, 김해허씨는 당연히 우리의 토성으로 잡힐 수밖에 더 있겠는가? 이렇듯 외국인이 한국에 들어와 귀화하기 시작한 것은 삼국시대 이전부터 부지기수로 많았을 테지만 기록으로 다 남기지는 못했다. 다만 수·당·송 이후의 중국인을 비롯해 여진·거란·안남·몽골·위구르·일본인이 우리나라에 귀화했던 역사 기록은 많이 남아 있는 편이다.

이들의 귀화 동기는 대체로 정치적 망명이거나 해류에 밀려 표착漂着한 경우가 많다. 그 외에 종교 홍포弘布, 투항, 상사商事, 피란, 범법 도피, 정략결혼, 왕실 시종侍從 등과 같이 다양한 예가 있는데, 이 당시 귀화인은 대개 국왕으로부터 사성賜姓의 은전을 받아 우리 백성으로 동화되어 살아갔다. 이를 놓고 우리가 단일민족이 아닌 다민족 국가였다고 주장하는 이도 있는데, 이 또한 무리가 따른다는 생각이다. 100퍼센트 순수 혈통을 유지해야 단일민족이라는 잣대를 들이댄다면, 이 지구상에는 단 하나의 단일민족도 존재할 수 없기 때문이다.

아득한 옛날 한반도와 만주벌에 광범위하게 흩어져 살던 예맥족의 후손이 중심이 되어 한민족韓民族이 형성됐겠지만, 우리 민족의 형성 시기에 대해서는 다양한 견해가 존재한다. 하나의 민족의식이 성립하려면 적어도 공동의 언어와 문화를 가지고, 민족의식이 언제, 어떤 형태로 형성됐는지에 대한 해석이 뒤따라야 하는데, 그게 쉬운 일이 아니기 때문이다. 민족의 형성설은 근대 이전에 민족이 형성됐다는 전근대 형성설과 근대 민족국가 수립 과정과 더불어 형성됐다는 근대 형성설로 크게 나뉜다. 전근대에 형성됐다는 설은 다시 신라의 삼국통일을 계기로 형성됐다는 견해와 발해 유민까지 통합한 고려 건국을 계기로 형성됐다는 견해 그리고 몽골의 침략을 겪으면서 높아진 민족의식을 바탕으로 조선을 건국한 시기에 형성됐다는 견해 등 다양하다. 그러나 대체로 한민족이라는 민족의식 형성과 언어의 통합은 후삼국을 통일한 고려시대에 들어와서 본격적으로 이루어졌다고 보는 경향이 짙다.

그렇다면 고려에 들어와 우리의 민족의식이 형성됐다고 볼 때 그 이전에 귀화한 이 땅의 백성은 당연히 이미 우리 민족에 동화되어 언어와 문화를 공유하는 사람들임이 분명하다. 따라서 귀화 성씨라고 할 때는 우리의 성과 본관을 바탕으로 혈연적 계보의식으로 살아갔던 고려 중기 이후에 귀화해 사성 혹은 창성創姓으로 본관지에 정착한 경우로 한정해야 할 것이다.

심지어 한국 족보의 특성상 자신들의 계보를 중국 인물에 연접한 경우가 허다하고, 꽤 공신력 있는 백과사전에까지 이들 성관을 귀화 성씨로 잡은 사례가 있고 보니, 우리 성씨 관련 연구에 대한 문제점이 심각하다는 생각이 든다. 이런 결과를 놓고 우리 성씨의 약 46퍼센트가 귀화 성씨이며, 인구수로 보면 전체의 약 20퍼센트에서 절반에까지 달하니 우리는 다민족 국가였다는 식의 성급한 결론을 도출하는 경우도 있는데,[5] 족보상으로 보면 그럴듯한 결론일 것이다. 그러나 가문에 따라 시조와 조상 추심 과정에서 중국 인물에 연접한 것은 조선 말기 중화사상에서 나온 사회·문화적 산물이었지, 혈연적 결과는 아니었음을 학계는 이미 밝히고 있다.

이렇듯 우리가 귀화 성씨라고 할 때는 몇몇 특수한 가문의 사례를 제외하고는 혈연적 계보가 아닌 사회·문화적 계보였음을 반드시 고려해야 한다. 조상으로 연결한 중국 인물이 고려 중기 이전에 활약한 경우라면 귀화 성씨가 아닐 확률이 크다고 보는 것이 필자 나름대로의 구분법이다. 성씨 연구의 권위자 이수건 교수는 『세종실록지리지』에 토성으로 기록되어 있는 한 중국 조상과는 관련성이 없다고 본다. 예컨대 노씨나 해주오씨, 연안이씨와 고성이씨 등 수많은 성관이 그들의 조상을 중국 인물에 연접했는데, 이를 귀화 성씨로 보는 것 자체가 말이 되지 않는다는 것이다. 그렇기에 귀화 성씨가 몇 개쯤 되는지에 대해서는 필자도 아는 것이 별로 없다. 족보에 대한 신빙성 문제와 연관되기 때문이다.

다시 『세종실록지리지』로 돌아가 보자. 이 책을 보면 고을별로 정리한 성씨 관련 항목에 토성, 내성來姓, 속성續姓, 인리성人吏姓, 향소부곡성鄕所部曲姓, 촌성村姓 등 다양한 용어가 등장하는데, 이와 함께 사성賜姓인 경우에도 따로 항목을 정해 잘 정리해놓았다. 예컨대 밀양도호부의 경우 "토성이 7이니 손孫·박朴·변卞·김金·조趙·변卞·양楊이요, 내성이 4이니 윤尹·이李·최崔·조曺요, 사성이 1이니 당唐이다(당성은 저장浙江 밍저우明州 사람인데, 원나라 말기에 난리를 피해 동국에 와서, 국초부터 오로지 사대이문事大吏文을 맡아 벼슬이 공안부윤恭安府尹에 이르렀다. 그러므로 적籍을 주어 본부本府로 관향을 삼게 했다)"라고 했듯이, 밀양당씨의 시조 당성이 중국에서 고려로 건너와 밀양을 본관으로 하여 정착해 살았다고 하니, 이런 경우라야 명확하게 귀화 성씨라고 할 수 있겠다.

아울러 『세종실록지리지』 「경주부」 성씨 항목에서도 "사성이 1이니 설偰이다(원나라 숭문감승崇文監丞 설손은 고창국高昌國 사람으로 원나라 말기에 난리를 피해 동방으로 와서, 그 맏아들 판삼사사判三司事 설장수가 관향을 내려주기를 청하니, 태조가 계림鷄林으로 본관 삼기를 명했다). (……) 중국에서 온 성唐來姓이 둘이니 소邵·변卞이다"라고 했듯이, 경주설씨의 시

탕롱 황성 11세기에 리 왕조가 탕롱(지금의 하노이)에 세운 성이다. 2010년 유네스코 세계문화유산으로 지정된 이곳은 하노이 천년의 역사를 고스란히 간직하고 있다.

조 설손과 그의 아들 설장수에 관한 내용을 수록했고, 아울러 중국에서 온 소씨와 변씨도 소개했다. 또한 상주이씨의 시조 이민도는 "중국의 하간부河間府 사람인데, 원나라 말기에 난리를 피해 동국에 와서, 조선을 개국하는 데 공을 세워 상산군商山君에 봉해졌음을 계기로 이씨로 사성되어 상주를 본관으로 삼았으며", 임천이씨 시조 이현은 "본래 외오아국畏吾兒國(원나라 때 위구르를 부르던 말) 사람으로 귀화해 통역通譯의 공이 있으므로, 명하여 적籍을 충청도 임천에 붙이게 했다"라는 기록도 보인다. 그 외에도 『세종실록지리지』 편찬 당시 민간에 전해오던 사성을 정리해 기록으로 남겼는데, 경상도 선산의 사성 류柳씨, 강원도 강릉의 사성 옥玉씨, 정선의 사성 문文씨, 삼척의 사성 진秦씨 등이 있었음을 밝혔다.

물론 『세종실록지리지』가 고려나 조선 초기에 귀화하여 성관을 획득해 고려 백성으로 살아갔던 모든 사례를 빠짐없이 기록한 것은 아닐 것이다. 1127년과 1226년 베트남 왕자들이 고려로 이주해와 정선이씨

녹동서원과 달성한일우호관 김충선 장군의 위패를 모신 녹동서원(왼쪽)과 한·일 화합의 공간으로 청소년 체험학습장으로 활용되는 달성한일우호관(오른쪽). 대구 달성군 가창면 우록동 소재.

와 화산이씨의 시조가 됐다는 이야기는 족보상으로 전해온다. 정선이 씨의 시조는 베트남 왕자 이양곤인데, 그의 형이 베트남의 5대 왕인 신 종 이양환이라고 한다. 화산이씨의 시조 이용상은 베트남의 첫 독립국 가인 리Ly 왕조(1009~1226)의 왕 이천조의 아들로, 아버지가 트란 왕 조에게 권력을 빼앗기자 1226년(고종 13) 배를 타고 베트남을 떠나 지 금의 황해도 옹진군 화산花山에 당도했다. 그 후 몽골군이 고려를 침략 하자 공을 세워 고려 왕조로부터 화산군花山君에 봉해지면서 화산이씨 의 시조가 됐다고 한다. 화산이씨 종친회에서는 1990년대 중반에 베트 남을 찾은 적이 있었는데, 베트남 정부 차원에서 그들을 왕족으로 크 게 환대했다고 한다.

한편 조선의 건국 과정에서 개국공신 반열에 오른 이지란은 함경남 도 북청北靑을 본관으로 하는 청해靑海이씨의 시조다. 북청의 옛 지명이 청해였기 때문이다. 이지란의 본성명은 퉁두란으로, 그의 아버지 아라 부카는 여진의 금패천호金牌千戶였다. 이지란은 아버지에 이어 천호가 됐다가 원나라 말기인 고려 공민왕 때 부하를 이끌고 귀화해 북청에 거주하다가 이성계 휘하에 들어가 이씨 성을 하사받았다. 이지란의 아 들 화영은 세종조 초 우군부판사에 올랐고, 7세손 인기는 선조조와 인조조에 벼슬하여 중추부동지사에 이르렀는데, 문과 급제자 일곱 명을 배출한 가문이었다.

조선 중기의 임진왜란 혼란기에는 명나라에서 귀화한 천千씨의 중시조 천만리가 있다. 그는 명나라에서 급제해 임진왜란 때 아들 둘과 함께 원군으로 조선 땅에 건너왔다가 혁혁한 공을 세웠고, 이후 조선에 귀화해 영양潁陽천씨의 시조가 됐다. 아울러 일본군으로 전쟁에 참여했다가 조선에 귀화한 인물도 있는데, 우록友鹿김씨의 시조 김충선이 바로 그다. 그의 본래 이름은 사야카沙也可이며, 가토 기요마사加藤淸正 막하의 장수가 되어 선봉장으로 활약하다 귀화한 인물로, 후에 큰 공적을 남겼다. 그는 귀화와 함께 김해김씨의 성과 충선이라는 이름을 하사받았는데, 원래 김해김씨와의 혼동을 피하기 위해 세거지 마을 이름을 딴 우록김씨 혹은 사성김해김씨라고 칭한다.

이상에서 보듯이, 우리의 귀화 성씨는 이웃한 중국 한족과 거란족, 일본족은 물론이고 위구르와 베트남계까지 다양하다. 그렇다고 이들 사례를 과하게 부각하여 우리가 다민족 국가라고 우길 수는 없는 일이다. 또한 중국 허난 성河南省에 반씨가 많다는 사실을 두고 반기문 사무총장을 이곳에서 이주한 성이라고 부각하는 진풍경이 가끔 벌어지곤 했는데, 이는 우리나라 김씨들이 중국 역사에 등장하는 최초의 김씨인 김일제의 후손으로 연결하려는 우를 범하는 것과 같은 맥락이 아닐 수 없다. 잘 알려졌다시피 김일제는 기원전 134년에서 기원전 86년에 살았던 흉노족 출신의 한나라 제후였다. 그는 본래 흉노의 번왕인 휴도왕休屠王의 장남으로 태어났으며 한 무제와의 전투에서 패해 14세에 포로로 끌려왔으나, 그 뒤 한 무제의 신임을 받아 김씨 성을 하사받은 인물이다.

우리의 성씨 중에 박씨를 제외한 모든 성씨는 중국과 동일한 성자姓字를 쓰는데, 그렇게 연결하려 든다면 한민족은 아예 존재하지도 않았던 것이나 마찬가지인 셈이다. 우리 전통사회에서 한때의 사회풍조로 자신의 조상을 중국 인물에 연결했던 우를 범했던 골이 너무나 깊어 보인다.

발해 왕 대조영 후손의 본관 만들기

앞에서 살펴본 대로, 우리가 사용하는 본관은 후삼국 통일 당시 영토였던 대동강에서 원산만 이남 지역의 행정구역 단위였다. 물론 오늘날에야 외국 본관도 수없이 생겨나지만, 우리 전통사회에서의 본관은 이 원칙에서 벗어나는 일이 없었다. 그렇다면 만주벌판을 호령하던 발해가 망한 후, 많은 발해의 유민들이 고려 땅에 귀순해 살았는데, 이들은 도대체 어떻게 본관을 만들었을까?

대조영이 세운 발해는 200년 이상 해동성국으로까지 불릴 정도로 융성한 나라였지만, 결국 역사의 뒤안길로 사라지게 됐다. 나라가 망해도 사람은 남는지라, 오늘날 대조영의 후손으로 알려진 사람은 약 8,000명에 이른다. 태씨 성을 가진 이들이 바로 그 후예로, 원래 대大와 태太는 혼용되는 글자였고, 필자가 조사해본 것에 따르면 조선 세종조에 태씨로 완전히 바뀐 듯하다.

그 8,000여 명 중에서 영순永順을 본관으로 하는 태씨가 절반을 차지하고, 그 외에 협계陝溪태씨를 비롯해 남원 · 합천 · 상주 등지를 본관으로 한 태씨가 전국에 산재하고 있다. 『증보문헌비고增補文獻備考』나

1930년에 조선총독부에서 실시한 '국세조사'에서는 모두 23개나 되는 본관의 태씨를 소개했는데, 이들은 서로 약속이나 한 듯 대조영의 후예로 연결하여 왕족이라는 자부심으로 살아가고 있다.

발해가 멸망할 무렵 왕실의 후예 중 중국 땅으로 건너간 사람도 있었지만, 왕자 대광현을 비롯해 많은 인물이 고려로 넘어왔다. 좀 더 자세히 설명하자면, 926년 발해가 망하던 무렵을 전후해 그 유민이 수십 차례에 걸쳐 고려로 왔는데, 발해의 왕자 대광현이 수만의 백성을 이끌고 고려로 온 것이

『증보문헌비고』 상고上古부터 대한제국 말에 이르기까지 문물제도를 총망라하여 분류하고 정리한 책이다. 1903년부터 1908년 사이에 칙명으로 편찬됐으며, 성씨 관련 자료가 많이 포함되어 있다.

934년이었다. 그리하여 태조 왕건은 그들의 무리를 개경 인근의 백주白州(오늘의 황해도 배천)에 정착하도록 배려했고, 대광현에게는 왕씨 성을 내려주었다.

대광현이 고려로 건너오기 10년 전인 925년과 928년에도 대화균과 대유범이 고려에 내투해왔다는 『고려사』의 기록에서 확인되듯이, 발해의 대씨가 여러 차례에 걸쳐 고려로 건너왔음을 알 수 있다. 이들은 고려에 정착해 고려 백성으로 살아갔을 것이다. 또한 거란이 침입했을 때 맞서 싸운 대도수나, 몽골군이 침입했을 때 큰 공을 세운 대씨 같은 인물도 다수 있었을 것이다.

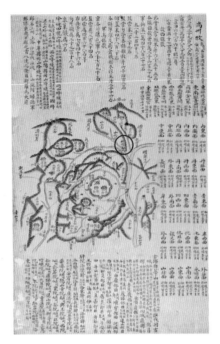

따라서 발해가 망할 무렵에 고려 땅으로 건너온 대씨는 왕자 대광현을 비롯해 그 수를 셀 수 없을 정도로 많았음이 분명하다. 그런데 오늘날 족보에서는 어느 본관이든 발해를 건국했던 대조영과 그로부터 200년 후의 왕자인 대광현의 직계 후손으로만 연결하고 있다. 문중 차원에서야 나름대로 명분과 이유가 있겠지만 일반적인 상식 수준을 벗어난 일일 것이다. 어쨌거나 오늘날 태씨는 선조가 만들어놓은 씨족의 집

「해동지도」의 상주목 상주의 속현이었던 영순현이 조선 후기 면리제가 정착되면서 영순면으로 개편된 상황을 보여준다. 서울대학교 규장각 소장.

단기억을 소중히 간직하고 공유하며, 그것을 후세에까지 전달하려 노력하며 살아갈 것이다.

거란이 침입해왔을 때 장군으로 활약해 큰 공을 세운 대도수는 유득공의 『발해사渤海史』에서 대광현의 아들로 기록돼 있고, 조선 중기에 급제해 현관顯官을 지낸 태두남도 이런 사실을 기록으로 남겼으니, 태씨족보에서 그렇게 연결한 것은 무리가 없어 보인다. 다만 대도수 이후 중간 대수의 연결에 대해서는 고증할 방법이 없다.

오늘날 태씨 중에서 수적으로 가장 우세한 영순태씨는 몽골이 침입해왔을 때 무장으로 활약한 대금취를 시조로 한다. 협계태씨 역시 몽

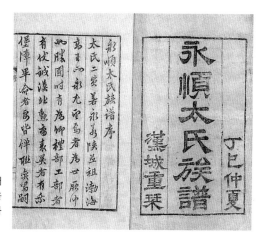

「영순태씨족보」 족보 서문에서 발해의 시조 대조영의 후손임을 표현하여 왕족의 후손으로서 자부심을 드러내고 있다.

골과의 전쟁을 통해 큰 공을 세운 대집성을 시조로 모신다. 따라서 대금취와 대집성이 오늘날 영순태씨와 협계태씨를 있게 만든 실질적인 시조인 셈이다.

영순은 경상도 상주의 속현이었으며, 당시 22호밖에 살지 않았던 그야말로 조그만 고을이었다. 현으로 승격되기 전에는 상주 고을에 예속된 임하촌이었는데, 이 마을의 태씨 성을 가진 자가 몽골이 침입했을 때 공을 세워 속현으로 승격됐다. 그 인물이 바로 대금취였고, 영순현을 있게 만든 주인공이었다.

상주 같은 큰 고을은 속현이나 향·소·부곡을 많이 거느렸는데, 여기에 살았던 토착 성씨는 그 지역의 본관을 버리고 다른 본관으로 개변한 사례가 많았다. 상주의 외촌성으로 존재했던 윤씨가 파평으로, 속현 화령의 신씨와 산양의 신씨는 평산으로, 산양채씨는 인천으로, 공성성씨는 창녕으로, 중모강씨는 진주로, 청리황씨는 장수황씨로 갈아탔다. 그런데 영순의 태씨는 끝까지 본관을 지켰다. 이들은 그 나름대로 명문으로 성장했다는 자부심도 있었고, 또 발해 왕족을 자처할 수

있었기 때문이다.[6]

　비슷한 예로, 경기도 해풍의 속현이었던 덕수현은 혁파됐지만 덕수
이씨는 본관을 그대로 썼고, 속현이었던 반남은 남원에 통합됐지만 반
남박씨 역시 본관을 그대로 사용했다. 이런 사례는 기계유씨와 해평윤
씨·풍산류씨도 마찬가지였는데, 이미 명문으로 성장했기 때문에 본관
을 바꿀 필요가 없었던 것이다. 그에 비해 별 볼일 없던 지역을 본관으
로 가진 성씨가 이름난 본관으로 갈아타는 것이 유행하던 때가 있었다.
성씨까지 개변한 사례는 희박하지만, 동성은 동족이라는 관념으로 본
관을 갈아탄 경우는 흔했다. 사실 본관을 달리하면 혈연적으로 연결될
가능성이 없다고 봐야 한다는 것이 성씨 연구자들의 견해다. 아무튼 태
씨 성을 가진 8,000여 명 중에서 영순을 본관으로 하는 인구가 약 절반
을 차지하는데, 이를 뒤집어서 말한다면 다른 본관을 가진 자들의 끼어
들기가 많았음을 암시하는 것이다.

　대집성을 시조로 하는 협계태씨는 파란만장한 삶을 살았던 사람들
이다. 몽골이 침입했을 당시 두각을 나타내기 시작한 대집성은 무신집
권기에는 정계의 실력자로 군림하기까지 했다. 그의 딸이 무신정권을
장악한 최충헌의 며느리이기 때문이었다. 그러다가 최씨 가문 내부에
서 벌어진 권력 투쟁에 휘말려 대집성 가문은 남쪽으로 유배되고 말았
는데, 뿔뿔이 흩어져 살아가는 이들의 형편은 말이 아니었을 것이다.

　이들이 내세우던 본관지 협계가 어딘지도 확실하게 전해지지 않을
정도다. 족보 등에서는 그들의 본관지를 충청도 옥천이라 밝히고 있으
나, 그럴 확률은 매우 낮다. 일본인 학자 기타무라 히데토北村秀人는 옥
천이 아닌 황해도 협계일 것으로 추정했다. 협계는 최충헌의 본관지인
우봉과 이웃하고 있었다.

대집성 역시 우봉을 근거지로 삼아 살았던 것으로 보이며, 이들은 우봉대씨로 추정되기까지 한다. 우봉대씨가 남쪽으로 유배되고 난 다음 후일 본관지를 황해도 협계로 했지만, 협계라는 명칭은 조선 초기의 군현 통폐합 과정에서 사라져버렸다. 그런 연유로 우왕좌왕하다 본관지가 어딘지도 모르게 된 것이 아닌가 싶다. 실은 우봉최씨도 최씨 정권이 실각하고 나서 없어져버렸는데, 우봉최씨 씨족은 그 후 다른 본관의 최씨 족보에 등재됐을 것이다. 현재 우봉최씨로 살아가는 사람은 약 400명에 불과한 것으로 집계된다.

아무튼 조선 후기에 족보를 편찬하는 과정에서 시조를 추심해 올라가다 협계태씨는 대집성을 시조로 했고, 영순태씨는 대금취를 시조로 삼은 것이다. 대체로 영남 지역의 태씨는 영순, 호남 지역의 태씨는 협계를 본관으로 했다는 내용까지 전해지기도 한다. 그리고 이들 시조에서 다시 거슬러 올라가 대광현과 대조영의 후예로 연결했지만, 그 고리가 미약한 것은 사실이다.

대금취와 대집성은 후세인이 시조로 추대한 것이지, 그들 스스로가 시조로 나선 것은 아니다. 진짜 시조라면 영순이나 협계 고을에 대씨성을 가진 사람들이 아무도 없었어야 한다. 그러나 대금취와 대집성이 살았던 고을에는 수많은 대씨가 함께 살았을 것이고, 그중에 한 명이 시조로 추대된 것일 뿐이다. 그리하여 동시대에 살았던 나머지 수많은 대씨는 족보와 상관없는 사람들이 되고 말았다.

아울러 앞에서도 말했지만, 발해의 왕자 대광현이 고려에 내투해왔을 즈음 다른 대씨들도 수없이 건너왔다. 그러니 그들도 당연히 태씨 족보에 살아남아 있어야 하지만, 누구 하나 챙겨주는 사람이 없었다. 분명한 것은 그들도 자손을 두었을 것이고, 그 자손은 고려 후기를 거

묘지 보관함 영의정 유영경의 손자이
자 선조 임금의 사위인 전창군 류정량
(1591~1663)과 그의 아내 정휘옹주의
묘지 보관함이다.

쳐 조선에서도 태씨 씨족으로 살았
을 것이다. 그리고 지금도 그들은 태
씨 씨족으로 열심히 살아갈 것이다.
발해 왕의 직계 자손이라는 것에 긍
지와 만족감을 지니면서…….

출신지가 없었던 한국인

우리가 손쉽게 이용할 수 있는 인
물 자료인 개인 문집이나 가승과 같
은 기록에는 가계와 관력에 관한 사
항이 비교적 상세하다. 이는 한 인물
의 평생 행적을 기록한 행장이나 묘갈명과 묘지명 그리고 신도비명 등
에서도 마찬가지다. 그런데 이런 자료에서 한결같은 것은 그 인물이 태
어나고 살았던 거주지에 대한 기록이 거의 없다는 점이다. 따라서 전근
대를 살았던 수많은 역사적 인물의 근거지를 추적하다 보면 곧 한계에
부딪히고 만다.

조선시대의 인물을 추적하다 보면 서울에 살던 사람 가운데도 지방
에 근거지를 가진 이가 실제로 많았고, 반대로 지방 출신 인물이 한양
에 벼슬살이하러 올라와 거처를 새로 마련하는 경우도 많아 거주지 파
악이 더 어려운 실정이다. 그리하여 인물의 근거지를 파악할 때는 죽어
서 묻힌 곳이 어디인지를 확인하는 등 별도의 보충 작업이 필요한데,
수많은 인물의 출신지별 확인이나 통계를 잡을 때는 어찌나 복잡한지

연구자들조차 혀를 내두를 지경이다.

'왜 우리의 인물 기록에는 출신지가 없는가?' 이는 조선 후기의 실학자 반계 유형원이 이미 품었던 의문이다. 유형원은 인문지리서인『동국여지지東國輿地志』를 편찬하면서 이에 대한 강한 불만을 토로하면서, 당시 사람들이 먼 조상의 출신지에 불과한 본관만을 앞세워 양반자랑만 일삼는 풍토에 대한 비판도 곁들였다. 즉 그는 한번 정해진 본관은 그 자손이 남북으로 흩어지고 100대를 지나도 변함이 없다는 사실을 지적하고, 따라서 어떤 인물이 정작 자신은 한 번도 가본 적 없는 본관지 고을 출신으로 지리서에 등재된다면, 이것이야말로 사람을 속이는 일이 아니냐고 주장한 것이다.

유형원은 구체적인 예까지 들어 설명을 이어간다. 신라의 수도 경주를 기원으로 삼은 씨족이 있다고 하자. 그리고 이들이 고려 건국에 동참해 벼슬을 시작했다면 이미 개경 사람이 된 것이고, 조선이 건국되면서 또다시 한양으로 옮겨와 그가 살았던 당대까지 살았으면 300년간은 한양 사람이다. 그런데 이들이 경주를 떠난 지 무려 800년이 지났어도 지리서를 작성하는 사람들은 여전히 경주 편에 그 인물을 싣고 있으며, 개인 전기나 행장을 짓는 사람들도 으레 '경주인'으로 표기하니, 이는 전혀 이치가 닿지 않는다는 것이었다.

『고려사』「열전」이나『조선왕조실록』에 소개된 인물 기록에서도 출신지를 밝힌 예가 거의 없고, 조선 후기에 작성된 인물 자료인『국조인물고國朝人物考』나『해동명신록海東名臣錄』,『영남인물고嶺南人物考』와 같은 자료에서도 마찬가지다. 고려시대에는 벼슬길에 올라 개경으로 올라가는 것 외에는 본관지를 벗어나기 힘든 상황이었으니, 대개의 역사적 인물은 개경 사람이었다. 그러던 것이 고려 말부터 지방으로 낙향하거나

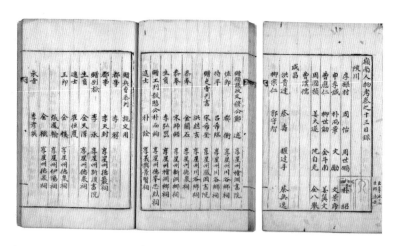

『영남인물고』 조선 초기부터 정조 대에 이르기까지 영남 지역에서 배출된 학자, 정치가 등의 인물을 소개한 책이다. 각 인물에 대한 행장, 언행록, 묘지, 제문 등을 기록했다. 서울대학교 규장각 소장.

혼인해 처가로 살러 가던 문화가 만연해 본관지를 벗어나는 경우가 많아졌는데, 조선 전기에 『동국여지승람東國輿地勝覽』을 간행할 때에도 이런 인물들을 그들의 본관지에 소개한 것이다. 따라서 당시에는 그 나름대로의 역할을 한 것으로 풀이되기도 하나, 출신지가 아닌 본관지에 등재했던 것이 후대로 가면서 오히려 혼란만 가중해버린 셈이 됐다.

이런 우리의 관습은 서양은 물론이고 같은 유교 문화권에 속하는 중국이나 일본에도 없었던 것이 분명하다. 이런 결과로 오늘날 널리 이용되는 『한국인명대사전』 같은 것에서도 오래전에 살았던 인물에 대한 출신지는 찾기가 어렵다. 그 대신 고정된 항목으로 들어가 버티고 있는 것이 바로 본관이다. 그것도 인물을 소개하는 제일 앞 칸을 차지한다. 얼마 전까지만 하더라도 우리의 이력서 양식에서 본관은 첫 줄을 장식하던 필수 사항이었다.

1960년경 일본의 헤이본샤平凡社에서 발행한 『아시아역사사전』에서는 정약용 형제를 소개할 때 형인 정약종은 경기도 사람으로, 동생인 정약용은 전라도 나주 사람으로 기록했다. 이들의 본관은 나주의 속현이었던 압해였다. 압해라는 고을은 후대에 없어졌지만 이들은 본관을 압해로 그대로 썼다. 이것은 조선 초기부터 명문가로 성장했다는 자부심으로 본관을 바꿔치기하던 시류에 휩쓸리지 않았기 때문이다.

아무튼 정약용 형제의 출신지가 각각 다르게 표기된 것은 압해라는 본관 때문에 벌어진 해프닝이었다. 다산 정약용을 집필했던 사람은 본관을 '나주인'으로 표기한 자료에 입각해 원고지를 메웠을 것이고, 정약종 집필자는 그들의 본관은 나주 압해지만 거주지가 경기도 광주였다는 사실을 알고 있었기에 그렇게 서술했다는 풀이가 된다. 이런 오류는 한국의 본관제도를 잘 이해하지 못하는 사람들에게서 충분히 나올 수밖에 없는 일이다.

그런데 이보다 더 심각하게 고려해야 할 문제는 정약용 형제의 본관인 압해는 그들의 출생지도 아니고 거주해본 적도 없는, 그리고 평생을 살면서 한 번도 가본 적이 없는 곳이라는 사실이다. 한 번도 가본 적이 없다는 확신까지 하는 것은 위험하지만, 이 방면의 대가인 송준호 교수가 이미 이런 사실을 논문으로 밝혔기 때문에 그에 따르기로 한다. 송 교수가 찾아낸 사례를 한두 개 더 보기로 하자.

충무공 이순신의 출생지는 한양 땅 건천동이다. 그리고 그는 외직에 나갔을 때를 제외하고는 한양과 충청도 아산에서만 살았다. 덕수이씨인 충무공이 경기도 덕수 땅을 밟을 기회는 거의 없었다. 율곡 이이 역시 덕수이씨지만, 그의 출생지는 신사임당의 친정인 강릉이고, 한양에서 살다가 만년에 파주 쪽에서 여생을 보냈으니, 덕수와는 별 상관도 없이 살았을 것이다.

덕수는 경기도 개풍의 옛 고을 이름이다. 개성 남쪽 30리 지점에 있어 송악산에서 뻗은 산줄기가 동서로 감싸는 동시에 한강과 임진강 하구에 있어 고려시대에는 개성 외곽 방어와 각종 물자를 양륙하는 항구 구실을 했다. 신라 경덕왕 때부터 덕수란 명칭을 얻은 이래 수많은 인물을 배출해 중앙으로 공급했고, 조선 태조 때 해풍군에 편입됐다가 다시 해풍과 덕수가 합쳐져 풍덕이 됐다. 그런데 『아시아역사사전』에서 이순신은 "덕수에서 태어났다"라고 했고, 이이는 "경기도 풍덕부 덕수 사람이다"라고 설명하는 우를 범하고 말았다.

『동국여지승람』은 각 도의 지리, 풍속 등을 담고 있는 방대한 분량의 인문지리서로서, 여기에는 군현별로 배출한 인물을 해당 군현에 싣고 있다. 예컨대 경상도 진주는 예로부터 대읍으로 많은 속현과 향소 부곡 등을 거느리고 있어서 이곳을 본관으로 하는 성씨가 80개에 이를 정도였다. 그러하니 진주를 본관으로 하는 인물 배출 역시 많았는데, 『동국여지승람』의 진주 인물조를 보면, 하윤·하연·하숙부를 비롯한 진주하씨 인물들이 줄줄이 소개되어 있고, 강희안·강희맹 형제를 비롯한 진주강씨 인물과 정이오·정척 등 진주정씨 인물들도 연이어 소개되어 있어, 다른 고을에 비해 진주는 가히 인물의 고장이라 할 만하다. 그러나 이들 인물들은 한결같이 진주가 아니라 한양 도성에서 살았고, 지방 거주자도 진주가 아닌 다른 고을에 정착했던 사람들이 대부분이다. 잘 알려져 있듯이, 『금양잡록衿陽雜錄』의 저자 강희안은 경기도 시흥에 정착했던 인물이며, 조선 초기 북방 개척에 힘을 기울인 경절공 하숙부도 경상도 청도 땅에 정착했다가 벼슬한 인물이다. 그 이유는 앞에서 설명한 것과 같다. 무슨 말인고 하니, 진주를 본관으로 둔 인물을 소개한 것이라는 말이다.

진주성 지도 진경산수 화풍으로, 진주 비봉산 아래 자리한 집들이 보인다. 건물 위치나 형태 파악에 중요한 정보를 제공해준다. 조선 19세기 작품. 국립중앙박물관 소장.

낯이 좀 간지러운 일이지만 만약에 필자인 박홍갑을 소개한다고 치면, 태어나서 자란 청도가 아니라 본관지인 밀양의 인물조에 떡하니 필자를 실어놓았을 것이다. 필자는 역사학을 공부하면서 답사를 많이 다녀보았지만, 유감스럽게도 선조 할아버지 산소와 서원이 있는 밀양에는 가본 기억이 별로 없고, 부산을 왕래하다 기차 창밖을 통해 지나쳤을 뿐이다. 필자의 17대 선조가 밀양에서 청도로 이주했는데, 그 계기는 바로 처가가 그곳에 있었기 때문이다. 물론 그 후에도 많은 선조들은 바로 이웃 고을인 밀양을 손쉽게 왕래했겠지만, 필자는 아무튼 밀양 땅을 밟아본 기억이 별로 나지 않는다. 밀양과 이웃 고을인 청도에서 태어나 자란 필자까지도 그런 지경인데, 하물며 전라도와 충청도에 살았던 밀양박씨는 어떨까? 아마도 평생 밀양 땅을 밟아보지도 못한 사람이 부지기수였을 것이다. 그런데도 전통사회의 인물 정보는 출신지가 아니라 평생 가보지도 못했을 본관지에다 수록하고 있는 것이다.

그 이유는 무엇인가? 문벌을 숭상했기 때문이다. 이런 해석을 내놓은 이가 바로 반계 유형원이었다. 여기서 한걸음 더 나아가 본관은 당대의 문벌을 상징하는 하나의 기호나 부호로 변해버렸다. 본관지를 벗어나 천년이 지나도 '나는 누구의 후손'이라는 긍지로 살아가는 것도 그런 이유다. 이런 해석을 내놓은 이가 송준호 교수다. 자신이 태어나고 살았던 지역보다 본관지를 더 중요하게 여긴 이면에는 '우리'라는 집단의식이 숨어 있다. 다른 가문보다 우리 가문이 우월하다는 자부심 속에 조상과 자신을 일체화하여 존재가치를 드러내려 했기 때문이다. 이는 필자의 해석이다. 그러니 자신이 욕을 먹는 것은 참아도 조상이 욕먹는 것은 도저히 참을 수 없는 것이다. 이것이 바로 한국인이다.

환부역조와 창씨개명

한국인 중에 족보를 가지지 않은 사람은 거의 없다. 그리고 족보상 양반 아닌 사람도 거의 없다. 그러나 전근대 신분제도하에서는 절반이 넘는 수가 성씨조차 갖지 못한 사람이었고, 성씨가 있다 할지라도 그들이 다 양반일 수는 없었다. 문제는 양반이라는 것이 법제적 개념이 아니라 일종의 사회적 통념으로 사용됐다는 데 있다. 그러면서도 4대에 걸쳐 현관顯官을 배출하지 못하면 양반 지위에서 탈락하는 것이 상례였는데, 조선 후기에 들어와서는 양반의 값어치가 자꾸 떨어지기 시작했다. 이를 뒤집어 말한다면 족보를 가진 사람이 늘어났다는 의미다. 그리하여 이제는 어떤 조상을 모시느냐에 따라 갑족 양반이 되기도 하고, 별 볼일 없는 양반이 되기도 했다.

족보의 기본 원리는 공동의 성관을 쓰는 일족의 구성원 한 사람 한 사람에 대한 각각의 혈연적 계보를 밝히는 것이 핵심이다. 그러나 족보는 생물학적 혈통만을 담은 것이 아니라 조선 후기의 사회상과 문화적 특성을 잘 반영한다. 그 대표적이 것이 환부역조換父易祖라는 행위였는데, 아버지를 바꾸고 할아버지를 갈아치운다는 뜻으로, 이는 특정 가계를 통째로 어느 인물의 후손으로 연접해 감쪽같이 둔갑시키는 행위다. 조선 후기의 석학 다산 정약용도 당시 족보 위조에 대한 시대상을 한탄하면서 밝힌 대목이 바로 환부역조 행위였다. '차라리 내 성을 갈겠다' 혹은 '그게 사실이라면 아버지의 자식이 아니다'라는 우리의 언어 습관 속에는 부모로부터 물려받은 성과 조상에 대한 관념이 잘 묻어난다. 죽을 각오가 아니면 이런 말을 입에 올리지 않기 때문이다. 그럼에도 왜 이런 환부역조가 만연하게 됐을까? 그것은 문벌을 숭상하는 풍

정약용 초상화 조선 후기의 실학자를 대표하는 정약용(1762~1836)은 오랜 유배 생활 동안 다양한 저술 활동을 하여 당대 최고의 학자로 꼽힌다. 전라남도 강진군 다산기념관 소장.

조 때문이었다.

실학자 반계 유형원은 이 문제에 대해 문벌 의식 때문이라는 결론을 이미 명쾌하게 내렸다. 그 문벌 의식의 구성 요건 중에서 큰 부분을 차지했던 것이 명조名祖·현조顯祖를 두었는가 하는 점인데, 계보 추적 과정에서 그러지 못한 성관은 다른 유력한 세력의 본관으로 갈아타기를 시도했던 것이다. 이런 문벌 숭상 풍조에 대해서는 이익이나 정약용 같은 실학자도 크게 개탄했다. 문벌을 숭상하는 풍조가 만연할수록 자신은 물론 자손 대대로 대물림이 가능한 보증수표가 필요했고, 그것이 바로 족보였다. 족보에 등재만 되어 있으면 양반으로서의 지위는 최소한 유지될 수 있었다. 특히 조선 후기로 갈수록 시조를 추심하는 과정에서 더 멀리 거슬러 올라가게 됐는데, 급기야 박혁거세나 경순왕 또는 수로왕의 후손으로 그리고 고려 개국공신의 후손으로 연결했다. 하지만 그 후예 모두가 양반이 될 수 있는 상황은 아니었다. 5대 혹은 멀어도 10대 이내의 조상 가운데 내세울 만한 인물이 있어야만 양반이라는 헛기침이라도 할 수 있었다. 그러니 환부역조를 통한 족보 위조가 성행할 수밖에 없었다.

조선 후기에 들어와 과거에 응시하기 위한 가계 위조 방법으로 환부역조 행위가 활용되다가 족보로까지 이어졌다. 과거 응시자가 제출하게 되어 있던 4조단자(부·조·증조·외조)를 조작하는 환부역조가 성행하더니, 급기야 이보다 더 큰 규모의 족보에까지 파급된 것이다. 환부역조는 아예 본관을 갈아타는 큰 규모에서부터 조상 추심 과정에서 확실하지 않은 조상을 빌려오거나, 가계를 이어야 한다는 양자제도에 대한 관념이 없었던 조선 전기에 무후로 끝난 인물의 후손으로 연접하거나 한 세대를 더 끼워넣는 등의 첨간添刊 방법에 이르기까지 실로 다양하게 전개됐다.

본관제도의 출발은 성씨와 무관하게 시작됐지만, 고려 중기 이후 문벌사회로 치닫으면서 성과 연칭하는 사례가 보편적인 일로 받아들여졌다. 그리하여 경주김씨나 파평윤씨처럼 특정한 씨족을 지칭해 다른 씨족과 구분하면서 문벌 의식을 드러내기 위한 하나의 수단이요, 부호의 역할로 정착됐던 것이다. 따라서 한번 조상으로부터 물려받거나 정해진 본관은 생활터전을 옮기더라도 이적하지 않은 채 성과 연칭하는 지속성을 강인하게 이어갔다.

그런데 조선시대에 들어와서는 본관을 개변하는 사례가 적지 않았다. 이는 행정구역 단위였던 군현 통폐합으로 인한 경우도 있었지만, 그보다는 동성은 동족이라는 관념하에 내세울 만한 조상이 별로 없는 가문이 유력한 본관으로 갈아탄 사례가 더 많았다. 앞에서도 언급했듯이, 조선 초기에는 4,500개에 이르는 본관이 존재했다. 그러나 1985년 인구센서스 통계에 따르면 3,400개에 불과했다. 약 1,000개 이상의 본관이 줄었다는 의미는 별 볼일 없는 성씨가 유력한 본관으로 옮겨갔음을 뜻한다. 예컨대 1799년(정조 23) 전라도 함열현감으로 있던 이인채의 상소를 보면 "영구히 면역하려고 일족이 재물을 긁어모아 위보僞譜

『승정원일기』 왕의 비서실이었던 승정원에서 작성했던 일기체 역사 기록으로 조선 후기 288년간의 기록이 현존한다. 승정원의 명칭이 갑오개혁 이후 궁내부, 비서감, 규장각 등으로 여러 차례 개편됐기에 표지 명칭 또한 다르게 나타남을 볼 수 있다. 서울대학교 규장각 소장.

를 만드는데, 단지 성자姓字 동일한 것만 취하고 모향某鄕의 관貫은 분간하지도 아니해 환부역조한 파계派系를 거짓으로 칭해 향리에 자랑하며 자칭 반족班族이라 칭하니……"(『승정원일기承政院日記』 정조 23년 3월 30일)라고 했듯이, 동일한 성씨 중에서 보다 나은 유력한 본관으로 개변한 사례가 많았던 것이다.

실제로 조선 초기에 15개의 본관이 있는 것으로 조사된 조曹씨의 경우 조선 후기에는 거의 창녕조씨로 흡수되고 말았다. 이런 사례는 17개의 본관을 보였던 전全씨가 천안과 옥천 전씨로 크게 양분됐듯이, 윤씨의 본관 16개가 파평과 해평으로, 오씨의 본관 11개가 해주와 동복으로, 백씨의 본관 11개가 수원백씨로, 9개의 본관이 있던 황씨가 장수·창원·평해로, 8개의 본관이 있던 문씨가 남평으로 흡수된 것에서도 잘 나타난다. 여러 본관의 황씨가 황희 정승을 배출한 장수황씨로 갈아탄 것도 문벌 의식이 크게 작용했기 때문이다.

17세기 이후에는 보학의 시대라 할 만큼 족보 편찬이 활발했다. 가첩과 가승을 비롯한 기초 자료를 보유한 가문은 별 문제가 없었지만,

선대 계보를 연결할 자료조차 없는 집안이 대부분이었다 보니 이런 상황에서 서로가 명문이라는 것을 세상에 드러내기 위해 조상의 이력을 과장하거나 세계를 지나치게 소급해 꿰맞추기를 시도하여 많은 오류를 범하고 말았다. 오늘날 조상에 대한 문중 간의 시비가 끊이지 않는 것도 그 때문이다.

환부역조하는 방법 중에서 가장 흔한 것이 첨간이었는데, 이는 중간에 한 대수를 은근슬쩍 끼워넣거나 후사 없이 가계가 단절된 인물의 자손으로 연결하는 방법이었다. 1787년(정조 11)에 사간원사간 이사렴이 소장을 올려 "근래 기강이 문란하고 인륜이 무너져서 상놈들이 환부역조하여 명문의 족보에 투탁해 군역을 도탈逃頉하는 일이 자주 있습니다. 들으니, 대구의 간사한 무리배가 나주임씨 족보를 간출刊出해 남의 아비와 할아비를 바꾸고 다른 사람의 관작을 위조해 여러 벌을 인출印出한 후 임씨 성을 가진 자 중에서 재산이 많고 신역이 있는 자에게 발매하여 나라 안에 널리 배포해 면역의 묘방으로 삼고 있다 하니 인심세도人心世道가 참으로 한심합니다"(『승정원일기』정조 11년 4월 27일)라고 한 것에서 알 수 있듯이, 첨간이란 방법으로 환부역조한 족보가 꽤 비싼 값에 팔렸던 것이다.

이렇듯 조선 후기에는 아예 본관을 바꾸어버리거나 당대와 가까운 조상을 바꾸는 환부역조가 성행했는데, 그럼에도 성까지 바꾼 사례는 찾아보기 힘들다. 이는 본관은 달라도 성이 같으면 한 뿌리에서 나왔다는 17세기 후반 이후의 일탈된 의식 때문인데, 혈통 만능의 전통사회에서 굳어진 관습이었던 '성은 절대 바꿀 수 없는 것'이라는 공통된 신념 아래 본관 개변을 암묵적으로 자행하게 된 것이다. 그러면서도 '차라리 내 성을 갈겠다'는 식의 한국인 특유의 언어 습관에서도 나타나

창씨개명을 신고하기 위해 줄을 서 있는 서울 시민의 모습 1939년 일제에 의해 창씨개명이 공포되자 새로운 호적을 정리하려고 사람들이 줄을 서서 기다리고 있다.

듯이 성까지 바꾼 사례는 거의 없었다.

그런데 1939년에 개정조선민사령改正朝鮮民事令과 기타 법률에 따른 창씨개명이 공포됐다. 일본은 말할 것도 없거니와 중국에서도 데릴사위가 되어 성을 바꾸고 살아가는 것쯤은 흔하고 흔한 일이었으니, 총독부는 창씨개명을 간단하게 생각했을 수도 있겠다. 그러나 조상에게서 물려받은 성을 바꾼다는 것은 도저히 있을 수 없는 치욕으로 여기는 한국인이었기에 이 땅에서의 창씨개명이란 조상을 욕보이는, 천지가 뒤집어질 사안이었으니 민족 감정은 극에 달하고도 남았다.

"반도인을 혈통 중심주의에서 탈각하게 해서 국가 중심의 관념을 배양하고 천황을 중심으로 하는 국체의 본의本義에 철저하도록 한다는 취지에서…… 씨氏를 짓는 일을 허용하게 했다"라는 미나미 지로南次郎 총독의 말에서 보이듯이, 한국의 혈통을 중심으로 하는 사회구조가 그들의 눈에는 악의 축이자 가시였다. 부부여도 남편과 아내가 다른 성을 쓰는 부계 중심 혈통주의가 천황을 정점으로 하는 국가 건설에 지장을 초래한다고 판단했기 때문이다. 이에 가족과 종족(씨족), 지역을 완전히 해체함으로써 모든 조선인을 천황 아래에 두는 일본식 이에家

영화 「족보」 임권택 감독의 1978년작 영화로, 주선태·하명중·한혜숙 등이 출연했다.

제도를 도입하려는 것이 주목적이었다.[7] 그리고 창씨는 일본식 성을 새로 만드는 것이 아니라, 조선에는 없는 '우지氏'라는 것을 강제로 만들어내는 것이었지만, 개명은 권장 사항이었기에 실제 이름까지 바꾼 사례는 많지 않았다.

2008년 9월 7일 서울 충무로의 대한극장에서는 30년 전에 개봉했던 영화 한 편이 상영됐다. 우리 영화계의 거장 임권택 감독이 만든 「족보」라는 작품이었는데, 영화는 임 감독도 놀랄 만큼이나 대성황이었다. 30년 전에는 판을 치던 것이 미국 문화였으니 임 감독은 이를 벗어나 우리 정서에 잘 맞는 소재를 찾다가 착안한 것이 바로 창씨개명이었다고 한다. 총독부 관리의 아들로 태어나 소년시절을 서울에서 보낸 일본인 작가 가지야마 도시유키梶山季之의 작품 「족보」를 영화로 만든 것이다.

「족보」의 무대는 1940년대 경기도다. 영화는 일본인 도청 관리 다니(하명중 분)가 상부의 명령으로 창씨개명을 설득하기 위해 순창설씨 가문을 찾았다가 종손 설진영(주선태 분)과 딸 옥순(한혜숙 분)의 자부심에 오히려 동화된다는 내용을 그린 것이다. 설진영이 창씨개명을 거부

하자 딸의 약혼자가 징용에 끌려가고, 아들과 손자들까지 배척받게 된다. 결국 면사무소에 가서 가족의 창씨개명에 서명하지만, 자신만은 '설진영'이라는 이름을 그대로 둔 채 돌아와 족보 마지막 장에 사유를 적어놓고 자결을 결행한다. 이런 과정에서 일본인 관리 다니가 조선인의 족보 정신에 감동해 겪게 되는 심적 갈등을 섬세하게 그려냈다. 성씨와 조상 그리고 족보에 집착하며 살았던 한국인 특유의 정서가 전해주는 메시지가 참으로 크다 하겠다.

일제에 의해 일제히 창씨개명을 강요당할 때 안동 퇴계 종가의 예안 이씨는 창씨개명을 끝까지 거부했다. 정말 대단한 기개가 아닌가? 역시 뼈대 있는 가문은 뭔가 달라도 다른 모양이다. 일본 식민 통치자의 유혹과 위협이라는 절박한 상황에서 선조가 물려준 성과 이름을 끝까지 지켜낼 수 있었던 것은 퇴계의 후광 때문임이 분명한데, 퇴계 종가의 자존심은 곧 조선의 자존심이기도 했으니, 그것만으로도 충분한 보상과 위안이 되는 셈이다. 역대 총독이 조선에 부임해오면 만사 제쳐놓고 도산서원 참배부터 했다는 풍문이 그냥 나온 소리는 아닐 것이다. 창씨개명을 요구한 시기는 일제 통치의 막바지이긴 했지만, 선비와 양반의 상징인 퇴계마저 무너뜨린다면 오히려 역효과가 난다는 점을 인식했을지도 모른다.

한말 단발령으로 큰 파장이 일어나 조상 볼 면목이 없다는 이유로 죽음을 택한 이 땅의 선비들이 수를 헤아릴 수 없듯이, 조상으로부터 물려받은 성을 바꾼다는 것은 엄청난 치욕이었다. 자신의 무력감을 탓하며 '강원야원江原野原'으로 창씨개명을 했다는 희극인지 비극인지 모를 일이 벌어지기도 했다. 강원야원을 일본식 발음으로 하면 '에하라 노하라'다. '에하라 노하라, 아니 놀지는 못하리라'라는 노랫가락에 맞취 '에이 빌어먹을 세상 될 대로 되라'는 식으로 성명을 붙였으니, 당시 우리가 당한 민족의 울분이 오죽했으면 그랬겠는가?

"차라리 내 성을 갈겠다"라고 말할 때와 같은 비장함이란 최후의 마지노선이요, 임진왜란 때 신립 장군이 탄금대에서 배수의 진을 칠 때와 같은 심정이다. 그런데 일본제국주의에 의해 강제로 성을 갈고 이름을 바꾸게 됐으니 죽음까지 불사한 사람들이 얼마나 널렸겠는가? 그렇다면 아버지를 바꾸고 할아버지를 갈아치운 환부역조의 일탈은 무엇이고, 창씨개명으로 죽음까지 불사한 일은 또 무엇인가? 이런 이중성에 대해 '동성同姓은 동족'이라는 일탈된 관념을 적용해본다면, 본관 개변은 조상에게도 칭찬받을 일이지만 창씨개명은 조상님 뵐 면목마저 없는 불상놈의 행위인 것인가? 이렇듯 간단하게 치부해버리기엔 뭔가 찜찜하긴 하다.

시조와 조상 만들기

시조, 여러 인물 중에 행운을 누린 단 한 사람

시조 할아버지들을 떠올려보면 역사상으로 이름난 인물뿐이다. 여기에는 어느 성관을 막론하고 예외가 없다. 시조는 해당 씨족 중에서 제일 꼭대기에 있는 사람이다. 따라서 계보를 추심해 올라가다 맨 마지막에 도달한 인물이기에 더 이상의 조상은 없으며, 시조 할아버지가 성관을 함께하는 모든 종족을 퍼뜨렸다는 생각이 들게 된다.

중국에서 시조 할아버지는 돗자리 짜던 사람이나 두부를 만들어 팔던 사람인 경우도 허다하다. 그리고 후손이 집단을 이루어 사는 그 지역에 처음으로 옮겨와 터를 잡은 사람이 바로 시조다. 혹자는 이를 시천조始遷祖라고 표현하기도 하는데, 우리가 흔히 쓰는 입향조에 해당한다. 시천조와 입향조는 거주지를 옮겨 처음으로 터를 잡은 인물이라는 점에서는 같지만, 중국의 시천조는 옮긴 거주지에서 살아가는 후손에게 새로운 본관을 부여하는 시조가 된다는 점에서 우리의 입향조와 다르다. 우리는 거주지를 수없이 옮겨도 본관을 바꾸는 일이 없지만, 중국에서는 옮긴 거주지가 곧 본관이 되는 것이다. 그러니 중국에서는 아주 가까운 시기에 조상이 서로 같은 사람끼리도 본관이 서로 다른 경우가 많다.

그렇다면 한국의 시조는 왜 중국의 시조와 다를까? 그것은 한국의 씨족제도가 유명 인물의 후손임을 자처하는 이들에 의해 형성, 발전했기 때문이다. 좀 더 쉽게 말하자면 시조가 처음부터 존재한 것이 아니라 일정한 세월이 흐른 뒤 후손들이 추대해 넣었기 때문이다. 따라서 한국에서 시조가 되기 위해서는 후손을 잘 두어야만 가능하다. 그 잘 둔 후손이란 관직으로 진출한 이가 즐비하고, 대가 끊어지지 않아야 한다는 전제가 붙는다. 그런데 보다 중요한 것은 본관지에서 함께 살았던 수많은 씨족원 중에서 다른 사람이 누리지 못한 행운을 누리게 된 단 한 사람이 바로 시조라는 점이다. 이런 식의 명쾌한 해석도 실은 송준호 교수에 의해 시작됐다.[8]

고려 몽골간섭기에 살았던 민적의 행장에는 "선대는 충주 황려군(여주의 옛 이름)에서 살았다. 그들은 고려 초기부터 벼슬했던 것으로 생각되나 보첩이 없어져 9대 위로는 상고할 길이 없다. 그의 8대조가 민칭도이고, 관직이 상의봉어尚衣奉御에 이르렀다"라고 했다. 그리하여 후대에 족보를 만들 때 이런 자료 이상의 계보를 확인할 수 없었기에 민칭도를 시조로 할 수밖에 없었다. 따라서 후손에 의해 추대된 사람이 바로 시조였음을 알 수 있다.

반남박씨의 시조는 이 지역 호장을 지낸 박응주다. 그래서 그 후예에게 호장공이라 불린다. 1642년에 간행된 『반남박씨족보』 서문에 따

「반남박씨세보」 1707년(숙종 33)에 9권 10책으로 발행된 반남박씨 족보.

르면 "신라 박씨의 후예이기에 원래 경주에 살았는데, 고려 태조에 의해 선조들이 나주 반남에 배치되어 정착하게 됐으며, 전해오는 기록이 없어 부득이 찾아낸 가장 가까운 선조를 시조로 삼아 이를 기점으로 족보를 만들었다"라고 밝혔다. 1372년(고려 공민왕 21)에 당시 개성부에서 작성한 박수의 호적이 남아 있었는데, 그에 따르면 호주 박수를 기점으로 증조까지 기록되어 있었고, 그 증조가 바로 박응주다. 박응주가 반남의 호장으로 있을 당시에는 다른 반남박씨 일족과 함께 어울려 살았음이 분명하다. 그런데 행운을 누린 단 한 사람은 바로 박응주이고, 그 이유는 후손을 잘 두었기 때문이다.

조상이 같다는 이유 하나만으로 씨족이 자연적으로 형성된 것은 아니다. 조상이 같다는 사실에 특별한 의미를 부여하고 상호 화목과 결속을 다지는 활동을 벌이는 집단일 때만 씨족이 성립되는 것이다. 여흥 지방에 살았던 수많은 민씨 중에 민칭도만이 시조의 자리에 앉게 된 것이나, 반남 지방에 살았던 수많은 박씨 중에서 유독 박응주만이 시조로 추대된 것도 그런 요건을 충족하는 후손을 잘 두었기 때문이다. 그리고 조선 초기에 반남은 나주에 통합되어 역사에서 사라져버렸지만, 그들은 반남이라는 본관명을 그대로 존속했다. 이미 명문으로 성장했기 때문이다.

지금까지 설명했듯이, 시조가 본관지에 처음 들어가 살았던 사람도 아니고, 본관을 창설해 처음 사용한 인물도 아니라는 점을 알아야만 시조와 족보의 실체에 제대로 접근할 수 있다.

다음의 안강노씨 사례를 통해 시조에 대한 의미를 다시 한 번 되새겨보자.

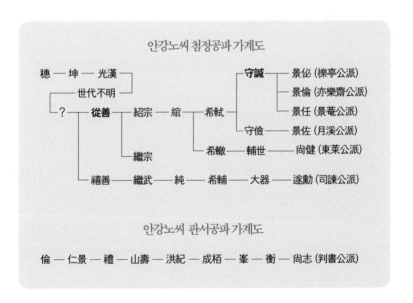

안강노씨 첨정공파 가계도

안강노씨 판서공파 가계도

倫 ─ 仁景 ─ 禮 ─ 山壽 ─ 洪紀 ─ 成栢 ─ 峯 ─ 衡 ─ 尙志 (判書公派)

경상도 선산에는 안강노씨가 세조 이후 터를 잡아 살고 있었다. 첨정 벼슬을 지내다 낙향해 선산에 정착했다는 노종선이 입향조이자 실질적인 시조다. 명목상의 시조 노광한은 고려 초의 인물로 알려졌으나,

노광한과 노종선 사이를 연결해줄 고리를 찾지 못했다. 따라서 안강노씨 족보에서도 명목상의 시조와 실질적인 시조 사이인 약 500년간의 빈자리를 메우지 못하고 있는 실정이다. 억지를 부려 가공인물을 조상 세계에 편입하는 왜곡보다는 낫다는 생각이 든다.

아무튼 안강노씨 문중에서는 아직까지 노종선을 시조로 모실 수밖에 없는 첨정공파가 존재하고, 또 이들과 계보를 연결할 수 없는 판서공파도 고려 이래로 관료를 꾸준하게 배출하면서 영남 북부 지역에서 양반의 지위를 이어갔다.

조선 후기 족보 편간 과정에서 주축이 된 사람들은 첨정공 노종선의 현손인 노수함 계열이었다. 노수함은 여섯 형제를 두었지만 세 명만 파조로 추대됐고, 조선 후기에 실제로 문중 활동을 주도한 이들도 바로 이들 3파였다. 그리하여 이들 직계 계보를 확인하는 과정에서 노종선까지만 추심이 가능했던 것이다. 그런데 문제는 첨정공 노종선이 선산에 정착해 살았던 시기를 전후해 다른 안강노씨들이 상당수 확인되는데, 그들은 끝내 안강노씨 계보에 오르지 못하고 말았다는 사실이다.

우선 고려 때 인물부터 살펴보면, 기계유씨의 중시조 유여해의 처부가 검교군기감을 역임한 노원이었는데, 그는 고려 시기에 살았던 안강노씨였다. 유여해는 고려 고종 때 급제해 관직에 진출했으나, 최씨의 무신집권기에 최항의 미움을 받아 섬으로 유배됐으니, 노원 역시 고려 후반기의 인물임을 알 수 있다.

조선 초기의 이여는 군위에 정착한 영천이씨의 입향조인데, 고려가 망하자 영천에서 군위로 이주해 두문불출한 채 이름까지 '여麗'로 고친 충신이었다. 그가 이주한 계기는 당시 군위에 큰 세력 기반을 갖고 있던 영별장 노천익의 사위이기 때문이었다. 영천이씨 족보에서 노천익을 안강노씨라 기록하고 있어 그 선대에 이미 안강을 떠나 군위에 정착한 것으로 추정된다.

현재 안강노씨의 실질적인 시조로 추앙되는 노종선보다 이른 시기에 선산에 정착한 안강노씨 인물도 있었다. 1419년(세종 1) 문과에 급제한 노호는 『일선지—善誌』에서 선산 남촌에 거주했다고 했다. 노호는 조선 초기의 재상으로 이름 높았던 서선의 사위로, 『이천서씨족보』에도 안강인으로 기록되어 있다. 노호는 김종직의 아버지 김숙자와 동년배이자 매우 절친한 사이로 성균박사를 거쳐 외직으로 나갔다가 사헌집의를 역임하는 등 청요직을 두루 거쳤으니, 선산 입향조로 추앙받는 노종선보다 훨씬 화려한 이력의 소유자였다.

『문과방목文科榜目』에서는 노호의 아버지를 노인도라고 기록했다. 노인도는 1395년(태조 4) 대명對明 외교의 최대 쟁점으로 떠오른 표전表箋 문제로 권근·정총·김약항 등과 함께 명나라에 억류됐다가 그곳에서 순절한 인물이다. 그의 행적으로 추측건대 고려 말기에 문과에 급제한 것으로 보이며, 노호의 아들 노진해 역시 문과 출신으로 회덕현감을 역임했고, 성균관 유생으로 있을 때 지은 『오경책五經策』은 중국 사신에게도 자랑거리였다. 따라서 '노인도-노호-노진해'로 이어지는 가계는 당대 최고 명문가로 손색이 없었을 텐데도 족보에는 이름을 올리지 못하고 말았다.

이들보다 한 세대 후인 성종부터 중종 대에 활약했던 안강노씨의 면면을 살펴보자. 우선 광산김씨 예안파 입향조인 김효로의 외조부 노응을 볼 수 있다. 경산현령을 지낸 노응은 예천 지역의 경제적 기반을 광산김씨에게 시집간 딸과 외손에게 상속했는데, 광산김씨 예안파 종가 소장 고문서에 그 규모가 잘 나타난다. 김효로의 이름이 외가인 노씨

「우향계안」 안동의 고성이씨를 중심으로 고을 선비 열두 명이 우향계를 조직하여 만든 계첩. 안동 민속박물관 소장. 경상북도 유형문화재 제327호.

에게 효를 다해야 한다는 뜻으로 지어졌을 정도였다. 이렇듯 안강노씨의 재산을 토대로 광산김씨는 안동의 대표적 벌족으로 성장해갔지만, 노응과 그 후손은 족보에 이름을 올리지 못했다.

안동 지역 사족의 모임이었던 우향계가 만든 계첩『우향계안友鄕稧案』에 입안된 노맹신도 안강노씨다.『우향계안』은 조선 초 좌의정을 역임한 이원(고성이씨)의 아들 이증이 안동으로 낙향하면서 고을 선비 열두 명과 함께 계를 조직해 나누어 가졌던 계첩이다. 참여한 인사로는 안동권씨 세 명, 흥해배씨 네 명, 영양남씨 네 명, 안강노씨 한 명 해서 총 열세 명인데, 이들은 계안이 작성된 1478년(성종 9) 당시 이 지역을 대표하는 사족이었다. 아무튼 노맹신이 우향계에 참여할 수 있었던 것은 15세기 후반 안동의 사족 사회에서 일정한 지분을 확보한 상태였기 때문이다.

그 후 우향계원의 후손들이 우향계 계승을 표방하며 1502년(연산군 8) 진솔회를 결성했고, 그 200년 후에는 63명의 후손이 이름을 세호계로 변경해 새로운 규약을 갖추었다. 또 1865년(고종 2) 수호계로 개칭한 이래 매년 다섯 개 문중 재실과 인근 사찰에서 돌아가며 모임을 가져왔다. 특히 우향계 7주갑이 되는 1898년 계회는 100여 명이 참석할 정도로 성대하게 치러졌지만, 창립 계원인 노맹신 이래 그의 후손은 참석자 명단에 단 한 번도 이름을 올리지 못했다.

또한 1637년(인조 15) 문과에 급제해 부사를 역임한 노협도 안강노씨다. 묘지명 등을 통해 살펴본 그의 계보는 '전 - 팔원 - 협 - 중휘'로 이어지는 것으로 확인되지만, 현재의 안강노씨 족보에서는 찾을 수가 없다. 1606년(선조 39) 진사에 합격한 노팔원의 거주지가 한양으로 기록되어 있는 것으로 봐서 이들은 한양에 정착한 안강노씨의 일파였음을 알 수 있다.

이상에서 살펴보았듯이, 오늘날 실질적 시조로 추앙받는 노종선 이전에 선산 지역에 정착했던 노호 3대는 물론, 군위의 노천익과 예천의 노응을 비롯해 안동의 노맹신과 노선, 한양의 노협 가계의 인물도 족보에는 이름을 올리지 못했다. 이들은 노종선 형제보다 시기가 다소 앞서거나 족보 편간 직전의 인물들이었다는 점에서 시사하는 바가 크다.

족보에 이름을 올리지 못한 것은 후손을 잘 두지 못해 행운을 누리지 못했다는 이야기와 같다. 족보를 제작할 때 당대를 기점으로 조상을 거슬러 올라가는 경우도 있었지만, 설정된 현조와 명조를 두고 후손을 찾아 가계도에 넣는 경우도 많았는데, 체계적인 계보 자료를 확보한 상태가 아니었다. 대개의 족보에서 고려시대 인물 계보를 단선으로 처리하거나 공란으로 남겨둘 수밖에 없었던 것도 그런 고민의 반영이었다. 단선으로 내려오다가 여러 계파로 분기되는 시점을 기준으로 명목상 시조와 실질적 시조로 구분하려는 이유도 여기에 있다.

아무튼 조선 전기에는 양자제도가 확립되지 않아 절손된 가문이 많았으니, 조선 후기의 족보 편간 과정에서 묻혀버린 인물도 있었을 것이다. 그렇다 할지라도 족보에 등재되지 못한 다양한 인물이 모두 무후의 사례라고 보기는 힘들다. 또한 족보에 오르지 못한 사람과 그 후손도 성과 본관을 갈아타지 않은 이상 안강노씨로 살아갔을 텐데, 그들의 행방 찾기는 향후에도 어려울 것 같다.

시조는 왜 유명 인물뿐인가?

참다운 시조라면 맨 꼭대기의 조상임이 분명한데, 왜 우리의 시조는 왕자거나 나라에 큰 공을 세운 사람뿐일까? 이에 대한 의문은 철들기 시작할 무렵부터 줄곧 갖고 있기는 했지만, 얼마 전까지도 그냥 흘려보내고 말았다. 그런데 고성이씨 족보 관련 논문을 쓰다가 재미있는 자료를 하나 발견하면서부터 시조에 대해 다시금 관심을 가지게 됐다.

1597년에 송암 이노가 남긴 『사성강목』은 앞에서도 살펴봤듯이 다소 특이한 족보다. 친족인 고성이씨와 외가인 남평문씨, 진외가인 창녕성씨, 외외가인 안악이씨 등 자신에게 실질적으로 피를 나눠준 네 개의 성씨 계보를 추적한 것인데, 여기에는 단편적이긴 하지만 시조를 추심해가던 과정을 담은 내용이 실려 있다.

정의대부검교문하시중 휘 엄충 : 부인 성씨나 자녀의 많고 적음을 상고할 자료가 없다. 일찍이 첨정 배문보와 학장 하홍이 보첩을 만들 때 미상으로 처리했고, 그리고 이 할아버지(엄충)를 시조로 삼아 주석 달기를 "보승낭장산원동정 전지의 아들이다"라고 했는데, 이것은 이 할아버지(엄충)

창녕성씨 족보 판각 족보를 만들기 위한 목판으로, 전면에 조상의 분묘 위치를 나타내는 지도가 새겨져 있다. 안동민속박물관 소장.

의 관직이 높았기 때문이다. 세인世人은 으레 관직 높은 이를 시조로 삼고, 근본이 되는 유래에 따른 시조를 구하지 않는다. 지금 낭장(전지)으로 비조鼻祖를 삼았는데, 낭장은 드러난 관직을 지낸 것도 아니고, 아전에서 굴기해 반열을 성하게 했고, 두 아들 모두 큰 벼슬을 하도록 했다. 또 만약에 이 할아버지(엄충)를 시조로 삼아버리고 낭장에까지 미치지 않는다면 인충의 후손이 같은 종족임을 누가 알겠는가? 경인년(1590) 겨울에 내가 한양에서 처음 관직에 나가 성주를 지나다가 수사秀士 이순을 방문해 하룻밤 보낼 적에 "그대는 누가 시조라 생각하는가?"라고 묻기에, 내가 "이 할아버지(엄충)시다"라고 답을 하자, 크게 웃으며 "이분(엄충)은 내 선조이신 인충의 형이시고, 동종임에는 의심할 것이 없다"라고 했다.

— 『송암세보사성강목』「건부상편」 '고성이씨편'

이 자료는 송암 이노가 자신의 선조인 이엄충 아래에 주석으로 남긴 내용이다. 즉 자기 선조를 추심해 나가면서 시조에 대한 문제점을 적은 후 고성이씨 문중의 또 다른 보학자 이순을 만나 하룻밤 묵으며 나눈 대화를 함께 수록했다. 당시 고성이씨 문중에서 보학으로 이름 높았던 두 사람이 대화하면서 추심했던 조상은 다음과 같다.

田枝(비조)─┬─ 嚴冲(시조)
          └─ 麟冲

　당시까지 이노가 자신의 가계 기록을 추심했던 내용은 직계 선조였던 이엄충이 시조이고, 이엄충은 보승낭장산원동정을 지낸 이전지의 아들이라는 것이다. 엄충은 아버지 이전지가 확인됐는데도 시조가 될 수 없었다. 이전지의 관직이 별 볼일 없었기 때문이다. 그리하여 이노는 오로지 관직 높은 자를 찾아 시조로 삼고, 소자출所自出에 따른 시조를 찾지 않는 세인의 풍조에 대해 강한 불만을 토로했던 것이다.

　이를 바로잡기 위해 송암 이노는 『사성강목』이란 족보를 작성하면서, 이전지를 비조로 세운 다음 시조 이엄충을 연결했다. 이전지가 갖고 있던 보승낭장산원동정이라는 관직은 그야말로 지방의 아전이 갖는 미관말직 정도에 불과했다. 그러나 두 아들이 큰 벼슬을 하도록 키운 이전지의 공로를 기억해야 한다는 점 그리고 이엄충을 시조로 삼고 이전지에까지 미치지 않는다면 이엄충과 형제인 이인충의 후손은 나중에 같은 뿌리에서 갈라진 동종임을 알 수 없게 된다는 점을 이유로 들어 이전지를 비조로 세운 것이었다.

　엄충과 인충이 형제라는 사실을 확인한 것도 1590년 경인년 겨울이었다. 경상도 성주 고을에 살았던 이순을 방문했을 적에 "그대는 누가 시조라 생각하는가?"라는 물음에 이엄충이라 대답하자, 이순이 웃으며 엄충이 형이고 인충이 동생이라는 것을 확인해주었다 한다.

　이제 고성이씨 가문에서 그 후 시조 만들기가 어떻게 진행됐는지 설

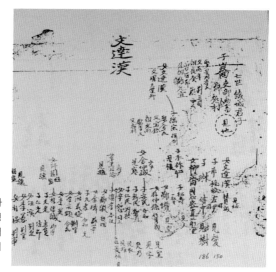

「야로당초보」의 도촌 이교 가계 부분 야로당 이순이 작성한 고성이씨 『철령초보』 제81면. 도촌 이교 아래 '견지見地'라 표시되어 있다.

명해야 할 차례다. 고성이씨의 초기 족보 중에는 1590년대 후반에서 1605년 무렵에 작성한 것으로 추측되는 『철령초보』가 있다. 필사본으로 전해 내려온 이 족보는 이노가 만났던 보학자 이순이 작성한 것으로, 표지에는 그의 호를 따서 '야로당초보野老堂草譜'라는 제목이 붙어 있다.

그는 9세 행촌 이암의 손자인 좌의정 이원의 후손으로, 고려 말 권문세족이었던 행촌과 도촌 이교 형제는 물론 그의 누이동생 가계까지 포함하는 내·외손을 출생순으로 꼼꼼히 나타냈다. 일종의 합동가승보인 셈인데, 족보 전반부가 결락된 큰 흠을 갖고 있다. 결락 부분은 야로당이 추심했던 시조로부터 직계 선조 10세 이강까지 들어가야 할 부분으로, 누구를 시조로 설정했는지에 대한 것 등이 빠져버렸으니 필자에겐 웅담 없는 곰이나 다를 바 없었다.

불행 중 다행이던가. 남아 있는 자료로도 앞부분을 추측할 근거 몇

개는 건질 수 있었다. 81면이 시작되는 도촌 이교 아래에 '견지見地'라 표시한 작은 글씨가 있다. 지地를 표시한 면으로 찾아가면 이교 이전 가계에 관한 사항을 볼 수 있다는 뜻이다. 우리 족보에는 통상적으로 한장 한장 차례를 표시하기 위해 천자문 순서로 나열하는데, 오늘날 페이지 숫자와 같은 기능이다. 그러하니 지는 둘째 장인 셈이다. 이를 통해 대충 결략된 양을 짐작할 수 있었다. 아울러 도촌 이교에 대해 "7세 철성군의 아들"이라고 기록했으니, 철성군을 비롯한 그 선대에 관한 내용이 첫 장인 천天에 수록됐음을 유추할 수 있다.

　그러면 철성군이 누구이며, 그를 전후한 가계 구성이 어떻게 되는지 살펴볼 필요가 있겠다. 이에 따라 고성이씨 최초로 간행된 합동계보인 『계유보』(1753)를 토대로 계보도를 나타내보면 다음과 같다.

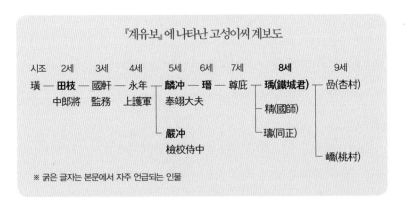

　계보도를 보면, 철성군 이우는 행촌과 도촌의 아버지이자 이진의 손자다. 야로당은 분명히 철성군을 7세로 표기했지만 150년이 지난 『계유보』에는 8세로 되어 있다. 따라서 야로당이 추심한 내용과 1대수 차이가 나는 셈이다. 이는 야로당 이순이 여러 자료를 섭렵해 추심했던 시조가 이전지였고, 그로부터 계산했기에 철성군을 7세로 기록했을 확률이 높다. 왜냐하면 『계유보』 서문에서 그 단서를 찾을 수 있기 때문이다.

> 송암 공이 편집한 『사성강목』을 살펴보니, 시중 공 엄충으로 인충의 백씨로 삼고서 주를 달기를 "경인년 겨울 내가 한양에서 첫 벼슬길에 성주를 지나다가 수사 이순을 방문해 하룻밤 묵을 적에 세첩世牒을 구해보고 분파를 궁구하니, 엄충이 인충의 형으로 되어 있는지라 이를 보고 밝혀 바로잡았다"라고 했는데, 지금 각처 사보私譜와 여러 파가 모두 인충을 형으로 삼은 일이 백 년이니…… 중의를 따랐다.
>
> ─ 이기 찬撰, 『고성이씨세보(계유보)』 서문

어느 문중이나 합동계보 편간 과정에서 시조 설정을 어떻게 하느냐는 예민하고도 중요한 문제였다. 우리 씨족사에서 시조는 족보 편간 당시 조상을 추심하다 마지막에 도달한 인물이라 했듯이, 더 이상 추심할 수 없는 최후의 인물로 알려진다. 그럼에도 현관을 지낸 자라야만 시조로 추숭될 수 있었던 것이 한국 씨족 자료의 특징이다.

그리하여 송암 이노는 족보를 작성하면서 그 폐단을 바로잡으려 노력했다. 내세울 만한 벼슬에 오르지는 못했지만, 이전지를 비조로 삼지 않는다면 인충과 엄충이 형제인지 아닌지 누가 알겠느냐는 것이 큰 이유였다. 그리하여 이전지를 시조로 하여 엄충·인충 형제를 아들로 바로 연접했던 것이다. 이는 후세의 계보도에 초석을 놓은 셈이지만, 3세 국헌과 4세 영년까지는 추심해내지 못했다.

고려 말에서 조선 초기에 생산된 가계 기록에서 확인되는 고성이씨의 인물 상한선은 6세에 해당하는 이진이었다. 여말선초에 제작된 수많은 자료(족보도, 묘지명, 묘갈명, 신도비 등)에서도 그보다 앞선 시기의 인물을 내세운 적은 없었다. 그러다가 1597년 송암 이노가 『사성강목』을 작성하여 전지를 비조로 내세우면서 그의 장자로 엄충, 차자로 인충을 연결했다.

이에 비해 야로당은 『철령초보』에서 철성군 이우를 7세로 잡았다. 그렇다면 이전지를 1세로 하여 국헌(2세) - 영년(3세) - 엄충·인충(4세) - 진(5세) - 존비(6세) - 우(7세)로 계보를 연결했을 것이다. 야로당이 이노를 만난 이후 혼자서 새롭게 추심한 내용을 『철령초보』에다 추가했음이 분명하다. 그렇게 되어야만 철성군이 7세가 되기 때문이다. 따라서 16세기 말에 활약한 양자는 이전지에 엄충 형제를 바로 연접하느냐 아니냐에 따라 대수에서 차이가 나긴 하지만, 이전지를 시조로 삼은 것은 동일하다.

아울러 이때까지는 후대에 시조로 받드는 이황까지는 등장시키지 못했다. 이황의 등장은 1726년(영조 2) 『병오초보』 때의 일이다. 이황까지 소급한 연유에 대해서는 『추원록追遠錄』에 근거했다고 할 뿐 별다른 언급은 없다. 그러니 『추원록』이라는 것도 더 이상 추적이 불가하다. 아무튼 『병오초보』 작성 과정에서는 동생인 인충을 장자로 수정한 동시에 이들 형제를 영년의 아들로 연결했고, 시조를 이황까지 끌어올렸을 뿐만 아니라, 조상의 세계를 중국으로도 연결했다. 새로운 시조 이황이 한나라 문제 때 사람인 이반의 24세손이라는 것이다. 한 문제 때 관직을 지냈다는 이반은 자그마치 기원전에 살았던 사람이다. 기원전에 살았던 이반과 어떻게 연결된다는 합리적인 설명은 결여되어 있는데, 실질적인 합동계보이자 1753년(영조 29)에 간행된 『계유보』에서도 그대로 답습되어 오늘날에 이른다.

이는 고려 이전의 부실한 가계 기록을 가지고 조선 후기에 와서 족보를 편간했기 때문이다. 그리고 어느 문중 할 것 없이 경쟁적으로 세계를 지나치게 소급하면서 일어난 일이었다. 우리 역사상 족보 편간 과정에서 시조는 조상을 추심해 올라가다 마지막에 도달한 인물로 삼게 된다. 이때 어느 가문이든 자료 부족으로 곤란을 겪게 되는데, 대다수 가문의 족보에서 고려 시기의 인물이 단선으로 내려오는 것도 그 때문이다.

『병오초보』에서 이황을 시조로 삼은 근거로 『추원록』을 제시했지만, 그 후 어느 순간부터는 이황을 『고려사』에 나오는 인물로 비정한다. 즉 이황은 『고려사』에 두 차례 언급되고 있는데, 그 내용을 보면 1033년 1월에 "좌우위의 맹교위 오행, 이황, 신선립 등이 거란 군사 일곱 명을 생포해왔으므로 그들에게 벼슬을 한 등급씩 높여주었다"라거나, 1063년에 "이황을 호부상서로 임명했다"라는 기사가 그것이고, 후대 족보에서는 이 내용을 그대로 전재했다. 이황은 11세기 중반 무렵에 활약했는데, 고성이씨와 연결되는 인물인지는 여전히 의문의 여지가 있다. 애초의 족보에는 황黃이라 했으나 『고려사』에 기재된 황璜으로 수정했음은 물론이다.

1999년 죽산안씨 가문은 『대동보』를 간행하면서 이황을 죽산안씨의 시조 이원李瑗의 동생으로 연결했다. 즉 고성이씨가 그들의 동생 집안이라는 주장이다. 당나라 종실의 후예인 이원과 이황 형제가 807년에 난을 피해 신라로 왔다는 것인데, 죽산안씨 집안이 내세운 이원과 이황 형제의 연결고리가 당나라에서 반란을 일으킨 이국정이었다. 『신당서新唐書』에는 이국정이 아들과 함께 807년에 처형된 것으로 나온다. 하지만 이원과 이황 형제에 관한 기록은 없다. 그리고 이황은 1033년

과 1063년에 활동한 인물이다. 이런 사실을 어떻게 설명해야 납득이
될지 필자도 난감하기는 마찬가지다.

내 조상이 중국에서 왔다는데?

기록으로만 전해오던 「해주오씨족도」 실물이 1987년에 발견되어 세
간의 주목을 받은 적이 있다. 족도 중앙부에 친족의 계보가 있는데, 1
세 오인유부터 5세 오승까지는 단선으로, 6세에서 9세까지는 비교적
자세한 가계도에다 자녀를 출생순으로 기재했다. 아울러 좌측 하단에
고려 말 공조전서를 지낸 오광정과 그의 아들 오선경 2대에 걸친 제작
과정을 담은 발문도 첨부되어 있다.

그 발문에 따르면, 오선경은 족도 제작 과정에서 1세 오인유 이전의
기록을 확보하는 데 실패해 더 이상 조상의 세계를 언급할 수 없었다
고 한다. 그에 따라 1643년에 해주오씨 창시보인 『갑술보』를 제작할
때도 오인유를 시조로 할 수밖에 없었다. 이는 조선 후기 족보를 제작
할 당시 족도 이외의 기본 자료가 없었음을 의미하는 것이기도 하다.
이후 거듭되는 족보 중간 제작에서는 물론이고 오늘날까지도 오인유
를 시조로 받들고 있다. 이는 시조의 상한선을 더 끌어올릴 자료가 없
었기 때문이기도 하지만, 불확실한 자료를 바탕으로 왜곡하지 않았다
는 반증이기도 하다.

그런데 오인유의 후손을 경파라 칭하는 대신, 나머지 다른 본관들의
오씨는 향파로 구분하더니, 『대동보』 편간 과정에서는 여러 본관의 오
씨를 모두 동일 혈족으로 연결한 동시에, 그 조상을 중국 주나라 태왕

으로까지 연결했다. 과유불급이라 했던가. 너무 멀리 나간 느낌이다.

2000년 인구센서스에 나타난 오씨의 본관이 71개나 되듯이, 중국과 연결된 유래도 그 유형이 조금씩 다르다. 그런데 중국에서 한국으로 건너왔다는 도시조이자 비조로 설정된 인물은 오첨이다. 옛날 중국의 주나라 태왕에게는 아들 셋이 있었는데, 장자가 태백, 차자가 중옹, 막내가 계력이었다. 이 중에서 막내인 계력이 덕이 높고 재주가 뛰어났기에 태왕이 계력을 후계로 생각하는 것으로 나머지 두 아들은 짐작했다. 그리하여 계력은 주나라 문왕이 됐고, 태백과 중옹은 저 멀리 형만荊蠻 지방으로 가서 나라 이름을 오吳라 칭하고 백성을 다스렸다.

오나라를 다스리던 태백에게 아들이 없자 중옹이 왕좌를 이어받았다는 것인데, 오씨들은 그들의 씨족 기원을 이곳으로 연접해, 중옹의 아득한 후손인 오첨이라는 인물이 지증왕 원년에 신라로 건너와 오씨 가문의 씨를 퍼뜨렸다고 했다. 이후 고려 때 거란이 침입하자 오수권의 아들 3형제가 적을 물리친 공으로 장자 현보는 해주군, 둘째 현좌는 동복군, 셋째 현필은 보성군에 봉해져 각각 그 지역을 본관으로 삼았으며, 이후 여기서 분적된 오씨가 많아 새로 생긴 관향이 늘어났다는 것이다.

조선조 15세기까지도 내·외손의 4대 정도를 기록한 가첩이나 가승 형식의 가계 기록만이 있었다. 1476년(성종 7) 『안동권씨성화보』의 서문을 지은 서거정이 "아무리 명문이라도 몇 대만 지나면 고조·증조의 이름조차 모른다"라고 할 정도의 사회였다. 조선 중기 당대 제일의 보학자가 그릴진대, 다른 가문이라고 이와 다르겠는가. 어느 가문을 막론하고 선대 세계를 정리해 연결할 자료조차 없었다. 편찬되자마자 비장된 『세종실록지리지』를 구해볼 수 없는 상황이라 이름난 보학자까지도 중국의 관례나 시세에 기대고 말았다.

서거정 묘지석 서거정의 이력과 행적을 잘 나타내 주고 있는 그의 묘지석은 서울시 강동구 방이동의 묘역 이장 과정에서 출토되어 달성서씨 사계공파 종회 재실齋室에서 보관하다가 현재 경기도박물관에 소장되어 있다. 경기도 유형문화재 제136호.

노씨의 경우도 오씨와 마찬가지로 시조동래설을 가지고 있다. 『세종실록지리지』에 나타난 노씨를 보면, 토성이 23개에다 속성과 촌성·인리성 등을 합쳐 본관이 대략 30개 안팎으로 추산된다. 『대동운부군옥大東韻府群玉』의 노씨 조항에 따르면, 교하·광주·경주·풍천 네 곳의 본관을 들었다. 그리고 오늘날 노씨는 본관에 상관없이 당나라 말 중국에서 신라로 건너왔다는 노수를 시조로 하는 동시에, 그의 아들 9형제가 분봉받아 각각의 본관으로 나눠졌다는 것이다. 조선 중기에 편찬된 『대동운부군옥』에는 이런 사실이 소개되어 있지 않지만, 근세에 편찬된 『증보문헌비고』 등에서는 4형제의 분봉에 대한 기록이 보인다. 해가 광주백으로, 오가 교하백으로, 구가 장연백으로, 지가 풍천백으로 각각 봉읍을 받아 본관을 삼았다는 설명이다.

안강(경주)노씨의 자료를 중심으로 일별해보면, 홍문관교리 노경임이 1601년(선조 34)에 지었다는 『구가첩서舊家牒序』에는 분봉에 관한 내용이 보이지 않지만, 1835년의 『을미보』 서문에는 중국 범양노씨의 한 갈래가 동쪽으로 와서 정착했다는 동래설과 함께 신라 말 9형제 분봉설이 기록돼 있다.

고려시대에 만들어진 금석문이나 『고려사』 「열전」에 실린 인물을 분

『대동운부군옥』 목판과 고본 『대동운부군옥』은 1589년(선조 22) 권문해(1534~1591)가 편찬한 일종의 백과사전으로, 글자별 성씨에 대한 정보를 담고 있어 성씨 연구에 중요한 사료다. 경상북도 예천군 권씨 문중 소장.

석해보면, 모화사상과 문벌 숭상 풍조로 중국의 성망(姓望)과 군현 명칭을 우리 성관에 차용하는 경향이 강했다. 고려 후기 이후 이씨는 어느 본관을 막론하고 농서이씨로 칭했는데, 중국의 농서에 근거를 둔 이씨가 한때 중국을 호령하는 명문가 위치에 있었기에 이를 차용한 것이다. 이러한 분위기는 조선 후기에 중화사상이 고조되면서 성관 유래를 중국에서 구하는 풍조로 이어졌고, 앞에서 살펴본 오씨를 비롯한 노씨, 연안이씨, 고성이씨, 남양홍씨, 면천변씨 등 많은 성관도 이에 편승했다.

중국 북경 지역에 웅거하던 범양노씨는 문벌이 크게 흥하던 수·당 시대에 산둥(山東) 지역을 대표하는 귀족이었다. 이런 연유로 한국의 노씨가 그 계보를 중국의 범양노씨로 연결한 것이다. 그러나 1835년의『을미보』에서는 누가 동래했다거나 분봉받은 이가 누구인지를 구체적으로 거명하지 않았다. 그럼에도 광주·교하·풍천 노씨의 인물들까지 거론함으로써 노씨는 모두 같은 뿌리라는 대동보적인 성격을 내보였다.

안강노씨의 초기 문중 자료인 1601년경의 「노수함유사」에는 조상 내력에 대한 내용은 보이지 않으며, 1727년(영조 3)의 「노경임행장」에도 "그 선조로 신라 대광정승 광한이란 분이 있어 비로소 족성서族姓書에 오르게 됐다"라고만 언급해, 『대동운부군옥』 수준에 머문다. 또한 이보다 시기가 다소 앞서는 것으로 보이는 「노경임묘갈명」에도 신라 대광정승 광한의 후예라고만 언급한 정도였다.

시조동래설이 처음 등장한 것이 1745년의 「노경필행장」인데, "노씨는 중국에서 건너와 아홉 개 관향으로 나뉘었는데, 안강을 본관으로 하는 갈래는 신라 대광정승 광한을 중시조로 한다"라고만 했다. 이어 1811년(순조 11)의 「노경륜행장」에서 "시조인 곤이 경주 안강에 봉해져 본관으로 삼았다"라는 사실을 밝힘으로써, 이른바 안강백 노곤이 세상에 등장하게 됐다. 이는 1835년의 『을미보』가 만들어지기 바로 직전이었다. 『을미보』에는 중국 범양노씨의 한 갈래가 한반도로 건너왔다는 동래설과 분봉설이 함께 실렸는데, 아마 18세기 중엽 이후부터 중국과 연결한 새로운 사실을 추가한 것으로 판단된다.

그리하여 오늘날 노씨는 본관에 상관없이 중국 당나라 때 한림학사를 지낸 범양 출신의 노수를 시조로 받든다. 안강노씨로 한정해본다면, 실질적인 시조 노종선은 조선 세조 때 인물이고, 고려 초기 인물인 노광한을 시조로 했음에도 그 연결고리가 없었다. 그런데 여기서 또다시 안강백 노곤이 등장해 더 큰 공간을 만들고 말았다.

당나라 덕종은 범양노씨 족당이 너무 성할 것을 두려워해 산둥에 금족을 시켰다. 이에 불만을 품은 노수가 아홉 아들을 거느리고 신라로 건너와 생애를 마쳤는데, 그의 아들들이 아홉 개 읍에 분봉되어 각각 관향으로 삼았다. 큰아들이 광주백, 2자가 교하백, 3자가 풍천백, 4자가 장연백, 5자가 안동백, 6자가 안강백, 7자가 연일백, 8자가 평양백, 9자가 곡산백을 하사받아 이들 성관의 중시조가 됐다는 설명이다.

이러한 9형제 분봉설은 중국에서 건너왔다는 것 외에는 이른바 박씨의 8대군 분봉설과 유사한 형태다. 박씨나 김씨는 신라 왕실로 연결하면 간단히 해결될 일이지만, 노씨를 비롯한 여타 성씨는 중국으로 연결하는 것이 훨씬 모양 나는 일이었음이 틀림없다. 아무튼 이는 당시의 시대적인 한 흐름일 뿐이었다는 점을 다시 상기할 필요가 있겠다.

고려 후기에 날아가는 새도 떨어뜨릴 수 있을 정도의 세도가였던 여흥민씨나 고성이씨도 조상에 대한 이런 시대적 조류에는 어쩔 수가 없었나 보다. 여흥민씨가 시조를 민칭도로 했던 것은 더 이상 추심 자료가 없었기 때문이다. 그의 증손인 민영모는 인종 때 문과에 급제해 개경으로 옮겨온 이후 이부원외랑을 거쳐 명종 때 문하시랑평장사를 지냈다. 문하시랑평장사는 수상 격인 문하시중 다음가는 막중한 자리다. 종2품에 해당하는 재상 반열이다. 그의 아들 민식과 민공규가 각각 형부상서와 판병부사를 지내 가세를 크게 일으켰고, 그 후예가 오늘날 여흥민씨 세계를 대별하는 민지와 민적이다. 그런데 후대에 와서 시조 민칭도는 공자의 10제자 중 한 사람이라고 알려진 민손의 후손으로 연결됐고, 고려 중엽에 사신으로 왔다가 귀화하여 여흥에 정착해 민씨의 시조가 됐다고 설명한다.

고려 말 무신집권기를 전후해 중앙으로 진출한 고성이씨는 이존비 및 행촌 이암과 도촌 이교 형제를 배출하면서 최대의 명문으로 도약했다. 그리하여 조선 초 좌의정 이원을 배출하는 등 그 가문의 위세를 잘 이어갈 수 있었다. 그러나 중앙으로 진출하기 전의 조상 계보를 확보하는 데는 실패했고, 1726년『병오초보』작성 과정에서 새로 추대한 시조 이황을 한나라 문제 때 활약했다는 이반의 24세손으로까지 연결했다. 한 문제 때 관직을 지냈다는 이반은 자그마치 기원전에 살았던 사람인데, 이렇게 만들어진 족보가 오늘날까지 이어지고 있다.

연안이씨나 남양홍씨와 면천변씨 등도 시조동래설에 입각해 각각 조상을 중국과 연결했다. 예컨대 연안이씨의 족보『정묘보』서문을 보면 당나라 때 인물이었던 이무를 비조로 삼은 연유를 다음과 같이 설명한다.

> 연안이씨는 중랑장(이무)으로 비조를 삼고 있다. 가승을 상고하건대 중랑장 공은 당나라 종실의 걸출한 분으로 고종의 현경 4년(659)에 소정방을 따라 백제를 정벌했고, 전쟁이 끝나자 그대로 남아 연안으로 관적을 삼았는데, 지금으로부터 중랑장 공의 세대까지는 1,000여 년이 된다. 중랑장 이전의 증거를 삼을 만한 문헌이 없지만, 농서의 이씨 되는 것은 의심할 바가 없고, 농서이씨는 천하에 이름이 알려져 있으니, 천만 세를 길이 이어오면서 한 번도 변함이 없었던 것이 어찌 삼한의 오래됨뿐이겠는가? (……) 불행히도 보첩이 실전되어 고려 말기부터 3파로 나뉘고…….

18세기 중반 이후부터 조상의 연원을 엄청나게 올려잡는 한때의 풍조로 말미암아 본관을 달리해도 성만 같으면 동일한 조상에서 갈라져 나왔다는 조상동원설祖上同源說이 난무했다. 심지어 다른 성씨까지도 같은 형제로 갈라졌다는 설까지 나타났다. 여러 본관으로 나누어진 안씨가 모두 한뿌리에서 출발했다는 동원설과 함께 급기야 1700년대 후반에는 안씨·이씨동원설까지 제기됐다.

당나라의 농서이씨였던 이원이 난을 피해 세 아들을 데리고 신라로 건너왔고, 864년에 공을 세워 안씨를 하사받아 죽산·광주·순흥 등의 본관으로 나뉘졌다는 것이다. 이원이 신라로 건너올 때 함께 왔던 동생이 이황인데, 그가 바로 고성이씨가 모시는 시조라는 설명이다. 그러나 『고려사』에 등장하는 이황은 11세기 중엽에 활약한 인물이니 약 200년의 시차가 날 뿐만 아니라, 고성이씨가 시조로 옹립했다 할지라도 그 후손과 직접 연결되는지는 여전히 의문이다.

광주안씨의 족보 『경술보』(1790)를 간행할 때 안정복은 「변무辨誣」를 통해 조상의 기원을 중국으로 연접하는 만연했던 폐해에 대해 "농서이씨가 와서 안씨가 됐다는 것은 허무맹랑한 것"이라고 했다. 이는 그야말로 중국 땅에서 농서이씨가 워낙 유명세를 타다 보니 조선 후기의 사회 분위기 속에 이씨만이 아니라 다른 성씨까지도 어떻게든 엮어보려는 한때의 풍조가 잘 드러나는 대목이다.

실질적인 시조, 기가조

여흥민씨의 시조는 민칭도지만, 후대에 여흥민씨의 존재를 널리 알린 주인공은 증손인 민영모다. 그는 인종 때 문과에 급제해 이부원외랑을 거쳐 명종 때 문하시랑평장사를 지낸 인물인데, 종2품의 문하시랑평장사는 수상 격인 문하시중 다음가는 자리였다. 아무튼 그는 문과 급제를 계기로 여흥을 떠나 개경으로 이주한 첫 번째 인물이었고, 그가 떠날 때는 본관지 여흥에 살았던 많은 민씨 가운데 단 한 사람이었다. 즉

마암굴 여주의 고을 이름과 연관된 전설을 간직한 마암굴은 여흥민씨의 시조 탄생지로 알려져 있기도 하다. 일명 민굴閔窟이라 칭하기도 한다. 경기도 여주읍 상리 231번지 일원 소재.

보상으로는 민칭도가 시조라서 여흥민씨가 그와 함께 비로소 출현한 것으로 되어 있으나, 민칭도가 살던 무렵에도 성과 본관을 같이하는 일족은 많이 살고 있었다. 간단한 계보를 제시하면 다음과 같다.

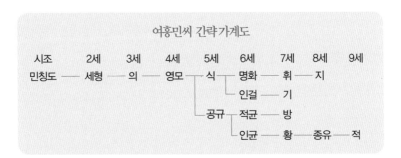

여흥민씨 간략 가계도

시조	2세	3세	4세	5세	6세	7세	8세	9세
민칭도	세형	의	영모	식	명화	휘	지	
					인걸	기		
			공규	적균	방			
				인균	황	종유	적	

시조인 민칭도로부터 4세 민영모의 세계는 단선으로 이어진다. 민영모의 두 아들 민식과 민공규가 각각 형부상서와 판병부사를 지냈고, 그 후예인 8세 지와 9세 적의 후손이 많아 오늘날 여흥민씨의 양대 산맥을 이룬다. 조선 중기 이후 제작된 민씨 집안 인물의 묘지墓誌나 묘비문에 "여흥인으로 고려 태사 영모의 후예다"라는 표현이 많은 것으로 보아 민영모의 후손임을 은근히 내세운 것을 알 수 있다. 그런데 민

칭도가 시조임을 잘 알면서도 굳이 민영모를 내세운 까닭은 무엇일까? 민영모야말로 여흥민씨라는 씨족의 존재를 세상에 알리는 데 결정적인 공헌을 한 사람이고, 또 민칭도보다 훨씬 유명한 현조라는 사실이 크게 작용한 것이라고 송준호 교수는 단언했다. 이런 것은 다른 가문에서도 예외가 아니어서, 비교적 초기에 만들어진 『안동권씨성화보』나 『문화류씨가정보』 같은 족보에서도 마찬가지다.

안동권씨의 시조 권행으로부터 7대손인 권이홍까지는 단선 계보이며, 8대에 이르러야 권중시 3형제가 등장한다. 그리고 권중시의 네 아들 중 장남 권수평과 4남 권수홍 계열만이 이어져오다가 『안동권씨성화보』 출현 시점에는 권수평의 후손만 남게 된다. 권수평은 고려 말 중앙 정계에 등장해 크게 활약했기에 『고려사』에도 등재됐지만, "한미해 가문 내력을 알 수 없다"라고 기록됐을 정도였다. 그러다가 조선에 들어와 권수평 계열에서 두드러진 인물이 배출됐고, 이들이 중심이 되어 가문의 조상 세계를 밝히는 작업을 시도했던 것이다. 문화류씨 또한 시조 류차달부터 6대에 이르기까지는 단선으로 내려오다 7대 류공권에 이르러 1녀 2남의 자손이 기록됐다. 그렇다면 결국 『문화류씨가정보』에 수록된 3만 6,000여 명 모두가 류공권의 자손인 셈인데, 이를 보더라도 류공권이야말로 문화류씨의 존재를 있게 한 주인공임에는 틀림없다.

민영모나 권수평이나 류공권은 각기 그 가문을 명문의 반석으로 올려놓은 실질적인 시조였던 것이다. 명목상의 시조와 실질적인 시조로 구분하려는 의도가 바로 여기에 있다. 따라서 그 가문을 있게 한 중흥조中興祖에 해당하는 민영모, 권수평, 류공권 등을 기가조라고 부를 수 있겠다.

용연龍淵 파평윤씨 시조의 탄생 설화를 담고 있는 연못. 이 연못에서 건진 옥함玉函에서 시조 윤신달이 태어났다는 전설이 있다. 파주시 파평면 늘노리 소재.

파평윤씨의 시조는 삼한공신 윤신달로, 그의 현손 윤관 장군까지는 단선으로 내려오다 비로소 아들 3형제로 갈라졌으니, 윤관이 역사적 인물로 등장해 가문을 크게 일으킨 기가조라고 할 수 있다. 수원최씨의 시조는 호장 최서천이고, 그의 증손인 최사위가 두각을 나타내며 시중 벼슬에 올라 가문을 일으킨 기가조가 됐다. 광주이씨 역시 시조인 호장 이율의 증손 이집이 처음으로 중앙 관직에 진출했고, 이집의 아들 이인손과 손자 5형제가 나란히 등과하면서 조선 초기에 거족의 반열에 올랐으니, 둔촌 이집이 광주이씨의 기가조에 해당한다. 고려 말 대학자이자 정치가였던 목은 이색의 가문 한산이씨의 시조는 호장을 지낸 이윤경으로, 그의 현손이 되는 이곡(목은의 아버지)이 실질적인 시조이자 기가조다. 아울러 풍산류씨의 시조 류절 역시 호장으로 출발해 그 후손이 향직을 세습했는데, 류절의 증손인 류백이 사은 급제해 풍산에서 벼슬길에 올랐으니, 그가 실질적인 시조이자 기가조다.

이처럼 조선시대의 사족 가문에는 반드시 기가조가 있기 마련이다. 사족과 이족의 분화가 고려 말부터 본격적으로 진행됐기 때문에 가문의 중흥을 있게 한 인물이 등장해야만 후세에 양반 소리를 들을 수 있었다. 대개는 본관지에 정착해 살아가다 급제를 하거나 국가에 큰 공을 세운 후 서울로 올라간 첫 번째 인물이 나타나게 되고, 그가 바로

대마도 엔쓰지圓通寺 이 절에 울산
이씨 기가조 이예의 공적비가 세워
져 있다.

기가조인 셈이다.

2012년 1월 15일 울산에서는 조용하면서도 뜻 깊은 행사가 하나
있었다. 일본에서 변호사 겸 소설가로 활동 중인 가나주미 노리유키金
住則行 씨가 조선 초기의 외교관 충숙공 이예(1373~1445)의 생애를 소
설로 담아 그를 모신 석계서원에 헌납하는 의식을 거행한 것이다. 이예
는 이미 2005년에는 문화관광부가 '2월의 문화 인물'로 정했고, 2010
년에는 외교통상부가 '우리 외교를 빛낸 인물'로 선정하여 그의 업적을
되새기면서 오늘날 우리에게 알려지기 시작했다.

이런 몇 가지 사실만으로도 충숙공 이예의 외교적 활약이 매우 컸
음을 짐작할 수 있는데, 그는 조선 초기에 주로 일본에 파견된 통신사
로 활약하며 일본에 농업 기술과 인쇄 문화를 전파하는 등 한일 문화
교류에 크게 이바지했던 인물이다. 40여 회에 걸쳐 통신사로 파견되어
667명의 조선 포로를 쇄환刷還하고, 또 계해조약癸亥條約 체결에 주도적
역할을 담당했다.

이렇듯 국가적 인물로 추앙받는 충숙공이다 보니, 울산이씨 문중에
서 현조로 떠받들 만한 인물임에는 틀림없다. 그런데 이예의 신분은 당

초에 양반 사족이 아니었다. 경상도 울산 땅의 시골 아전 신분에서 굴기해 훗날의 울산이씨를 세상에 드러낸 인물이었으니, 울산이씨 후손에게는 가히 우상과 같은 존재였을 것이다. 이렇듯 어느 가문에나 국가에 큰 공을 세우거나 과거에 급제해 한양으로 벼슬하러 올라간 최초의 인물이 있기 마련이고, 이런 인물은 그 가문을 일으켜 세운 주인공이라 세상 사람들은 그를 기가조라 부르기를 주저하지 않았다. 따라서 명목상의 시조가 아닌 실질적인 시조에 해당하는 사람은 대개 기가조라 붙일 수 있을 것 같다.

어느 가문을 막론하고 기가조 이후의 계보 파악은 비교적 잘 되어 있지만, 기가조 이전의 조상 세계는 추적하기가 어렵다. 그럴 수밖에 없는 것이, 기가조의 아버지와 할아버지를 비롯해 그 이전의 선조는 뚜렷한 공적 없이 살았던, 그야말로 평범한 사람들이었기 때문이다. 기가조가 살았던 지역의 관에 신고했던 호적 자료 같은 것이 남아 있다면 확인이 가능했을 것이다. 그러나 족보라는 것이 너나없이 조선 후기에 와서 편찬되다 보니, 상고할 만한 자료가 없었던 것이다. 그러니 『울산이씨족보』(1668)에서 충숙공 이예를 시조로 삼을 수밖에 없었던 사정도 미루어 짐작할 수 있겠다.

충숙공 이예가 세상에 이름을 알리기 시작한 것은 조선이 건국된 지 몇 년이 지난 뒤였다. 당시는 고려 말에 창궐하던 왜구의 잔당이 조선 연안에 침입해 노략질을 일삼을 때였다. 1396년(태조 5) 12월에도 어김없이 울산포에 침입한 한 무리의 왜구가 여기저기 휘젓고 다니고 있었고, 이들은 군수까지 납치해 포로로 데려가기에 이르렀다. 이에 고을 아전이던 이예가 붙잡혀간 군수를 구하기 위해 포로를 자청해 대마도까지 따라갔다. 이예의 충절과 예의에 감탄한 왜구는 차마 군수를 죽이지 못하고 대마도에 그대로 유치하게 됐고, 후일 조선에서 파견한 사절단의 중재로 이예는 군수와 함께 무사히 고향으로 돌아올 수 있었다. 그 후 이 사실이 조정에 알려지자 나라에서는 그의 충절을 가상히 여겨 아전의 역을 면해주는 동시에 벼슬까지 내렸다.

이에 충숙공 이예는 조선의 대일본 외교 최일선에서 중요한 임무를 도맡아 수행하는 인물로 성장했다. 조선 전·후기를 통틀어 일본에 파견된 사행은 모두 30회 정도였는데, 이 중에서 충숙공이 직접 참가한 사행이 6회에 이를 정도였다. 공은 1401년부터 1443년까지 약 44년 동안 40여 회에 걸쳐 일본 본토와 대마도·일기도一岐島·유구琉球(현 오키나와沖繩島) 등에 파견됐는데, 일본에서 쇄환해온 조선인 포로만도 모두 667명이나 됐다.

1426년(세종 8)에 통신사로 일본으로 떠나는 공에게 임금이 갓과 신을 하사하며 "일을 모르는 사람은 보낼 수 없어서 그대를 명해 보내는 것이니, 귀찮다 생각하지 마라" 하고 당부했던 것에서 엿볼 수 있듯이, 이예는 대일본 외교의 최고 권위자이자 실력자였다. 공은 대장경과 불경의 사급賜給을 통한 불교문화와 인쇄문화의 일본 전파, 일본의 자전 물레방아 도입과 화폐의 광범위한 사용, 사탕수수의 재배와 보급, 또한 민간에 의한 광물 채취 자유화와 이에 대한 과세, 화통과 완구의 재료를 동철에서 무쇠로 변경하기, 외국 조선 기술의 도입 등을 건의하는 등 외교에서 얻은 갖가지 지식을 현실에 적용하려는 노력을 게을리하지 않았다. 그리하여 경상도 외딴 고을 울산의 아전에서 출발한 충숙공은 종2품 동지중추원사에 오르게 되어 오늘날 울산이씨의 존재를 세상에 드러낸 인물이 됐다.

제2의 본관을 연 사람, 입향조

시조를 정점으로 한 씨족 집단이 그 아래로 내려오면서 여러 계파로 나누어지는 것은 필연적이다. 아울러 한 씨족 내에서 분파가 이루어질 때는 으레 특정 인물을 중심으로 형성됐다. 이는 그 특정 인물의 후손이 파조로 추대한 것이지, 그가 살았을 당시에 파조였던 것은 아니다.

씨족 규모가 커짐에 따라 씨족원의 분산이 이루어지기 마련인데, 이에 따라 파조가 생기고, 파보가 제작되는 것은 지극히 자연스러운 현상이었다. 18세기에 접어들어 형성되기 시작한 파는 갑파·을파 등으로 칭해졌듯이, 단순한 부호에 불과했다. 아울러 분파는 지역적으로 이루어진 것이 아니라 어디까지나 인물 중심, 특히 현조 중심으로 이루어졌다. 그리하여 대개 파조에 해당하는 인물의 관직이나 호를 붙였다. 참판공파, 사직공파, 호군공파 등과 같이 관직명을 붙이거나 밀양박씨 소고공파 등과 같이 파조의 호를 따서 붙였고, 관직을 지내지 않은 인물일 때는 처사공파로 붙인 예도 많다. 그 결과 단순한 부호에 불과하던 파가 나중에는 양반을 가름하는 척도로 인식되기까지 했다.

우리나라에는 특정한 종족이 일정 공간에 오랜 기간 세거해왔던 동족 마을이 전국에 산재해 있다. 그리하여 양반 가문을 지칭할 때는 으레 그들의 성 앞에 오랜 기간 세거해온 마을 이름을 연칭해 불렀다. 안동을 예로 들면, 본관인 풍산이나 의성을 버리고 아예 하회류씨, 내앞 김씨, 검재김씨 등으로 불렀고, 호남의 광주나 담양에 가더라도 삼지내 고씨, 지실정씨라고 하면 사람들이 고개를 끄덕였던 것이다.

하회는 류성룡이라는 현조를 모시는 풍산류씨가 살던 마을이고, 내앞은 의성김씨의 현조 청계 김진이 터를 잡아 살았던 마을이며, 검재는

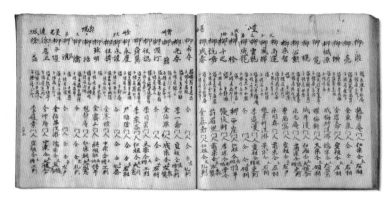

『동국명현록東國名賢錄』 조선 후기 경상도 각 읍의 유명한 씨족 마을과 그 현조顯祖에 대한 정보를 수록한 책. 사진은 류씨 부분이다. 강구봉 소장.

김진의 아들인 학봉 김성일이 일군 마을이다. 내앞은 한자 천전川前을, 검재는 금령金嶺을 우리말로 표현한 것이다. 동시에 담양의 삼지내三川 고씨와 지실芝谷정씨는 고경명을 현조로 모시는 장택고씨와 송강 정철을 현조로 모시는 영일정씨의 세거지를 지칭했다. 남원 지방 둔덕리와 그 일대에 거주하는 전주이씨를 둔덕이씨라 하고, 사립안마을과 인근에 사는 광주이씨를 사립안이씨라 하며, 노봉에 사는 삭령최씨를 노봉최씨라 했던 것도 같은 맥락이다. 둔덕이씨는 효령대군을 현조로 하고, 사립안이씨는 명종과 선조 때 10년간이나 정승을 지낸 이준경을 현조로 하며, 노봉최씨는 세종과 세조조에 문신으로 이름 높았던 최항을 현조로 내세운다.

이렇듯 그들에게는 다 함께 존숭하는 공통의 현조가 있기 마련인데, 세상 사람들도 그들을 독립된 개체로 파악하는 것이 아니라 으레 그 현조와 연관해 인식하고 대접하기를 주저하지 않았다. 그러니 그럴듯한 현조를 모시는 후손이 자신을 소개할 때는 으레 그 조상을 들먹이며 누구의 몇 대손이라고 목소리를 높이곤 한다. 그 현조가 마을에 처음 들어온 입향조는 물론 아니다. 둔덕이씨의 입향조는 효령대군의 증손인 춘정정 이담손이고, 사립안이씨의 입향조는 이준경의 아들 이덕열이며, 노봉최씨의 입향조는 최항의 손자 최수웅이다. 현조로 모셔지는 이가 입향조와 동일한 인물인 경우도 있지만, 입향한 인물의 후예 중에 뛰어난 인물을 현조로 모실 때도 있어서 입향조도 중요하지만, 어떤 현조를 뒀는가에 따라 갑족 양반이냐 아니냐를 판가름하게 된다.

필자가 어릴 때 옆 동네에 살던 김씨들에게는 마을 이름을 따서 백곡김씨라 불렸고, 필자를 소개할 때도 으레 마을 이름을 붙여 수야박가라 해야만 쉽게 알아들을 정도였다. 사관의 직책을 다하다 무오사화戊午史禍의 장본인이 된 탁영 김일손을 현조로 하는 백곡김씨는 그들의 본관지 김해를 떠나 고려 말에 청도로 입향한 종족이다. 수야박씨 역시 조선 세종 때 본관지 밀양에서 청도로 건너온 박건의 후손이다. 청도 밀양박씨는 박건의 손자인 하담과 하징 형제를 현조로 모시는 경향이 짙다.

버젓이 본관을 두고 왜 세거지 마을 이름으로 통했을까? 이는 아득하게 먼 조상보다는 가까운 조상 중에 현조가 있나 없나를 염두에 둔 호칭이었음이 분명하다. 종족 수로 따진다면 김해김씨와 밀양박씨가 각각 400만 명과 300만 명을 차지하는데, 이들 성관을 가졌다 할지라도 모두 똑같은 양반이 될 수는 없었다. 다산 정약용도 양반의 조건으로 '시조까지 소급되는 계보가 분명한가? 모실 만한 현조가 있는가? 누대로 살아온 세거지가 있는가?'라고 따졌는데, 우리 전통사회에서 세거지는 그만큼 중요했다.

요즘 같은 자본주의 사회에서야 부촌이냐 빈촌이냐를 따지지만, 전통사회에서는 어떤 조상을 모시느냐에 따라 반촌과 상촌으로 판가름

광산김씨 오천 군자마을 입향조 김효로의 양자 입안문서立案文書 김효지가 아들 없이 죽자 사촌 손자인 김효로를 양자로 청원하여 허가받은 문서. 손자뻘을 양자로 들였다는 점에서 조선시대의 가족 관계 연구에 중요한 자료다. 안동 광산김씨 후조당 종택 소장.

이 났다. 이렇듯 세거지 종족 호칭은 본관 호칭보다 양반 지향성 강도가 훨씬 셌던 것이고, 한편으로는 시조에서 갈라진 파를 의미하는 용도로 사용되기도 했다. 흔히 '광산김씨 예안파'라 칭하듯이, 광산김씨가 안동 예안 땅에 터를 잡아 처음 살게 된 입향조가 바로 김효로다. 입향조였던 김효로의 아들과 손자들이 줄줄이 출세를 하게 되어 양반골 안동에서도 일약 명문으로 성장한 것이다.

안동에 뿌리를 내린 의성김씨 가문 또한 김만근이 안동 임하의 해주오씨 오계동의 사위가 되면서 이 지역과 인연을 맺었고, 그의 차남 김예범이 청송 일대에 기반을 가진 신명창(영해신씨)의 사위가 되어 청송과 진보 방면으로 경제적 기반을 확대해 나간 동시에 김예범의 장남 김진이 내앞에 정착해 내앞김씨의 입향조가 됐다. 내앞마을을 지킨 것은 김진의 장남이자 학봉 김성일의 맏형인 약봉 김극일이었고, 학봉은 검재마을로 이주했는데, 이는 잘 알려진 사실이다.

그 후 약봉의 증손인 지촌 김방걸이 다시 내앞 인근의 지례로 이주했기에, 그는 입향조이자 지례파 파조가 됐다. 지촌은 일찍이 문과에 급제해 대사성까지 올랐던 인물로서, 유배 중이던 노론의 영수 송시열에게 사약이 내려질 때 승지였다. 노론 측의 필사적인 공작을 감지한 우암이 시간을 벌기 위해 버티기를 하자, 갖고 간 사약을 억지로 퍼마시게 했다는 전설 같은 인물이 바로 김방걸이다. 지금도 그 후예는 자신을 소개할 때 목소리를 높여 지촌파의 후손임을 자랑하며, 포항공대 초대 총장이었던 김호길 박사가 그 후예다. 세인들이 지촌파 혹은 지례파라 불렀는데, 마을 이름과 호를 혼용한 사례다.

이렇듯 우리에게 세거지는 단순한 거주지가 아니라 제2의 본관이었다. 물론 거주지만으로도 반상의 구분이 어느 정도 가능했지만, 세거지와 성씨를 연칭한 호칭이야말로 진짜배기 양반과 턱걸이 양반을 구분하는 측도였기 때문이다. 따라서 양반을 판별할 때 중요한 것은 본관이 아니라 세거지였고, 제2의 본관을 연 사람이 바로 입향조였다.

조상, 우리에겐 선조인가, 신인가?

제사나 차례를 지낼 때마다 필자에겐 고민이 하나 있다. 지방紙榜을 어떻게 쓸 것인가 하는 것이다. 지방에는 일정한 격식이 있어서 제주와의 관계에 따라 아버지는 고考, 할아버지는 조고祖考, 증조는 증조고曾祖考 등으로 표현하는데, 아버지일 경우 '현고학생부군신위顯考學生府君神位'라고 적는다. 여기서 '학생'은 관직을 지내지 못한 사람을 의미하는데, 관직을 지냈다면 당연히 그 자리에 관직명이 들어가야 한다. 조선시대에는 관직에 나가지 못한 사람을 '유학幼學'이라 칭했고, 이들이 죽으면 '학생'이라 불렸다. 그러니 요즘의 학생이라는 의미와는 사뭇 다르게 쓰인 용례라 하겠다.

살아생전에 관직 문턱에도 가보지 못한 대다수는 무식하고 못났기 때문이지만, 때로는 나라에서 불러도 초야에 묻혀 학문에만 전념한 학자도 얼마든지 있었다. 이런 학덕이 높은 인물에게는 '처사處士'라는 칭호가 붙고, 그런 어른의 지방에는 학생 글자 자리에 처사가 대신 들어갔다.

특히 조선 중기 이후 전개된 붕당정치하에서 조정에 출사하기를 거리끼는 학자가 나타나기 시작했는데, 성수침, 조식, 서경덕 같은 이들이 대표적인 처사다. 그러다가 병자호란으로 오랑캐에게 나라를 짓밟힌 후 숭정처사崇禎處士를 자처하는 인물이 도처에 나타났다. 숭정이란 명나라가 망할 당시의 연호이니, 만주족인 청에게는 절대로 굽히지 못하겠다는 뜻을 담은 것이 바로 숭정처사다. 이와 아울러 조선 후기에 당쟁이 격화되는 가운데 또 하나의 정치 세력으로 등장한 산림처사가 도처에 산재해 있었는데, 이런 유형의 처사가 갖는 힘과 영향력이란 그야말로 대단했다.

그러하니 예부터 처사라는 칭호를 아무에게나 붙이는 것은 아니었음을 알 수 있다. 시조로부터 후대로 내려와 계파가 여럿으로 갈라질

사당도祠堂圖 사당에 신주를 모시지 못하고 제사를 지낼 때 사용하던 조선 후기의 그림. 건물 중앙에 지방을 붙이도록 되어 있다. 국립민속박물관 소장.

때 처사공파라는 것이 생긴 것도 그런 이유 때문이다. 그 후 일제강점기를 거치면서도 처사는 함부로 칭하는 것이 아니라 유림 집단에서 공인해주는 것이 관례처럼 됐다. 그 공인이란 것은 정식 임명장을 주는 것은 아니지만, 일반적인 사회적 통념을 바탕으로 인정해주던 일종의 합의 절차였다. 유림이 공인하지 않는 처사야말로 스스로 붙인 자칭 처사에 불과했으니, 말 많고 탈 많은 향촌 사회에서 조롱거리밖에 되지 않았다.

그런데 일제강점기를 거친 후부터 웬만한 가문에서는 묘지에 세운 상석이나 비석 그리고 지방이나 족보에 거리낌 없이 처사로 참칭하는 경우가 많아졌다. 우리 사회에 만연했던 호칭 인플레 현상은 처사한테도 예외가 없었고, 이는 필자의 집도 비켜갈 수 없었다. 필자가 중학교에 입학할 무렵 백부님과 아버님도 이 문제로 한바탕 입씨름을 벌였는데, 산소에 놓을 상석의 전면에 새길 표기 때문이었다. '처사' 표기를 주장하시는 백부님과 다툰 후 집으로 돌아와 혼자 못마땅해하시던 아버님의 모습이 지금도 눈에 선하다.

아무튼 그 후부터 할아버지 제사에 쓰는 지방에까지도 '학생'은 사라지고 '처사'가 대신했는데, 이제는 백부님도 아버님도 이 세상에 안 계시니, 필자에겐 아버님의 뜻에 따라 당신의 지방에 '학생'으로 써야 할지 '처사'로 써야 할 것인지에 대한 고민이 시작된 것이다. 그래서 한 번은 학생으로 하다가 또 한 번은 처사로 하면서 갈팡질팡 행보를 10년이나 더 끌어오게 됐다. 그러다가 결국 처사로 결정을 내리고 말았는데, 아버님 산소에 놓인 상석 전면에는 처사로 되어 있기 때문이다. 아버님도 시속에 따라 자신을 처사로 업그레이드해놓고 가신 것이다.

이쯤 되면 후손 된 도리를 다해야 하는 필자 자신과 필자의 자식은

『연려실기술』 이긍익(1736~1806)이 지은 조선시대 기사본말체의 필사본 사서史書. 원고본이 아닌
여러 전사본傳寫本이 전해지고 있다.

그 처사란 칭호에 걸맞은 인품이나 학덕이 아버님한테도 있었음을 은
근히 부각해야 할 것이고, 또 그렇게 하는 것이 인지상정이다. 조상의
위선 사업에서 빼놓을 수 없는 것이 자기 합리화인데, 어떻게든 그럴듯
한 내용으로 설명하기 위한 갖가지 방법이 동원될 것이다.

　성종 때 명신이자 문장가로 이름난 손순효는 술을 너무 좋아해 임
금이 하루 석 잔만 마시라는 엄명을 내렸다. 그러던 어느 날 중국에 보
낼 외교 문서가 잘못되어 새로 고쳐 써야 할 일이 생겼고, 갑자기 입궐
하라는 명을 받은 손순효는 그날도 역시 얼큰히 취해 어전 앞에 나와
비틀거렸다. 이를 본 임금이 그를 대신할 사람을 불러들이라고 명하자,
"그럴 필요까지 있겠나이까?"라고 대답하고는 곧 붓을 들었는데, 일필
휘지한 문장이 가히 손볼 데가 없을 정도로 완벽했다. 석 잔만 마셔야
한다는 명을 왜 어겼느냐는 성종의 추궁에 "큰 대접으로 석 잔을 마셨
으니, 명을 어긴 게 아니옵니다"라는 대답으로 임금을 감격시켰다는 이

야기가 『연려실기술燃藜室記述』에 수록되어 있다.

손순효의 '석 잔 술'에 관한 이야기는 민간으로 파급되어 다른 인물에게도 적당하게 각색된 후 오늘에 이르는 경우가 많다. 집현전 학사로 이름을 떨쳤던 최만리가 술을 너무 좋아해, 보다 못한 세종이 작은 은잔 하나를 내리면서 하루에 석 잔만 마시라고 명했다. 그러나 그 후에도 최만리는 여전히 흥건하게 취해 있어 최만리에게 세종이 왜 명을 어겼느냐고 추궁하자, 그는 명을 어기지 않았다고 대답했다. 작은 잔을 두드려 펴서 만든 큼지막한 잔으로 석 잔만 마신 것이었다. 이 사실을 알고 난 세종은 그 술잔을 집현전에다 두고 마시도록 허락했다. 최만리의 외증손인 율곡이 부제학이 되어 이 술잔으로 마시며 감격한 적도 있으나, 그 은잔은 아깝게도 임진왜란 때 소실됐다 한다.

그런데 최만리의 술잔 이야기는 역사 기록에서는 찾을 수 없으며, 최씨 문중에 내려오는 구전에 불과하다. 아마 후손들이 손순효의 술잔을 세종과 최만리의 것으로 적당히 각색한 것으로 볼 수 있다. 몇 해 전에 최만리에 관한 논문을 작성하다 문중에서 보낸 자료 속에 그런 사실이 들어 있었던 것을 보고, 우리의 조상에 대한 후손의 집단기억을 다시 한 번 확인할 수 있었다.

우리가 조상을 적당히 미화하거나 두찬杜撰이 많은 것은 한국인의 병폐라 일컬어지는 서열병과 경쟁 심리에 기인한다. 두찬이란 전거나 출처가 확실하지 않은 문자를 쓰거나 오류가 많은 엉터리 글을 말한다. 중국 송나라 때의 문인 구양수와 같은 시대에 살았던 두묵이라는 사람이 남의 시를 읊는 데는 매우 뛰어났으나 직접 지은 시는 운율에 맞지 않는 엉터리였다는 데서 유래한 말이다.

조상에 대한 미화와 두찬이 성행할 수밖에 없었던 또 하나의 요소는 신분제도에 있었다. 모두가 되고 싶었고 되기를 갈망했던 양반이라는 것이 법제적인 개념이 아니라 상대적이고 주관적이었기 때문이다. 남이 다 알아주는 갑족 양반이라면 상대적으로 심하지 않았겠지만, 신흥 양반이나 권력에서 멀어진 가문일수록 조상에 대한 두찬이 심할 수밖에 없는 구조였다. 그리하여 고관대작은 고사하고 말단 참봉 자리 하나도 못 얻게 된 가문일수록 그 사실을 적당히 합리화하는 방향으로 몰고 갈 수밖에 없었다. 대개는 그 가문에서 구전으로 내려오는 수준에 불과한데, 우리 몇 대 할아버지가 사화와 당쟁에 환멸을 느껴 낙남落南해 정착할 곳을 찾다가 이곳은 정승이 날 자리라 피하고, 저곳은 판서가 날 자리라 피하고, 이렇고 저렇고 해서 아무런 관직도 내지 못할 마을에 정착해 살아왔다는 식이다.

경상도 예천군 신풍면 지보리에는 꽤 큰 파평윤씨 동족 마을이 있다. 안동을 이웃하고 있지만 그들이 자부심을 가지고 살아갈 수 있었던 것은 조선시대에 중앙 정치무대를 휘어잡았던 가문이 바로 파평윤씨 집안이었기 때문이다. 무수한 왕비를 배출했기에 외척 세력으로 더 많이 알려져 있어 안동 지역에서는 이른바 '치맛자락 양반'으로 놀림을 받곤 한다. 윤씨 문중 가운데 한 일파가 조선 중기에 낙남하던 과정에서 충청도를 거쳐 경상도 북부 지역까지 오게 됐는데, 이 문중에 전해 내려오는 이야기가 바로 정승이 날 자리라 피하고, 판서가 날 지세라 도망 다니다 예천 신풍리에 정착했다는 것이다. 아무튼 그 풍수지리의 효험 때문인지 모르나 신통하게도 그 동네에서 급제해 한양으로 올라간 인물이 별로 없었던 것으로 알고 있다.

이런 결과로 인해 타 문중과 비교했을 때 절망에 가까운 심정이 됐을 것인데, 이를 살려준 것이 바로 적당한 자기 합리화였다. 그러고는

분산도墳山圖 조상의 분묘 위치를 나타내기 위해 만든 지도를 분산도라 한다. 이는 회당梅堂 신원록申元祿(1516~1576) 선생 분산도다. 아주신씨 회당공파 종중 소장.

오히려 역공을 가할 수 있는 명분을 찾아내게 됐다. 자기들이 중앙에서 정승, 판서를 지내며 살아갈 때 안동을 대표하는 퇴계 집안은 그야말로 별 볼일 없는 가문이었다는 것이다. 또 자기들은 떵떵거리며 살았던 경반京班이었는데, 퇴계의 선조는 향리 가문을 벗어나지 못하는 기껏해야 향반鄕班이었다는 것이다.

이런 식의 자기 합리화를 통한 양반 자랑으로 티격태격하는 정도는 오히려 생의 활력소가 될 수도 있다. 하지만 두 문중 간에 큰 시비가 생겨 수백 년을 두고 다투는 일이 비일비재한 것이 우리네 삶이었다. 그러하니 우리에게 조상 문제만큼은 일종의 신성불가침과 같은 영역이랄 수 있다. 여기에서 신성불가침이란 그 누구에게도 비판을 허락하지 않는 동시에 다른 문중의 조상과 비교해 우위를 점하고, 이를 통해 만족감을 누린다는 것으로, 본래 어휘의 뜻과는 약간 다른 의미까지 포함된다.

이런 조상에 대한 우리의 관념은 수백 년간 유교 문화에 젖은 생활 습속으로 치부해야 하지만, 중국이나 일본과는 확연히 다른 하나의 특성을 보여준다. 이 특성은 '조상과 자신 그리고 자신과 후손은 둘이 아닌 하나'라는 관념으로 일체화해 살아왔던 삶의 방정식에서 그 이유를 찾아야 할 것 같다. 우리에게 조상은 일종의 신이자 종교였고, 제사 역시 조상과 자신을 일체화하는 과정이었다. 서구 사회에 수많은 종교 분쟁이 있었듯이, 우리 사회에 수많은 문중 간의 시비가 지천으로 널려 있었던 것도 그런 이유에서였을 것이다.

이에 대해 어떤 이는 '시비 문화'라고 표현했는데, 사실 우리는 조상의 산소와 묘역을 놓고 서로 자신들의 것이라 우기며 수백 년을 싸워왔고, 서원에 모시는 위패의 순서를 두고 또 수백 년을 다퉈왔으며, 동향의 선배나 외가의 어른에게 학문을 배웠느니 배우지 않고 홀로 우뚝 섰느니 하며 결론도 나지 않을 지루한 공방전을 지금껏 벌여왔다. 심지어 시골 경치 좋은 계곡에서 우리 할배가 놀았느니, 너희 할배가 놀았느니 하면서 백수십 년의 세월을 두고 싸워왔다. 이렇듯 성씨를 달리하는 문중 간의 시비도 많지만, 문중 내부에서도 각 파로 나뉘어 계파끼리 티격태격하는 경우도 수없이 많다. 각 파 간의 힘겨루기 중에는 적파와 서파 사이의 갈등도 많지만, 각 계파끼리 서로 잘났다며 도토리 키 재기식 경쟁의식이 발동해 일어난 것이 대부분이다.

가까운 조상만이 아니라 수백 년 전에 살았던 까마득한 조상까지 찾아 헤매는 풍속은 부계 친족사회가 성립한 17세기 후반부터 생겨난 것임이 분명하다. 하지만 마치 유격 훈련을 받듯이 혹독한 근대화의 과정을 겪으면서 성리학적 행실 철학과 도덕은 모두 내팽개쳐지고 말았다. 그럼에도 족보와 조상에 대한 의식만큼은 신기할 정도로 그때나 지금이나 한 치의 변화도 보이지 않은 채 그대로 간직하고 있다. 이미 오래전에 고인이 된 사람까지도 명예를 훼손하면 처벌되는 것이 우리 민법이고 보면, 그 사정을 짐작할 수 있겠다.

이렇게 굴러가는 것이 우리 사회이고 보니, 수백 년 묵었던 그야말로 옛날 옛적 양반 가문 연구에 몰두했다가 호된 봉변을 당하거나, 문중 간에 쟁점이 되는 말썽 많은 분야에 뛰어들었다가 혼쭐이 나서 꼬리를 내리고 도망간 연구자가 수없이 많다. 이러하니 대부분의 연구자는 아예 그런 주제에 가까이하기를 꺼려하게 되고, 연구를 하더라도 문중의 눈치를 살펴가며 슬쩍슬쩍, 마치 곪은 종기 건드리듯이 조심조심 접근하기 일쑤다.

문중 연구에 대한 학자들의 학문적 금기 사항은 대개 이런 것들이다. 어느 성씨의 조상 계보가 잘못됐다는 식으로 기존 문중 자료의 내용을 부정하거나, 지엄한 적서의 차별이 존재했던 케케묵은 역사 앞에서 어느 특정 인물과 계보가 서출이었음을 밝혔다거나, 신처럼 받들던 현조에 대해 그들이 생각하지도 못했던 그리고 생각조차 하기 싫은 것을 드러내는 연구 결과가 그것이다.

이런 내용을 밝힌다면 역린逆鱗을 건드린 것이나 다름없다. 옛날 나라님이 이웃나라에 사절단을 파견할 때 정사·부사·서장관 등을 임명해 대규모 인원으로 꾸렸듯이, 종친회 회장을 비롯해 임원들이 모여 항의 방문에 걸맞은 팀을 꾸리고, 이들이 정식으로 언제 방문을 하겠노라고 통고해오는 식으로 연구자들을 곤란하게 만든다. 이들 항의 방문단이 이성적이고 합리적인 방법으로 접근하는 경우는 지금까지 본 적이 없다. 대개 한학을 공부한 나이 드신 분들이 종친회를 거점으로 문중을 지키면서 위선 사업을 주도하는데, 그런 문제가 걸리면 연구 자체를 중단시키는 것뿐만 아니라, 인신공격으로 연결되는 경우도 허다하다. 차분하게 학문적인 성과를 자료화해 반박하는 자세가 필요함에도, 맹목적이라는 표현은 이를 두고 생겼다 할 정도로 막무가내인 경우가 대부분이다. 항의 방문단에는 신학문을 전공해 이성적이고 합리적으로 접근할 수 있다고 생각되는 사람도 포함되어 있기는 하지만, 이들 역시 조상 문제에서만큼은 한 치의 예외를 보이지 않는다.

언제부터인가 문중사학이란 신조어가 생겨났는데, 문중사학이라고 모두 비이성적으로 접근하는 것은 아니다. 필자도 문중에서 진행하는 연구 프로젝트를 수행한 경험이 여러 번 있다. 연구 결과가 어떠하든 참견하지 않는다는 전제하에 시작했다 할지라도 불편할 정도의 이런저런 요구가 있긴 했지만 큰 어려움 없이 진행하곤 했다. 그러나 이미 시비가 붙은 주제에 대해서는 대가로 이름난 학자라도 감당하기 어려워 꽁무니를 빼기 마련이다.

조상에 대한 맹신 풍조만큼은 어느 문중이나 별반 차이를 보이지 않는다. 그 때문에 문중과 관련된 연구나 개인 인물에 대한 연구를 하다 잘못 걸려들기라도 하면 대개 망신 아닌 망신으로 끝나곤 한다. 더 이상 연구를 진행하지 못하고 접어야만 할 때도 종종 있다. 다시는 이런 주제에 접근하지 않는다는 각서까지 써주는 일도 흔하다. 가히 학문적 테러 수준을 방불케 하는 문중사학의 폐해 때문에 아예 진절머리를 내고 도망가는 학자가 많은 것도 그 때문이다. 어느 문중이 어느 연구자한테 각서를 받았다는 사실까지 늘어놓고 싶지만, 그러지 못해 유감이다. 이 모두가 조상신을 받들고 사는 우리의 자화상이기에 벌어진 일들이다. 조상과 자신의 일체화가 미치는 순기능도 있지만, 이에 대한 역기능이 너무나 크다는 점에서 안타까울 뿐이다.

제3부

집단기억과 족보의 문화사

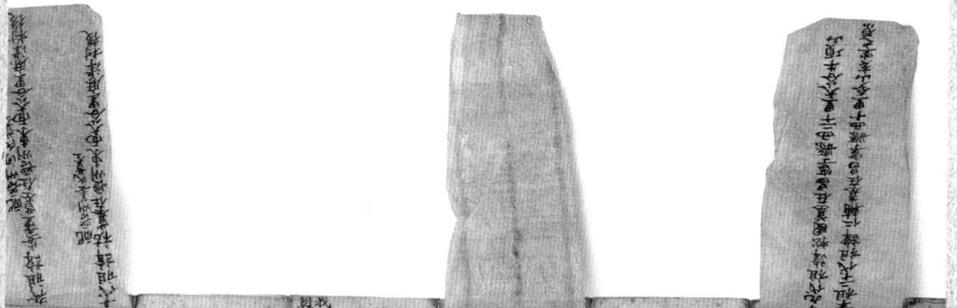

제1장

족보의 사회사, 족보의 문화사

시조 할배와 집단기억

한국에서 혈통과 계보를 따질 때는 반드시 두 가지 측면을 고려해야 한다. 여기서 두 가지란 한국 고유의 토착 전통과 중국의 유교식 습속이 혼합되어 있다는 뜻이다. 원래 고대국가 이래 우리의 사회적 기본 단위는 씨족 혹은 족族이었다. 이렇게 존재해온 족은 다소 느슨한 형태여서, 유교적 관습과는 차이가 많았다. 왕위를 아들이 아닌 동생이 이어받거나 형이 죽으면 형수를 아내로 맞이했던 일이 빈번했고, 아들과 딸을 구분하지 않고 가계를 계승하게 했으며, 그들에게 재산까지 공평하게 물려주었던 것에서도 양자의 차이가 잘 나타난다.

그러다가 통일신라 말기부터 중국식 성을 받아들이고 고려에 들어와 본관을 정해서 살게 하다 보니, 족 집단의 정체성이 점차 높아졌는데, 이때부터 융통성 없고 배타적인 집단으로 변하기 시작했다. 특히

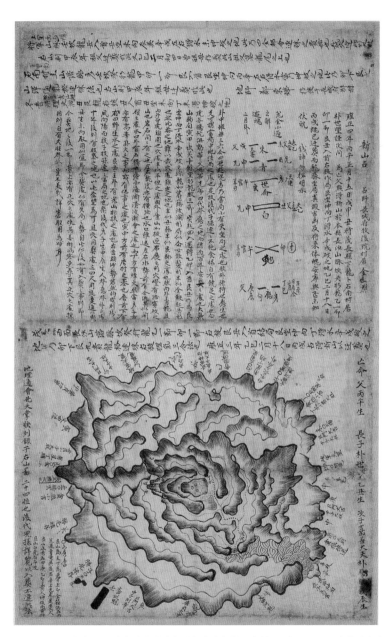

명당도明堂圖 조상의 묘에 대한 위치 파악과 아울러 명당임을 내세운 그림으로, 1726년에 제작된 것이다. 국립민속박물관 소장.

위정자들이 유교 문화를 꾸준히 전파함에 따라 우리 역사상 15세기는 토착적인 수평 문화에서 유교적인 수직 문화로 넘어가는 일종의 과도기가 됐다. 당시 성리학자들이 금과옥조로 여겼던 『예기禮記』나 『가례家禮』의 기본 골격이 바로 엄격한 부계질서의 가르침이었는데, 그 효과는 17세기부터 나타나기 시작했다.

그 결과 친족과 비친족의 차별, 직계와 방계를 엄격하게 구분하는 종족lineage 집단이 형성돼 문중이라는 장치가 만들어졌다. 이는 보다 확대된 조상 숭배 집단이므로 공동 조상으로 옹립된 시조의 영역은 더 크게 확대됐다. 후손에 의해 추대된 시조 아래 모여든 종족 구성원들은 종손을 중심으로 굳건한 결속을 다지려 노력했고, 그에 따라 종손에게는 막강한 권위가 맡겨졌다.

이런 문중 집단에 대해 한국학 연구자 마르티나 도이힐러 교수는 고유의 전통과 유교 규범을 조화시키기 위해 조선 사회가 만들어낸 독특한 산물이라고 말했다. 문중의 소속 범위는 사당 의례에 참여하는 집단보다 훨씬 넓으며, 특히 형제의 평등 관계라는 토착적 특징을 내포하고 있기 때문이다. 이런 토착적인 수평 문화에다 유교적인 위계질서를 적용하기 위한 역사적 타협안이 문중이었고, 이 집단이 만들어낸 공동 작품이 바로 시조와 족보였다. 그리하여 우리의 '시조 할배'는 가히 신과 같은 존재로 떠받들어지게 됐다.

한 민족이나 한 사회집단이 공통으로 겪은 역사적 경험은 그것을 직접 체험한 개개인의 생애를 넘어 집단적으로 보존되고 기억되는 현상으로 나타나곤 하는데, 이를 '집단기억collective memory'이라고 한다. 최근 인문학계의 담론으로 떠오른 집단기억은 사회적 맥락에 따라 다양한 버전이 존재하는데, 집단기억 이론을 처음 주창한 프랑스 사회학자

모리스 알브바슈(1877~1945)는 애당초 개인과 구분되는 집단기억을 주체로 상정한 것은 아니었다. 기억을 소유하는 단위는 개인이지만, 그 개인의 기억은 사회적으로 각인된 것이기에 사회집단의 틀 속에서 이루어지는 의사소통과 상호작용을 통해서만 성립한다는 것이다.

동일한 기억을 공유하는 사회집단은 기억 공동체라는 성격을 가진다. 어떤 사건이 특정의 집단기억으로 뿌리 내리기 위해서는 그 집단만의 동질성과 지속성이 있어야 한다. 동질성은 다른 집단과 자기 집단을 구별하는 외적 기준이자 자기 집단의 구성원을 결집하는 내적 통합 기준으로 작용한다. 정체성 확립과 배타적 성격의 형성 과정이라고 할 수 있다. 동질성에 대한 집단 구성원의 확신이 지속성에 대한 또 다른 믿음과 결합될 때 그 구성원들이 공유하는 집단기억은 경험적 성격을 벗어버리고 초역사적 당위성을 얻게 된다.[1]

이렇듯 집단기억은 개인의 생애를 넘어 장기적으로 지속되는 동안 집단 정체성을 형성하게 되며, 바로 이 집단 정체성이 집단 내부의 통합력을 굳게 만드는 구심점으로 작용하게 된다. 이런 집단기억은 '무엇을 어떻게 기억하느냐'에 따라 긍정적 기능을 하기도, 부정적 기능을 하기도 한다. 제2차 세계대전 때 나치 세력은 유대인을 집단학살하는 홀로코스트를 저질렀는데, 바로 이 홀로코스트가 유대인의 집단기억이 되어 내부적인 강한 통합력을 만들고 결국 이스라엘 건설이라는 성과를 이루어냈다. 또한 개별 민족 단위의 집단기억을 뛰어넘어 인류 차원의 역사적 집단기억으로 확장됨으로써 반인류적 전쟁범죄에 대한 경각심 고취와 더불어 범인류적 평화를 지향하는 소중한 기억으로 각인됐다.

이에 반해 일본제국주의는 식민지 조선 백성을 우직한 황국 신민으로 개조한다는 방침 아래 날조한 식민사관을 주입하기에 이르렀다. 한국인의 저항의식을 근본적으로 제거하고, 자신들의 지배 정책에 동조하도록 집단기억을 조장하려는 것이었다. 그 결과 그들의 식민지배와 침략전쟁이 가진 반인륜적 해악을 진지하게 검토하고 반성함으로써 보편적 인권과 평화를 실현하려는 노력이 필요하다는 점을 인식할 기회마저 차단해버렸다.

집단기억에서 '무엇을 기억한다'는 것 그 자체가 실제로는 만들어진 것일 수도 있다. 그렇게 공식화된 지배적 역사 해석으로 둔갑한 집단기억은 그 부작용이 만만치 않다. 특히 지배 집단의 권력 장악 의도가 개입된다면 더 심각한 지경에 이를 것이다. 앞에서 식민사관 날조를 예로 들었지만, 권위주의 시절의 지배 집단은 그들의 정당성 확보를 위해 반공을 집단기억으로 만들어갔다. 그리고 일제강점기의 항일 독립투쟁에서도 사회주의 독립운동을 과소평가한 것처럼 의도된 집단기억의 폐해는 말로 표현하기 어려울 만큼 큰 경우가 많다.

혈연을 바탕으로 한 전통사회에서는 어떻게든 조상을 부각하는 집단기억으로 후손을 하나의 공동체로 통합하려 애썼고, 이를 위해 각종족 집단은 족보를 이용해왔다. 결국 그 많았던 천민은 소리 소문 없이 자취를 감췄고, 오늘날 우리 모두는 역사적으로 훌륭한 시조의 후손으로 족보에 올라 있다. 그리하여 같은 피를 나눴다는 명분하에 정체성을 공고하게 만들어주는 종족 집단주의에 매몰되어 타자에 대한 배타성을 강하게 내보이기도 했다.

인간이 그려내는 과거의 그림은 지극히 개인적 차원의 것일 수도 있고, 사회구성원의 합의 속에 나타난 것일 수도 있다. 이렇게 형성된 역사상은 사회구성원의 정체성을 확보해주는 집단기억으로서 하나의 공공적 기능을 발휘하게 된다. 각종 건국신화나 시조설화에 보이는 사례

단군성전 민족의 시조 단군을 모시는 성전. 서울시 종로구 사직동 소재.

가 그것이다.

집단기억이란 사회적으로 구성되므로 집단 성격에 따라 다양할 수 있으며, 언제나 그 당대의 생각이나 관심에 따라 재구성된다. 이것이 바로 집단 정체성이 확립되는 과정인데, 여기에는 항상 잠재된 역사 미화의 본능이 꿈틀거릴 수밖에 없다. 족보 간행 횟수를 거듭할수록 시조 상한선을 올린다거나, 시조신화가 종족의 집단기억으로 자리를 잡으면서 신성시된 것도 그 일환이다. 동일한 시조를 모시는 수많은 종족에게 집단기억의 내용과 형태를 부단히 초벌구이하고 재생하는 틀이 바로 족보였는데, 이런 작업이 진행되는 동안에 우리 조상이 남의 조상보다 위대하다는 자존 의식의 공유가 늘 함께했다.

이는 한국 고대사에 대한 기억이 역사를 넘어 신화의 차원에까지 소급됐던 현상과도 같다. 우리가 민족사를 서술할 때 친숙하고도 관용적으로 써온 '반만년에 걸친 유구한 역사와 전통'이라는 표현에서 그러한 역사의식의 단면을 읽어낼 수 있다. 이런 관용적 표현이 그동안 한국 사회가 민족의 기원과 전통에 대한 집단기억이나 기념 문화를 얼마나 중요하게 인식해왔는지를 잘 보여주듯이,[2] 족보에서도 우리 시조 할배와 현조에 대한 의식은 항상 신적인 존재로 우리 곁을 지켜왔다.

이렇게 국가 의식을 형성하고 유지하는 데 역사적 기억이 중요한 역할을 해왔듯이, 혈연을 바탕으로 한 종족 집단을 형성하고 유지하는 데도 집단기억이 큰 역할을 해왔다. 그러나 오류와 오용의 가능성을 항상 안고 있는 것이 기억이다. 아울러 집단기억이 주어지는 것이 아니라 만들어지기도 한다는 관점에서 보면, 식민 지배를 받았던 아픈 기억보다는 고구려의 진취성과 우수성에 대한 기억 속에 집단기억의 속성이 훨씬 더 잘 드러난다.

숨기고 싶은 역사와 자랑하고 싶은 역사가 공존하듯이, 종족 구성원의 가슴속에 각인된 집단기억을 구성 또는 재구성해 족보를 만들어갈 때 자기 합리화의 과정 역시 곳곳에 숨어들기 마련이다. 특정한 권력 주체의 기억에만 정통성을 부여해 다른 기억을 배제하거나 권력 집단의 기억 질서에 맞춰 수정하거나 조작하는 경우를 종종 발견할 수 있는 것이다. 하지만 원균은 원균일 따름이고 이순신은 이순신일 따름이다. 이순신을 띄우기 위해 필요 이상으로 원균을 깎아내릴 필요까지는 없었다.

혈연을 바탕을 한 집단기억의 매체인 족보를 새롭게 조명해 문화적 기억으로 되살려야 하는 이유가 여기에 있다. 과거를 현재로 불러오고, 과거의 현재적 의미를 재구성해주는 족보야말로 나의 뿌리 찾기라는 정체성 확인과 더불어 우리의 역사 인식 방향에도 큰 영향을 미치기 때문이다. 집단기억을 단순히 과거의 정보를 회수하는 행위가 아니라 현재의 맥락에서 재구성되는 행위로 본다면, 현재의 관점이나 필요에 따라 과거를 올바로 지각하고 올바로 재구성하는 과정이 있어야만 한다. 주변국과 공유해야 할 과거에 대한 집단기억을 무시하는 배타적 성격 때문에 한일 간의 분쟁을 유발하고 있듯이, 조상의 집단기억을 둘러싼 종족 간의 갈등도 너무나 자주 일어나기 때문이다.

조상 감추기와 전통 만들기

현재 남한의 인구는 4900만 명 정도이며, 이 중에서 가야계와 신라계를 포함한 김씨는 1000만 명에 이른다. 아울러 박씨가 340만 명, 전주이씨가 260만 명을 헤아린다. 그러니 전체 인구의 3분의 1은 박씨나 김씨(신라계, 가야계)가 아니면 전주이씨임이 분명하다. 그리고 이들 성씨의 직계 선조를 거슬러 올라가다 10세기 전후에 살았던 인물을 찾아보면, 박씨는 경명왕, 신라계 김씨는 경순왕, 가야계 김씨는 김상좌, 전주이씨는 이긍휴로 연결된다. 이들이 살았을 당시의 총인구가 약 50만 명에서 100만 명 정도라고 추정되는데, 이들 네 명은 그중의 한 사람이었을 뿐이다. 그렇다면 경명왕을 비롯한 네 명만이 자식을 무진장 낳았고, 이들을 제외한 나머지는 자손을 별로 두지 못했던 것으로 해석해야 한다. 우리 성씨의 이런 오류에 대해 관심 있는 학자라면 다 알고 있지만, 정식 논문으로 지적한 사람이 바로 UC 어바인 대학의 유진 Y. 박 교수다. 우리의 조상에 대한 집단기억은 출발부터 명백한 오류에 빠져 있다. 그리고 우리는 자신의 성과 본관 그리고 조상에 대해 의심해보려 하지도 않았고, 의심해본 적도 거의 없다.

신라 경명왕 묘역 경명왕의 아들 8대군이 각각 분봉을 받아 여러 본관의 박씨들로 분파됐다 한다.
경주시 배동 소재. 사적 제219호.

성관 문제를 놓고 볼 때 한국의 18세기는 격동의 시기였다. 농촌이
나 도시를 막론하고 17세기 말까지 성관을 가진 인구 비율은 50퍼센
트 내외였지만, 그 후 100년이 지난 시점에는 90퍼센트를 웃도는 사
람이 성관을 지닌 것으로 파악되기 때문이다. 다음의 193쪽 표는 조선
후기 대구 지역의 성관 획득 상황을 시기별로 정리한 것이다.[3] 문제는
새로운 성관을 획득한 사람이 다른 사람이 쓰던 기존의 성과 본관을
선택한 것이지, 창성 또는 창관을 한 것이 아니라는 것이었다. 쉽게 말
해서 조상 갈아타기를 한 셈이다.

새로 성관을 획득한 사람은 족보에까지 이름을 올려야만 최종 마무
리가 된다. 그러기 위해서는 위조 외에 달리 방도가 없다. 17세기까지
도 족보는 으레 양반만의 것이었다. 한양의 중심부에 살았던 중인이나
지방의 향리는 물론이고, 양반의 자손이라도 서얼은 족보에 등재하지
않았다. 같은 조상을 둔 혈손이라 할지라도 신분의 굴레를 벗어나지

대구부 서상면의 성姓과 성관姓貫 분포

	1681년	1717년	1756년	1783년	1825년	1858년
성 수치	44	53	63	61	67	64
성관 수치	119	147	195	210	231	186
성관을 가진 호戶 비율 (A/전체 호수×100)	55%	68%	76%	92%	93%	93%
성관을 가진 호 수치(A)	444	658	1068	1401	1650	1572
전체 호수戶數	806	965	1398	1528	1772	1693

못한 것이다.

조선시대에는 일정 지역 안에서 함께 생활하는 종족 내부에서조차 사족과 이족이 공존했고, 이 경우에도 초기에는 사족만 족보에 이름을 올렸다. 향리가 족보에 오르기 위해서는 사족 신분으로 승격해야만 가능했던 것이다. 그러니 새로 성관을 획득한 하위 계층은 독자적으로 가족사를 정리한 가계 기록이나 족보를 만들어야 하지만, 그런 경우는 거의 없었다. 가급적 명망 있는 성관에 편입해 그 위세를 공유하려 꾀하는 시도가 줄기차게 일어났던 것이다.

그럼에도 지금까지 족보에 이름을 올리지 못한 경우가 더 많다. 현재 밀양박씨가 약 300만 명이 넘는데도 이들 중에 족보에 오른 이들은 약 13퍼센트에 불과하다.[4] 또한 부계로 유전되는 Y염색체 내의 돌연변이 분석을 하면 남성의 친직계 조상이 대략 몇 세대 전에 살았던 인물인지를 추정해낼 수 있는데, 이런 방법으로 동일 성관을 가진 사람들을 분석한 생물학적인 혈연관계 결과는 별로 큰 의미를 갖지 못한다고한다. 단군이 지배했던 고조선에는 수많은 백성이 있었고, 신라나 가

김수로왕릉(위) 가락국을 세운 김해김씨 시조 김수로의 수로왕릉 전경. 김해시 서상동 소재.
김수로왕 탄생설화 유적(아래) 하늘에서 황금알이 내려와 김수로왕이 탄생했다는 설화를 간직한 구
지봉龜旨峰 관련 유적인 고인돌 및 여섯 개의 알과 아홉 마리의 거북으로 구성된 천강육란석조상天
降六卵石造像. 김해시 구산동 구지봉 소재.

야 또한 지역마다 정착해 살아갔던 수많은 백성이 있었건만, 지금까지
전해진 계보를 들여다보면 그 당시 이름 없는 민초로 살아갔던 이들의
후손으로 자처하는 이는 하나도 없다. 현재 우리 모두가 단군의 후예
요, 박혁거세와 김수로 등의 자손으로 살아가고 있는 것이다.

현존하는 우리의 계보 기록은 조상 감추기와 전통 만들기가 동시
에 진행된 결과물이다. 조상을 그럴듯하게 미화하거나 흠결을 감추려
는 것은 본능에 가까운 자연스러운 현상이다. 그렇기에 이런 행위가 기

『조선왕조실록』 태백산본 사관들의 분찬 형식으로 편찬된 『조선왕조실록』은 네 부만 만들면서도 인쇄하는 방법을 택했다. 국가기록원 부산지원 소장.

록물에까지 연결될 수밖에 없었고, 급기야 국가에서 편찬하는 관찬 사서에까지 나타나게 됐다. 조선이 건국된 후 『고려사』를 편찬하던 과정에서 자신의 선조를 미화했다가 처벌받은 권제가 전자를 대표하는 사례다. 아울러 가계의 흠결 감추기 역시 『고려사』나 『조선왕조실록』 같은 국가적 편찬 사업에서도 예외가 아니었다. 고려 말 신돈과 뜻을 같이하다 처벌된 62명을 대상으로 분석한 논문에도 그런 사실이 잘 드러난다.[5] 관련 인물들의 계보 정보가 부족한 것은 원래 『고려사』의 기록 자체가 소략해서이기도 하지만, 의도적 침묵으로 의심되는 바가 크기도 하다.

역적으로 몰린 자는 족보에서 묵적墨跡으로 처리하는 것이 일반적인데, 이런 단순 감추기는 논의의 대상이 아니다. 조선 선조 때 정여립 사건이 일어난 후 『문화류씨가정보』에서 그의 이름을 묵으로 지웠던 사례가 여기에 해당한다. 이는 족보가 이미 간행된 다음에 취해진 조치였고, 진정한 의미에서의 조상 감추기는 아니다. 일종의 윤리관에 입각한 징벌적 차원에서 취해진 성격이 강하다. 조작과 왜곡의 측면으로 바라볼 수는 없는 것이다.

아무튼 조상 감추기는 개명하거나 다른 이름으로 혼동을 주는 초보적인 것에서부터 계파 자체를 아예 삭제해버리는 방법 등 다양하고도 집요하게 자행됐다. 대다수 가문의 연원은 고려 때 향리 신분에 맞닿아 있는데, 조선 후기 족보 편찬 과정에서 조상 감추기 또한 많이 자행됐다. 어찌하다 향리로 전락했다는 가벼운 변명이나 자기 합리화에서부터 심한 경우 그럴듯한 가공인물을 내세우기까지 실로 다양한 방법이 동원됐다.

우리 본관제도의 특수성으로 인한 본관 개변 사례가 많은 것도 조상 감추기나 전통 만들기와 직결된다 하겠다. 전래의 토성이란 단순한 토착 성씨를 의미하는 것이 아니라, 후손이 시조의 거주지였던 본관지를 떠나 다른 지역에 정착했다 할지라도 원래 성의 출자지出自地인 본관을 뜻했기 때문이다. 그리하여 거주지를 아무리 옮겨 다녀도 당초의 본관은 변하지 않았던 것이 우리 문화였다. 그러나 이것이 오히려 족쇄가 되어, 큰 인물을 배출하지 못한 성관은 유력한 다른 가문의 본관으로 개변하는 사례가 많아졌다. 이는 『세종실록지리지』의 각 군현 성씨조에 약 250개의 성과 4,500개의 본관이 나타난 것에 비해, 오늘날 본관 수가 약 3,400개에 불과한 것에서도 확인된다. 제2부 제1장의 본관을 설명할 때 이미 살펴보았듯이, 고려시대에는 본관 개변 사례가 극히 드물었지만, 조선시대가 문벌사회로 치달으면서 유력한 가문으로 본관을 갈아타는 경우가 많아졌기 때문이다.

한양의 중심부에 살았던 중인 가문 가운데 근대에 들어오면서 잘 알려진 성관으로 바꾼 경우가 많았다. 저명한 중인 가문의 가계를 기록했던 『성원록』은 19세기에 나온 대표적인 종합보였다. 여기에 수록된 약 200개의 가계 중에서 50개 가문은 『만성대동보』에 없던 성관이었다.

그리고 50개의 중인 가문 중에 약 62퍼센트에 해당하는 31개가 현재의 성씨 통계에는 보이지 않는다.

그 대표적인 사례로 유진 Y. 박 교수는 해주김씨를 들었다. 한말 한양에 살았던 해주김씨가 어느 시기엔가 본관을 청풍으로 바꿨다는 것이다. 청풍김씨라면 17세기에 왕후를 배출한 노론 가문의 경화사족京華士族이니 조선 후기를 대표하는 세도가 집안이었다. 독립운동가이자 해방 정국에서 민족지도자로 활약한 김규식은 청풍김씨로 소개되어 있다. 하지만 그의 부친과 형제 네

『성원록』 『성원록』은 조선 말기 이창현 (1850~1921)이 지은 종합보로, 양반층을 주로 다룬 다른 성씨 계보책과 달리 역관·의관·산관算官·율관律官 등 중인 계보를 중심으로 수록한 특징을 가진다. 고려대학교 도서관 소장.

명이 잡과에 합격했던 자료를 분석해보면 본관이 해주였다.[6] 문중 자료에서는 청풍김씨였던 선조가 해주로 이주해 살았기에 해주김씨로 썼다는 설명을 부연했다. 오늘날 해주를 본관으로 하는 김씨가 소수 있지만 이북이나 호남 지역에 근거를 둔 사람들이고, 한양의 중인 가계와는 무관한 것으로 알려졌다.

이렇듯 우리는 성씨가 같으면 과거 어느 시기엔가 동일한 조상에서 갈라져 나온 것이라는 믿음을 갖고 있다. 우리나라의 본관별 인구수를 살펴보면, 김해김씨 412만 명에 이어 밀양박씨 303만 1,000명, 전주이씨 261만 명, 경주김씨 173만 7,000명, 경주이씨 142만 5,000명 등의 순으로 꼽힌다. 김해김씨 400여만 명이 모두 김수로의 후예임을 자처

한다. 신라 왕 김알지의 후손으로 연결한 씨족도 역시 400여만 명에 이르는데, 본관이 서로 다른 57개의 집단으로 구성된다. 그 가운데서 통일신라의 마지막 왕이었던 경순왕(927~935)의 직계 후손으로 연결한 김씨도 경주김씨를 비롯해 이루 셀 수가 없다. 17세기까지만 해도 한국인의 절대 다수가 족보와는 상관이 없는 사람들이었다. 그런데 지금 우리 사회에서 족보가 없는 사람은 거의 없거니와, 우리는 모두 왕족의 후예거나 귀족의 후손만 잔존한, 이해하기 힘든 사회에서 살고 있다.

조선 초기를 전후한 성씨의 상황은『세종실록지리지』가 기본 자료가 되고, 16세기의 성씨를 판단하는 데는『대동운부군옥』의 성씨 조항이 믿을 만하다. 그러나 전자는 편찬된 후 비장되어 열람이 금지됐기에 족보 편찬 당시에는 참고할 수가 없었다. 다행히『대동운부군옥』은 간행된 후 조선 후기 보첩 간행의 준거로도 활용될 수 있었는데, 이 역시 세세한 계보를 확인해주는 자료는 아니었다.

대개의 족보는 17세기 이후에 창시보로 간행되곤 했는데, 이때 참고할 수 있는 자료라는 것이 한계가 있기 마련이었다. 씨족보를 만들 때 특정한 보학자가 개인적으로 찬술한 종합보를 참고할 수밖에 없었던 것도 그런 고민을 반영한 것이었고, 아울러 우리 족보사의 특수한 단면을 보여주는 것이기도 하다. 그런데다 횡으로 지파를 넓혀가다 보니 종으로 거슬러 올라가야 하는 선조 찾기에 골몰할 수밖에 없었기에 자료의 한계에 부딪히고 말았다. 믿을 수 있는 실록이나 여타 금석문 등에서 발견되는 자료의 내용이 족보에 기재된 사실과 동떨어진 결과가 많은 것도 그런 상황 때문이었다.

당나라의 대학자였던 안사고는『한서漢書』에 주석 달기를 "사사로운 족보 글귀는 동네 마을 골목에서 비롯된다. 가家 스스로 설을 만들었으나 기록된 사건들이 경전은 아니다. 임의대로 선현을 끌어들여 허황된 거짓으로 의탁하는 것이다. 믿을 만한 것이 없는데, 어찌 그것에 의거할 수 있단 말인가?"라고 했다. 이렇듯 조상 갈아타기는 중국에서도 예외가 아니었다. 명나라 말기와 청나라 초기에 활약한 사상가 고염무는 그의 저서 『일지록日知錄』에서 "현재 모든 안씨顔氏가 안회의 후예라고 말한다. 공자의 제자 중에 안씨 성을 가진 자가 여섯 명이나 더 있는데, 그들을 따르는 후예는 왜 아무도 없는가?"라고 반문하고 있다. 이는 안회가 공자의 제자 중에서 가장 뛰어난 인물이었기에 모든 안씨가 그를 조상으로 받들었던 상황을 비판한 것이다. 조상 감추기와 전통 만들기는 고금을 통해서도 보편적 정서였음을 잘 나타내준다 하겠다.

족보여! 진실의 종을 울려라

자료 확인 과정에서 인터넷을 뒤지다가 재미있는 것을 발견했다. 갑족 양반인 순천김씨의 조상과 관련된 내용인데, 문중 관련 소재를 드러낸다는 것 자체가 매우 조심스럽긴 하지만, 양반다운 풍모와 아량으로 너그러이 이해해줄 것으로 믿는다. 그 자료란 다음의 두 가지다.

① 계유정난으로 멸문지화를 당한 후 후손인 김유온의 외가인 안동권씨의 보호를 받으며 명맥을 유지해오다가 그의 7세손인 김유와 김경징이 인조반정에 가담해 공을 세워 공신의 반열에 오르면서 번성하기 시작했다. 그 후 1746년(영조 22)에 김종서가 신원되면서 양민 신분을 획득했다

고 한다.

— 한국역대인물종합정보시스템

②계유정난 때 후손인 김종서가 피살되고 멸문에 가까운 화를 당하면
서 선대의 문헌이 모두 소실되어 자세한 상계의 역사를 상고할 수 없다고
한다.

— 디지털안동문화대전

이 두 자료는 경상북도 안동 풍천에 큰 집성촌을 이룬 순천김씨 구
담파를 설명한 것으로 보인다. 인조 때 정승을 배출한 걸출한 명문인
순천김씨 집안의 창시보 역시 이들 가문이 중심이 되어 간행됐는데, 전
문성을 가진 집필자도 우리 전통사회에 만연한 족보와 문중의 자료를
비판 없이 수용하면 이런저런 오류에서 헤어날 재간이 없다.

우선 자료 ①을 보면 계유정난으로 멸문의 화를 당했다가 1746년
에 김종서가 신원되면서 양민 신분을 획득했다고 서술했다. 계유정난
이란 세조가 단종을 몰아내고 임금 자리를 차지하기 위해 김종서, 황
보인 등과 같은 대신들을 제거했던 사건을 말한다. 점잖게 제거란 표
현을 썼지만, 사실은 당시 조정을 이끌던 대신들이 처참하게 살해된
사건이었다. 이때 대역의 우두머리로 지목된 자가 바로 김종서였고, 그
는 순천김씨다. 이를 계기로 순천김씨 가문이 멸문의 화를 당해 그 누
구도 관직에 진출할 수 없는 지경의 나락으로 떨어졌고, 세월이 한참
이나 지난 영조 때에 가서야 겨우 신원되어 양인 신분으로 복구됐다는
설명이다.

이런 설명이 타당했다면 순천김씨 구담파는 김종서가 신원되기 전까

김여물과 김유의 묘역 묘역에는 김여물과 김유의 신도비 외에도 묘 좌우에 동자석·망주석·문인석 등이 배치되어 있고, 묘 앞에는 상석·향로석 등이 놓여 있다. 경기도 안산시 와동 소재. 경기도 문화재자료 제8호.

지 관직에 나갈 수 없었음이 분명하다. 그런데 순천김씨 문중에서 현조로 받드는 김유는 이미 영의정을 지냈으니, 이를 어떻게든 설명하고 넘어가야 한다. 이런 사실을 간과한 채 김종서의 신원에만 초점을 맞추다 보니 설명이 궁색해지고 말았다.

인조반정에 공을 세웠던 김유는 임진왜란 당시 신립 휘하에서 종군하다 배수의 진을 친 충주 탄금대전투에서 전사한 김여물의 아들이다. 1596년(선조 29)에 문과에 급제해 벼슬길에 나갔는데, 광해군 때 정인홍·이이첨 등이 이끄는 북인과 관계가 좋지 않아 이렇다 할 중앙 관직을 맡지 못한 채 지방관으로 전전하던 때가 있긴 했다. 당시는 북인 천하였으니 그 반대편 인사들이야 당연한 결과였으리라. 그런데 광해군 말년에 유교적 도리에 어긋나는 폐모론이 일어난 이후 통분을 느껴, 이귀 등이 이끄는 반정 계획에 동참해 인조를 옹립하는 혁명 주체 세력이 됐다. 반정군 대장으로 활약한 김유는 공이 매우 커서 정사공신 1등에 책록되어 정치적 전성기를 맞았고, 이후 인조의 절대적 신임 속에 이조 판서·좌의정·도체찰사·영의정 등을 두루 역임하며 당시의 정국을 주도하는 인물이 됐다.

김유는 안동 풍천의 구담마을에 입향한 김유온의 7세손이다. 김유온의 후손은 벼슬길에 올라 한양으로 거처를 옮긴 경파와 재지사족인 향파로 크게 나누어지는데, 후대에 가면 향파에서도 고관대작이 줄줄이 배출됐다. 그렇다면 김유온의 후손이 줄줄이 관직에 진출했던 상황과 김종서 때문에 벼슬길이 막혔다는 순천김씨 관련 자료에 대한 설명을 어떻게 이해할 것인가?

결론부터 말하면 김종서가 신원됐다는 것은 김종서계에 해당하는 것이지, 김유온계와는 전혀 상관없는 일이라는 점이다. 사실 김종서와 김유온은 비슷한 시기에 한양에서 살았지만, 서로 동족 의식을 바탕으로 교류하며 지냈는지는 의문이다. 후대의 관념, 더 정확하게 말해 18세기 이후의 의식과 관념으로 본다면, 동성동본인 김종서와 김유온을 '남남'이 아닌 동일한 조상한테서 피를 이어받은 '우리'라는 인연으로 강조하는 것이 당연한 일이었을 것이다.

그런데 15세기에 살았던 우리 조상은 오늘날 우리가 가진 종족 의식과 관념이 자리 잡기 이전 사람들이었다. 15세기에는 대체로 고조를 기점으로 한 8촌 이내의 내·외손을 적은 가계 기록만이 남아 있기 때문이다. 김종서와 김유온의 계보를 추적하면 20대를 거슬러 올라가야 만날 수 있다. 그렇다면 약 40촌에 해당하는 먼 일족에 불과하니, 김종서가 대역죄를 지었다 할지라도 구담파 김씨와는 전혀 무관하게 진행됐음이 분명하다. 그런데도 후대의 족보를 비롯한 문중 기록은 이런 식으로 은근슬쩍 끼워넣거나 과거의 사실을 합리화하는 경우가 많았다.

자료 ②의 내용은 '멸문의 화를 당해 선대 문헌이 모두 소실됐기에 자세한 상계의 역사를 상고할 수 없다'는 것이 주된 내용이다. 그런데 이것도 후대의 관념에서 나온 합리화의 과정이었을 것이다. 물론 우리 역사를 상고하건대 수많은 전란과 변화무쌍하고 역동적인 정국의 회오리 속에서 선대의 문헌을 고스란히 지켜내기란 어려웠다. 따라서 시간이 흐를수록 그 문헌이 소실됐다는 것에는 동의할 수밖에 없다. 다만 그 소실된 문적 속에 '일목요연한 조상의 계보'에 관한 문적文籍이 포함되어 있었는가 하는 점이 관건이다. 필자의 연구에 따르면 매우 회의적이다. 조선 초기에는 어느 가문을 막론하고 후대의 문중이 조직된 이후에 만들어진 직계 조상 계보 관념으로 살지 않았고, 그저 대체로 8촌 범위 안에 드는 내·외손 중심의 혈손만을 기록으로 남겼다는 점을 다시 상기할 필요가 있다. 그런데도 모든 성관이 족보를 편찬할 때 그런 식으로 합리화하는 것이 하나의 관례가 된 것이다.

보다 정확한 실체를 알기 위해 좀 더 깊이 들어가 보자. 순천김씨의 시조는 김총이다. 『동국여지승람』「순천부」'인물조'에 보면, 김총은 후백제의 견훤 휘하에서 벼슬이 인가별감에 이르렀고, 죽어서 순천부의 서낭신이 됐다고 기록되어 있다. 서낭신이 됐다는 것은 그 지역 주민에게 민간신앙 차원의 숭배 대상이 됐음을 의미한다. 따라서 순천에서는 가히 절대 신이나 마찬가지였던 셈이다. 이런 데서 순천김씨의 위상이 잘 드러난다.

『동국여지승람』「순천부」'인물조'에서 순천김씨의 인물로 등재된 또 다른 이가 김승주다. 그는 무예가 출중해 평양부원군으로 봉해졌고,

안동 구담리 순천김씨 마을 김유온을 입향조로 하는 안동 순천김씨 마을 구담리는 우리나라 동족 마을 중에서도 가장 큰 규모를 자랑한다.

시호가 양경으로 소개되어 있다. 그 나머지의 대다수 등재 인물은 순천박씨가 차지한다. 따라서 고려에서 조선 초에 이르는 시기에 순천의 터줏대감은 바로 김씨와 박씨였음을 알 수 있다.

순천김씨가 족보를 간행한 역사를 상고해보면, 그들의 창시보는 1764년에 제작된 『갑신보甲申譜』다. 18세기 중엽에 와서야 비로소 족보를 만든 것이다. 『갑신보』 서문에 따르면, 양경공 김승주의 후손이 주동해 편찬 간행했음을 알 수 있는데, 따라서 우선 그들의 조상 세계만을 추심해 올라갈 수밖에 없었을 것이다. 그리하여 결국 양경공의 증조이자 고려 후기의 인물인 김윤인까지만 추적이 가능했고, 시조 김총으로부터 김윤인까지 약 15대의 인물에 대해서는 공백으로 둘 수밖에 없었다. 이런 고민이 『갑신보』에 그대로 드러나 있다.

그러니 족보 간행에 매달리던 사람들은 결국 상고할 문적이 없음을 한탄해야 하고, 이에 대한 유일한 위로와 보상을 '병화나 역적으로 몰려 화를 당할 때 불태워졌던 것'으로 연결해야 자연스럽다. 이는 비단 순천김씨 가문에만 나타나는 현상이 아니라, 다른 가문에서 간행한 창시보에도 대체로 보이는 유사한 패턴이다. 아무튼 『갑신보』에는 고

순천김씨 시조 김총의 묘역 순천김씨의 시조 김총은 순천의 서낭신으로 모셔진다. 순천시 주암면 주암리 소재. 전라남도 민속자료 제27호.

려 후기에 전객사령을 지낸 김윤인을 필두로 하여 김형(판밀직사, 상호군) – 김유정(정주목사) – 김승주(병조판서)로 이어지는 4대 조상의 계보에다 김승주의 다섯 아들을 중심으로 후대의 계보를 더해 촘촘히 수록했고, 4대 조상의 방계 계보도 추심 가능한 데까지는 수록했다.

창시보인 『갑신보』에서는 김승주의 다섯 아들 가운데 안동 구담마을의 입향조인 유온을 승주의 장자로 연결했다. 즉 장자 유온 아래에 형제인 유량·유공·유검·유양을 차례로 기재했다. 그러나 『세종실록』의 김승주 졸기卒記 기사에는 그의 아들을 유량·유검·유온·유공·유양 순서로 기록하여 장자 유온이 세 번째로 등장한다. 졸기란 국가적으로 인정하는 인물이 죽었을 때 그 인물에 대한 간단한 가계와 치적 및 평가 등을 기록한 것으로, 형제의 경우 나이순으로 기록하는 것이 하나의 굳어진 관례였다.

전통사회에서 이가 생긴 순서를 뜻하는 연치年齒는 매우 엄격한 질서였다. 예를 들어 『삼국사기』에는 신라의 2대 남해왕이 죽을 때 아들 유리와 사위 탈해에게 "내가 죽은 후 너희 박·석 2성 중에 연장자로 왕위를 잇게 하라"라고 했고, 이에 따라 그들의 연치를 조사해 유리가 먼저 왕위를 이은 까닭에 왕호를 '치리齒理'라는 뜻을 내포한 이사금尼師今이라 했다는 설화가 나온다. 한국에 온 외국인이 도저히 이해하지 못하는 것 중 하나가 운전 중 접촉사고가 났을 때 나이를 들먹이는 것이라는데, 우리에게 나이란 곧 훈장이며, 이는 서열을 매우 중요한 덕목으로 여기고 살았던 오랜 전통 때문이다.

여기서 다시 김유온의 장자 문제로 되돌아가 보자. 구담 출신 순천 김씨는 모두 김유온의 후손이고 조선 중기 이후 경파와 향파로 나뉘었음은 앞에서 설명했다. 아울러 창시보인 『갑신보』를 만들 때 이들이 역할을 분담하여 힘을 보태 간행의 결실을 보게 됐는데, 이런 사실은 족보 서문에 등장한다. 따라서 『갑신보』는 구담 출신이 주도해 자신들의 직계 조상인 김유온을 장자로 연결한 계보를 완성한 것이다.

그 연유에 대해서는 문중 어른들께 확인해보는 것이 순서겠지만, 그렇게 한다 할지라도 별반 소득이 없을 것 같아 단념했다. 족보가 본격적으로 간행되던 17세기 이후 조선 사회가 장자 중심의 종법제도 질서에 매몰되어 종통宗統의 헤게모니 장악이 매우 중요한 시기였다는 점을 염두에 두고 봐야 할 사안인 것 같기 때문이다. 다만 분명한 것은 우리 조상이 족보를 만들 때 성씨 관련 자료의 핵심인 『세종실록지리지』를 참고하지 못했고, 더군다나 왕대별 실록에는 그 근처에도 가볼 수 없었다는 점이다. 조선시대에는 실록이 편찬되면 왕을 비롯한 그 누구도 열람하지 못하게 할 뿐 아니라, 깊은 산속에 분산하여 비장했기 때문이다. 여타 문중의 족보에서도 실록 기록과 상반된 내용이 자주 등장하거나 가끔 발굴되는 묘지석에서 기존에 알던 가족 관계 기록과 다른 내용이 보여 곤혹스러운 일이 벌어지기도 한다. 그러니 현재로서는 순

정동준(1753~1795) 지석誌石 묘를 이
장할 때 옮긴 위치를 돌에 새긴 산도
山圖와 행적을 기록한 지석으로, 희귀
한 양식이다. 국립민속박물관 소장.

천김씨와 관련된 인물 묘지석이라도 발굴되어야 보다 명쾌하게 밝혀질
것 같다.

18세기의 신종 사업, 족보 장사

17세기만 해도 극소수 양반만이 족보를 가졌다. 그리고 그것이 그
들만의 특권이었다. 그런데 18세기에 접어들어 신분 상승을 위한 하층
민의 반란이 시작됐다. 조선 후기의 사회경제적 변동과 맞물려 양반보

「유서필지」 조선시대의 서식 대전大典으로, 문서 작성 요령을 상세하게 소개하고 있다. 국립중앙도서관, 서울대학교 규장각 등에 소장되어 있다.

다 많은 재산을 모으거나, 유교 예법과 독서 경험을 쌓아 양반에 버금가는 평민이 적잖았기 때문이다. 이들은 법률을 비롯한 행정 관행을 숙지해 관을 상대로 소송까지 불사하는 등 적극적으로 행동했다. 「탈역소지頉役所志」라는 소송 서류 작성이 유행했던 것도 그런 이유 때문이다. 결국 이들은 양반의 신분을 상징해온 족보를 통해 그 지독했던 굴레를 벗어나려 발버둥 쳤던 것이다.

「탈역소지」는 군역 면제 혜택을 신청하는 일종의 소장이다. '군역에 탈이 생겼으니 소장을 제출해 바로잡겠다'는 뜻을 담은 것이 「탈역소지」이며, 예나 지금이나 소장에는 일정한 서식이 있었다. 조선시대에 일반인에까지 많이 이용된 『유서필지儒胥必知』라는 책이 바로 생활에 필요한 서식 대전大典이었다. 그 안에 「탈역소지」의 양식도 들어 있는데, 우리말로 한번 옮겨보기로 하자.

성주님께 삼가 엎드려 아뢰나이다. 저는 옛날 판서 ○○○의 ○대손이 온바, 불행히도 그동안 가문의 전통을 계승하지 못해 이제 생계를 이어갈 길마저 막히게 됐습니다. 그래서 하는 수 없이 성주님께서 다스리는 이 지역에 와서 농사를 지어 먹고사는 백성이 됐습니다. 이런 저의 처지야말로 저 양주 땅의 귤도 회수를 건너 북쪽 땅에 심으면 탱자가 된다는 중국의 격언에 해당한다 하겠나이다. 그런데 뜻밖에도 저 아전배가 제 가문이 어떤 전통을 가진 어떤 파에 속한 가문인지를 몰라보고 업신여겨 제 이름을 군안軍案(병역의 의무를 져야 하는 명단)에 올려놓고, 이를 근거로 매일같이 괴롭힙니다. 근래 인심이 예측할 수 없을 만큼 흉악해진다고는 하오나, 양반의 후손을 이렇게 함부로 다루고 업신여겨서야 어찌 시골에 사는 무력한 양반이 양반으로서의 체통을 보존할 수가 있겠습니까. 저는 이 억울함을 참을 길이 없어 제 직계 선조에 관한 기록과 저희 가문의 족보를 가지고 성주님께 삼가 엎드려 호소합니다. 성주님께서는 저의 원통한 사정을 자세히 살피시어 군역의 의무에서 특별히 면제해주시고, 제 이름을 군안에서 영구히 삭제해주시옵소서. 한편으로 양반을 모욕한 저 아전배를 엄중히 처벌해주시길 간절히 바라옵니다.

이상과 같은 탄원서를 제출하면 이를 접수받은 수령이 처분을 내려주는데, 이때의 문서 양식도 다음과 같은 틀이 정해져 있었다.

족보를 검토하고 가승을 참조해보니, 그 가문이 양반임이 명백하다. 따라서 그에 대해 특별히 군역 면제 조치를 취하도록 할지니라.

○월 ○일 ○○읍 수령관인

수요가 공급을 창출한다는 것은 만고의 진리다. 조선 후기에 이런 종류의 서식이 있었다는 것은 그만큼 수요가 많았다는 이야기다. 여기서 군역의 의무를 면제받을 수 있는 양반의 판정 근거는 오로지 가계 기록과 족보였다. 공공 기록이었던 호적의 기능을 사적 기록인 족보가 대신한 것이다. 이런 분위기가 조성된 조선 후기 사회에서 위조된 족보의 가치가 얼마나 큰 것인지는 짐작하고도 남음이 있다.

위험한 장사일수록 이문이 많은 법이고, 족보 장사는 매우 위험한 도박임이 분명했다. 그런데도 인쇄소를 차려놓고 족보 장사를 서슴지 않았을 만큼 수요는 넘쳤다. 영조 때만 하더라도 족보는 인쇄 매체였고, 활자를 소유한 곳은 지방 관청이나 커다란 절 같은 곳밖에 없었다. 사적으로 활자를 소유하는 것은 허락되지 않았던 시절이다. 그런데도 영조 때 한양 한복판에 인쇄 시설을 갖추고 족보 장사를 하다가 적발되는 사건까지 벌어졌다.

요즘 인심이 옛날 같지 않아 교묘한 속임수가 속출하고 있습니다. 역관 김경희라는 자는 전해오는 여러 족보를 긁어모으고 사사로이 활자를 주조해 경외에 신역身役 면하기를 도모하는 자들을 유인하여 사대부가의 족보에 마음대로 올리는데, 혹 책장을 칼로 오려낸 후 인쇄한 것을 갈아 끼우거나, 아니면 아들이 없어 가계가 단절된 파를 모았다가 작명해 빈칸에 채워 넣습니다. 이렇게 신역 면하기를 도모하는 자로 하여금 손을 빌려 간사한 술책으로 가만히 앉아 떼돈을 벌어들여 살림밑천으로 삼으니, 남을 속여 이익을 도모하고 윤리와 풍속을 어지럽히는 모양새가 예사 문서를 교묘하게 속여 이용하는 정도에 비할 바가 아닙니다. 이런 자는 엄하게 다스리지 않을 수 없으니, 역관 김경희를 엄한 법으로 다스려 전과 같은 간사한 폐단을 근절하게 하소서.

—『승정원일기』 영조 40년(1764) 10월 19일

왜 이런 일이 벌어졌을까? 당시 함열현감으로 있던 이인채는 경향京鄕을 막론하고 가짜 양반이 활개 치던 상황이나 활자와 위보僞譜 관계

철활자 작은 자 순조 초기 민간에서 주조하여 상업적으로 사용해오던 활자로, 족보나 문집 등 일상에 필요한 서적 간행에 사용됐다. 국립중앙박물관 소장.

에 대해 다음과 같은 내용으로 신랄하게 비판의 칼을 들이댔다.

한번 양역이 부과되면 중족衆族이 모두 일어나서 도포 입고 당혜 신고 족보 안고 관청 뜰에 쳐들어오는데, 비단보에 보물을 싼 듯이 찬연하게 꾸미며, 받아서 살펴보면 어느 것이나 명현석덕名賢碩德의 후예이고 훈족벌열勳族閥閱의 자손이니, 수령이라는 자가 진위 분별을 못하고 일렬로 허탈許頉한다. 이에 약간 부유한 백성은 대개 한유閑游하나 군액軍額이 정수定數가 있어 불가불 채워야 하니, 충정充定된 자는 모두 아침에 동쪽에 있다가 저녁에 서쪽으로 이동하는 용고傭雇·유개流丐의 무리여서 오늘 등록됐다가 내일 도망하지만, 도망한 지 10년 이내에는 법례法例가 대신 충정할 수 없기 때문에 언제나 군포를 징수할 때는 이웃과 일가에게 떠넘겨 다섯 이웃집에는 도망한 군정이 반드시 한둘이 있고 10촌 이내에는 유호流戶가 혹 3~4호에 이르러, 한 사람으로써 여러 사람의 군역을 응하니 수년이 못 되어 한 집이 파산하면 이웃이나 일가 사람이 또한 유산하게 되어, 이웃은 또 이웃에 징수하고 일가는 또 일가에게 징수해 한해 두해 동안에 십실구공十室九空이 됩니다.

진실로 그 폐단의 근원을 캐보면 오로지 위보가 성행해 함부로 기록하는 일이 늘어나는 데서 연유합니다. 만약 빨리 이 폐단을 바로잡으려면 먼저 위보를 금하는 것이 제일인바, 위보 금지에는 요령 있게 번거롭지 않은 간단한 방법이 있습니다. 대개 활자 용도가 진실로 문원文苑의 절보絶寶지만, 이미 국가에서 주자소를 설치해 크고 작은 문자를 인출하고 있으니 개인이 감히 마음대로 사용할 것이 아닌데도, 근년 이래로 여항간閭巷間에 활자를 사장私藏한 자가 곳곳에 있어 비용이 많이 들지 않으면서 인출이 용이하기 때문에 사가문자私家文字로 세교世敎에 도움이 되지 못하고 족히 후세에 전할 만한 것이 못 되는 것인데도 툭하면 인포印布해 이미 폐풍이 됐고, 족보 활인活印에 이르러서는 그 폐단이 더욱 심해 어느 백성의 돈을 받고 1인의 파를 인출해도 잠시 동안에 배비排比하되 솜씨가 희한해 자행字行을 모으고 판차板次를 변환해 입록入錄하기가 등사하기보다도 쉽고 나무에 새긴 것과 같으니, 이는 참으로 간민이 피역하는 첩경이고 이웃과 일가가 피해를 입는 요소입니다.

신은 아뢰옵나이다. 지금부터 성보姓譜는 판각인본板刻印本이 아니면 일절 엄금하고, 활자를 사사로이 수장한 자는 전문錢文을 사주私鑄하는 형률과 같이 다스린 다음에라야 모록한유冒錄閑游하는 폐단을 막을 수 있사오니, 이웃과 일가를 침징侵徵하는 폐단을 제거하고 그 명분을 바로잡아 기강을 세우는 데도 도움이 되지 않는다고 하지는 못할 것입니다.

—『승정원일기』 정조 23년 3월 30일

그러나 당시 조선의 위정자들은 이런 건의를 받아들일 만한 여유가 없었다. 성리학적 신분 질서가 무너지는 것은 나라의 존립에 관한 것인데도 '인간의 양심을 회복하는 것이 근본이요, 활자의 사장私藏을 금함은 말절이라' 하여 이 건의를 기각하고 말았듯이, 양심에만 의존하고 말았던 것이다. 그러니 당시 만연했던 족보 간행 사업은 갈수록 더 큰 사회문제를 야기할 수밖에 없었다.

1788년(정조 12) 가을 임금이 행차하던 길목에서 남부南部 양인良人 최두성은 그의 아비가 족보 인쇄에 투자한 돈을 날린 것이 억울하다며 꽹과리를 쳐서 소란을 피우는 격쟁擊錚을 시도했다. 사실인즉, "병오년(1786) 7월에 사천에 살던 김응호가 제 아버지를 찾아와 간청하기를, 지금 거제 사람 김취경 등이 족보 일로 서울에 와서 머무르고 있는데, 전재錢財를 얻어주면 큰 이자를 준다 하기에 제 아버지가 340여 냥을 빌려주고 족보 일이 끝난 다음에 김취경에게 갔더니 단지 100여 냥만 주고 나머지 240여 냥은 해가 지나도록 미루어 그 울분으로 병이 나 금년 정월 사천에서 객사했습니다"(『승정원일기』 정조 12년 9월 4일)라고 울분을 토한 바와 같이, 족보 인쇄를 둘러싼 사회문제는 갈수록 커져만 갔다.

이런 판국이니 조선 후기에 와서는 족보 위조를 금지하려던 국가 정책은 물론이고 양반만의 리그를 위한 노력도 허물어지지 않을 수 없었다. 인쇄 시설까지 갖춘 족보 위조는 쉽게 근절되지 않았고, 1807년에 일어난 사건은 규모가 매우 컸다. 평안도 일대에 살던 이씨들이 대거 종실인 전주이씨라고 주장했던 사례가 그것이다. 당시 정부에서 조사한 수가 166명이었는데, 그들이 제출한 족보는 모두 가짜였다. 인쇄 시설을 갖춘 이동수와 이득중이라는 자가 왕실 족보를 관리하던 종부시의 아전들까지 매수해 벌인 행각이었다. 종친의 자손에게 배포됐던 『선원보략』이 거금 100냥에 거래될 수 있었던 것도 그 때문이었다. 다산 정약용은 황해도 외직으로 나갔을 때 족보 위조 폐단이 매우 심각

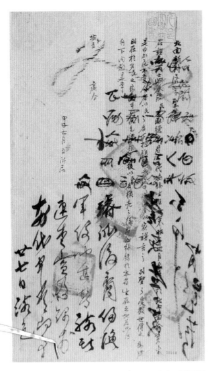

하다고 판단해 위조를 자행한 이인화·이인번 등의 죄상을 중앙정부에 보고하는 장계(『다산시문집』 10권)를 올렸다. "사족의 집안에 거짓 계보를 가져다대는 것도 엄히 징벌해야 할 것인데, 빛나는 왕실의 금지옥엽 같은 계보를 어찌 평범한 백성이 감히 쳐다볼 수 있겠나이까?"라고 한 데서 알 수 있듯이, 면역을 꾀하기 위해 사족을 넘어 왕족의 후예로까지 족보를 위조하는 일까지 있었던 것이다. 이인화·이인번 등이 정종의 아들 선성군의 후예라고 관련 자료들을 위조하는 데는 서울 관

이성선 소지所志(청원서) 이성선이 전주이씨 덕천군(2대 정종 임금의 열 번째 아들)의 13대 적손인데도 군역이 부과되자 족보를 비롯한 관련 자료를 첨부하여 군역에서 빼달라고 요청한 청원서다. 서울대학교 규장각 소장.

청의 아전들까지 결탁돼 있었는데, 그만큼 당시 족보 위조자들이 매우 조직적으로 활동했음을 알 수가 있다.

당초 같은 뿌리지만 아전 출신이나 서출은 족보에 싣지 않았던 분위기도 시간이 흐를수록 누그러질 수밖에 없었다. 초기에는 아전이나 서출이 끼어든 족보나 위보가 탁보濁譜라는 놀림의 대상이었지만, 날이 갈수록 청보淸譜다운 청보는 찾아보기 힘들게 됐다. 조선 후기에 양반 수가 급격하게 불어났다는 것은 중학교 교과서에도 나오는 아주 기초

적이고도 상식적인 이야기다. 그렇다면 결론은 뻔하다. 성씨조차 없던 사람들이 어느 문중의 족보에든 이름을 올렸다는 말이다. 조선 후기에 들어와 성씨나 본관 수가 늘어났다면 그들이 독자적으로 창성을 했거나 새로운 본관지를 정했다는 말이 된다. 그러나 우리 역사에서 그런 일은 일어나지 않았다. 오히려 시간이 흐르면서 성씨는 그대로인데, 본관 수는 줄어들었다. 그렇다면 성관이 없던 자가 취한 방법은 단 한 가지다. 기존의 성관에 얹혀가는 것이다. 그리고 성관을 가진 자라 할지라도 별 볼일 없는 본관에서 유명 인물이 있는 본관으로 갈아탄 사례가 많았다는 것 또한 역사적 사실이다. 비대칭의 집단기억, 이것이야말로 우리가 가진 기억의 함정이 아니겠는가.

가족주의와 집단주의의 오늘, 우리가 남이가?

일본에서 조총련 활동을 하다가 한동안 귀국조차 못했던 문필가 윤학준이 제5공화국이 들어선 이후에야 실로 오랜만에 고국 땅을 밟은 후 서울을 "중세와 현대가 함께 어우러진 거리"라고 표현한 적이 있다. 거리 곳곳에 '○○김씨 화수회'라거나 '○○이씨 종친회'와 같은 간판이 붙은 것을 두고 한 말이다. 고층빌딩이 즐비한 현대화된 도시에서 전통시대의 씨족사회를 보는 듯해 다소 복잡하고 경이로운 감회를 그렇게 표현한 것이다. 그는 종친회의 간판 서체를 강직한 유가체儒家體로 느낄 정도였다.

혼자서는 불안한 한국인, 어느 집단이든 속해야만 안심이 되는 것이 한국인이다. 그러니 한국인은 자신을 타인과의 인간관계망 속에 넣고 살아야만 한다. 그 인간관계망이란 결국 혈연·지연·학연일 수밖에 없고, 우리는 그 연줄에 목을 매고 살아간다. 처음 만나 인사를 나눌 때 외국인은 통성명 후 "잘 부탁합니다" 정도의 인사를 건넨다. 그런 다음 계절과 날씨 등으로 화제를 옮겨가기 마련이다. 그러나 우리는 본관이 어디고 출신지는 어딘지, 나아가 출신 학교를 찾다가 안 되면 복무했던 부대까지 확인해 선후배 관계를 정립한다. 그래야 신뢰의 정도가 형성된다. 현대화된 도시의 빌딩 숲 속에 씨족 집단의 모임이 즐비한 것도 모두 그런 이유 때문이다.

뿌리 찾기는 동서양을 막론하고 자신의 존재와 정체성 확인을 위한 것이다. 그런데 서양인이 작성하는 가계 기록은 언제나 나를 기점으로 시작한다. 나를 기점으로 아버지와 어머니, 아버지의 아버지와 어머니, 어머니의 아버지와 어머니…… 이런 식으로 거슬러 올라가는 특징을 가진다. 이런 가계도에서는 언제나 내가 중심이고, 내 뿌리 찾기를 위한 것이기 때문에 내가 주인공이다. 그런데 우리 족보에서 기점이 되는 것은 언제나 시조 할아버지다. 시조를 기점으로 뻗어나간 가지 하나하나를 찾아가듯이 자자손손의 세대와 계파를 밝혀 나가는 것이니, 서구의 가계 기록과는 정신 면에서나 형태 면에서 정반대가 된다.

왜 이런 차이를 보일까? 뿌리 찾기를 위한 가계 기록에서만 차이를 보이는 것은 물론 아니다. 오랜 세월 동안 우리와는 다른 삶의 방식에서 보인 차이가 가계 기록에도 하나의 현상으로 나타났을 뿐이다. 서구의 개인주의와 우리의 집단주의 생활방식에서 오는 차이로 봐야 한다는 뜻이다. 다시 말한다면 우리의 삶 속에서 '나'는 언제나 할아버지의 손자요, 아버지의 아들일 뿐이다. 다시 말한다면 누구네 집 자손이요, 누구네 집 아들일 뿐, 나 개인의 인격체로 대접받고 인정받는 그런 사회에서 살아오지 못했다는 이야기다.

나 개인은 언제나 가족 속에 매몰되어 있고, 내 출세는 가족의 출세요, 집안의 출세였다. 이른바 가족주의와 더 나아가 집단주의 속에서 살아온 삶이다. 이런 우리의 가족주의에는 장자 우선주의가 숨어 있다. 장자가 가족과 가문의 대를 이어가야 한다는 관념 때문이다. 어느 가난한 시골집에 공부 잘하고 머리가 똑똑한 작은아들과 좀 아둔하고 비실비실한 큰아들이 있다

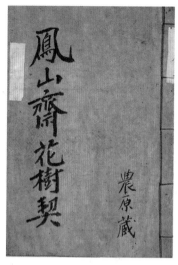

『봉산재화수계』 진주강씨의 재실인 봉산재 중심의 규약과 참가자 등을 기록한 책으로 화수계 서문, 발문, 명단 등이 나열되어 있다. 진주시 강월중 씨 소장.

고 치자. 이때 가장인 아버지의 고민은 시작될 것이다. 집안을 일으킬 수 있는 첩경은 바로 큰아들이 잘되어야 하는 법, 결국 작은아들을 희생시켜 큰아들을 공부시키기로 결정할 수밖에 없는 상황인 것이다. 이러한 사례는 불과 얼마 전까지만 해도 아주 흔했다.

아무튼 우리 조상은 이런 씨족 관념을 바탕으로 한 유대관계를 후손에게 당부해야겠다는 사명감으로, 한 조상의 핏줄을 이어받은 사람은 서로가 '남'이 아니며, 또 '남'이 되어서도 안 된다고 강조해왔다. 각 문중에서 간행한 족보의 서문에는 반드시 이런 당부 사항이 들어 있는데, 이때 남을 표현하는 용어가 '노인路人' 혹은 '도인塗人'이었다. 이는 피를 나눠 갖지 못한, 그저 길거리를 오다가다 만났거나 스쳐 지나친 사람이라는 뜻이다.

그래서 필요한 것이 공동의 계보이고, 계보상 상호 위치를 정확하게 파악할 수 있어야 '남'이 아닌 '우리'로서의 특수한 관계를 유지할 수 있다고 생각한 것이다. 만약 공동의 계보가 없다면 계촌計寸의 범위를 벗어난 사람은 말할 것도 없거니와, 심지어 계촌 내에 있는 가까운 사람까지도 도인이 될 것이라는 위기의식이 족보 편찬에 참여한 사람들의 공통된 한탄이었다.

이렇듯 '우리'라는 특수한 관계망을 형성하고 유지하는 혈연공동체가 바로 씨족(혹은 종족)인데, 우리 전통사회에서는 소속 씨족 없이는 한 인간으로서 정당한 지위를 인정받지 못했다. 다시 말한다면 양반 구성원으로 살아가기 위해서는 반드시 성관을 매개로 한 씨족 집단의 일원이어야 하기에, 개인의 행동이나 사고방식이 그가 속하는 씨족 집단의 영향에서 벗어날 수가 없다.

따라서 이런 씨족 집단은 굳건한 결속력을 바탕으로 강한 배타성을 보이는 동시에 씨족 내부의 반목성이나 다른 씨족 집단과의 비교 우위를 차지하기 위한 끊임없는 노력과 다양한 시도를 해왔다. 그리하여 씨족 간의 크고 작은 시비가 일어나면 수백 년 동안 지속되기도 했는데, 이를 학계에서는 '향전鄕戰'이라는 용어로 정의하기도 한다. 예컨대 안동의 사족 사회에서 벌어졌던 병호시비屛虎是非를 비롯해 씨족 간의 크고 작은 시비를 두고 수백 년 동안 한 치의 양보도 없이 공방전을 벌이게 된 것도 '우리'와 '남'을 구분하려는 데서 벌어진 사건이 아닐 수가 없다. 이것이 바로 씨족을 바탕으로 한 가족주의와 집단주의의 어두운 면이다.

이렇듯 우리네 족보에는 가족주의와 집단주의의 전형이 숨어 있다. 철저하게 '우리'와 '남'을 구분해왔던 우리네 족보가 남긴 씨족 의식 탓

열녀문 1893년(고종 35) 호조 참판을 지낸 김원발의 처 성주 이씨가 남편의 3년상을 지낸 후 음독으로 생을 마감하자 열녀문을 세웠다. 공주시 이인면 오룡리 소재.

으로 화살을 돌려야 함이 마땅할 것이다. 특히 우리 선조들은 같은 조상에게서 갈라진 그 사실을 명심하고 서로 특별한 관계를 유지해야 한다는, 다분히 유교 도덕적인 실천윤리를 줄기차게 강조해왔다. 그리하여 이런 것이야말로 인간으로서 마땅히 지켜야 할 가장 큰 덕목이라는 사실을 부지불식간에 심어놓았고, 그 후손으로 살아온 우리 모두는 그 덫에 걸려들고 말았다.

가족주의란 무엇인가? 가족 내부뿐만 아니라 조직·집단·사회 속에도 가족의 구성 원리가 침투하여, 여기서 형성되는 행태나 인간관계 그리고 가치체계까지를 총칭하는 것이 가족주의다. 간단하게 말하자면 국가나 사회까지 가족 형태로 파악하려는 사고방식인데, 이를 좀 더 풀어본다면 가족 내에서 벌어지던 인간관계나 생활 태도, 의식 같은 것을 가족 이외의 집단으로까지 확대해 적용하려는 의식구조나 제도를 말한다.

가족주의하에서는 여성보다 남성의 지위가 우월하고, 부부보다 부모와 자녀 관계가 중시되며, 가족 개개인보다는 가문의 한 단위인 집안이 우선한다. 흔히들 쓰는 가부장적 가족이라는 말은 여기에서 나온 것이다. 조선 팔도에 수많은 열녀가 넘쳐나지만, 이들 대개는 자신보다 가족과 가문을 위해 희생된 사람이다. 주위의 눈초리와 강요 아닌 강요에 의해 죽음을 택한 수많은 열녀를 보노라면, 이것이야말로 우리 전통사회에서의 가족과 집단 이기주의임을 실감하게 된다.

현대의 우리가 여전히 뼛속까지 가족주의에 매몰되어 살아가는 것은 그 전통이 유구하기 때문이다. 전통사회가 통치의 기본 단위를 가족 집단으로 했다는 것은 잘 알려진 사실이다. 가족을 파악하는 가장 효과적인 방법이 호적 관리였다. 고려시대 이래로 호적을 관에 신고할 때는 반드시 호주 본인의 4대와 부인의 4대를 기록하게 했는데, 4대란 부·조·증조·외조를 의미한다. 이렇듯 가족의 기본 단위를 설정해놓고, 통치의 효율성을 보다 높이기 위해 가족의 화합을 강조했다.

가족 내의 화합이 세상에서 가장 기본이라는 관념은 맹자로 거슬러 올라간다. 공맹의 말씀을 금쪽같이 여겼던 우리는 가족 내의 화합을 만사의 근본으로 생각해 집집마다 '가화만사성家和萬事成'이라고 쓴 액자를 걸어두었다. 맹자가 그토록 바란 가족 화합의 시작은 부모를 공경하는 것이었다. 인간으로서 마땅히 행해야 할 도리인 인의仁義를 체득하면, 자연스럽게 어버이를 친애하고 어른을 공경한다고 보았다. 즉 인의 핵심은 어버이를 모시는 것이고, 의의 핵심은 형을 따르는 것이며, 예禮의 핵심은 이 두 가지를 조절해 아름답게 꾸미는 것이고, 지智의 핵심은 이 두 가지를 깨달아 버리지 않는 것으로 파악했다. '인의예지'를 당위적 규범으로 정해놓고, 가족관계에서부터 사회와 국가에 이르기까지 적용 범위를 넓혀갔다. 이러니 효자와 열녀가 넘치는 나라가 되지 않고 배겨나겠는가.

금수도 새끼를 낳아 기르는 과정을 보면 신기할 정도로 가족애를 가지고 있으니, 사람 사는 동네에서 가족을 중시하지 않는 문화권은 존재하지 않는다고 봐야 할 것이다. 가족 위주로 안정되고 행복한 삶을 누리는 것이 인간의 타고난 본능이기 때문이다. 그럼에도 한국을 가족주의 문화라고 부르는 것은 그만한 이유가 있는데, 이것이 오늘날에 와서 낡은 가치관으로 치부되고 또 패거리 문화로 매도되어야 하는가에 대해서는 달리 생각해볼 여지도 있다.

한국의 가족주의는 다른 문화권과 비교해서 가족 중시의 내용과 전통이 다르고 의미 부여의 정도가 다르다. 한국의 가족주의는 그 외연에 공적公的 심성心性이라는 세련된 인격 공간을 집어넣어 잘 버무려놓은 것이기 때문이다. 탈이기주의를 본질로 하는 '인의예지'라는 공적인 인격 요소가 바로 그것인데, 혹자가 한국의 가족주의를 사상사의 일환이자 문화사의 귀결이라고 말하는 것도 그 때문이다.

서구식 생활환경에 맛들인 우리는 유구한 대가족제를 헌신짝 버리듯 하고 말았다. 그런데 번듯한 자녀가 있는 독거노인이 수없이 배출되는 속에서도 가족주의의 큰 흐름은 지속되고 있다. 명절마다 되풀이되는 인구 대이동을 봐도, 각종 종친회와 화수회 간판이 도심을 수놓은 것만 봐도, 선거철마다 문중의 표가 움직이는 것만 봐도 그렇지 아니한가. 가족주의가 어느 정도 개인의 삶을 제한해온 것은 사실이고, 심지어 고통까지 주는 일도 있다. 이는 가족주의의 역기능이기도 하다.

하지만 우리는 좁은 땅덩어리에서 가진 것 없이 부대끼며 사는 중에도 매우 역동적인 모습으로 역사 무대를 우리 것으로 만들어왔다. 이는 오로지 인격적 유대의 힘과 정신의 굳건함이 뒷받침됐기에 가능한 것이었고, 우리의 가족주의가 그 원천이 되어왔다. 짧은 기간 동안 경제성장을 이룬 요인을 유교나 전통적인 가족주의에서 찾은 서구 경제학자들의 혜안은 정확한 것이었다. 지금까지 화합된 가족주의의 힘으로 국가적 난관을 돌파하며 자랑스러운 민족사를 건설해왔듯이, 앞으로도 개인과 가족의 조화가 가져다주는 힘으로 국가적 역량을 극대화할 수 있을 것이다.

도시 전설, 천방지축마골피

2007년 3월 31일 TV 음악 프로그램에 어느 신인 여가수가 출연했는데 이름이 '마골피'였다. 천민의 성으로 알려진 '천방지축마골피'에서 따온 이름이라는 사실을 처음부터 소속사에서 버젓이 밝혔으니, 톡 쏘는 강한 느낌에 포인트를 두어 홍보 효과를 노린 일종의 마케팅 전략이라 할 것이다.

이러한 천민 성씨의 유래에 대해 정확하게 고증해낸 사람은 아직 없는 듯하다. 원래 고증이라는 것은 정확한 근거가 있어야만 가능하다. 그런데 어디에도 이런 사실을 고증할 만한 자료가 없으니, 온갖 추측만 난무할 뿐이다. 그러면서도 '천방지축마골피가 상놈의 대표 성씨'라는 식으로 전해졌던 말이 허구라는 것을 알 만한 사람은 대체로 다 아는 분위기다.

고려와 조선시대에 천민으로 살았던 많은 사람은 대부분 아예 성조차 없었다. 그러니까 조선 전기만 해도 전 인구의 약 40퍼센트가 천민이었고, 조선 후기로 가면서 조금씩 족보에 등재해 성씨를 획득했을 것인데, 양반 사회가 발전해감에 따라 기존의 대성과 명문의 본관이 우

월시됐고, 이름도 족보도 없었던 무명의 벽관僻貫은 희성稀姓 · 벽성僻姓
과 함께 천시되는 관념이 만연해갔다. 그래서 기성 사족이 된 본관의
성씨는 계속 증가한 반면, 고관이나 현조를 내지 못한 성관은 감소했
는데, 성보다는 본관에 따라, 본관보다는 누구의 후손이냐에 따라 그
우열과 가문의 격이 달랐기 때문이다. 이런 사실은 앞에서도 누차 설
명했다.

　따라서 특정 성씨를 두고 천민이라고 말하는 것 자체가 무식의 소치
다. 다만 할 일 없는 호사가들이 고관이나 현조를 어느 정도 배출한 성
씨인가를 따져, 그 결과를 놓고 귀성이니 대성이니 별 볼일 없는 성씨
니 하는 것이다. 그렇다고 현재 400만 명이 넘는 김해김씨가 모두 양반
이겠는가? 300만 명이나 되는 밀양박씨가 모두 양반이겠는가?

　천방지축마골피 성씨를 가진 사람들 중에서도 고위직에 오른 사람
은 셀 수 없을 정도로 많았다. 그러니 이들 성씨를 천민이라 단정하는
것 자체가 무리임을 금방 알 수 있다. 천방지축마골피 중에서 유일하
게 검증되지 않은 성씨로는 축씨와 골씨라고 하는데, 위키 백과에서도
"이(천방지축마골피가 천인이라는) 속설을 뒷받침하는 근거 사료가 없다.
축씨, 골씨는 없다"라고 소개한다.

　필자 역시 이에 관심을 갖고 자료를 확인하는 과정에서 축씨의 존재
여부는 확인하지 못했지만, 골씨가 우리 역사상 존재했던 것은 찾아낼
수 있었다. 조선 후기의 이름난 보학자 이의현이 쓴 『도곡총설陶谷叢說』
에 제시했던 298개의 성씨 속에는 분명히 골骨씨가 포함되어 있기 때문
이다. 아울러 1930년에 편찬된 『조선의 성씨朝鮮の姓氏』에서 또 한 번 근
거를 찾을 수 있었다. 이 책에서는 당시를 기준으로 사라진 성씨를 모
두 106개, 새로 생겨난 성씨를 모두 58개로 조사해 밝혀놓았는데, 이

이의현의 초상화(왼쪽)와 이의현이 지은 안극인의 묘지명(오른쪽) 조선 후기의 이름난 보학자 이의현은 영중추부사 시절 고려 후기의 문신인 안극인(?~1383)의 묘지명을 지었다. 이의현의 초상화는 일본 덴리天理 대학교에 소장되어 있다.

중에서 골씨는 사라진 성씨 106개 중에 포함되어 있었다. 따라서 조선 후기 어느 시기엔가 골씨가 다른 성씨로 변경했음을 알 수 있다. 현재의 인구센서스나 성씨 일람표에서도 찾아볼 수 없다.

당시 없어진 성씨로 제시된 구仇씨나 범氾씨 같은 경우는 동일한 발음이 나는 구具씨와 범范씨로 갈아탔을 것이고, 새로 생겨난 제갈씨는 제諸씨와 갈葛씨를 합성해 나타난 것으로, 중국에서 제갈씨가 워낙 유명하다 보니 이를 모방한 것이라고 한다. 이는 이수건 교수의 견해인데, 우리 성씨의 역사상을 조명하다 보면 소멸과 생성 과정이 끊임없이 반복됐다는 것을 알 수 있다.

천방지축마골피라는 관용구를 입에 올리다 보면 생각나는 사람이 있다. 역사학자이자 언론인이었던 천관우와 영문학자이자 수필가로 한 시대를 풍미했던 피천득이다. 천관우는 박정희 정권에 맞서 반체제 운동의 선봉에 섰던 언론인이며, 대학교 졸업 논문이 당시 최고로 권위 있는 역사학회 잡지에 실렸던 것으로도 명성이 높았는데, 두주불사형에 유유한 품격을 지닌 현대 양반 풍모의 표본과 같은 인물이었다.

피천득도 일체의 관념과 사상을 배격하고 아름다운 정조와 생활을 노래한 순수 서정시인으로 칭송받았던, 가히 학처럼 고고한 삶을 살았던 사람이다. 이런 서정성은 그의 수필에도 그대로 드러나는데, 일상생활에서의 감정을 친근하고 섬세한 문체로 곱게 표현해 한 편의 시를 읽는 듯한 느낌을 준다. 젊은이에게 가장 존경받는 문필가 중 한 사람이기도 했다.

천만리 장군 공적비 명나라 원군으로 임진왜란 때 혁혁한 공을 세운 천만리(1543~?) 장군을 기념하여 1947년에 부산 동구 범일동 자성공원 안에 세운 공적비다.

이들이 주는 이미지는 그야말로 전형적인 선비의 풍모만 폴폴 풍길 뿐이지, 천민이나 상놈이 사는 곳에는 아예 근처에도 가보지 못했을 것 같은 느낌이다.

천관우나 피천득이 오늘날 '현대판 양반과 선비의 표본'이듯이, 천씨나 피씨는 옛날에도 천민을 가리키지 않았음이 분명하다. 예를 들어 천씨는 천千과 천天, 방씨는 방方·방房·방邦, 지씨는 지池·지智 등과 같이 아예 글자를 달리 쓰는 여러 성씨 갈래가 있었다. 그러고 보니 천방지축을 천민 성씨라 가정했을 때 천千씨를 지칭했는지, 천天씨를 지칭했는지조차 의심스럽다. 그리고 그 성씨 아래 본관으로 나눠진 각기 다른 종족이 흩어져 살았는데, 구체적으로 누구를 두고 천민이라 할 것인가?

천千씨의 중시조 천만리는 명나라에서 급제한 인물로 임진왜란 때 아들 둘과 함께 원군으로 조선 땅에 건너왔다가 혁혁한 공을 세웠다. 그 후 본국으로 돌아가지 않고 이 땅에 눌러 살았다. 조정에서는 그의 전공을 기려 정2품 자헌대부에 화산군으로 봉했고, 죽은 후에는 충장 공이라는 시호까지 내렸다. 그 후손들은 한성부윤, 장령, 호조정랑, 사헌부지평 등과 같은 요직을 지냈다. 또 18세기의 시인 천수경은 매우 유명해 당대의 문인 묵객이 항상 그의 주위에 모여들었다 한다. 전라남도 여수에 가면 천진룡과 천세광을 입향조로 하는 집성촌이 있다. 이들 모두 중국 땅 영양을 본관으로 한다. 그리고 글자가 다른 천天씨의 경우 밀양, 여양, 연안, 우봉, 충주, 합천을 본관으로 하는 씨족이 전국에 산재해 있다.

피씨의 경우 오늘날 홍천과 괴산을 본관으로 하는 사람들이 대부분이다. 홍천피씨의 경우 고려 정종 때 동국안렴사로 우리나라에 왔던 피위종을 시조로 하는데, 그는 병부시랑을 지낸 후 좌사의대부로 추증됐다. 정당문학과 좌복야를 역임한 그의 후손 피인선이 홍천군으로 봉해졌고, 피인선의 아우 피인고로부터 단양피씨로 분적됐다 한다. 원나라 사람 피경연을 시조로 삼는 괴산피씨는 공민왕 때 망명해왔으며 괴산 군으로 봉해졌다. 그의 5세손이자 조선의 개국공신으로 병조판서와 전라감사를 지낸 피득창을 중시조로 삼는다. 그 후손도 판서와 목사 그리고 승지를 역임한 사람들이 즐비하다.

방씨 중에는 온양방方씨와 남양방房씨가 주류를 이루는데, 방方씨는 온양을 비롯해 상주·군위·신창·개성·강화 등 26본이 문헌에 전해지나, 같은 성은 모두 한 뿌리라는 관념으로 인해 온양으로 단일화되고 있다. 남양방씨는 고려의 삼한벽상공신으로 알려진 방계홍을 시조로 모시는 성씨다. 마씨 중에는 조선 초기에 공신으로 이름 높았던 마천목 장군이 대표적 인물인데 본관이 장흥이었다. 그는 왕자의 난 때 정안군 이방원을 도운 공으로 공신의 반열에 올랐고, 공신녹권과 교서가 오늘날까지 전해진다.

최근의 인구센서스에 따르면, 이들 성씨는 비록 씨족 수가 많은 것은 아니지만, 그렇다고 아주 희귀한 성씨도 아님을 알 수 있다. 조사된 총 274개 성씨 중에서 씨족원 수로 따질 때, 지池씨는 48위, 천千씨 53위, 방方씨 54위, 마馬씨 74위, 방房씨 80위, 피皮씨 116위, 지智씨 120위, 천天씨 156위, 방邦씨가 165위로 등재되어 있다.

마천목 장군 초상화 마천목(1358~1431) 장군은 제2차 왕자의 난 때 이방원을 받들어 좌명공신佐命功臣 3등에 봉해졌고, 병조판서 등을 역임했다. 국사편찬위원회 소장 유리건판.

어쨌건 천방지축마골피라는 관용구가 우리 머릿속에 깊이 박혀 있고, 그러다 보니 이런 성씨를 가진 사람을 소개받으면 우선 그 관용구가 자연스레 머릿속을 스쳐 지나간다. 그러나 그것이 잘못 알려진 집단기억임을 알아야 한다.

우리는 '천방지축天方地軸'이라는 말을 자주 쓰는데, 사전적 의미는 '못난 사람이 종작없이 덤벙거림' 또는 '매우 급해 방향을 잡지 못하고 함부로 날뜀'이다. 졸랑대고 까불거리는 경박한 사람을 표현할 때 주로 쓰는 말인데, 우연하게 이런 뜻을 가진 단어와 같은 음이 있다는 이유로 '천방지축'에다 '마골피'라는 음을 덧붙인 게 아닌가 하고 추정하는 이도 있다. 다시 말하자면 '어느 골(고을) 말 뼈다귀인지 가죽인지도 모른다'는 식으로 해석해, 근본을 모르는 사람에게 상놈이라 지칭해 붙였다는 것이다. 듣고 보니 그럴듯한 해석인 것 같아 무릎을 친 일이 있다. 일종의 도시 전설이었다고나 할까.

'도시 전설'이란 용어는 1969년 프랑스의 사회학자 에드가르 모랭이 처음 사용했다. 민담이나 전설은 까마득한 옛날 옛적에 누군가 지어낸 이야기인데, 도시 전설은 비교적 가까운 과거에 생겨난 것이어서 이름을 그렇게 붙인 것이다. 유언비어가 도시 전설이 되는 걸 막는 방법은 정확한 정보를 충분히 제공하는 것뿐이다. 진실이 무엇인지 모호한 사회에서 상황을 절묘하게 포장한 거짓말은 쉽게 사실로 둔갑한다. '아리랑이 세계에서 가장 아름다운 곡 1위에 선정됐다'는 전설, '옥스퍼드 대학이 한글을 세계에서 가장 우수한 글자로 선정했다'는 전설도 그렇게 생겨나, 마침내 초등학교 도덕 교과서에까지 실리고 말았다. 도시 전설이란 이런 것이다. 천방지축마골피라는 관용구가 일제강점기에 생겼다는 확인 불가능한 내용까지도 떠돌아다니는데, 이것까지 도시 전설일지도 모른다. 익명성 높은 인터넷이나 무책임한 선거판에 난무하는 도시 전설이 또 다른 사건을 만들지나 않을까 걱정이 앞선다.

도시 전설이 오늘날에만 존재한 것은 아닐 듯싶다. 특히 우리 성씨와 관련된 전설 같은 이야기들은 꽤 많이 전해져오는데, 이들 역시 당대에는 도시 전설로 만들어져 입에서 입으로 전해졌을 것으로 판단된다. 예컨대 『세종실록지리지』에는 충청도 목천현의 토성이 여섯인데, 우牛·마馬·상象·돈豚·장場·신申이라 했고, 그 아래 주를 달아 "우牛를 우于로, 상象을 상尙으로, 돈豚을 돈頓으로, 장場을 장張으로 고쳤다"라고 기록돼 있다. 아울러 이보다 좀 더 늦은 시기에 편찬된 『신증동국여

지승람』에는 세상의 전하는 말에, "고려 태조가 나라를 세운 뒤 목주
木州 사람들이 여러 번 배반한 것을 미워하여 그 고을 사람들에게 모두
짐승 이름으로 성을 내렸다"라는, 보다 상세한 주가 추가돼 있다. 즉
후백제인으로 두 임금 섬기길 거부했던 목천 사람들이 미워서 소와 말,
코끼리, 돼지, 노루獐라는 뜻을 지닌 성자姓字로 바꿨다는, 이른바 오축
성五畜姓 개변설이 바로 이것이다. 목천장씨의 경우 원래는 장場이었으
니, 후세인들이 오축성으로 가공하는 과정에서 노루를 뜻하는 장獐으
로 변조시켰던 것으로 보인다. 위의 사실은 고려의 건국 과정에서 충
분히 예견되는 일이긴 하지만, 이 역시도 당대에는 도시 전설이 아니었
을까 하는 생각이 든다.

제2장

족보에 목을 매는 사람들

혈통의 줄을 바르게 하라 : 첨간添刊과 별보別譜의 마력

사례 1

이종표 씨(이하 가명)는 제법 잘나가는 건설회사 사장이다. 남도의 어느 시골 중학교 졸업 학력이 전부인 그는 일찌감치 혈혈단신으로 고향을 떠나 한국전쟁이 훑고 지나간 폐허의 도시 서울로 무작정 올라왔다. 그는 인고의 세월을 딛고 1970년대 중반에는 이미 국내 중소 건설업계에서 이름 있는 인물로 성장했다. 그런 이 사장에게 뜻밖의 고민이 생겼다. 1987년 가을 그의 맏아들 승복의 혼사와 관련해 벌어진 일이다. 집안에 재산도 있는 데다 미국 명문대학 박사학위를 가진 장남의 배필감을 구하는 것까지는 그리 어렵지 않았다. 중매쟁이를 통해 최종 낙점한 후보는 국내 명문 여대를 나온 김수선이라는 아가씨였다. 그녀는 충청도에서 대대로 세를 누려온 이른바 이름난 양반가의 후손이라고 했다.

10대조의 위패가 어느 서원에 배향되어 있고, 13대조는 문묘에 모셔진 대단한 집안이라고 했다. 이 사장은 키가 크고 귀티가 흐르는 김수선의 겉모습이 마음에 들기도 했지만, 양반가라고 하는 그녀의 출신이 더 마음에 끌렸다.

그런데 한학에 밝은 김수선의 큰아버지가 장차 조카사위가 될 이승복의 집안을 캐묻기 시작했다. 여기서 문제가 발생했다. 그때까지도 이종표 씨에게는 족보가 없었기 때문이다. 물론 이종표 씨의 호적에는 본관이 경상도의 큰 고을 어디로 적혀 있다. 그곳 이씨라면 이 나라에서는 몇 번째 안 가는 대성이다. 1985년의 인구센서스에 따르면 이종표 씨와 본관이 같은 이씨는 100만 명가량 된다. 그러나 호적과 족보는 다르다. 족보라고 하면 본관을 공유하는 한 집안의 맨 처음 조상인 시조로부터 시작해 그 자손의 이름과 호, 출생과 사망에 관한 기록, 벼슬이나 과거 시험을 비롯한 특별한 경력, 배우자의 가계에 대한 기록 및 묘지 위치 등이 세대순으로 기록된 것이 보통이다. 이처럼 족보는 직계와 방계의 여러 조상에 관한 기록을 담고 있다. 그리고 조상에 대한 공경심이 유달리 강한 유교 사회인 한국에서는 신성시되기도 한다. 어린 시절에 듣기로 이종표 씨의 할아버지는 마을의 심부름꾼이었다. 동사洞使 또는 동노洞奴라고도 불리던 이씨의 할아버지 이쇠농은 마을의 애경사가 있을 때면 차일을 치고 자리를 까는 일이나, 흉하거나 길한 소식을 온 마을에 바삐 알리고 다니는 일을 했다. 이를테면 마을이 공동으로 부리는 한낱 종에 불과한 신분이었다. 그래서 마을의 웬만한 사람들은 그에게 말을 낮추었다.

이씨 집안의 '화려한 역사'를 알고 싶어 하는 양반 김씨들에게 적당한 답을 주기가 아주 어려운 일로만 생각되어 이종표 씨는 매우 낙심했다.

그런데 보잘것없는 조상의 내력 때문에 고민하던 이씨에게 희망을 안겨준 이가 나타났다. 수년 전부터 친분을 나눠오던 박노덕 형사였다. 그는 박 형사가 어느 날 술이 거나하게 취한 상태에서 '조상의 뿌리를 찾아야겠다'고 말한 것을 기억해내고 그에게 도움을 청했다. 박 형사의 말에 따르면, 서울 한복판에 자리한 국립중앙도서관 고서실에는 일제강점기에 전국 각지에서 무더기로 쏟아져 나온 족보가 거의 빠짐없이 비치되어 있는데, 그곳에 '족보 전문가들'이 있다는 것이다. 하루 종일 남의 족보를 열심히 들여다보는 대여섯 명의 고정 열람객이 바로 족보 전문가라고 했다. 이들이 족보를 소재로 삼아 조상을 잃어버린 사람들의 뿌리를 이어주는 사업을 은밀하게 진행한다는 것이었다.

사실 박 형사가 이들의 정체를 파악하게 된 것도 이씨처럼 변변찮은 조상의 내력을 밝혀보겠다는 취지에서 출발했다고 한다. 박 형사의 본관은 밀양이다. 호남평야에서 농부로 어렵게 살아온 박 형사의 집안에는 시조로 믿어지는 신라의 첫 번째 왕 박혁거세를 제외하고는 내세울 인물이 하나도 없었다. 그의 집안에는 언제, 누가 만든 것인지는 몰라도 가승이 하나 있기는 했다. 하지만 거기에는 직계 조상의 이름과 그 배우자가 속한 씨족의 이름 그리고 제삿날만 간단히 적혀 있을 뿐이었다. 그중에 고등학교 국사 교과서에 나오는 유명한 박씨는 단 한 사람도 없었다. 본래 박 형사는 족보 같은 것에 관심이 없는 사람이었다. 나이 마흔이 다 되어서야 비로소 자신의 내부에서 꿈틀거리는 핏줄 의식을 점차 느끼게 됐다. 비록 쥐꼬리만 한 권력이지만 때로는 남을 윽박지를 만한 위치에 있다 보니 "종씨인 것 같은데 항렬이 무엇입니까?"라는 질문을 종종 받았다. 형과 그의 이름에는 우연인지 필연인지 덕德 자가 들어 있기는 하지만, 그것을 굳이 항렬이라고 주장할 근거는 없었다. 우물쭈물 얼버무리다가 때로는 그냥 종씨가 되기도 하고 아저씨, 조카, 형님 또는 동생으로 그때그때를 넘기곤 했다.

그러다 보니 자기가 정말 누구인지 알다가도 모르겠다는 의문이 언젠가 반드시 풀어야 할 숙제로 굳어지고 있었다. 박 형사는 자신의 호적이 밀양박씨, 즉 박혁거세의 후손이 틀림없으므로 그 뼈대 있는 내력을 반드시 밝혀내고야 말겠다고 결심했다. 그러던 중에 처가의 대부로부터 국립중앙도서관에 족보 전문가가 있다는 말을 듣게 됐다. 경주정씨로 신라의 전설적인 여섯 촌장의 후예임을 고집하는 대부는 종중 일에 열심인 사람인데, 경주정씨 족보를 열람하러 중앙도서관에 들렀다가 이들을 만났다는 것이다. 박 형사는 그때로서는 적잖은 액수인 20만 원을 들고 가서 고서실에 상주하는 족보 전문가를 만나 통사정을 했다. 가문의 뿌리를 찾고자 하는 박 형사의 열의가 고서실에 있던 심 모 전문가의 마음을 움직였던 모양이다. 드디어 심씨의 주선으로 대전의 족보 전문 출판사가 1987년 봄에 발간한 밀양박씨의 어느 파보에 박씨 일가가 모두 실리게 됐다.

족보 전문가 심씨가 여러 날을 두고 연구를 거듭해 찾아낸 바로는, 박 형사의 집안은 전라북도 전주에 대대로 살고 있는 밀양박씨 가문의 흰 기지임에 틀림없다는 것이나. 심씨는 박 형사의 고향을 포함한 전라도 일원의 밀양박씨가 수록된 최근의 한 족보를 뒤져서 19세기 말쯤에 자손이 끊어진 한 가닥을 어렵지 않게 발견했고, 바로 그 박씨의 후손으로 박 형사의 할아버지를 이어버린 것이었다. 그런데 심씨가 서둘러 적당히 꾸몄기 때문에 박 형사의 할아버지 박문규는 족보상 어머니인 김한순 씨가 50세가 되던 해에 낳은 것이 됐다. 19세기만 해도 여자들의 폐경기는 40세 전후였으니, 쉰 살에 아이를 낳을 수는 없는 노릇이었다. 게다가 박 형사는 전문가들이 어렵게 찾아냈다는 그 조상들의 이름이 자기가 시골에서 '발굴해온' 가승의 여러 할아버지의 이름과 일치하지 않는 사실도 발견했다. 박씨의 할아버지까지는 이름이 같은데 그 윗대는 듣지도 보지도 못한 이름뿐이었다. 조금은 석연치 않은 구석이 없지 않았으나, 그것이 무슨 대단한 문제랴 싶어 덮어두었다. 출판된 족보를 놓고 본다면, 박씨의 7대조는 경상현감이었고 15대조는 이성계를 도와 조선을 건국한 개국원종공신이었다. 그러니 박씨는 기분이 좋을 수밖에 없었다. 사실 여부와 상관없이 하여튼 용하기 짝이 없다는 생각이 들었던 것이다.

한편 이종표 씨는 박 형사의 족보 찾기 내력을 들은 며칠 후 박 형사에게 두툼한 돈 봉투를 내밀며 비밀리에 족보 전문가를 찾아 일을 해달라고 부탁했다. 이종표 씨의 부탁이 있은 지 불과 일주일 만에 그의 가계는 화려한 모습으로 다시 태어났다. 15세기의 한 유명한 정승이 조상이요, 판서만도 네댓 명을 배출한 그야말로 누대 명문의 후손으로 둔갑한 것이었다. 이종표 씨는 이렇게 탄생한 족보를 며느릿감의 집안 김씨들에게 내밀었고, 그들은 탄복하지 않을 도리가 없었다. 드디어 양가의 축복 속에 이승복과 김수선의 결혼은 성사됐다.

이종표 씨는 벼슬과 문명文名으로 번쩍이는 족보에 자신과 일가친척의 이름이 등재되고 나자 족보의 매력에 흠뻑 빠져버렸다. 조선 제일의 음택으로 소문난 경기도 용인의 한쪽 모퉁이를 사들여서 그 옛날 마을의 종이던 할아버지 묘를 옮겼다. 자취조차 찾을 수 없는 증조와 고조의 묘도 전문가를 동원해 고향 부근 산야에서 발견하는 데 성공해 역시 이장했다. 화강암을 많이 써서 웅장하고 격조 있게 다듬어 올린 조상의 묘에는 비석과 상석을 비롯한 석물도 골고루 챙겼다. 유명한 한학자와 서예가를 동원해 무덤가에 새로 세운 이쇠동의 비석에 그가 마을의 종이었음을 표시하는 내용은 없었다. 글월 문文 자, 빛날 형洞 자, 이문형이 그의 이름이며, 쇠동은 소싯적에 쓰던 이름에 불과하다고 했다. 비문을 지은 이는 쇠동, 아니 문형이 일찍이 출세의 뜻을 버린 무명의 대학자인 동시에 효행이 탁월했던 일세의 참된 스승이라고 극찬했다.

어느덧 이종표 씨는 자기가 정말

족보 광고판 족보가 없거나 자신의 족보에 대해 알지 못하는 사람들에게 그 계보를 찾아주겠다는 오늘날의 재미 있는 자전거 광고판.

명문가의 후손이라고 믿게 됐다.

처음에는 약간 머쓱한 느낌도 없지 않았으나, 해마다 가을이면 대종중에서 지내는 시향에도 참여했다. 문중에서도 선영을 위하는 정성이 극진할 뿐만 아니라, 장학금을 조성한다, 문중 회관을 새로 짓는다 하는 일에 열심인 이종표 씨를 보배로 여기게 됐다. 그리하여 그는 자연스레 문중 임원을 맡게 됐으며, 문중이 표창을 받기에 이르렀다. 이종표 씨는 문중의 숙원 사업으로 전국에 흩어져 사는 종인宗人들에게 나누어줄 월간지를 발간할 수 있기를 희망한다. 이미 유명한 성씨 가운데는 월간지나 격주로 나오는 신문까지 펴내는 경우가 많으며, 조상의 문집을 한글로 번역해 간행하고 이름이 높았던 조상을 기념해 무슨무슨 학회를 창립한 예도 있다. 이 모든 일을 한꺼번에 다 할 수야 없겠지만, 이종표 씨는 이름 없이 죽은 대학자 이문형의 뜻을 기리는 유허비遺墟碑만이라도 고향 마을 어귀에 세울 수 있으면 좋겠다는 생각도 가지고 있다. 그러나 아직은 그것이 시기상조일 수도 있겠기에, 훗날 눈을 감으면서 맏아들 승복에게 부탁하면 어떨지를 곰곰이 검토하는 중이다.

사례 2

18~19세기에 굴지의 세도 가문으로 인식됐던 ○○성씨가 족보를 제작할 당시, 별보와 별파別派가 가계 위조와 어떻게 연결됐는지를 간단히 설명해보자. 1760년에 편찬된 ○○성씨의 족보 30권 가운데서 계보를 기록한 부분은 모두 28책이었다. 그런데 그중 제28책에는 17개 파가 별보 형식으로 수록되어 있다. 그러니까 이 족보에 기재된 전체 인원의 4퍼센트는 사실상 ○○성씨와 혈연관계임을 입증하지 못한 사람들인 것이다. 혈연관계를 증명하는 구체적인 문서가 없는 이들이 족보에 실리게 된 것은 물론 당사자들이 ○○성씨의 후예라고 극구 주장하면서 수록을 간청했기 때문이다. ○○성씨가 본격적인 세도 가문으로 성장한 것은 19세기 전반이었다. 이 시기에 간행된 집안 족보에는 별파와 별보의 비중이 더욱 커졌다. 1826년에 편찬된 족보는 모두 35권이며, 그중에서 계보를 기록한 것은 33권이다. 그런데 여기서 32~33권은 모두 별보로, 전체 분량의 6퍼센트나 됐다. 그런가 하면 1900년에 간행된 80권짜리 족보에서 계보를 수록한 것은 78권인데, 그 가운데 별보는 한 권으로 줄었다. 19세기까지 별보에 수록됐던 인원의 대부분이 별다른 이유도 없이 본래의 여러 파에 흡수됐기 때문이다. 요컨대 19세기까지도 직접적인 혈연관계가 없는 것으로 판명됐던 상당수의 사람들이 20세기 초에 이르러서는 이 씨족에 정식으로 통합됐던 것이다. 이로써 별보와 별파가 가계 위조의 합법적인 수단으로 변모했음을 분명히 알 수 있다.

여기서 한 가지 덧붙이고 싶은 사항은 1900년의 이 성씨의 족보는 그보다 74년 전에 출판된 족보에 비해 분량이 두 배 이상 증가했다는 점이다. 이것은 같은 기간에 구성 인원이 세 배가량 증가했다는 말이 된다. 18세기까지 생존했던 조상에 대한 분량은 1826년 족보의 40퍼센트 정도이며, 그 분량은 이후에도 크게 변하지 않았기 때문에 이러한 추정이 가능하다. 그런데 같은 기간 전국의 인구 증가율은 20퍼센트 내외였던 것으로 평가된다. 그렇다면 족보에 새로 수록된 인원의 최고 80~90퍼센트에 해당하는 3만~4만 명은 가계를 위조해 이 성씨의 집안으로 행세하게 된 사람들이라 하겠다.

이것은 물론 이 성씨만의 특이한 현상은 아니다. 그와 비슷한 과정을 거치면서 이른바 한국의 유명 성씨는 폭발적으로 증가하게 됐던 것이다. 더욱이 20세기에 들어서면서부터는 그동안 족보에서 배제됐던 황해도 재령 이북의 북한 지역과 제주를 비롯한 도서 지방 거주자에게도 점차 족보가 개방되기에 이르렀다. 이로써 20세기 후반에는 한국 사람이면 사실상 누구나 호적에 적힌 본관과 성씨를 근거로 삼아서 해당 문중의 족보에 들어갈 수 있는 길이 열리게 된 것이다.

앞에서 소개한 이 두 사례는 족보 연구에 일가견을 이룬 백승종 교수가 찾은 것이다.[7] 사례 1에서 벌어진 상황은 최근의 일이지만, 이는 조선 후기에도 널리 사용되던 족보 위조의 한 방법이었다. 이를 첨간添刊이라고 하는데, 이름을 슬쩍 다른 사람 아래에 갖다 붙여 족보를 인쇄한다는 뜻이다. 대개 아들 없이 가계가 단절된 자를 찾아 그의 아들로 둔갑시키는 경우가 많았는데, 이와 달리 아들이 있는 경우에도 형제 수를 더 늘려 끼워넣는 방법도 동원됐다. 이것만이 아니다. 아예 한 대

『울산부호적대장』 1609년(광해군 1)부터 3년마다 1904년(광무 8)까지 작성된 울산
부의 호적 장부. 면 단위로 작성됐다. 시대순으로 일목요연하게 정리되어 있어 사료
적 가치가 매우 높다. 서울대학교 규장각 소장.

수를 더 끼워넣는 방법까지 동원됐는데, 이때는 아들이 갑자기 손자로
건너뛰어버리게 된다.

1609년(광해군 1)부터 작성된『울산부호적대장』이 알려지자, 호기심
많은 학자들이 그 매력에 빠져버렸다. 시대순으로 배열된 호적 관련 자
료가 흔하지도 않거니와, 국가에서 관리하는 일종의 공문서이기 때문
이었다. 이렇듯 1609년에 작성된 이 호적은 사료적 가치가 높아서 조
선 중기의 가족과 호적제도 혹은 신분제도 연구에 많이 활용됐다. 그
럼에도 당시의 호적이 모든 인구를 망라한 것이 아니라, 누락 인구가
다수 포함되어 있다는 점을 유념해야 한다. 이는 역을 면제받기 위한
고의적인 누락이 대부분일 것이며, 나이를 허위로 기재한 것 또한 많을
것이다. 이런 호적의 문제점은 다산 정약용도 지적한 적이 있을 정도로
조선 후기에 만연했으며, 호적 자료를 연구 대상으로 삼은 학자들도

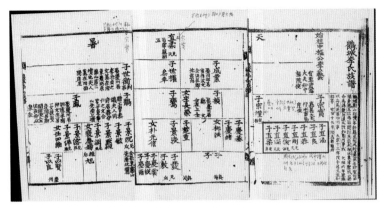

울산이씨 『무신보』 울산이씨 문중에서 최초로 간행한 족보. 현존하는 울산 호적 자료와 비교하면 오른쪽 하단에서 확인되듯이, 종실의 아들 7형제가 추가되는 등 내용상 차이가 많다.

같은 의견을 낸 바가 있다.

아무튼 1609년에 작성된 『울산부호적대장』에는 이경묵·이경연 형제의 호적도 포함되어 있다. 그들은 당시의 행정구역으로 동면 유등포리에 살았던 울산이씨. 그리고 『울산부호적대장』이 작성된 지 60년이나 지난 1668년에 울산이씨 『무신보』가 간행됐는데, 이 두 자료를 비교해보면 재미있는 현상이 발견된다.

『울산부호적대장』에는 '종실→세형→학→경묵·경연'으로 이어지는 4대의 계보를 기록했다. 그런데 60년 후에 만들어진 『무신보』에는 종실과 세형 사이에 한 대수가 더 늘어나 '종실→직유→세형→학→경묵·경연'으로 나타난다. 종실의 아들인 세형이 손자로 밀려나고, 그 대신 '직유'라는 인물이 종실의 아들이자 세형의 아버지로 삽입된 것이다. 이때 직유 한 명만 끼어들어간 것이 아니었다. 위의 족보 사진에서도 확인할 수 있듯이, 직유의 형제로 연결된 여섯 명이 함께 끼어들어갔고, 이들이 후대의 울산이씨 4대 파를 형성하는 주류를 이루는데, 직

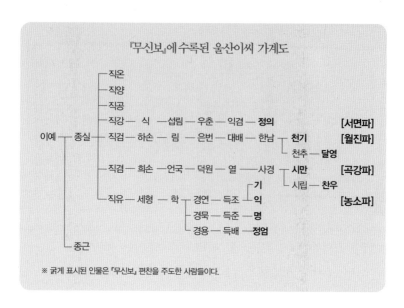

『무신보』에 수록된 울산이씨 가계도

```
                    ┌ 직온
                    ├ 직양
                    ├ 직공
                    ├ 직강 ─ 식 ─ 섭림 ─ 우춘 ─ 익겸 ─ 정의          [서면파]
이예 ┬ 종실 ┤ 직검 ─ 하손 ─ 림 ─ 은번 ─ 대배 ─ 한남 ┬ 천기        [월진파]
     │              │                                └ 천추 ─ 달영
     │              ├ 직겸 ─ 희손 ─ 언국 ─ 덕원 ─ 열 ─ 사경 ┬ 시만   [곡강파]
     │              │                              ┌ 기    └ 시립 ─ 찬우
     │              └ 직유 ─ 세형 ─ 학 ┬ 경연 ─ 득조 ┴ 익           [농소파]
     │                               ├ 경묵 ─ 득준 ─ 명
     │                               └ 경용 ─ 득배 ─ 정엄
     └ 종근
```

※ 굵게 표시된 인물은 『무신보』 편찬을 주도한 사람들이다.

유는 그 일곱 형제 중 막내로 되어 있다.

울산이씨 문중에서 현조로 받드는 이는 세종 때 명신이었던 이예다. 이예에 대해서는 앞에서 따로 살펴보았으니 재론할 필요가 없겠다. 다만 『세종실록』에 나타난 이예 졸기 기사에는 아들이 한 명 기록되어 있는데, 그가 바로 이종실이다. 그런데 『무신보』에서는 '종실'의 동생으로 설정된 '종근'과 그 후손이 추가되어 있다.

족보 편찬 당시 울산이씨의 종족이 인근에 흩어져 살았을 것이며, 여기에는 이예의 직계와 방계가 모두 포함되어 있었음이 분명하다. 그런데 방손도 현조인 이예의 직계를 갈망했을 것이고, 그런 연유로 여러 파를 수용할 수 있는 이른바 일곱 형제를 등장시켜 한 세대를 중간에 끼워 넣었다고 보는 것이 이수건 교수의 견해다. 우리 호적이라는 것이 때로는 정확도가 떨어지기도 하는데, 이는 국가에서 부과하는 역을 피하기 위해 나이를 속이거나 자식을 누락하여 벌어진 일이다. 울산이씨의 호적도 고의적인 누락을 상정해볼 수 있겠지만, 일곱 형제 모두를 뺄 상황은 아닌 것으로 해석한 듯하다. 울산이씨 『무신보』 편찬을 주도한 인물의 가계도를 족보에 기재된 상황에 따라 그려보면 240쪽과 같다.

이런 사례는 비단 울산이씨만의 문제가 아니라 어느 가문의 족보에서나 볼 수 있는 흔한 사례이고, 17세기 중엽이라면 아직 본격적인 위보 제작 단계가 아닌데도 이런 식의 첨간이 진행됐음을 알 수 있다. 족보 위조의 주된 목적은 신분 상승 욕구 때문이다. 조선시대에 신분이 상승했다면 그에 상응하는 혜택은 생각보다 훨씬 더 컸다. 우선 군역이 면제되기 때문이다. 1788년(정조 12) 1월 22일 사헌부헌납 김광악이 "심지어 양반 족보까지 돈을 주고서 첨간하고, 관직의 계급까지 뇌물을 주고서 임명장을 빌립니다. 그리하여 백성의 생업이 궁핍해지고 군사 수가 줄어드는 것이 진실로 큰일이옵니다" 하고 상소를 올린 것에서도 사정이 잘 드러난다. 그리고 양반 신분으로 상승하면 각종 향회에 참석하거나 향안에 등록되어 헛기침이라도 하면서 살 수 있는 특전이 주어졌다.

시간이 지남에 따라 집단적으로 특정 성관의 족보에 편입하는 방법도 개발됐다. 사례 2에서 확인할 수 있는 별보가 그것이다. 서로의 계보를 연결할 수 없는 계피는 일단 별보와 별파로 만들었다가, 후일 합보라는 형식으로 은근슬쩍 합쳐버렸던 것이다.[8] 이는 합법적으로 족보를 위조하는 방법이었다. 1999년 『신동아』에 게재됐던 백승종 교수의 주장을 좀 더 빌려와 보자.

이른바 별보라는 명칭 아래 족보에 격리 수용하기로 한 방침은, 양반들로서는 사실상 숙고 끝에 마련한 대안이었다. 이는 문제의 근본적인 해결

책이었다기보다는 이미 현실적으로 상당한 경제·문화적 능력을 갖추고 있는 새로운 사회 세력의 족보에 대한 요구를 끝까지 거부할 수가 없어서 고안한 일종의 타협책이었다. 별보니 별파니 하는 명칭은 18세기 말부터 일부 족보에 등장하기 시작했다. 양반들의 족보 가운데서도 특히 유력한 씨족이 출간하는 족보일수록 별보 또는 별파가 많았던 것은 우연이 아니었다. 기왕에 족보에 실리려면 아무래도 세력가들이 펴내는 족보에 속하기를 바랐던 사람이 많았을 것은 뻔한 이치이기 때문이다. 병란으로 계보를 잃어버렸다는 구실을 붙이지만, 친족 관계야말로 개인의 신분을 증명하는 결정적 요소이기 때문에 양반으로서 자신이 속한 계파를 모르게 됐다는 주장은 믿기 어렵다.

우리 역사상 족보 간행이 가장 활발했던 시기는 다름 아닌 일제강점기였다. 1894년 갑오개혁 때 이미 양반제도가 공식적으로 폐지됐고 시간이 지나 나라가 망해버렸어도 양반 의식만은 그대로 잔존했다. 오히려 많은 이들이 족보에 매달렸고, 그에 비례해 좀 더 혈통의 줄을 잡기 위해 아등바등했던 것이다. 일제강점기에 증산교를 개창해 많은 민중의 지지를 얻었던 강일순은 38년간 짧은 인생을 살다 갔는데, 강증산으로 알려진 그도 족보 위조의 한심한 세태를 보고만 있을 수가 없어 다음과 같이 경고했다.

"지금은 근본으로 다시 돌아가는 시대이니 혈통 줄을 바르게 하라. 아버지와 할아버지를 바꾸어서 계보를 위조하는 자는 다 죽으리라."

종손 자리를 탐하는 계보 전쟁

15세기는 우리 역사상 과도기였다. 자유분방했던 사회에서 교조주의 사회로, 토착적인 평등사회가 성리학적 서열사회로 옮겨가는 중이었다. 성리학자들이 엄격한 부계 질서의 가르침을 지속시켜 그 효과가 16세기부터 나타나기 시작했고, 17세기 후반부터는 친족과 비친족을 차별하고 직계와 방계를 엄격히 구분해 종족 집단을 결속시켜 문중이라는 것을 만들었다. 이는 보다 확대된 조상 숭배 집단이며, 이들의 공고한 결속을 위해 직계를 잇는 연장자에게 종손이라는 이름을 주는 동시에 막강한 권위까지 부여했다.

이는 고유의 수평문화 대신 위계질서가 엄격한 수직문화로 바뀐 엄청난 변화였고, 외손을 탈락시킨 족보가 등장한 것도 그 때문이다. 종손이 제사를 관리한다는 명분을 갖게 되자 각 지파는 경제적 손실을 감내해야만 했다. 종손을 사손祀孫이라고 하듯이, 조상의 제사를 모시는 권위를 부여받았기에 아무리 훌륭한 지손支孫이 있다 할지라도 서열상 사손을 넘지 못했다. 영남 지방에서 '벼슬 중에 종손 벼슬이 최고'라고 하는 말은 그냥 하는 말이 아니었다.

해방 지구에 토지개혁 임무를 띠고 북에서 내려온 성치공작원이 어느 지손에게 종가의 옥토를 분배한 적이 있다. 원칙만을 고집하는 정치공작원이었으니 어쩔 줄 몰라 하며 사양하는 지손에게 억지로 떠맡겼던 모양이다. 당황한 지손이 그날 저녁에 종손을 찾아가 싹싹 빌었다는 이야기는 실화일 것이다. 우리 전통사회에서 종손이 차지하는 상징성이 워낙 크기 때문이다.

앞에서 작은아들이 장남으로 둔갑한 순천김씨의 사례를 보았지만,

조선 후기에 들어오면 그전까지 없었던 풍속과 관행이 생겨나기 시작했는데, 장자를 최고로 치는 관행도 그중 하나였다. 적어도 임진왜란 전까지는 장남과 차남, 아들과 딸을 차별하는 일은 없었다. 딸에게 출가외인이라고 하여 남의 집 자식으로 치부하는 의식은 지금으로부터 불과 얼마 되지 않는 시기부터 행해진 풍속이다. 상속도 아들과 딸의 구분 없이 재산을 똑같이 나누어주던 균분상속제였고, 자식의 의무 가운데 가장 큰 짐이 되던 제사도 돌아가며 지내는 윤회봉사였다. 이때는 아들이 반드시 대를 이어야 한다는 관념도 없었다. 그래서 양자를 들여서라도 대를 잇는다는 생각이 없었다. 그러니 족보상 조선 전기 인물 중에는 무후로 가계가 단절된 경우가 허다했다.

이러던 사회 분위기가 조선 후기에 와서 바뀌게 된 것은 중국의 종법제도가 서서히 정착했기 때문이다. 가문의 대를 이어야 한다는 분위기가 확산되면서 장자 중심의 사회로 변해갔고, 문중마다 장자인가 아닌가에 대한 문제가 헤게모니 장악과 직결된다는 점에서 큰 화제로 떠올랐다. 이에 따라 차자 이하 후손은 적장자 계열에게 시비를 걸어 실제 후손 노릇은 우리가 다 해왔다는 식으로 나왔다. 이런 문제는 어느 문중에서나 예외가 없었고, 파별로 티격태격하다가 심하다 싶을 정도로 싸우기도 했다.

종손의 권위가 커질수록 종통宗統을 둘러싼 소송이 난무했다. 서로 종손이라고 우기는 소송을 현대인이야 죽었다 깨어나도 이해 못할 일이지만, 종통의 대의명분에 목숨을 걸었던 웬만한 양반가에서는 흔한 일이었다. 역사적인 인물 중에 아들이 없는 경우, 특히 아들 중에서도 적자가 없는 경우에는 반드시 종통에 대한 갈등이 있었다고 보면 될 것이다.

아울러 종통 분쟁은 적서 시비와 함께 일어나기도 했다. 그 대표적인 것이 능성구씨 좌정승공파의 사례다.[9] 능성구씨 좌정승공파의 파조는 고려 말에 시중을 역임한 구홍이며, 손자 구익령이 의성군수로 연을 맺어 그 후손이 경상도 의성과 대구 일원에서 세거해왔다. 구익령의 6대 종손인 구회신은 임진왜란 전에 나주나씨와 혼인해 1남 1녀를 두었으나 전쟁으로 생이별하고 말았고, 다시 대구 지역 사족의 딸인 풍천임씨와 결혼해 유처취처有妻娶妻가 되어버렸다. 이런 사실을 나중에 알게 된 전처 나씨 소생 구문상과 그 자손은 200여 년에 걸친 투쟁을 벌이게 됐는데, 19세기 말에 예조 입안立案으로 적처 인정을 받았다. 그러나 그때까지 후처 임씨의 양자였던 구인계 후손이 종통을 이어왔기에, 이 판결은 새롭게 종통을 둘러싼 분쟁으로 발전하고 말았다.

원래 전처였던 나씨 소생의 구문상은 1716년 족보에 서자로 기록됐고, 1787년 족보에서도 여전히 서자로 되어 있었다. 그러다가 1853년 족보에서 구문상은 적자로 인정을 받았으나, 후처로 되어 있는 나씨 부인의 기록은 바뀌지 않았다. 그런 사정으로 인해 종가의 종손권은 여전히 후처 임씨의 양자인 구인계의 후손이 장악하고 있었다. 이에 분개한 구문상의 후손은 1890년 고종이 행차하던 어가 앞에서 꽹과리를 쳐서 억울함을 호소하는 격쟁을 시도했다. 사건이 쉽게 결말이 날 듯하자 종통을 지켜온 구인계의 후손도 다급해졌다. 이들 역시 격쟁을 시도해 종통권 수호에 목을 맸는데, 조정에서 해결을 시도했지만 서로 내놓은 자료를 가짜라고 우기는 통에 혼란만 가중됐다.

그 후 1905년 족보에서 나씨가 초배初配로 기록됐지만, 종통을 둘러싼 양가 후손의 분쟁은 결국 일제강점기의 법정으로까지 가게 됐다. 일본제국주의 법정에서는 1, 2, 3심을 거치는 동안 여러 상황을 검토했음

허조·허후 부자 정충각旌忠閣 세조 때 단종 복위를 꾀하다 죽임을 당한 허후와 그의 아버지 허조의 충절을 기려 1792년(정조 16) 정려가 내려졌고 1814년(순조 14)에 건립됐다. 경상북도 경산 하양읍 부호1리 소재. 경상북도 문화재자료 제450호.

에도 최종 판결을 미룰 수밖에 없었다. 그러다가 결국은 1912년에 제령制令 제11호 조선형사령에 의해 폐지된 구조선의 형법대전 제16조를 끌고 와 적용했다. '청송기한(20년) 경과聽訟期限(20年)經過'라는 내용으로 사건을 종결 처리하고 말았으니, 지루한 공방전은 이후에도 계속될 수밖에 없었다.

종통 싸움에 관해서는 이런 예도 있다. 15세기에 모반 대역 사건으로 처형됐다가 18세기 이후 명예가 회복된 사람들의 경우, 이들의 적통을 누가 차지할 것인가에 대한 다툼이다. 세조가 정권을 찬탈할 당시 죽임을 당한 김문기, 정본, 허후 등이 신원되어 충열지사로 숭모되자, 그 후손들 간에 종통을 놓고 벌인 공방전은 아직까지 진행 중이다. 서울대학교 법대에서 퇴직한 고문서 전문가 박병호 교수는 김문기와 허후 집안의 소송 문서를 직접 감정했고, 전문 지식을 바탕으로 그들 집안의 소상한 내력을 살펴 학술지 논문으로 발표하기도 했다.[10]

하양허씨 가문이 낳은 허후는 세종조에 명재상으로 이름 높았던 허조의 아들인데, 수양대군의 처사에 불만을 품고 황보인과 김종서의 무죄를 적극 주장했으며, 훗날 좌찬성에 제수됐으나 끝까지 고사하다 결국 거제도에 안치된 뒤 교살됐다. 그런 후 250년이 지난 조선 후기 영조 때 신원·복관됐고, 이때를 전후해 허후의 가계를 이을 양자 자리를 놓고 암투가 시작됐다. 허후가 세조에 의해 처형됐기에 그 후예가 신분을 속이기 위해 김해허씨로 바꿔 살았다는 하양파(을파)가 새로 등장했고, 조선 후기까지 그냥 하양허씨로 살았던 괴산·봉산·거창·하양별파(갑파)도 늘어나 있었다. 그리하여 갑파와 을파 간에 종통을 놓고 치열한 다툼이 벌어졌을 뿐만 아니라, 갑파 내부에서도 치고받는 지루한 공방전이 벌어졌던 것이다.

좌의정을 지낸 허조가 사망한 것이 1439년이다. 이듬해에 만들어진 그의 묘지명에는 장자 허후에게는 자녀가 없고, 차자 허눌에게 세 아들과 어린 딸들이 있었던 것으로 기록되어 있다. 허눌의 세 아들이란 장자 조, 차자 담, 3자 돈이다. 그리고 이들 3계파에서 허후의 종통을 놓고 지루한 공방전을 벌이게 됐다. 문제는 허후의 양자가 누구냐 하는 것이었는데, 허눌의 장자 조가 1447년 문과에 급제할 당시에는 허후의 양자가 아니었다. 『문과방목』에 "눌의 자, 후의 조카"라고 기재되어 있기 때문이다. 후대에 와서 조가 허후의 아들로 된 기록이 나타났지만, 입양 사실을 증명할 문서는 없었다.

많은 족보가 17세기 이후 제작됐듯이, 하양허씨 속보도 18세기 중엽을 전후로 대거 쏟아졌다. 갑파에 의해 나온 『신미보辛未譜』(1751)에는 허후의 둘째 조카 허담이 양자로 입적해 종가를 이은 것으로 되어 있다. 『신미보』가 간행된 시점은 아직 을파가 김해허씨로 살던 때이자 허담의 형인 허조 역시 신원되기 이전이었으니, 허담이 백부인 허후의 양자로 입적한 것은 종중의 합의하에 결정된 것으로 추정된다.

그리하여 1804년에 허묵의 『초보』가 나오고, 1816년에 허휼의 『병자보『丙子譜』가 나온 동시에 이를 개정한 『경진보庚辰譜』(1820)가 또 나왔으며, 1846년에는 다시 허익의 『병오보丙午譜』가 만들어졌는데, 그때마다 허후를 잇는 후계가 요동치듯 바뀌는 소용돌이에 휘말리게 됐다. 게다가 김해허씨 족보에 올려놓고 살았던 하양파(을파)가 소를 제기해, 양파의 합의하에 『을해합보乙亥合譜』를 만든 것이 1815년이었다. 그리고 1851년에 『신해대동보』를 만들었는데, 이는 을파가 『을해합보』 이후 재판 결과를 근거로 작성한 것이었다.

앞에서도 언급했듯이 논란의 초점은 종통을 잇는 허후의 아들 자리였는데, 족보를 새로 만들어낼 때마다 허후 아랫대의 계보가 왔다 갔다 하여 도무지 종잡을 수 없을 정도였다. 장조카인 허조가 허후의 양자로 들어갈 때 관에 신고해 절차를 마쳤다면, 입후 관련 문서인『계후등록繼後謄錄』이나 『승정원일기』 등에 당연히 실려 있어야 한다. 그러나 이런 공증 문서와 같은 입증 자료가 없는 것이 치명적인 약점이었다. 당시 양자 입적은 국가에서 관리해 반드시 승인 절차가 있어야만 했기 때문이다. 아무튼 계보의 순서와 앞뒤 없이 뒤바뀐 통에 그 복잡함을 일일이 설명할 수도 없을 지경인데, 처음에 나온 『신미보』를 제외하고는 계서가 변조됐을 것이라고 보는 것이 박병호 교수의 결론이다.

앞에서 『신해대동보』가 재판의 결과를 근거로 한 것이라 했는데,『신미보』가 나온 이후부터 소송이 난무해 조용한 날이 없었다. 김해를 본관으로 삼고 살아왔던 을파가 하양으로 본관을 복관한 뒤부터 갑파의 족보 편간이 위보였다는 소송을 제기했고, 현감이 기초 자료를 작성해 감사에게 보고하면, 감사가 최종 판결해 투탁한 자를 엄벌에 처하는 식이었다. 그러나 이런 재판은 족보가 간행될 때마다 원고와 피고가 뒤바뀌며 생겨났다.

『계후등록』 1618년(광해군 10)부터 1862년(철종 13) 사이에 양자 허가 증명서인 예사
禮斜 발급 사실을 연도별로 정리한 책으로, 현존하는 것은 10책에 불과하다. 서울대학교
규장각 소장.

1863년 초에 하양파는 그들을 종통으로 하여 후와 조의 문집을 발
간하려 했다. 그러자 괴산파가 발끈해 환부역조를 금해야 한다는 명
분으로 문집 간행을 금지해달라는 소장을 경상감사에게 제출했다. 그
해 2월 2일에 문집 간행을 금지하라는 처분이 내려졌고, 이에 하양파
가 다시 제소해 자료를 제출하자 사건이 원점으로 돌아가는 등 2월에
세 차례, 3월에 다섯 차례, 4월에도 세 차례나 소가 이어졌다. 9월에는
경상도 유생 730명이 연명해 감사에게 문집 간행 촉구를 제소하자, 이
러지도 저러지도 못한 감사가 결국 공론에 따라 결정하겠다는 약속을
했다. 참다못한 하양파는 이듬해 성균관 유생들의 공론에 호소하게 됐
는데, 이를 접수한 성균관 유생들은 하양향교에 통문을 보냈다.

"앞으로 다시 이런 분쟁을 일으키면 성균관 유생들이 따로 다스리겠
노라."

명분 없는 싸움에 대한 명쾌한 판결이 아닐 수가 없다. 추사 김정희의 아버지 김노경이 경상도관찰사로 있을 때 이런 문제로 난관에 빠진 적이 있었다. 그 유명했던 병호시비 송사에 휘말렸던 것이다. 병호시비란 퇴계와 그의 제자 류성룡·김성일의 위패를 함께 모실 때, 퇴계를 가운데 놓고 그 좌측에 누구의 위패를 놓느냐에 대한 시비였다. 좌측이 높다는 인식 때문에 팽팽히 맞선 명분 싸움이었다. 이 골치 아픈 송사가 접수됐을 때 김노경은 멋모르고 간단하게 판결을 내렸다가 그만 혼쭐이 나고 말았다. 그는 고민 끝에 이미 내린 결정을 취소하고 빠져나올 구멍을 간신히 찾았다.

"사림 간의 분쟁에 관이 개입하는 법이 아니다."

궁색한 상황에서 빠져나올 명판결이 아닐 수가 없다. 조상에 대한 분쟁은 평행선을 달리는 철길과 같아서 쉽게 해결이 되지 않는다. 이렇게 내려오는 수많은 문중 간의 시비는 수백 년이 지난 지금까지도 지속되고 있다. 그러니 관이 나서서 해결해줄 수 있는 상황이 아닌 것만은 분명하다.

시조를 놓고 벌이는 문중 간의 시비

우리나라 전체 인구 중에 김씨가 1070만 명을 넘었으며, 여기에는 가야계를 제외한 신라계가 약 630만 명을 차지한다. 신라김씨총연합대종원에 따르면 본관이 무려 356개로, 경순왕을 뿌리로 삼는 본관이 절반을 차지하고 나머지 절반은 김알지를 시조로 삼는다. 이 중에서 경주김씨가 약 173만 명을 기록했는데, 특히 경순왕의 3남과 4남을 시조로 모시는 수많은 파를 비롯해 복잡다단한 계파가 이에 속한다.

경주김씨대장군파는 김순웅을 시조로 한다. 경순왕의 후예로 알려졌지만 중간 세계가 실전되어 고려 초에 대장군을 지낸 김순웅의 관직으로 대장군파라 붙인 것이다. 그런데 최근 대장군파는 김순웅이 아닌 경순왕의 맏아들 마의태자 김일을 시조로 연결한 『대동보』를 제작했다. 그러자 경주김씨계림

신라 56대 임금 경순왕 가야계를 제외한 대다수의 김씨들은 자신들의 조상을 경순왕으로 연결한다. 이 그림은 이모본移摹本이며, 원본은 국립경주박물관에 소장되어 있다.

군파대종회에서 발끈하여 『대동보』 배포 금지 가처분 신청서를 법원에 제출했고, 아울러 마의태자의 후손임을 표방하는 부안김씨와 통천김씨 쪽에서도 가세해 대장군파 『대동보』가 허위임을 주장하고 나섰다.

김순웅을 시조로 하던 대장군파의 일부 종원들은 2003년경에 새롭게 경주김씨 태자파를 구성했는데, 그들의 시조 김순웅이 마의태자의 차남이라는 자료를 새로 발굴했기 때문이다. 하지만 그 자료는 규장각에 소장되어 있던 1934년에 제작된 『신라삼성연원보新羅三姓淵源譜』라는 것이어서 신빙성에 대한 의견이 엇갈릴 수밖에 없었고, 그리하여 결국 법원으로까지 가게 됐다. 하지만 김순웅이 마의태자의 아들이라는 사실을 입증할 역사적 자료가 남아 있지 않으니, 그 누구도 쉽게 판결을 내릴 수 없다. 조선 후기나 일제강점기의 자료를 액면 그대로 받아

들일 수 있는 상황이 아니기에 법원이 짊어진 고충도 이만저만은 아닐 것 같다.

2004년에 『연안차씨대동보』가 발간되자 문화류씨 문중은 벌집을 쑤신 것처럼 흥분했다. 연안차씨 족보가 발간됐는데, 문화류씨 문중이 왜 흥분을 했을까? 연안차씨 측에서 문화류씨가 지금까지 시조로 모시던 류차달은 류씨도 차달도 아니므로 원래의 차해라는 인물로 되돌려야 한다는 내용을 연안차씨 족보에 떡하니 올렸기 때문이다. 남의 집이 모시던 시조 할아버지를 자기 집 족보에 올리다니, 21세기 대명천지에 이게 무슨 해괴한 소리란 말인가? 아무런 근거 없이 이런 일을 저지를 수는 없을 것이고, 이를 이해하기 위해서는 약간의 보충 설명이 필요하다.

류차달은 고려 태조를 도운 개국공신이다. 일찍부터 족보를 편찬했던 문화류씨는 오랜 기간 류차달을 시조로 모셔왔다. 그러다가 갑자기 류차달의 5대조 차승색이라는 인물이 등장하는데, 그는 김언승(헌덕왕)에게 살해된 신라 애장왕의 복수를 하려다가 실패한 후, 유주(현 황해도 신차군 문화면)에 숨어들어 신분을 속이기 위해 류씨로 바꾸어 살았다. 그 후 류차달이 고려 건국 과정에서 공을 세우자 태조 왕건이 차달의 두 아들 중 장남 효전에게는 원래의 차씨 성을 쓰게 하고, 차남 효금에게는 류씨 성을 이어가게 했다는 것이다. 물론 차승색은 역사 기록으로는 확인되지 않는, 양가의 문중에서만 통용되는 인물이다. 일종의 씨족 내부의 집단기억이라고나 할까?

우리 족보가 17세기 후반부터 본격적으로 간행되기 시작했다는 것은 이미 학계의 통설이고, 류씨와 차씨가 한 뿌리에서 나왔다는 주장을 양가의 족보에 반영하기 시작한 것도 그 무렵이었다. 김·이·박 등

문화류씨 시조 류차달의 묘 북한
의 조선중앙통신이 보도한 황해
도 구월산에서 발견됐다는 류차
달의 묘소.

과 같은 대성일수록 본관에 상관없이 한 뿌리에서 나왔다는 설이 많은
것도 시대적인 한 흐름이었다. 이런 주장은 역사의 큰 물줄기 같은 흐
름을 타고 나왔기에 냉정하게 그 진위 여부를 따질 생각을 하지 않았
고, 또 시간이 흐르면서 무조건적인 맹신으로 각인되어 집단기억으로
고착되어버렸다.

　그리하여 양 문중에서 태어난 사람들은 어려서부터 차씨는 형님 집
이고 류씨는 아우 집안이니 서로 결혼해서는 안 되며, 화목하게 살아
야 한다는 말을 들으면서 살아왔다. 그러다가 2000년 초부터 류·차
문중 간에 갈등의 조짐이 보이더니, 급기야 2008년 문화류씨대종회에
서는 형님 집으로 모셔온 차씨 문중에 단질을 선포했다.

　갈등의 발단은 대전에 뿌리공원이 조성되면서부터였다. 2001년 연
안차씨 문중에서 공원 안에 유래비를 세우면서 류차달을 인정하지 않
고 "가성류씨假姓柳氏 6세인 류해柳海", "둘째 아들 효금이 류씨 시조가
됐다"라는 내용을 담았다. 그런 후 2004년에 『연안차씨대동보』를 간
행할 때 이런 내용을 족보에까지 올리게 됐으니, 류씨 문중에서 발끈할
수밖에 없었다. 급기야 2007년 5월에는 더 이상 의미가 없게 된 차류

연안차씨 vs 문화류씨 대전 뿌리공원에 설치된 연안차씨 조형물(왼쪽)과 문화류씨 조형물(오른쪽).

대종회가 해체됐고, 공동의 장학재단도 없애서 문화류씨 단독 재단으로 설립됐다. 2008년에는 양 문중이 별개임을 천명하는 『문화류씨대동보(무자보)』가 발간되고, 뿌리공원에 문화류씨 유래비를 따로 세웠다.

대략 17세기 후반부터 족보를 간행할 때 류씨와 차씨가 한 뿌리였다는 동원설과 함께 등장한 것이 차씨 시조의 중국 기원설이었다. 차씨는 신라의 명문 출신인데, 그 조상을 거슬러 올라가면 중국의 전설적인 제왕인 황제로까지 연결된다는 것이었다. 황제가 누구인가? 중국의 건국신화에 나타나는 삼황오제의 한 사람으로, 중국 최초의 군주이자 문명의 창시자로 숭배되는 인물이다. 황제와 연결된다는 주장은 차씨뿐 아니라 류씨도 중국을 창건한 황손이 되는 것이니 반대할 이유가 없었다. 당시 세계관으로 본다면 중국이 곧 천하의 중심이었다. 천하의 주인이었던 중국의 시조가 곧 자신과 한 뿌리였다니, 당시 모화사상에 젖어 살았던 사람들에게는 신선한 충격이자 구미를 확 잡아당기는 매력적인 주장이 아닐 수 없었다.

그리하여 1689년 『문화류씨기사보』를 간행하면서 그들의 조상이 중국 황제의 후예라고 천명하게 됐다. 여기에 실린 「원파록源派錄」은 1708

년에 간행된 연안차씨 족보와 1798년에 간행된 개성왕씨 족보에까지 인용되어 모두가 한 뿌리라는 의식이 생겨났다. 그 후 1812년에 「강남보江南譜」라는 계보를 추가해 오늘날 족보에 실린 계보 체계를 완성했으나, 「강남보」가 조작됐다는 이야기는 심심찮게 있어왔고, 『연안차씨 강렬공파보延安車氏剛烈公派譜』에서도 이를 밝히고 있다.

문제의 발단은 『문화류씨기사보』에 실은 「원파록」으로, 여기에서 원파의 근거로 내세운 것이 세 가지 문헌이었다. 이 중에서 둘은 현존하지도 않거니와 실제 존재했는지조차도 의문이 들지만, 핵심은 『차원부설원기車原頫雪冤記』라는 문헌이었다. 설원은 억울함을 풀어준다는 의미다. 그렇다면 이 책은 '차원부의 억울함을 풀어주는 기록'이라는 것을 쉽게 짐작할 수 있다.

이 책의 내용을 간단하게 소개하면 다음과 같다. 주인공 차원부는 고려 말 이성계와 가까워 드러나지 않게 조선 건국에 큰 기여를 했고, 그럼에도 고려에 대한 충절을 지켰다고 한다. 이때 차원부는 몇 사람의 모함을 받아 살해되고 말았는데, 그 중심인물로 하윤이 지적됐다. 그리하여 차원부의 억울함을 풀어달라고 여러 신하가 선대 왕들에게 청원해왔다는 내용이다. 그러면서 『차원부설원기』 도입부에 차원부 시조가 류차달의 아들이었다는 내용을 누락했고, 부록에서 규자털의 조상이 차씨였다는 내력을 슬며시 내보였는데, 본문을 보충 설명하는 주석으로 살짝 등장시켰다.

『차원부설원기』가 세상에 알려지자 그 파급력은 대단했다. 문화류씨와 연안차씨는 한 뿌리였다는 것을 기정사실화한 후 이런저런 자료를 적당히 조합해 중국 황제로까지 이어지는 계보를 만들어냈다. 심지어 그런 내용 속에 왕씨도 등장하게 되어 고려 왕족의 족보에도 반영하게 됐다. 이렇듯 『차원부설원기』의 내용은 조선 초기에 살았던 차원부가 류차달의 후손이며, 고려 건국기에 활동했던 류차달은 원래 차씨의 후예라는 것이 골자인데, 나중에는 류차달의 성과 이름이 바뀐 '차해'라는 인물로 둔갑되어 차씨 족보에 올라갔으니, 류씨 문중에서는 하늘같이 떠받들던 시조를 빼앗긴 셈이 되고 말았다.

『차원부설원기』에 대한 진위 여부는 조선 후기의 양식 있는 학자들도 의문을 제기했다. 하지만 『증보문헌비고』와 같은 관찬 기록물에까지 비판 없이 수록해버렸으니, 문중 단위의 성씨 관련 자료는 더 말할 필요조차 없겠다. 학계에서는 『차원부설원기』가 나오게 된 시기를 대략 16세기 후반으로 추정하고 있고, 차씨 가문의 누군가에 의해 조작됐다고 판단한 논문도 나와 있다.

문화류씨는 우리 족보의 역사에서 주목할 만한 가문이다. 안동권씨와 더불어 족보 간행의 초기 단계였던 15세기에 이미 대규모 족보를 간행했던 가문이기 때문이다. 그런데도 시조 류차달부터 7대 류공권에 이르기까지는 단선으로 내려오다 류공권의 자식 대에 이르러 1녀 2남의 자손이 기록된다.

문화류씨 계보도

시조	2세	3세	4세	5세	6세	7세	
류차달	효금	금환	노일	보춘	총	공권	언침
							택

문화류씨는 1423년에 이미 우리나라 최초의 족보인 『영락보永樂譜』를 완성했으나 현존하지는 않는다. 그 후 1565년에 10권이나 되는 방

대한 족보인 『문화류씨가정보』를 만들었는데, 이에 대한 학계의 관심은 비상해서 이에 대한 많은 연구 결과물이 쏟아져 나왔다. 아무튼 『문화류씨가정보』에 수록된 인원은 모두 류공권의 후손인 셈인데, 류공권이야말로 문화류씨의 존재를 있게 한 주인공임에 틀림없다. 따라서 류공권이 문화류씨의 실질적인 시조라고 할 수 있다. 인명사전에 실린 류공권을 소개하면 다음과 같다.

류공권은 고려 인종 때인 1132년에 태어나 명종 때인 1196년까지 살다 간 고려 후기의 문신이었다. 시문에 능했고 초서와 예서를 잘 썼으며, 성품이 청렴하고 관직에 있을 때에는 늘 부지런했다고 한다. 과거에 급제해 청주목서기로 3년간 있다가 익양부녹사가 됐고, 명종 초에 내시로 들어가 사문박사·직사관을 거쳐 병부낭중이 됐으며, 1186년에 예빈경으로 금나라에 가서 만춘절萬春節을 축하했는데, 이때 금나라 사람들로부터 예절을 잘 안다는 칭찬을 받았다. 귀국 후 우부승지가 됐다가 뒤이어 우산기상시 한림학사가 됐고, 1192년에는 동지공거가 되어 진사 29명을 뽑았으며, 지주사를 거쳐 1195년에 동지추밀사에 올랐다. 이듬해 그가 병이 나서 친척들이 약을 지어 바치자, 죽고 사는 것은 명에 달렸다고 하면서 물리쳤다. 병이 심해지자 정당문학 참지정사 판예부사에 특임됐다. 『동문선東文選』에 시가 남아 있고, 『해동필원海東筆苑』에 필적이 전하며, 용인 서봉사에 있는 「현오선사비문玄悟禪師碑文」도 그의 글씨다. 시호는 문간이다.

이렇듯 큰 벼슬과 너른 인품으로 살았던 사람이기에 류씨 문중에서 그를 현조로 모셨다. 추측건대 황해도 문화고을에 살던 류공권은 그의 개인적인 능력으로 과거에 급제해 인종 말기에 개경으로 상경했을

사육신의 한 사람인 류성원의 묘
단종복위운동을 벌이다 발각되
자 자살한 류성원(?~1456)은
시조 류차달로부터 16세 후손
이다. 서울 동작구 사육신 묘역
소재.

것이고, 그의 후손이 줄줄이 관직에 진출해 권문세족으로 성장했음이
분명하다. 그렇다면 문화고을에 남아 있는 류공권과 동일한 성관을 가
진 수많은 일족 및 그 후예는 류공권과 계보가 연결될 수는 있을지언
정 방계에 불과하다. 그리고 후대에 여러 차례 족보가 간행됐지만, 지
금까지 류공권의 방계 인물이 족보에 수록된 적은 없다.

류공권이 문화류씨이듯이, 함께 살았지만 이름조차 알려지지 않은
수많은 그들의 일족도 문화류씨라는 사실에는 변함이 없다. 그토록 많
았던 방계 인물이 전혀 후손을 두지 않고 살지는 않았을 것이다. 이는
차씨와 류씨가 한 뿌리였다는 의식으로 살아가기 이전의 문제다. 그런
데도 역사적으로 화려했던 중국의 황손으로 연결하는 것만 집단기억
으로 만들어 나갔던 것이고, 방계 혈족 문제에는 관심조차 없었다.

서로 다른 집단기억으로 인해 상호 갈등과 적대적 대결 양상으로 치
닫는 사례가 많았듯이, 류·차 시비는 공유해온 집단기억의 파괴로 각
기 상이한 기억을 내세우면서 빚어진 갈등이었다. 17세기 이후 시조의
상한선을 경쟁적으로 끌어올리려던 현실과 시조는 역사적으로 뛰어난
인물이어야 한다는 관념이 빚어낸 시비였다.

이렇듯 우리의 시조에 관한 관념적 집단기억은 분명히 부정적 요소가 개입되어 있었지만, 우리는 이를 이성적으로 볼 생각조차 하지 않고 살았다. 조상의 상한선을 끌어올리다 보니, 중국으로 연결한 문중이 많아졌다. 그렇지 않다면 우리는 결국 단군할아버지의 자손으로 귀결될 수밖에 없는데, 단군할아버지가 살았을 때도 혼자만 살았던 것이 아니라 수많은 백성이 함께 존재했다. 우리는 단군의 직계 후손이 아니라 그 아래서 통치를 받던 고조선 백성의 후손이었다는 사실을 잊지 말아야 한다.

가야를 세웠던 수로왕의 후예라고 알려진 김해김씨 인구는 현재 400만 명이 넘어가고 있다. 그렇다면 열 명이 모이는 자리에는 반드시 김해김씨 한 명이 끼여 있다는 말인데, 냉철하게 이성적으로 판단한다면 이게 가능이나 한 일이겠는가? 당시 인구수에 비례한다면 김수로는 그야말로 점 하나도 제대로 찍지 못할 단 한 사람에 불과했다. 또 159개나 되는 본관을 가진 박씨가 어떻게 박혁거세 한 사람에게 모두 연결되며, 350개에 달하는 본관을 가진 김씨는 왜 한결같이 신라 경순왕의 후예임을 강조하고 나섰는가? 김씨와 박씨만 합쳐도 약 1200만 명이 넘는데, 그 모두가 김수로와 김알지 그리고 박혁거세가 낳은 자손이란 말인가? 그렇다면 이 나라는 왕족만 있고 백성은 없는 이상한 나라였음이 분명하다.

나도 양반의 피를 물려받았는데

『문과방목』은 조선시대 문과에 합격한 자들을 일별한 책으로, 약 1

『국조방목』 조선시대 문과 급제자를 연대
순, 시험 종별 그리고 성적순으로 수록한 책
으로, 『문과방목』, 『국조문과방목』 등의 명
칭으로 된 여러 종의 책이 전한다. 국립중앙
도서관, 서울대학교 규장각 등에 소장되어
있다.

만 5,000명의 급제자를 수록했다. 과거별로 급제자의 이력과 가계를 증명하는 4조(부, 조, 증조, 외조)가 들어 있어 인물을 파악하는 데 큰 도움을 준다. 합격자에 대한 비교적 간략한 정보를 실었는데도 4조를 포함했다는 것은 당시 사회가 혈통을 중시했다는 것을 잘 대변해주는 셈이다.

그 합격자 중에 약 200명의 서자가 포함되어 있는데, 단 한 명의 예외도 없이 외조를 기록하는 난이 비어 있다. 이는 낳아준 엄마를 밝히지 않았다는 뜻과 같다. 물론 당시에는 혼인한 여성에게 '밀양박씨'처럼 표현할 뿐이었고, 외조부의 성관과 그 가계를 표시함으로써 엄마가 어떤 사람인지를 유추해낼 수 있는 정도였다. 그렇다 할지라도 아예 생모를 생략해버렸다는 것은 납득이 잘 되지 않는다.

중국 족보에는 측실이 있을 경우, 출신지와 가계는 물론 이름까지 등재한 후 그에게서 태어난 아들과 딸도 출생한 순서에 따라 넣는 것이 관례다. 여기에서 출생순이란 적자와 서자를 구분하지 않고 태어난 순서로 기재한다는 뜻이다. 그런데 우리 족보에서는 측실에 관한 정보가 전혀 없고, 측실에게서 태어난 자녀도 아버지의 자식으로만 등재되는 것이다. 그것도 적자녀를 먼저 수록한 후 제일 끝부분에다 서자녀를 올려주는 식이었다.

이러한 한국과 중국의 차이는 적서 관념 자체가 달랐다는 것을 의미한다. 중국에서는 서자로 태어났다 할지라도 출세에 제한을 받지 않았다. 그런데 한국에서는 측실 소생이라면 100년이 지나든 200년이 지나든 그냥 서출일 뿐이었다. 당당하게 급제해 관직에 오르고 국가에 큰 공을 세워 표창을 받는다 할지라도 서출이라는 명에를 벗어날 수는 없었다. 설령 관직에 나간다 할지라도 청요직이나 고관으로 오를 기회는 주어지지 않았다. 대간들의 저항을 받기 때문이다.

중국은 송대 이후 문벌 세력이 약해지면서 개방적이고 수평적인 사회로 이동해갔다. 이에 비해 한국에서는 위계질서를 강조하는 성리학이 더욱 공고해졌고, 이에 따라 오로지 명분론에 집착하게 됐다. 그리하여 한국 사회에서 적서에 대한 관념은 '적서지간嫡庶之間 존비지분尊卑之分 천경지의天經地義 불가요문不可撓紊'으로 요약되어왔다. '적·서를 존·비로 나눈 것은 하늘과 땅의 이치이므로 결코 섞여서는 안 된다'는 지엄한 명분론이었다. '천경지의'란 『춘추좌씨전春秋左氏傳』에 나오는 말로, 정당하고도 변할 수 없는 인간의 도리를 일컫는 말이다.

우리 전통사회가 처음부터 적서를 차별한 것은 아니었다. 조선 태종이 왕자의 난을 일으킬 때 명분으로 이용된 후 점차 굳어져간 것이다. 안동권씨는 1476년에 『안동권씨성화보』를 간행한 이후 1605년에 『을사보乙巳譜』, 1654년에 『갑오보甲午譜』, 1701년에 『신사보辛巳譜』, 1734년에 『갑인보甲寅譜』, 1907년에 『정미보丁未譜』 등을 꾸준하게 간행해왔다. 따라서 족보의 흐름을 일목요연하게 파악할 수 있는 대표적인 사례 중하나다. 『신사보』에서 서자를 올릴 때는 3대를 기록했고, 『갑인보』에서는 당대만 기록하다가 『정미보』에서는 서자에 대한 구분 자체를 아예

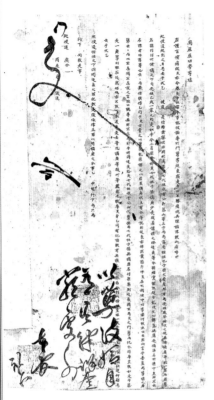

적서 갈등 해결을 위한 소지(청원서) 전라도 남원부에 거주하던 이유가 1736년(영조 12) 9월에 전라도관찰사에게 자신을 욕보인 서자 이정량을 처벌해달라고 제출한 청원서다. 전북대학교 박물관 소장.

삭제했다. 여기서 서자에 대한 차별의 시대적 흐름을 어느 정도 읽을 수 있을 듯하다.

어쨌거나 16세기 후반에서 17세기로 넘어오는 시기의 족보에서는 서자를 실어주기는 하되, 적서를 명확히 하려는 모습을 발견할 수 있다. 1597년에 편찬된 『사성강목』이라는 족보에서는 서파의 등재 원칙을 다음과 같이 세웠다. '뚜렷한 행적이 있을 때, 관직의 길이 허통됐을 때, 적자가 없어 제사를 이어받을 때' 족보에 기재한다는 것이었다. 적자가 없어 서자로 대를 이을 경우에도 '측실' 혹은 '서'로 표시해 구분했다. 1617년에 간행된 『성주이씨만력보』에서는 자녀를 출생순으로 기재하다가 자와 녀의 순차를 따로 구분하는 혼용 방식을 취했으며, 그러면서도 첩의 자손은 뒤쪽에 첩자와 첩녀로 구분해 명기했다. 대체로 당시 족보에서 서자는 이름 위에 '서' 자를 삽입하거나, 한 칸 아래에 기재하는 방식이 동원됐다.

여기에는 명분론을 앞세웠던 당시 사대부의 서자에 대한 차별 의식이 잘 나타나는데, 18세기 이후에는 지속적인 국가의 서얼소통 정책이 펼쳐지면서 국가 차원에서의 차별 의식은 많이 완화돼가고 있었다. 그러나 일반 사가에서는 명분론이 여전히 우세해 서자의 설움은 여전했다. 지금도 여기저기 산재한 고문서 중에서 족보 편간 당시 적서 갈등 때문에 관청에 제기한 소가 많이 남아 있다.

규장각이 소장한 고문서 한 장에 담긴 사례를 한번 보기로 하자. 남치공이라는 사람이 임술년 3월에 고을 수령에게 제출한 탄원서다. 남치공의 7대조 삼괴당의 아들인 참판공 남경효는 네 명의 아들을 두었다. 장남 수약을 비롯해 2남 수겸, 3남 수유, 4남 수일이다. 장남 수약에

남치공의 소장訴狀 임술년(1862?) 족보 편찬 과정에서 적서 갈등을 해결하기 위해 고을 수령에게 제출한 청원서. 서울대학교 규장각 소장.

게는 적자가 없어 후사를 잇지 못했으나 서자를 셋이나 두었는데, 그로부터 몇 대가 흘러 족보를 편찬하면서 적서 갈등이 생기고 말았다.

남수약의 서손 3파는 계사년에 내린 법령을 핑계로 족보 간행을 위해 마련한 규약을 따르지 않기로 결정했다. 계사년의 법령이란 서자나 서손에게 단지 벼슬길을 열어주기 위한 조치였을 뿐, 민가의 족보 편찬과는 무관한 일이었다. 그런데도 서손들은 이를 빙자해 자신들의 요구를 들어주지 않으면 적파와 함께 족보를 간행하지 못하겠다고 맞섰다. 현존 문서상으로는 그 부분이 아쉽게도 결락되어 있지만, 이름 위에 표기하는 '서' 자를 빼달라는 요구였을 것으로 추정된다.

남치공 등은 서파의 요구를 들어주지 않았기에 결국 함께 수보하지

『노상추 일기』 경상북도 선산 출신인 노상추(1746~1829)가 68년 동안 쓴 일기. 오랜 무관 생활을 일기로 남겨 조선 후기 변방의 군사제도나 생활사 연구에 크게 기여할 수 있는 자료다. 원본은 후손 노용순 씨가 국사편찬위원회에 위탁하여 관리되고 있다.

못했다. 하지만 그들의 방계 선조인 수약(남치공 5대조 장형)까지 제외할 수는 없는지라 그대로 등재할 수밖에 없었다. 그러자 서파의 과격한 행동대장들이 보소에 들이닥쳐 족보를 빼앗아 수약의 이름이 쓰인 곳에 침을 뱉고 찢어버렸다. 남치공의 입장에서 수약의 이름을 빼버리면 6대조와 의리를 끊을 뿐 아니라 5대조 4형제간의 윤리를 저버리게 되는 일이었다. 그리하여 족보와 윤리의 엄중함을 모르는 패륜적인 행동을 한 자를 처벌해달라는 내용으로 소장을 제출한 것이다.[11]

조선 후기에 무반으로 살았던 노상추는 자그마치 68년간 일기를 써서 남겼는데, 그 속에 족보를 둘러싼 적서 갈등이 잘 묘사되어 있다. 이를 요약해 소개하는 것은 개인의 일기에 나타난 하나의 사례에 불과할 것이지만, 변해가던 조선 후기 사회의 생생한 모습을 음미해 볼 수 있으므로 시대 상황을 이해하는 데 큰 도움이 될 것이다.

노상추 일가는 대대로 경상도 선산 땅에 살아온 이 지역 양반이었다. 할아버지 죽월공이 무과에 합격해 영조 때 수문장을 지냈고, 그 역시 무과에 합격해 삭주부사까지 역임한 무반 가문이었으니, 벼슬살이 옆에도 가보지 못한 양반하고는 격이 달랐다. 영조가 즉위한 지 몇 해 되지 않아 일어났던 무신난戊申亂(이인좌의 난) 이후에는 영남 지역 선비의 출사 길이 막혀 있었기에 노씨의 위세는 인근 지역에서도 견줄 만한 자가 드물었다.

할아버지 노계정이 한양에서 관직 생활을 할 때 집안의 대소사를 처리하기 위한 일종의 보종계保宗契를 계획한 것이 1742년(영조 18) 즈음이었다. 이 당시 어느 문중에서나 이런 계를 통해 각종 행사에 드는 비용을 해결하던 것이 관례였기에 계를 조직하기 위한 종잣돈 270냥을 성큼 내놓았지만, 이를 관리할 만한 적임자를 찾지 못하고 있었다. 그때 노상추의 아버지가 추천한 인물이 아버지의 사촌인 노수였다. 노수는 노상추의 당숙이긴 했지만, 실은 서자 출신이었다.

그로부터 10년 세월이 흐른 뒤 노계정은 곗돈이 얼마나 잘 불어났는지 확인하고자 했다. 이를 관리하던 노수는 토지는 그대로이며 그 외의 것은 돈으로 바꾸어 보고하겠노라고 미뤘다. 몇 달이 지난 뒤 노수는 집안에 도둑이 들어 몽땅 잃어버렸다고 노계정에게 고했다. 노수는 이를 확인시키기 위해 여종을 묶어 문초하기 시작했다. 그러나 여종은 들지도 않은 도둑이 무슨 물건을 가져갔는지 모르겠다면서 자신의 결백을 끝까지 굽히지 않았다.

이를 보다 못한 노계정은 거금 1,000냥을 탕감해주었고, 이튿날 노수는 400냥과 토지 문서를 내놓고 곗돈 관리도 그만두었다. 그로부터 3년이 지난 을해년에 대흉년이 들었다. '흉년에 논 사지 마라'라는 경주 최 부잣집 가훈이 있듯이, 보리쌀 한 됫박으로 논 한 마지기를 바꿀 수 있었던 급박한 상황이 바로 대기근이었다. 이재에 밝았던 노수는 흉년이 닥치자 더 큰 부자가 됐다.

거부 노수는 종가의 전답과 노비를 집중적으로 사들였는데, 이는 자신의 입지 강화를 위한 치밀한 포석인 동시에 몇 걸음 앞을 내다보는 노림수였다. 대흉년의 힘든 상처가 조금씩 아물어갈 무렵인 1766년 겨울 어느 날 노씨 집안에 제사가 있었다. 이 자리에 참석했던 노수는 족보 이야기를 끄집어냈다. 당시까지만 해도 서자인 경우에는 족보에 이를 분명하게 드러내기 위해 이름에 서 자를 넣는 것이 상례였다. 그런데 이 서 자를 빼달라고 정식으로 요청한 것이다.

당시 노씨 가문의 문장門長이었던 노상추는 종중을 모욕하는 처사라며 거절의 뜻을 분명히 했다. 그러나 노수는 포기하지 않았다. 끈질기게 요구한 노수의 집념은 5년간이나 지속됐고, 종회가 소집되던 날 노상추는 참석하지 않기로 마음먹었다. 이미 알 만한 다른 종원들도 노수 쪽으로 기울어져가는 상황을 짐작하고 있었기 때문이다. 종회에 참석했던 사람들에게서 서 자를 빼기로 결정했고, 곧 새로운 족보 제작에 들어갈 것이라는 말까지 듣게 된 노상추는 심기가 이루 말할 수 없이 불편했다.

집안이 곧 망하고 말겠다고 장탄식을 쏟아낸 노상추의 울분은 그러나 그다지 오래가지 않았다. 노수의 집안과 결별이라도 할 듯했던 그 험악한 기세는 차츰 꺾였고, 그로부터 또 10년이 흘러 노수가 병으로 세상을 뜨자 애통하고 가련한 정을 느낀다며 안타까움을 나타냈다.

이러한 변화는 노상추 한 개인의 의식 변화가 아니라, 조선이라는 나라 전체가 다 같이 겪은 문제였다. 우리 역사상 서얼에게 차별을 가한 것은 조선 태종 이래로 시작된 것이지만, 인류 역사상 분명 한국에만 존재한 특이한 제도였다. 가까운 중국에서도 이상한 눈으로 쳐다봤던 것이 바로 서얼차대법이었다. 그리하여 적자와 서자를 차별하는 의식이 족보에도 반영되기 시작했다. 그것은 16세기를 거쳐 17세기 중엽 이후부터 나타난 사회 현상이었다. 그러다가 시간이 흐르면서 또다시 족보에는 서 자 표기가 자취를 감추기 시작했다. 국가적으로 서얼소통이 이루어져 관직의 벽까지 허물어진 세상이니, 사가의 족보에도 더 이상 차별을 둘 명분이 없었다.

이런 시대적 배경을 겪었기 때문에 문중마다 적서 간에 다툼이 일어나지 않았던 집안은 하나도 없었다고 봐야 한다. 물론 예외는 있을 수 있다. 천한 신분을 가진 집안이었다면 적서 차별로 시끄러울 이유가 없기 때문이다. 다 같은 양반의 자식이면서 어머니가 다르다는 이유로 차별을 받았다는 것은 우리 전통사회가 갖는 모순이었다.

기생첩과 어우동, 왕가의 자손

흔히들 호적을 파낸다고 하듯이, 우리 전통사회에서는 나라에 큰 죄를 지은 자는 족보에서 지워버렸다. 왕실의 족보인 『선원록』에서도 난역亂逆의 죄를 입은 종친은 삭제하는 것이 원칙이었다. 그러나 원칙은 원칙일 뿐, 실제로는 다양한 명분이나 현실 문제와 직결되어 융통성 있게 적용된 것으로 보인다. 제2차 왕자의 난 때 이방원과 맞서다 제거된 방간이나, 세조가 단종을 몰아내고 즉위하는 과정에서 반역으로 몰린 금성대군 같은 이들의 자손을 어떻게 처리할 것인가 하는 문제는 시간이 한참 흐른 뒤에도 계속되는 논란거리였다.

이성계의 넷째 아들 방간은 제1차 왕자의 난 때 1등 공신이 됐지만,

이듬해 박포의 충동질에 못 이겨 제2차 왕자의 난을 일으킨 주모자가 됐다. 난은 결국 실패해 방간은 황해도 토산에 유배됐으나, 정종과 태종의 관용으로 죄가 더해지지는 않았다. 후일 안산으로 이배됐을 뿐 매 초하룻날에는 한양에 들어가는 것을 허락받았을 정도였고, 세종 치세까지 천수를 누리다가 홍주에서 죽었다. 하지만『선원록』에는 오랜 기간 실리지 못하다가 1605년(선조 38) 선원록교정청의 주청으로 신원이 논의되기 시작했다.

그 후『선원록』을 수정했을 때 방간의 처 김포군부인 금씨를 부인으로 기록했음에도, 유배된 처지에 결코 신부를 맞이했을 리가 없다는 추측으로 금씨 소생의 두 아들을 첩의 자식이라 판정했다. 이에 대한 불만으로 전주에 사는 충의위 이덕린이 광해군이 즉위한 이듬해에 상소를 올렸다. 1418년(태종 18) 2월 25일 자 관인이 찍힌 호적에 김포군부인으로 기록했음을 증거로 적자로 인정해달라는 것이었다. 이방간의 후손이라 칭하는 사람들이 천역을 면제해달라거나『선원록』에 올려달라는 민원은 중종이나 명종 때도 지속됐다. 그러다가 1680년(숙종 6) 선원록이정청의 건의에 따라 이방간은 그 자손과 함께『선원록』에 실리게 되어 완전히 신원됐다.

세종의 아들 금성대군은 형 수양대군에게 맞서다 1455년(단종 3)에 모반 혐의로 유배됐고, 그 후 단종 복위를 위해 순흥부사 이보흠과 함께 군사를 모으다 세조에게 결국 사사되고 말았다. 금성대군과 첩 사이에 태어난 아들 가운데 가질동은 충주의 관노비 신세가 됐다. 그 후 충주의 관비에게 장가들어 아들 셋을 낳았는데, 이들은 호적으로 신원을 증명해『선원록』에 오르는 데 성공하는 듯했다. 그런데 가질동의 처를 호적에 올린 것이 병오년丙午年(1486)이었음이 밝혀졌고, 그의 첫째와

둘째 아들 모두 병오년 이전에 태어
났으니 가질동의 아들이라고 단정
할 수 없었다. 가질동의 자식을 『선
원록』에 어떻게 올릴 것인가 하는
문제로 조정은 한때 시끄러울 수밖
에 없었다.

　조선시대의 종친이란 먹고 마시
는 것 외에는 뚜렷한 일거리가 없
었다. 4대가 흘러 친진親盡(4대 조상
보다 더 멀어져 제사 지내는 대수를 다
함. 통상 사대부가에서는 4대까지 제사
를 지냄)이 되기 전까지 왕과 가까운
종친은 벼슬길 자체가 막혀 있었기

『선원록이정청의궤』 조선시대 왕실의 족보
인 『선원록』을 수정하거나 보완할 때마다
그 경위와 전말을 기록한 책으로, 이 책은
1679년(숙종 5)부터 1680년까지 『선원록』
이정釐正에 관한 내용을 담았다. 서울대학교
규장각 소장.

때문이다. 먹고 마시고 즐기다 보
니 줄줄이 거느린 첩이 많을 수밖에 없었고, 거기에 딸린 즐비한 자식
을 국가에서 특별히 관리하는 조치가 있어야만 했다. 『선원록』의 기능
도 바로 그런 것이었지만, 그 관리가 쉬운 것이 아니었다. 워낙 다양한
자식이 마구잡이로 태어났는데, 비첩의 소생과 기생첩의 소생이 뒤섞인
데다, 그 밖에 천첩賤妾과 양첩良妾도 수두룩했기 때문이다.

　1519년(중종 14) 금릉부수의 천첩 소생인 이유가 상소를 올려 자신을
『선원록』에 등재해달라고 요청했다. 동생은 『선원록』에 올랐는데, 형인
자기는 오르지 못했다는 것이었다. 이 일을 논의한 삼정승은 그 요청을
기각했다. 형인 이유는 그 어미가 기생이었을 때 낳은 자식이지만, 동생
은 첩으로 들어간 후에 낳은 자식이기 때문이었다. 이렇듯 천한 신분에

게서 태어난 수많은 종친의 자식들이 어미가 첩으로 들어갔을 때만 인정을 받았고, 나머지는 족보에 등재되지 못했다.

종친의 소생이란 명목으로 노비 신분에서 종량從良됐다가 가짜로 들통이 난 후 도로 환천된 사례도 심심찮게 있었다. 종량이란 양인의 신분을 획득한다는 뜻인데, 비록 서출이긴 하나 노비가 갑자기 종친의 자식이 되는 것이니 엄청난 신분 상승이었다. 1520년(중종 15)에 홍문관 노비였던 학년이란 자를 금릉수의 아들로 둔갑시켰다가 문제가 된 것도 그런 사례 중의 하나였다. 글깨나 읽은 중개인과 짜고 친 고스톱이었다. 성종 때도 종실의 정확한 실태 파악을 위해 노력을 기울였지만, 목조를 비롯한 해동육룡이 낳은 자손만도 조선 팔도에 흩어져 있는지라 쉽지만은 않았다.

1478년(성종 9)에 도승지 홍귀달이 비장하게 작심을 한 듯 아뢰었다. 기첩을 집에 데려다놓고 사는 종친의 폐해에 대한 것이었는데, 아내는 돌보지 아니하고 기첩에게 빠진 자가 너무 많아 더 이상 방치해서는 안 된다는 것이었다. 이 문제가 제기되자 성종은 짐짓 피하는 눈치였다. "종친이며 재상 중에 기첩을 거느리지 않은 자가 누가 있겠는가?" 하고 반문한 것이다. 그러면서도 은근슬쩍 비켜가는 한 수의 포석을 했다. "종친의 아들을 밝힐 수가 없어서 천역에 종사함은 있을 수 있는 일이나, 만약 다른 사람의 자식을 『선원록』에 올린다면 그 문란해짐을 어찌 감당하려는가?" 하고 물었던 것이다.

그리하여 결국 종친과 기생 사이에 태어난 자식의 처리 문제가 화제로 떠올랐다. 경연에서도 성종과 대신들이 함께 머리를 맞대고 논의해 봤지만 쉽게 결말이 나지 않았다. 그러는 사이에 종친들이 찾아와 자신들의 입장을 대변하기도 했다. 그러나 종친의 기첩 중에는 기역妓役에서 완전히 면제되지 않았는데 그냥 데리고 사는 경우가 많았고, 그러므로 그 자식까지 종량시킬 수는 없다는 것이 고민이었다. 그 이듬해 봄에 성종은 담당 부처인 종부시에 전교를 내렸다. '종친이 기첩을 집에 데려다가 둔 자가 아닐지라도(종친이 기첩을 집에 데려다놓고 살면서 낳은 자식이 아니라 할지라도) 입법 이전에 낳은 자식 모두를 『선원록』에 실어라'는 명이었다.

이렇게 결정된 뒤에도 갈지자 행보는 계속된 듯하다. 1480년(성종 11) 11월 13일 실록 기사에서 "종친의 양첩·천첩 자녀를 그 어미의 계파를 상고하지도 않고 모두 『선원록』에 기록하는 것은 불가하니, 청컨대 그 어미의 족계를 엄격히 따진 후에 기록하도록 하소서"라는 종부시의 건의에 대해, 성종이 그대로 따랐다는 것이다.

그로부터 2년이 흐른 후 경연 자리에서 책읽기를 마친 성종에게 대사헌 이철견이 아뢰었다. 한집에 데리고 살지 않는다는 이유로 자식을 버리면 아비 없는 자식이 양산된다는 주장이었다. 유교국가에서 아비 없는 자식이란 인륜을 벗어난 첫 번째 일이기에, 이는 현실을 반영하려던 것으로 보인다. 그러나 성종의 명분은 단호했다.

> 창기는 일정한 남편이 없으므로 비록 자녀가 있더라도 누구 소생인지 확실히 알 수 없다. 종친이 만일 창기가 하는 말만 믿고 다른 사람의 아들을 자기 아들이라고 하여 『선원록』에 올린다면 어떻게 할 것인가?

태강수 이동은 효령대군의 서손이다. 태강은 봉작할 때 내린 읍호이고, 수는 왕자의 증손에게 붙이는 정4품의 종친계다. 이동은 성종 때 부인이었던 박씨를 버리고 기생 연경비를 들여앉혔다가 종부시의 제재

효령대군 영정 서울 관악산 연주암 길목의 효령각에 모셔진 효령대군(1396~1486) 영정. 태종의 차남이자 세종의 형으로, 현재 전주이씨 중에서는 효령대군파의 수가 가장 많다. 경기도 유형문화재 제81호.

를 받았는데, 이때 버린 박씨가 갖가지 음행을 벌이다 죽임을 당한 어우동이다. 실록에는 간단한 기사만 있어서 그녀가 축출된 배경이 잘 나타나지 않는다. 연경비라는 기생을 사랑해 억지로 어우동의 허물을 잡아 쫓아냈다는 설과 어우동이 은그릇을 만들려고 찾아온 은장이와 간통을 해서 쫓겨났다는 설이 있다. 아무튼 태강수 이동이 삭탈관직된 것이 바로 그때였고, 몇 개월 뒤 추탈된 고신告身(임명 사령장)을 되찾았으니, 어우동을 버린 것 때문에 죄를 입은 것 같다.

사정이야 어찌 됐건 결과적으로 어우동은 버림받은 처지가 됐고, 그후 남편의 8촌인 세종대왕의 서손자 방산수 이난, 남편의 6촌인 수산수 이기는 물론이고, 내로라하는 고관대작을 비롯한 수십 명과 간통을 하다 적발됐다. 성종은 귀양이나 유배로 형을 정하고 불문율에 부치려 했으나 논의는 잦아들지 않았다. 급기야 어우동의 죄를 『대명률』의 '남편을 배반하고 도망해 바로 개가한' 조항에 비정해 교부대시絞不待時해야 한다는 주장까지 나왔다. 사형 집행은 그 시기가 정해져 있었는데, 교부대시란 그 시기를 기다리지 않고 즉시 형을 집행하는 것을 말한다. 이 사건을 바라보는 사대부의 시각이 잘 드러나는 대목이다.

결국 성종도 승정원과 양사兩司인 사헌부·사간원의 탄핵을 승인해

1480년(성종 11) 10월 18일에 어우동을 처형하고 말았다. 간통했던 남자들은 가벼운 벌만 받았고, 그 후에 모두 사면되거나 실직에 복귀했다. 그런데 사형에 처해진 어우동은 또 한 번 큰 버림을 받았다. 한 달 후 『선원록』에서 삭제되고 말았기 때문이다.

시간은 흘러 중종반정이 일어났다. 연산군과 피를 나눴다는 것만으로도 연좌된 종친이 수없이 쏟아졌다. 중종이 왕위에 오른 지 8년이 지난 시점에 연좌로 걸려든 백부·숙부의 자녀 중 『선원록』에서 삭적된 자를 다시 등재하라는 조치가 내려졌다. 시간은 또 흘러 고비마다 신원되어 『선원록』에 추가 등재된 사람은 수없이 많았건만, 어우동의 이름은 끝내 『선원록』 근처에도 가보지 못하고 말았다. 그녀의 친정 아비도 박씨 족보에서 그 흔적이 지워졌음은 더 말할 나위가 없다.

고문서에 나타난 보송譜訟 사례

조선시대의 일상생활을 가장 적나라하게 보여주는 것이 고문서다. 관찬 사서는 편집되거나 가공된 것이 주류지만, 고문서는 당시 살았던 사람들의 실생활을 그대로 드러내는 것이 많기 때문이다. 그리하여 오늘날 역사학계에는 고문서에 나타난 족보 위조나 종족 내부의 갈등을 소상히 밝힌 논문들이 쌓이기 시작했다. 특히 족보 편간 당시 종족 내부의 갈등과 시비는 문중이 자체적으로 해결하기보다 관청에 탄원서를 내는 경우가 더 많은데, 이런 보송譜訟은 당시 양반가에 유행처럼 번졌던 하나의 시대적 흐름이었다.

영산김씨 보송도 그런 사례 중 하나였다.[12] 영산김씨는 충청도 영동을 본관지로 한 세족으로, 조선 초기 대학자였던 김수온을 현조로 모신다. 영산김씨대종회에서는 각 지역에 흩어져 사는 종인들에게 족보를 간행하자고 제안했다. 그리하여 충청도 영동에다 보청譜廳을 설치했던 것이 신미년(1871?)이었다. 그로부터 1년이 채 안 되는 짧은 기간에 새로운 족보가 간행되어 여러 종원에게 배포됐는데, 문제는 오류가 많았다는 점이다.

그리하여 그로부터 몇 년이 흐른 을해년 5월에 김수온의 17세손인 김기배를 비롯해 김병로·김수정 등이 연명으로 한성부에 탄원서를 제출했다. 여러 명이 연명해 올리는 이런 탄원서를 등장等狀이라 하며, 그 문서의 골자는 크게 두 가지였다. 하나는 김기배의 아버지와 할아버지 이상의 배위 묘소 소재지와 조모 성관에 오류가 있음을 지적한 것이었는데, 이는 실수로 빚어진 것이기에 바로잡으면 될 문제였다.

탄원서를 낸 원고 측에서 심각하게 받아들인 것은 고의에 의한 족보 훼손과 환부역조 사안이었다. 즉 서자를 구분하기 위해 이름 앞에 붙이던 서 자를 생략해버린 것과 영산김씨와 전혀 관련 없는 자들의 세계를 족보에 편입한 것인데, 이를 두고 멸륜패상滅倫敗常이라는 극한적인 용어까지 사용한 것에서 그들의 분노를 잘 읽을 수 있다. 아무튼 전국의 문중에 배포한 신보新譜를 회수하고, 이런 잘못을 바로잡아달라는 것이 탄원서의 요지였다.

문평공 김수온 이후 가문이 쇠락하긴 했지만, 현조로 받들어지는 문평공이 있었기 때문에 영산김씨 가문은 인근에서도 알아주는 망족望族으로 행세할 수 있었고, 그에 따라 별 볼일 없는 성관을 가진 자들이 자신들의 세계를 영산김씨 족보에 돈을 주고 올렸던 것이다. 통상적으로 세계가 연결되지 않는 파는 '별파'로 분류해 본보本譜의 부록으로 처리하거나, 책을 분리해 별보로 제작하는 것이 관례였다. 그런데 이 당시는 자식이 없어 대가 끊어진 인물에다 자식이 있었던 것처럼 위조하는 방법이 널리 쓰이던 때였다. 탄원서에서 세계가 명확하지 않은 자를 대상으로 돈을 받고 족보에 올려주었다는 김기배 등의 주장은 바로 이런 것을 두고 말한 것으로 추정된다.

조선 후기의 족보 편간 과정에서 적서의 엄격한 구분은 성리학적 대의명분 때문이었다. 그리하여 서자에게는 반드시 표기할 때 제한을 두어 서 자로 표기하거나 한 글자 낮

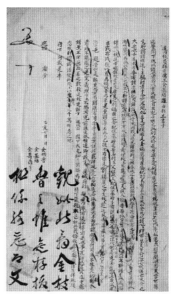

김기배의 소장訴狀 1871년(고종 8)경 영산 김씨 족보 편찬 과정에서 왜곡과 환부역조에 대한 문제를 지적하며 김기배 등이 올린 청원서. 서울대학교 규장각 소장.

추어 서자임이 드러나도록 했다. 동시에 적자녀를 다 기록한 끝에다 서자녀를 기록하는 것이 원칙이었다. 처와 첩의 구분도 엄격했으며, 적자의 배우자는 '배配', 서자의 배우자는 '취娶' 자를 쓴 후 관련 사항을 기록했다. 그런데 새로 간행된 영산김씨 속보에서는 서 자를 빼버린 동시에 '첩'을 '처'로 '얼자'를 '적자'로 위조했고, 결국 이에 대한 불만이 팽배해 김기배 등이 관청에 탄원을 내서 해결을 시도했던 것이다.

경상도 상주와 경기도 여주 및 충청도 청안에 살았던 영산김씨는 새로운 족보에 들어가지도 않았는데, 이곳에 사는 종인들이 가난해 신보에 참여하지 않았다는 것이다. 이런 와중에 간행 실무를 맡았던 유사有司 가운데 김종로 같은 이는 새로 만드는 족보가 심각하는 것을 알고

전국의 여러 종파에 통문을 돌림과 동시에 고을과 감영에 고발해 시정을 요구하기도 했다. 그러나 신보 간행을 주도한 이들이 밀어붙여서 1년도 채 안 되어 간행이 된 것이었다.

이런 내용으로 된 탄원서가 한성부에 접수되자, 한성부판윤은 족보의 잘못된 부분을 바로잡아 부끄러운 행위로 탄식하는 일이 없게 하라는 지시를 내렸다. 그로부터 한 달 후 김기배와 김병로 등은 충청도순찰사에게 동일한 내용의 탄원서를 또 올렸다. 교정유사 김경로가 서자를 빼버리자는 파와 돈을 주고 세계를 편입한 파의 주장에 동조해 신보 회수를 결사적으로 가로막았기 때문이다.

실은 새로 간행하려는 족보에 큰 문제점이 발견됐을 당초에 김기배와 김병로 등은 자체적으로 바로잡으려는 노력을 했다. 보은의 지산 산지기 집에다 보소譜所를 차려놓고 각지에 통문을 돌려 재간행하려는 계획까지 세웠다. 그러자 재정과 실무를 담당했던 김광수·김남규·김진교·김경로 등이 합세해 이를 저지하기 위한 갖가지 방법을 동원했다. 그리하여 불가피하게 한성부와 충청감영에 탄원서를 제출해 주동자인 김경로의 처벌을 호소한 것이었다.

그런데도 충청도순찰사는 한성부의 처분대로 종중에서 상의해 바로잡되, 다시는 번거롭게 소송을 하지 않도록 하라는 처분을 내리고 말았다. 한성부판윤이든 충청도순찰사든 간에 족보 위조에 대해서는 다같이 분개했지만, 몸을 사리는 처분을 내릴 수밖에 없었다. 문중의 일에 적극적으로 개입하다 보면 문제가 더 크게 일어날 소지가 있었기 때문이다. 사건이 종결 처리된 것이 아니기에 3~4년이 흐르는 사이에 교정한 족보를 간행하는 일이 그럭저럭 진행되어 무인년 겨울에는 절반정도 인쇄를 마칠 수 있었다. 그런데 용산에 세거하는 종인들이 족보 간행에 참여하지 않아 일을 끝낼 수가 없었다. 아직까지 분쟁 중에 있다는 것이 이유였다.

이 틈을 타고 김병로 측은 족보 출간을 방해한 자들을 처벌해달라는 탄원서를 보은군수에게 제출했다.[13] 이를 접수한 보은군수는 명쾌하게 일을 처리하기 위해 명령을 내렸다. 장재유사인 김광수, 교정유사인 김경로, 도유사의 아들을 모두 잡아들이라는 명령을 내린 것이다. 족보를 간행할 때는 엄격한 적서의 분별과 종손과 지손의 구분이 있어야 하거늘, 뇌물을 받고 위보를 만든다는 것은 용서할 수 없다는 것이었다. 그러나 그 후의 관련 문서가 남아 있지 않아 보은군수의 처리 결과가 어찌 됐는지는 알 수가 없다.

18세기 후반에서 20세기 초까지 씨족사회 내부에서 일어났던 소송 건은 매우 다양하게 전개됐는데, 앞에서 살펴본 보송 또한 당시 사회에서 하나의 큰 흐름이었다. 이런 보송이 일어나면 대개 종중 내부에서 잘 마무리될 수 있도록 유도할 수밖에 없다. 명백한 오류로 판정이 난다면 모르지만, 관에서 행여 잘못 개입하면 오히려 분쟁만 키울 수 있기 때문이었다. 그러나 위보로 판정이 난다면 이를 회수해 소각해버리는 절차가 진행됐다. 위보는 곧 성리학적인 기본 질서를 어지럽히는 행위기 때문이었다.

고문서에 담긴 보송과 관련한 또 다른 사례를 보기로 하자. 전라도 함열에 사는 임 아무개가 관찰사한테 제출한 탄원서의 내용은 다음과 같다. 그의 14대 되는 선조 3형제가 고려 말에 경기도 평택, 전라도 익산과 조양에 나뉘어 살았던 것을 계기로 본관을 달리하게 됐다. 그의 14대조는 시중을 지냈으며 나중에 익산임씨의 시조가 됐고, 그 후 조선에 들어와 12대조 및 7대방조가 문과에 급제해 『국조방목』과 『과보

科譜』에 실렸는데, 이들 모두 본관이 익산으로 기록되어 있었다. 그 후 여러 선조의 장적과 묘갈이나 지석에도 본관이 익산으로 되어 있음은 물론이었다.

그런데 갑자기 그의 족인族人 몇 명이 익산을 본관으로 하는 수가 적을 뿐 아니라 가세가 한미하다는 이유로 평택으로 본관을 바꾸려 했다. 원래 관향이 평택인데 착오에 의해 익산이 됐으니, 이를 바로잡아야 한다며 평택임씨 족보에까지 올렸다. 그러나 대성大姓 중에 뿌리가 같으면서 본관을 달리하는 경우는 있지만, 은진송씨가 여산으로 본관을 바꾸거나 김해김씨가 경주로 관향을 삼은 예는 일찍이 들은 바가 없었다. 임 아무개는 본관을 바꾸어야 하는 근거도 알 수 없는지라 여러 차례 소송을 제기했고 그때마다 승소했다.

그런데도 식년式年을 맞아 호적을 작성해서 관에 제출해야 했을 때 그 처리 과정에서 그들은 자신들의 주장을 굽히지 않은 채 본관을 바로잡으려 하지 않았다. 답답했던 임 아무개는 결국 함열현감이 공석 중이라 관찰사가 있는 전주에까지 가서 한 조상의 후손이 두 본관을 사용하는 일이 없도록 해달라는 탄원서를 제출했던 것이다.[14]

이런 사례는 자료가 남아 있는 임씨에게만 해당하는 것이 아니었다. 희성 벽관을 가졌던 대다수의 성관이 이런 내홍內訌을 겪었는데, 대체로 18세기부터 시작되어 19세기에 와서는 광범위하게 진행됐다.

제4장

조상과 족보에 대한 전통 가꾸기

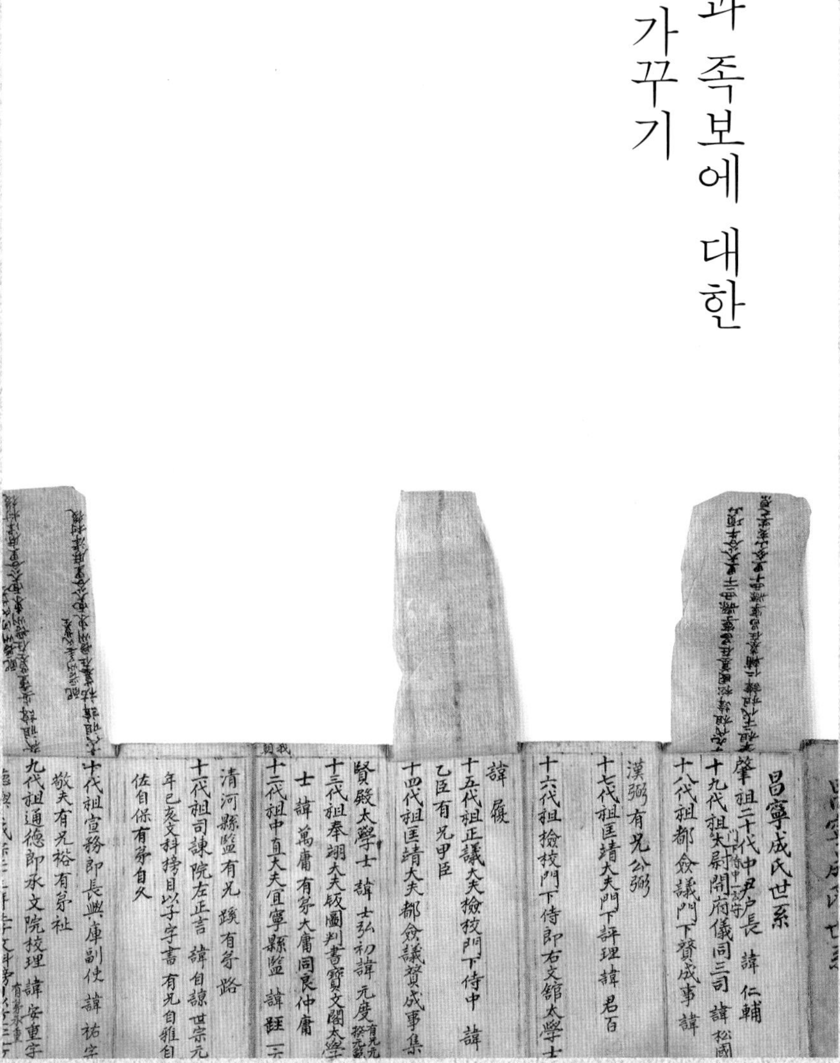

제1장

전통사회의 족보와 보학

계보 추적의 두 원리가 낳은 촌수와 항렬

우리 전통사회에서 계보를 추적하는 방법은 크게 두 가지로 진행됐다. '개인 중심의 가계 기록'과 '조상 중심의 가계 기록'이 그것이다.[1] 전자는 나를 기점으로 부·모, 부의 부·모, 모의 부·모 등과 같은 방법으로 피를 물려받은 조상을 찾기 위해 위로 거슬러 올라가는 방법인데, 이때의 계보도는 역삼각형 모양으로 완성된다. 나를 있게 해준 부계와 모계를 동일 선상에 놓고 위로 추적해 나가는 것이니, 이를 생물학적 계보 파악 원리라 할 수 있다. 반면에 후자는 특정 씨족의 공통된 조상을 꼭대기에 두고 작성 당시의 씨족원을 저점으로 찾아 내려오는 방법으로 피라미드형을 이룬다. 이는 조선 후기 가부장적 종법 질서가 확립된 이후 사회의 시대상을 잘 반영해 나타난 것이기에 사회학적 계보 파악 원리라 할 수 있으며, 우리가 통상적으로 족보라 칭하는 것은

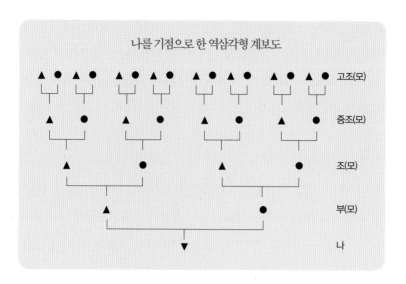

나를 기점으로 한 역삼각형 계보도

고조(모)

증조(모)

조(모)

부(모)

나

물론 후자를 두고 말하는 것이다.

　동서고금을 막론하고 자신의 정체성 확인을 위한 뿌리 찾기가 성행하는데, 유독 서양인은 우리와 달리 나를 기점으로 시작하는 역삼각형의 계보도 파악 방법을 주로 사용해왔다. 서양인은 개인주의적 사고방식이 강하므로 이해가 쉽게 될 만도 하다. 그러나 우리 조상도 피를 이어받은 혈족 관념으로 계보를 파악할 때는 이런 식의 방법을 동원했던 것이니, 조선조에 양반가에서 많이 작성했던 팔고조도가 바로 그것이다.

　이런 식의 계보도는 나를 기점으로 부계와 모계를 언제나 동일 선상에 놓고 거슬러 올라가기에 계보 연결이 남성뿐 아니라 여성을 매개로 이어진다는 특징을 가진다. 아울러 내 조상은 대수가 올라갈수록 언제나 2의 제곱으로 증가한다. 이때 부계로 이어지는 직계 조상, 즉 나를 기점으로 한 계보도의 가장 왼쪽에 해당하는 부, 조, 증조, 고조를 제외한 나머지 인물은 나와는 대개 성씨를 달리한다. 그러니 이 계보도에는 내 친족이 나타나지 않으며, 사회적으로 뚜렷한 집단을 형성하지

못하기에 내가 소멸되면 함께 사라져서 지속성을 가지지 못한다는 특징도 보인다.[2]

그리고 계보에 바탕을 둔 사회적 관념이 바로 촌수寸數다. 촌수는 친족 상호 간의 혈통 관계를 따질 때 그 멀고 가까운 정도를 판단하기 위해 설정한 개념으로 친등親等이라고도 한다. 촌수의 본래 뜻은 '손의 마디'라는 뜻이다. 나와 부모는 한 마디 떨어진 사이이니 1촌이고, 나와 형제는 부모를 통해 몸을 나누었으니 2촌, 나와 아버지의 형제는 3촌, 나와 아버지 형제의 자녀와는 4촌 관계가 된다. 그렇지만 부부 사이는 무촌無寸, 즉 촌수가 없다. 너무 가까워서 촌수로 따질 수가 없고, 헤어지면 완전히 남이 되는 관계가 부부다.

촌수가 짝수일 경우는 같은 항렬이고, 홀수일 경우는 위나 아래 항렬이 된다. 흔히들 삼촌 혹은 사촌처럼 숫자를 호칭으로 사용하지만, 이는 올바른 표현이 아니다. 촌수는 단순한 친소 관계를 말하는 수치일 뿐이기 때문이다. 필자도 어린 시절 타향에 살던 숙부님이 오셨을 때 "삼촌 오셨습니까?" 하고 인사를 하다가 어른들께 잘못을 지적받은 적이 있다. 삼촌은 단순하게 친족 관계를 표현한 숫자이기에 당시 영남 내륙에서는 서숙부庶叔父에게 격을 좀 낮춰 그냥 '삼촌'으로 부르는 관습이 생겨날 정도였으니, 어른들의 눈에는 큰 지적거리가 될 만한 것이었다. 이렇듯 삼촌은 '숙부', 사촌은 '종형從兄' 혹은 '종제從弟', 오촌은 '당숙', 외삼촌은 '외숙', 육촌은 '재종再從'으로 불러야만 올바른 호칭이다.

고조부 아래로 4대째 내려오는 자손을 촌수로 따지면 8촌이 되고, 통상 8촌까지를 한집안이라 이르며, 이를 넘어서면 그냥 일가一家라 칭했다. 나를 기점으로 한 역삼각형 계보도에 나타난 모든 사람이 친인척親姻戚인데, 이는 친척과 인척을 합친 말이다. 친척은 촌수가 가까운 일족을 말하고, 인척은 혼인으로 맺은 혈족이니 곧 외가와 처가의 혈족을 말한다. 쉽게 말해 성이 같으면 친척이고 성이 다르면 인척인 셈이다.

성씨를 본격적으로 사용한 고려시대부터 계보 관념이 형성됐겠지만, 이 시기에는 개개인의 소속 의식을 넘어 상호 동질 의식을 통한 사회집단을 형성하는 단계에까지 이르지는 못했다. 아울러 이 당시 계보 파악은 4조(부, 조, 증조, 외조)를 기본으로 했기에 나를 기준으로 설정되기 마련이었다. 특히 신분상이나 정치적으로 활용될 필요가 있을 때, 예컨대 팔조호구八祖戶口를 작성한다거나 조상의 음덕으로 관직에 나가는 음서제도 적용에 증명서로서의 역할이 요구될 때 나를 기점으로 한 정확한 계보가 필요했던 것이다.

고려시대에 호구 작성은 팔조호구와 사조호구라는 두 가지 양식이 있었다. 팔조호구는 ① 호주 및 그의 4조(부·조·증조·외조)와 모, ② 호주의 처 및 그의 사조와 모, ③ 직계비속(자와 그의 처, 여와 그의 남편), ④ 조부모의 4조와 모, ⑤ 증조부모의 4조와 모, ⑥ 외조부모의 4조와 모, ⑦ 처부모의 4조와 모, ⑧ 친형제와 그의 처 및 친자매와 그의 부(남편), ⑨ 이부(모) 형제와 그의 처 및 이부(모) 자매와 그의 부(남편), ⑩ 노비의 순으로 기재했다. 사조호구는 ④~⑦을 생략하고 기재하는 방식이었다. 팔조호구의 목적은 지배층의 신분적 하자를 검증하기 위한 것으로, 천한 피가 섞여 있는지 가리는 것이 목적이었다. 그러니 천한 피를 가리기 위해서는 부계와 모계를 막론하고 생물학적으로 연관된 사람은 그 모두가 대상이 되어야 했다.

아울러 고려에서 조선 초기까지는 부계와 모계가 동일시되는 양측

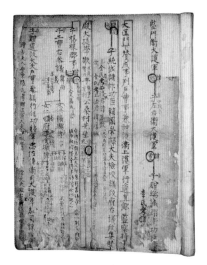

『광산보략光山譜略』 광주노씨 문중의 족보 초본으로 노수신(1515~1590)이 초를 잡은 것으로 추정된다.

적兩側的 친족 관계가 유지됐기에, 피를 물려받은 외손의 외손의 외손도 친손과 차등을 두지 않던 사회였다. 이런 시대적 분위기로 인해 양반가에서는 나를 기점으로 한 역삼각형 계보도를 많이 그렸고, 그것이 팔고조도라는 이름으로 남아 있다. 팔고조도는 언제나 나를 기점으로 고조까지만 추적했으며, 더 소급되는 조상 계보가 필요했다면 아버지 혹은 할아버지를 기점으로 한 팔고조도가 따로 작성됐다. 따라서 팔고조도는 최소 단위이자 최대 단위이기도 했다. 이렇듯 부계와 모계를 동일한 차원에 놓고 각각의 조상을 찾아 넣는 방식이니, 부모 대에는 두 명이지만, 조부 대에는 네 명, 증조 대에는 여덟 명, 고조 대에 가면 열여섯 명이 된다. 그 열여섯 명의 조상 중에서 여덟 명은 고조요, 나머지 여덟 명은 고조모이니, 언제나 남녀 비율은 같다. 그러나 직계 고조 한 명을 제외한 나머지 열다섯 명은 넓은 의미로 본다면 모두 외가인 셈이다. 이것이 바로 우리 조상이 찾은 생물학적 계보 파악의 원리였던 것이다.

이에 반해 조상을 기점으로 아래로 내려오는 피라미드형은 우리 족보의 전형적인 계보 표현 방식으로, 남성 위주로 연결된다. 따라서 구성원 대다수가 동일한 성씨를 사용함과 아울러 나와 직접 연결되는 조상은 한 대에 한 사람만 설정된다. 이렇듯 특정인은 반드시 한 계보에

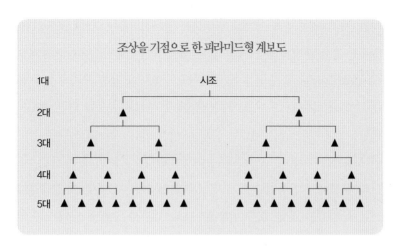

조상을 기점으로 한 피라미드형 계보도

1대 　시조

2대

3대

4대

5대

만 속하기 때문에 계보 집단은 내적인 동질성을 가질 뿐만 아니라 다른 계보 집단과 뚜렷이 구분된다. 아울러 이 계보에 따라 형성되는 집단은 나의 소멸과는 상관없이 지속성을 가진다. 이렇게 형성된 사회조직이 바로 문중이며, 같은 대수에 있는 사람은 실제 나이와 상관없이 같은 층위에 속하는 동질의식을 지니게 되는데, 이를 항렬行列이라 부른다. 항렬 구분을 위해서는 같은 항렬에 속한 사람들의 이름에 동일한 글자를 사용하도록 규정해왔으며, 이를 흔히 '돌림자'라고 한다. 이 돌림자를 통해 기준이 되는 조상으로부터 대수와 다른 사람과의 대수 차이를 금방 확인할 수 있기에 사회적으로 중요한 상징성을 가진다.[3]

　이렇듯 한 집안에서 세대 간의 높낮이를 가늠하는 기준이 되는 것이 바로 항렬인데, 전통사회에서의 친족제도는 계보상의 거리에 따라 만든 일정한 규칙과 질서에 따라 움직였고, 이를 바탕으로 가족과 지역 사회 및 국가를 유지했다. 따라서 친족 집단의 질서와 통합을 위해서는 계보상의 거리에 따르는 관계를 명확하게 하는 것이 무엇보다 중요했다. 특히 공동의 선조에 대한 계보상의 거리가 바로 세대 관계를 결정하기에 이것이 친족 관계를 규정하는 일차적 기준이 됐다. 종적인 세대에서 형제 관계에 있을 때는 같은 항렬이라는 의미로 동항同行, 바로 위 세대인 아버지뻘에 있을 때는 숙항叔行, 조부와 같은 세대에 있을 때는 조항祖行이라 했다. 아울러 기준점 바로 아래의 아들과 같은 세대는 질항姪行, 손자와 같은 세대는 손항孫行이라 한다. 그러니 촌수로 짝수인 경우에는 동항, 홀수인 경우는 숙항이 된다.

각 문중에서 간행했던 족보의 서두나 말미에는 대체로 그 문중에서 쓰는 돌림자인 항렬 표를 첨부해놓는데, 대부분 오행을 나타내는 금金·수水·목木·화火·토土를 적용한 글자를 차용해 쓰는 것이 오랜 관례로 정착되어왔다. 금이 수를 낳고 수가 목을 낳으며 목이 다시 화를 낳고 화가 토를 낳으니, 이것이 오행의 법칙이다. 필자의 경우를 예로 들면, 아버지 대에는 쇠 금 변이 들어 있는 글자 '현鉉'이 돌림자이고, 필자 대의 돌림자는 물 수 변이 들어가며, 아들 대의 돌림자는 나무 목 변이 들어가는 식植 자가 돌림자다.

문중에 따라서는 십간十干을 나타내는 갑·을·병·정·무 등으로, 아니면 수를 나타내는 일·이·삼·사·오와 같은 글자 일부를 포함한 자, 혹은 오상五常을 나타내는 인·의·예·지·신 같은 자를 사용하기도 한다. 오행·십간·수·오상 중에서 어느 것을 차용하더라도 순서를 바꾸는 경우 없이 세대별 차례로 사용되며, 그 순서가 한 바퀴 돌고 나면 다시 되풀이한다. 그러나 조상의 이름으로 사용된 글자는 되풀이하지 않는 것이 원칙이다.

또한 이름을 한 글자로 하는 친족 집단에서는 이런 원리에 따라 이름자의 일부만을 같이 사용함으로써 항렬자를 대신하고, 두 글자를 이름자로 하는 집단에서는 한 세대씩 항렬자의 위치를 앞뒤로 바꾸면서 교대로 사용하는 것이 일반적이다. 아버지 대에 중간 이름자가 돌림자였다면, 아들 대에는 끝 이름자를 돌림자로 하는 식이다. "이화에 월백하고 은한이 삼경인제"로 시작하는 시조로 유명한 고려 말의 대학자 이조년의 다섯 형제 이름이 이백년, 이천년, 이만년, 이억년 그리고 막내가 이조년이란 것은 잘 알려져 있다. 이들 성주이씨 사례에서 보듯이 고려 말부터 항렬의 돌림자 관행이 시작됐음을 알 수 있다. 이조년의 손자

이조년 초상 이모본移摹本 이조년(1269~1343)의 호는 매운당梅雲堂, 시호는 문열文烈이며, 고려 충렬왕 때 인물로 시문에 뛰어났다. 경상대학교 박물관 소장본.

로 널리 알려진 이인임과 그의 형제들 역시 어질 인 자가 돌림자였다.

이상에서 보았던 부계 친족 중심으로 계보를 파악하는 피라미드형은 고려에서나 조선 초기까지의 산물은 아니었다. 앞에서도 언급했듯이, 양측적 친족 관계가 지속되던 사회였기 때문이다. 우리 족보 역사상 최초로 알려진 『안동권씨성화보』에는 안동권씨와 혼인을 통한 인적 관계에 놓인 자들의 이름이 전체의 90퍼센트 이상을 차지하는데, 이런 사실에서도 확인이 된다. 그러다가 조선 후기에 접어들어 장자상속제도가 관행으로 굳어지면서 부계 친족으로 구성된 문중이 형성됐고, 이런 시대적 상황 속에서 간행된 족보에는 모계 쪽이 탈락될 수밖에 없었다. 그리하여 점차 조상을 기점으로 한 피라미드형 계보도가 우리 족보의 정형으로 굳어졌으며, 이는 조선 후기의 시대상과 사회상을 잘 반영한 계보 파악의 한 방법이었다.

전통사회 읽기의 키워드, 조상과 족보

혹자는 한국 전통사회에서의 인간관계를 '역사적 대면관계'로 파악한다.[4] 우리 전통사회에서 한 인간의 정체성을 파악할 때 특정 시기의 사회적 공간에서 개인의 지적·신체적 능력이나 모습이 현재 주어진 것에 따라 결정되는 것이 아니라, 어느 씨족 혹은 어느 가계의 '누구'와 연관되는 역사적·사회적 관계망 속에서 미리 결정되어버렸는데, 이런 현상을 두고 역사적 대면관계라고 풀이했던 것이다.

이러한 역사적 대면관계는 오늘날이라고 예외는 아니다. "저 사람은 충청도 양반이다"라고 한다거나, "저 사람은 ○○의 후손"이라는 식으로 말해 은연중에 뼈대 있고 혈통 좋음을 과시하는 풍조는 여전한데, 여기서 '○○'이라는 것은 근세의 인물인 경우보다 수백 년 전의 인물인 때가 많다. 신분사회가 공고할수록 계층 이동의 사다리는 없다. 신분 자체가 귀속적이기에 누구의 손자, 누구의 몇 대손 등으로 통했던 한국의 전통문화 속에서 개인은 그가 가진 능력과는 전혀 상관도 없이 태어날 때부터 이미 '조상과의 일체화를 통한 역사적·사회적 인격 구성'이 결정되어버리기 일쑤였다.

이렇듯 우리 전통사회에서는 개인의 특성과 개체를 파악하기보다 역사적 대면관계로 재구성된 인격을 바탕으로 공동체 내에서 인간관계를 이어갔고, 혼인이나 다른 외부 활동으로까지도 자연스럽게 연장시켜왔다. 결국 이는 사람과 사람 간의 관계나 씨족과 씨족 간의 관계를 공시적共時的 관계로 파악한 것이 아니라, 통시적通時的인 역사적 대면관계로 풀어간 것이고, 아울러 역사적 대면관계는 인간에 대한 계보학적 이해의 틀을 기초로 성립할 수밖에 없었다.

계보학적 이해의 틀이란 생물학적인 계보가 가장 원초적일 테지만, 이는 나아가 지역을 기반으로 한 계보일 수도 있고, 학연을 바탕으로 한 계보일 수도 있다. 학연·지연·혈연을 중시하는 한국인의 특성은 바로 이런 것에서 연유한 것이다. 낯선 사람을 대할 때 그 사람의 개체를 파악하기 이전에 '가문과 조상'이라는 역사적 존재와 대면하려 하고, 그다음에 어

책궤册櫃 족보나 중요 서적을 보관하던 상자.

디 출신인지를 따지는 지연이나 누구와 사제 관계를 맺었는가 하는 학연을 따졌던 것이 우리 조상의 삶이었고, 오늘날도 예외는 아니다. 그리고 그 결과에 따라 친밀성과 적대성, 존경과 깔봄이 미리 결정되어버리는 정서 속에서 살아왔다.

한국인의 집단주의적 성향 역시 여기에서 기인한 바가 크다. 개인의 특성과 개체를 중시하는 서양인도 가문을 중요시하나, 우리와 같은 역사적 대면관계가 아니기 때문에 개인주의 성향이 발달했지만, 우리는 가문과 씨족의 일원으로, 혹은 퇴계나 남명 등 특정 학맥의 구성원으로 살아가야만 했기 때문에 집단주의 성향이 나타날 수밖에 없었다. 예컨대 한 인간의 대외 활동이나 관계망 구축에서 스스로의 개체성보다는 가문이나 조상을 대표한다는 의식을 갖는 경우가 다반사였고, 이는 그 집단의 중심인물일수록 또 그 집단이 우월하다고 인식할수록 강도가 훨씬 더 심하게 나타났다. 그리하여 개인의 정체성을 자기가

속한 가문이나 학파와 같은 집단에 매몰시켜버린 채, 오로지 헌신과 충성을 다하는 현상을 보이게 되는 것이다. 또 확고한 조상이나 학파에 소속되지 못한 사람은 개인의 능력과 상관없이 사회적 인격의 중심 축에서 멀어져 주변적인 지위로 전락하게 될 확률이 높았기 때문에 벌어진 현상이기도 하다.

전통시대에 역사적 대면관계를 지속적으로 강화해 나갔던 것이 바로 족보 문화였는데, 우리의 문물제도 대부분이 중국에서 도입됐듯이 족보 또한 예외는 아니었다. 그럼에도 실제 족보의 기재 범위와 방법은 사뭇 다르게 적용됐다. 이는 중국에서 건너온 제도라 할지라도 그 나라의 사회 환경과 여건이 우리와 달랐기 때문이다. 조선에서의 족보 기재 방식, 즉 족보에 담는 내용과 형식은 세월의 흐름에 따라 꾸준하게 변해왔다. 우리나라의 초기 족보는 15~16세기에 간행됐는데, 이때는 부계와 모계를 동일시하는 혈연적 유대의 계보 기록이었다. 따라서 생물학적 혈연집단의 정과 유대가 강조되는 팔고조도나 내외보로 나타났다.

양자 모두 순수하게 피를 이어받은 사람을 빠짐없이 수록한다는 원칙은 동일하나, 팔고조도는 위로 찾아 올라가는 방식인 데 비해, 내외보는 아래로 찾아 내려가는 방식이다. 따라서 전자의 경우 지배층의 자기 확인이라는 성격이 짙으나, 후자는 현달한 후손이든 못난 후손이든 성씨를 초월해서 연결되는 '일체화'의 틀이 작용하는 기록법이다. 하지만 이러한 일체화가 모든 차별을 용해하는 것이 아니라, 차별을 전제로 일체화의 틀 속으로 끌어안으려 한 점도 있다. 첩과 서자에 대한 차별 등이 그것이다.

이상에서 15~16세기의 계보 이해 양상에 대해 살펴보았는데, 이는

오복제안五服制案 상을 당했을 때 죽은 이와의 촌수에 따라 입어야 할 상복의 종류를 규정한 것이
다. 한국국학진흥원 유교문화박물관 소장.

당시 사회가 부계와 모계를 동일시하는 양측적 친족 관계가 유지될 때
의 상황을 반영한 것이었으니, 아들과 딸을 구분하지 않는 균분상속
관행으로 마을 단위 역시 여러 성씨가 혼재하는 이성잡거촌異姓雜居村을
유지할 때였다. 그러니 족보 발간에서도 당연히 내외보가 나올 수밖에
없는 상황이었다.

그러나 17세기 이후 성리학적 실천윤리인 『주자가례朱子家禮』가 보편
화되고 오복제와 종법적 질서가 강화되면서 부계 혈통 중심의 가부장
제가 서서히 확립되어갔다. 그리하여 장자 상속을 기반으로 한 단일
성씨 중심의 동족 마을이 생기면서 문중이 만들어지기 시작했고, 이에
따라 출가외인이라는 남녀 차별과 적서 차별 등 '차별의 논리'가 작용
하기 시작했다. 이런 시대 분위기는 족보 편찬에도 영향을 주어 외손이
탈락하는 대신 지역적으로 멀리 떨어진 동일 본관의 가계를 일가라는
관념으로 모두 찾아 넣으면서 합동계보를 만들었는데, 여기에는 전혀
계보가 닿지 않는 계파까지도 별보라는 형식으로 함께 수록했다. 따
라서 같은 성씨를 가졌으면 동족이라는 관념이 새롭게 자리 잡아갔다.

이는 사족 사회의 인간관계망이 단순한 중앙 관인들의 동류 의식 수준을 넘어 같은 성씨를 매개로 지역적 유대가 확대되고, 신분적으로도 다양한 층위를 넘나드는 방향으로 변했음을 보여준다.

그리하여 130여 본관을 가진 박씨는 모두 박혁거세의 자손으로 연결되기도 했고, 본관을 달리하는 성씨들은 우리 역사에서 조상을 찾지 못할 경우 중국 인물에 기원을 잡아 한 형제에서 갈라진 것으로 모양새를 갖춰가기도 했다. 그리하여 본관을 달리하는 성씨끼리도 동일 조상 아래 갈려나갔다는 미명 아래 합보를 만드는 사례도 많아졌다. 하지만 몇몇 사례의 예외가 있기는 하지만, 본관을 달리하면 혈연적으로 무관하다는 것이 학계의 입장이다.

아울러 17세기 이후에는 족보 기재 시 아들을 먼저 쓰고 딸을 나중에 쓰는 선남후녀, 항렬 적용, 적서 준별, 외손 기재 제한 등과 같은 변화와 함께 양자에 대한 기록과 사승師承 연원淵源을 강조하는 새로운 요소가 추가됐다. 양자 입양에 대한 관행이 별로 없던 조선 전기에는 무후로 끝난 가문이 많았으나, 조선 후기에 이르러 가부장제도가 확립되어가면서 장자 상속 관행이 정착되자, 가계가 단절되는 것은 조상에게 죄를 짓고 명분을 잃는 일이 되고 말아 양자 입양을 당연하게 여기는 사회로 변하게 됐다.

한편 사승 연원 문제는 흔히 퇴계 문인이다, 남명 문인이다 하듯이 가볍게 출발한 것이기는 했으나, 점차 정치적 당색과 연결되면서 명분이 오히려 혈연을 넘어서는 현상도 자주 목격된다는 점에서 주목된다. 따라서 혈연의 친화성과 일체화 관념 위에 있던 정을 앞세운 유대사회가 17세기 이후에는 부계 중심의 명분적 유대사회로 변화했음을 알 수 있다. 동시에 이는 혈연 중심의 친밀성 구조를 기본으로 하던 역사적 대면관계에서 부계 중심의 구별과 차별을 강조하는 역사적 대면관계로 변화되어갔음을 보여주는 것이다.

그 결과 가문 내부의 분열과 갈등, 문중과 문중 간의 시비 등이 봇물 터지듯 나타나 우리 역사를 얼룩지게 만들었다. 역사학자들이 '향전'이라 부르는 이 같은 현상은 양반 가문일수록 심하게 나타났다. 멀고 가깝고 친하고 소원한 사람의 인간관계가 혈연이라는 자연성에 기초한 것이 아니라 부계친父系親 위주의 의제된 관계에서 전개됐고, 이러한 강제된 친밀성 위에서 문중이 유지됐기 때문에 부계 씨족 내부의 갈등이라도 결코 만만한 것은 아니었다. 그럼에도 이런 사회집단을 유지하는 것이 구성원의 정치사회적 활동에 이익을 주는 것이었기에 시간이 흐르면서 강화되어갔다.

부계친 위주의 대동보 편찬이 성행하게 된 요인도 바로 여기에 있었다. 그런데 대동보 편찬을 위해서는 조상의 세계를 더 끌어올려야 하고, 그러다 보니 시조로부터 중간에 공백이 생기거나 대수가 맞지 않는 경우가 허다히 발견된다. 이 모두 부족한 자료를 가지고 억지춘향식으로 꿰어맞춘 결과인 것이 틀림없다. 이런 작업은 대개 조선 후기에 행해지는데, 고려 500년간의 조상 계보를 일목요연하게 정리할 수 있는 가문은 거의 없었다고 봐야 한다. 아울러 중국 당나라 때 유력한 성씨를 나열한 '성망姓望'과 『당서』「지리지」의 주·군·현 명칭을 우리 성과 본관에 맞추어 즐겨 쓰던 고려시대 한때의 풍조 때문에 조선 후기에 와서 조상이 중국에서 동래한 것처럼 인식한 성씨 또한 많다는 점도 유념해야 할 사안이다.

오늘날 족보를 보면 대개는 시조에서부터 수대에 걸쳐 단선으로 내려오는 경우가 많으며, 우리 역사상 이른 시기에 족보를 제작했던 안동권씨나 문화류씨 문중에서도 예외가 아니었다는 사실은 이미 앞에서 살펴봤다. 초기부터 가계 기록을 잘 다듬었던 이들 가문조차 이럴진대, 17세기 이후 처음으로 족보를 만든 다른 가문은 더 말해 무엇하겠는가? 조선 전기까지 성씨를 가지지 못한 인구가 전체의 절반이었다는 사실을 알 만한 사람은 다 알고 있는데도 우리 일상생활에서의 역사적 대면관계는 앞으로도 계속될 것 같다.

조선 지식인의 필수 교양, 보학

필자가 태어난 곳은 경상도 내륙 지역인 청도이고, 어린 시절인 1960년대만 하더라도 전통사회의 유교적 생활양식을 그대로 간직하고 살았다. 그러니 어른들께 다소 고리타분한 이야기를 많이 듣고 자랐다. 그 고리타분한 것이란 대개 "너한테 19대인 ○○할배는 뭘 지내시고, 이 성계가 불러도 관직에 나가지 않았는데"라는 식의, 수백 년 전 아득한 선조의 이야기를 줄줄이 풀어가시는데, 졸려도 잘 알아들었다는 듯이 고개를 끄떡일 수밖에 없었다. 이런 반복 학습이 자고 나면 또 이어지지만, 그 시간만 지나고 나면 거짓말같이 잊어버리기 일쑤여서 나중에 되새겨보면 어느 할배가 어느 할배인지 헷갈려 머릿속만 더 헝클어질 뿐이었다. 그러면서도 필자는 선천적으로 양반 DNA를 타고난 것이라고 생각하며 우쭐댄 적이 많았다.

그러나 실상은 자기 선조의 계보를 꿰는 정도가 아니라, 남의 족보까지 손금 보듯 훤히 알고 있어야 교양인으로 대접받던 것이 우리 전통사회였다. 그런데 조선 후기가 지나고 일제강점기를 거친 후 지금까지도 보학의 위세는 가라앉은 것 같지가 않다. 어린 시절 길을 가다가 낯선 노인과 뜻하지 않게 만나게 됐을 때, 그 노인의 질문이란 대개 틀에 박힌 것이었다.

"자네, 어디 사는고?"

"네, ○○에 삽니다."

"○○에 삽니다"라는 대답은 마을 단위일 수도 있고, 고을 단위일 수도 있다. 따라서 대답은 다소 유동적이어야만 한다. 만난 장소가 사는 동네와 다소 가까운 곳이면 마을 이름으로 대답하면 된다. 대개 마을 이름 정도만 안다면 성과 본관쯤은 파악이 가능하기 때문이다. 이때는 바로 "니, 밀양 박씨가? 누구 집 아들이고?"라는 질문이 바로 나오기 십상이다. 하지만 관내 지역을 벗어난 상태에서는 고을 이름인 청도로 대답해야 알아듣는다. 당시 노인은 귀천을 막론하고 보학에는 어느 정도 귀동냥 정도가 되어 있는지라, 이럴 경우에도 대화가 계속 이어질 확률이 높다.

"그라모 성은 뭐꼬?"

고을 이름을 확인한 노인의 다음 질문은 성을 파악하기 위한 것으로 이어지곤 했다. 어렸던 필자는 당연히 "네, 박가입니다"라고 대답을 했다. 자기 성을 말할 때는 '박씨'가 아닌 '박가'로 대답해야 한다고 어른들께 들어왔기 때문이다. 그런데 여기에서 한 발짝 더 이어지는 대화에서 그 노인의 보학 실력이 자연스럽게 노출된다.

"간행이 어딘고? 밀양인가?"

"네, 그렇습니다."

당시 대구를 중심으로 한 경북 내륙 지역의 대다수 노인은 '관향'이라는 발음을 잘 하지 못했다. 아무튼 필자에게는 '관행'도 '간행'도 아

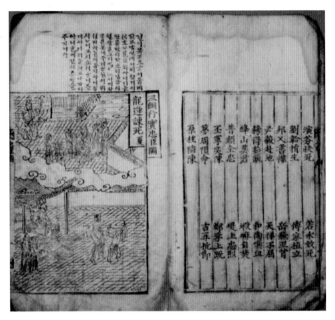

『삼강행실도』 세종 때 우리나라와 중국 서적에서 군신·부자·부부의 삼강에 모범이
될 만한 충신·효자·열녀의 행실을 뽑아 만든 책. 개인 소장. 경상남도 유형문화재
제160호.

닌, '관향'은 더더욱 아닌 어중간한 소리로 들려 고개를 갸우뚱한 기억
이 있다. 보학에 밝은 노인이라면 필자가 사는 동네와 어떤 인물이 배
출된 집안인지도 훤히 꿰고 있다. 그런 후 "고놈 양반이네!"로 시작된
대화는 자신의 고조할머니가 필자의 동네 박씨 문중에서 시집을 왔고,
또 뭐가 어쩌고저쩌고 하는 식으로 이어지기 마련이다.

역사 교과서나 개설서에는 17세기 이후 새로운 학문 경향으로 예학
과 보학이 발달했다는 설명이 빠지지 않는다. 예학이란 인간의 관계에
따라 차등적으로 지켜야 할 예에 대해 규정한 것을 연구하는 학문이다.
16세기 말부터 예학이 점차 고조되어, 상황에 합당한 인간의 행위 규범
을 준수토록 강요했다. 특히 임진왜란과 병자호란의 큰 혼란을 겪으면

서 문란해진 사회질서를 안정시키고, 인간의 생활양식을 일정한 틀로 정해주는 성리학적 행위 규범이 예학이었다.

고려 말에 성리학이 도입되면서 가례 시행을 적극적으로 권장했고, 조선 초기에는 『삼강행실도三綱行實圖』, 『국조오례의國朝五禮儀』 등이 간행되어 윤리를 실천하는 지침서 역할을 했다. 그러다가 16세기 말에 정구, 김장생 등과 같은 쟁쟁한 예학자가 역사의 전면에 등장해 실용적 예절로만 행해지던 예가 학문적 연구 분야로까지 부상하게 됐다. 그리하여 예학은 결국 예송논쟁이라는 당쟁으로까지 비화되는 주범이 되고 말았다.

예학이 융성하던 이 시기에는 보학도 크게 진흥했는데, 보학이란 용어가 언제부터 사용됐는지 정확하게 알 수는 없다. 다만 『승정원일기』를 검색해보면, 숙종조에 『선원보』를 새로 간행하면서 선원璿源 보학에 능통한 자를 뽑아서 맡겨야 한다고 건의하는 내용이 나온다. 따라서 조선 후기에 들어와 일상적인 용어가 된 듯하다.

오늘날에도 '누구는 보학에 밝다'거나, '보학의 대가다'라는 식으로 자연스럽게 '보학'이라는 단어가 사용되는데, 옛날이나 지금이나 그 용례를 보면 의미가 크게 다를 것이 없다. 요컨대 각 씨족이나 그들 지파까지의 촘촘한 내력은 물론 그들이 배출한 인물과 가계 배경 등에 관한 지식을 뜻하는 것이 보학이었다.

조선의 선비 사회에서는 보학에 대한 해박한 지식이 없으면, 대화에 끼어들 엄두를 내지 말아야 한다. 첫 만남에서는 성과 본관이 어디인지 주고받으며 대화가 시작된다. 그러면서 점차 세밀한 가계 이력과 현조를 자랑스럽게 내세우며, 그 현조와 자신을 일체화해 뼈대 있는 가문의 자손임을 과시한다. 그리고 상대방의 성관에 대한 이력과 현조에 대

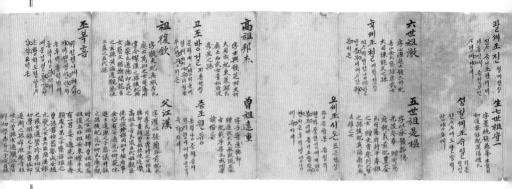

한 것은 물론 그 집안의 홍패(문과 급제자에게 내리는 교지)는 몇 장이나 되고 백패(생원 진사 급제자에게 내리는 교지)는 얼마나 되는지까지 소상하게 알아야만 우쭐댈 수가 있었다.

　보학 지식을 바탕으로 상대방의 양반 됨됨이에 대해 험담도 늘어놓고 치부를 까발리는 정도까지 간다는 것은 친교의 농도가 그만큼 깊어졌음을 뜻한다. 이것은 물론 서로의 가려운 데를 긁어주면서 약간은 헐뜯기도 하는 희학戲謔에 불과하지만, 자기 조상이 더 양반이라는 점을 은근히 부각하는 것이어서 전통사회의 상류층에서는 무시할 수 없는 생활의 일부였다. 그러니 내 집안 내력만이 아니라 남의 집 족보도 손금 보듯이 꿰뚫고 있어야만 그 희학 놀음에서 우위를 차지할 수 있었다.

　안동의 유림사회에서 수백 년간 엎치락뒤치락하며 살아왔던 씨족이 하회의 풍산류씨와 금계의 의성김씨다. 이들은 동시대를 살았던 서애 류성룡과 학봉 김성일이라는 걸출한 현조를 모시고 있어서 경쟁의식이 대단했다. 그리하여 하회 사람들이 "하류청청河柳靑靑하고, 금계녹록金溪碌碌이라" 하고 건네면, 금계 사람들은 "애상유학厓上有鶴이나, 학상무애鶴上無厓니라" 하고 되받았다는 것이다. 알기 쉽게 풀이하면 '하회류씨는

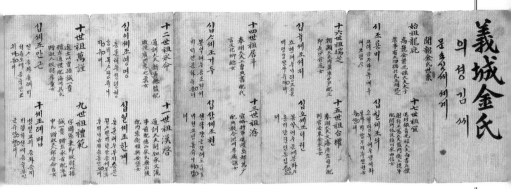

의성김씨 한글 세계世系 의성김씨 집안으로 시집온 여인들을 위해 한글로 기록한 족보. 족보 뒷부분에는 '문소김씨세계'라는 제목이 쓰여 있고, 조상들의 기일을 기록하여 참고하도록 했다. 문소는 의성의 옛 명칭이다.

강가의 버들같이 푸르러 세도가 당당한데, 금계김씨는 자갈밭같이 녹록하다'는 뜻이다. 이런 농을 들은 금계김씨가 가만히 앉아서 당할 리가 있겠는가. 즉석에서 류성룡과 김성일의 호를 빌려와 '벼랑(서애) 위에 학(학봉)이 앉았지, 학 위에 벼랑이 있다는 말은 들어보지도 못했다'는 식으로 되받아쳤다는 것이다. 이렇듯 보학 지식을 바탕으로 한 뼈

있는 한담골계는 당시 선비사회의 필수적인 장식품이자 생활의 양념이었다.

혈통을 따지는 가계 기록 정도의 지식을 추구하는 것이 보학이라면, 그것이 하나의 학문 영역을 뜻하는 단어로서 적합한지부터 다시 생각해야 한다. 보학이 진정한 하나의 학문으로 대접받기 위해서는 뭔가 좀 부족하다는 느낌이 들기 때문이다. 따라서 보다 더 진지한 연구 과제와 자세가 필요할 것으로 보인다.

예컨대 '보학이란 궁극적으로 무엇을 뜻하는 것인가'에서 출발해, 보학의 근원이 된 성씨 연구나 보학이라는 하나의 체계 속에 담을 수많은 그릇인 가계 기록과 족보의 종류 그리고 이것들이 발달하게 된 사회적·문화적 배경과 요인, 향후 산업화 사회에서의 족보 적용을 어떻게 할 것인가 등과 같은 문제를 보다 진지하게 고민하고 체계적으로 연구하는 자세가 어우러져야 한다.

그래야만 진실로 보학이라는 하나의 독립된 학문 영역이 성립할 것이고, 그에 따른 보학자가 탄생하리라 생각된다. 이것은 사회학적인 접근 방법일 수도 있고, 역사학적인 방법으로 보학의 체계를 확립해 나가는 것일 수도 있을 것이다. 물론 역사학적인 접근 방법으로 보학에 관심으로 가지고 한평생 매달린 이들이 연구 수준을 한 단계 올려주었다. 전통시대 향촌 사회 사족의 동향에 매달리면서 그들의 인간관계망을 조사하다가 자연스레 보학에 빠진 사람이든, 우리 성씨 연구를 바탕으로 보학에 일가를 이룬 사람이든 그들의 연구 성과는 후학에게 충분한 자양분이 될 만큼 매우 컸다.

조선 후기 향촌 사회 사족의 동향에 대한 연구를 시작으로 족보에 접근한 경우 향촌 사회에서 사족은 서로 간에 그물코같이 얽히고설킨 인간관계망 때문에 족보 위조가 쉽지 않았다는 결론이었는데, 중세 성씨 연구를 토대로 접근한 방식을 취한 연구자는 성관별로 조상을 소급하고 연접하는 과정에서 경쟁적으로 계보를 올려잡다 보니 대수가 맞지 않거나 엉뚱한 인물이 끼어들 수밖에 없었고, 또 만연한 중화사상에 따라 그 조상을 중국으로 연결했던 것도 사실과 부합하지 못한 면이 많다는 점을 논증했다. 두 의견 모두 경청할 필요가 있다고 본다.

이제 보학의 연원에 대해 간단하게 살펴보기로 하자. 중국 한나라 때 사마천이 『삼대세표三代世表』를 만들어 씨족의 연원을 밝힌 적이 있고, 후한 때 등씨가 지은 『관보官譜』, 응소가 쓴 『씨족』 1편, 왕부가 지은 『잠부론潛夫論』에 성씨 1편 등이 있었으나, 실제로는 문벌사회가 크게 융성했던 남북조시대에 들어와서 족보 만드는 일이 크게 성행했다. 그리고 진나라 가필의 『성씨부상姓氏簿狀』, 왕굉의 『백가보百家譜』, 송나라 하승천의 『성원姓苑』 2편, 유담의 『백가보』 등 많은 저작물이 쏟아져 나왔다.

이런 분위기가 당나라에 그대로 전해지면서, 812년(당 원화 7)에 이름난 보학자 임보가 성씨 관련 전문서인 『원화성찬元和姓纂』 10권을 편찬했다. 여기에는 당나라의 성씨와 족보 및 인물이 상세히 기록되어 있다. 당나라는 우리 본관에 해당하는 군망이 매우 중요한 사회였기에, 신라 말에는 『군망표』에 기재된 성씨를 많이 차용해 쓰기 시작했던 것으로 알려져 있다.

우리나라의 족보는 송·원대의 것을 모방한 것으로 알려졌는데, 『연려실기술』 별집에 따르면, 1562년(명종 17)에 간행된 『문화류보』가 최초라 했지만, 1476년(성종 7)에 간행됐던 『안동권씨성화보』가 현존하고 있다. 그러나 이보다 앞선 고려시대에도 거가귀족 사이에서 계보를 기록하고 보존한 것에 대해서는 이미 설명한 바가 있다. 조선 후기에 들어와 성씨 전반에 걸친 계보서가 많이 편찬됐는데, 『청구씨보』, 『잠영보』, 『만성대동보』, 『조선씨족통보』 등이 대표적이다. 또 국가나 사회에 크게 공헌한 수많은 현달·귀현의 계보를 밝히려는 특이한 족보류가 대량으로 생산됐다. 즉 문과 출신의 계보인 문보를 비롯해 무보, 음보 등과 같이 어떤 경로를 거쳐 관직에 입문했는지를 밝힌 족보나, 『삼반십세보』, 『진신오세보縉紳五世譜』, 『호보號譜』 등 그 종류가 다양하기 이를 데가 없다.

이렇듯 다양한 족보가 만들어진 것은 강호에 숨어 있던 뛰어난 보학자가 많았기 때문이다. 그중에서도 가장 이름난 보학자는 정곤수(1538~1602)였다. 삼한의 모든 성씨 계보를 꿰뚫었던 그야말로 전설 같은 인물이었다. 어느 누구의 계파를 물어도 막히는 데가 없어, 마치 고치에서 명주실을 뽑아내듯 했다는 것이다. 『서천씨족보西川氏族譜』라는 종합보를 편찬하기도 한 그는 당시 호사가로부터 '육보肉譜'라는 칭호를 받았다. 정곤수가 살았던 당대에는 보학이 보편화되기 이전이었으니, 조상에 대한 관심도가 낮을 수밖에 없었다. 따라서 정곤수는 이 땅에 보학이 꽃피도록 선구적인 노력을 기울인 사람으로 평가된다.

이어 17세기에 들어와 보학의 대가로 이름 높았던 정시술은 자세한 생몰년을 알 수 없으나, 본관은 나주였다. 자가 여치汝癡이고, 호는 우은寓隱인데, 현종 때 음덕과 학행으로 동몽교관에 추천됐으며, 이어 승문원전한 등을 역임했다. 나라에서는 보학에 밝은 그를 종친부전부로 삼아 왕실 족보인 『선원계보기략』을 교정케 했다. 아울러 그는 우리나라의 족보 사전에 해당하는 『동국만성보』를 저술하기도 했다. 한편 홍여하洪汝河(1621~1678)는 『해동성원海東姓苑』을 지어 성씨별 선조가 어디

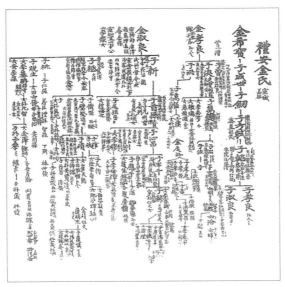

조종운의 필적(위)과 『씨족원류』의 「예안김씨」 편(아래) 『씨족원류』를 지은 조
종운은 당대의 이름 높은 보학자였다.

서 나왔는지를 찾아 먼 삼대三代까지 자세하게 상고하여 기록했다. 아울러 그 음音이 소속된 오성五聲의 구분을 상고하고 변별하여 연계해 놓지 않은 것이 없었으며, 그 향관鄕貫이 어디에서 비롯됐는지를 추구한 부분에서는 멀리는 중국, 가까이는 우리나라에 있어 모두 깊이 있게 분파分派를 찾아 기록하니, 각기 그 보첩을 얻게 됐다고 고마워할 정도였다. 영조 때 이의현은 당시의 성씨 298개를 규모와 족세별로 분류해 제시한『도곡총설』을 지었는데, 이, 김, 박, 정鄭, 윤, 최, 류柳, 홍, 신申, 권, 조趙, 한韓의 12성을 가장 잘 알려진 성이라 했고, 또 복성으로 남궁, 황보, 선우, 석말石抹, 부여扶餘, 독고獨孤, 영고令孤, 동방東方, 서문西門, 사마司馬, 사공司空의 11성을 찾았으니 모두 298성이었으며, 성씨별 계보를 명료하게 정리하여『씨족원류』를 저술한 조종운도 당대를 주름잡던 보학자였다.

그 밖에『문화류씨가정보』를 만든 류희준(1500~1562), 청송심씨 족보를 완성한 심희세(1601~1645)를 비롯해, 임경창(17세기 후반 활약)이나 이세주(17세기 후~18세기 초) 등도 널리 알려진 보학의 대가였다. 황윤석이나 정약용은 모든 학문 영역에서 그 진가를 발휘했지만, 보학에도 뛰어난 자질을 보였다. 최근의 인물로는 구희서(1861~1930)가 유명세를 탔다.

보학에 특별한 관심을 가진 사람들은 여러 형태의 종합보를 만들었는데, 오늘날까지도 많이 전해지는『잠영보』,『세가보世家譜』,『성휘姓彙』혹은『팔세보八世譜』등은 바로 개인적으로 편찬한 종합보에 해당한다. 종합보 중에서는 조종운의『씨족원류』(7권), 정시술의『제성보諸姓譜』(18권), 임경창의『성원총록』(28권) 등이 이름난 것이며, 이는『문화류씨가정보』와 함께 각 씨족 족보 편찬자의 필수적인 참고자료였다. 20세기

초 구희서가 편찬한 것으로 추측되는 『백씨통보』(46권)는 그 내용이나 분량에서 한국 종합보의 최고봉을 이루는 역작으로 평가받으며, 1931년에 간행된 『만성대동보』는 이러한 전통을 이어받은 현대판 종합보다.

이렇듯 당대를 주름잡던 이름난 보학자가 줄줄이 배출되어 종합보를 편찬했고, 씨족 단위별로 족보를 편찬할 때는 그들의 종합보를 참고했다는 것이 우리 족보사에서 특이한 점이라 할 것이다.

그런데 앞에서도 지적했듯이, 백성만가百姓萬家의 계보를 줄줄 꿰고 있는 것이 보학의 전부가 아닐뿐더러, 예나 지금이나 계보만을 위한 보학은 위험하기 짝이 없는 단순한 지식일 뿐이다. 허균이 유배 생활을 할 적에 정리한 「성옹지소록」에는 당대 보학의 대가 정곤수와 이춘영이 강변에서 만나 밤을 지새가며 보학에 대해 논변하는 모습이 그려져 있다. 허균이 옆에서 들어보니, 거가대족치고 그들의 선계나 외파에 허물없는 가문이 하나도 없다는 것이었다. 그리하여 허균은 "이런 내용을 몰라서도 안 되지만 구태여 말을 잘못했다가는 어디서 날아오는지도 모르는 화살에 맞을 수도 있겠다"라는 결론을 내렸다. 조상에 관한 한 죽고 못 사는 것이 우리네 전통이니, 오늘날도 계보의 허물을 함부로 발설했다가 날벼락을 맞은 이들이 적지 않다는 사실에 괜히 몸이 오싹해진다.

차이에서 차별로, 여성과 외손

중국 족보에는 여자에게도 남자와 동등한 지위를 부여해 이름을 싣는다. 엄마뿐만 아니라 딸에게도 해당하고, 엄마는 본처와 측실까지도

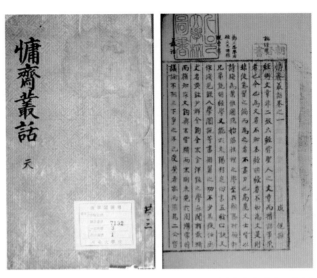

『용재총화』 조선 초기의 학자 성현이 지은 책으로, 당시의 풍속이 널리 소개되어 있다. 서울대학교 규장각 소장.

포함한다. 대개 아들을 먼저 소개한 후 딸을 싣는데, 본처 아무개한테서 난 아들 누구누구와 측실 아무개한테서 난 아들 누구누구를 출생 순으로 밝힌다. 그런 후 딸도 같은 방법으로 족보에 올리는 것이다. 이 때 엄마는 어디 출신의 누구 딸이며, 이름이 뭐라는 식으로 밝히는 것이 관례였다.

이에 비해 우리 족보에서 여자의 이름을 밝혀놓은 것은 아직 보지 못했다. '안동권씨' 혹은 '순천김씨'라는 식의 성관 기록이 전부다. 조선 시대로 한정해 살펴보면, 여자의 이름이 밝혀진 유일한 경우는 범죄에 연루됐을 때다. 우리에게 잘 알려진 어우동이 대표적인데, 『성종실록』에 서는 어을우동이라 했고, 성현이 지은 『용재총화慵齋叢話』에서는 어우동 이라 했다.

우리 초기 족보의 특이한 점은 외가에 대한 기록이 상세하다는 점이다. 이는 혼인을 통해 얻는 자식, 즉 며느리와 사위 가문의 이력을 매우 중요하게 생각했다는 뜻이다. 혼인으로 맺어진 가계 이력에 반드시 필요한 것이 4조였다. 4조란 직계 조상 3대인 부·조·증조와 외조를 합쳐 부르는 말이다. 외조부는 성씨가 다르기 때문에 본관까지 밝혀야 한다. 이 4조가 우리 전통사회에서 기본 구조였다. 호적을 제출하거나 과거 시험을 볼 때도 으레 4조단자를 제출해야만 했다. 호적 같은 데는 배우자의 4조까지 포함한다.

우리나라의 초기 가계 기록을 보면, 아들딸 구분 없이 출생순으로 싣되, 외손(녀)도 세대를 제한하지 않고 편찬 당시까지 태어난 인물을 모두 수록했으며, 그 대신 처의 본관과 4조, 이력 사항 등과 같은 처가 쪽 계보는 기록하지 않는 '처계불록妻系不錄'의 원칙이 있었다. 『안동권씨성화보』에 수록된 8,000여 명 중에 친손(안동권씨 남자)이 380여 명에 불과한 데 비해 외손은 약 7,620명이나 되고, 『문화류씨가정보』에 수록된 3만 8,000여 명 중에 친손이 1,400여 명에 지나지 않는 것도 그런 이유 때문이다. 외손의 외손에, 또 외손의 외손에 끝없이 내려가는 외손도 끝까지 찾아 넣었던 것이 15세기 족보의 특징이었다. 실질적인 피를 이어받은 자손을 찾아가는 방법인 것이다.

지금껏 가족제도나 혼인과 상속제도 연구를 통해 밝혀졌듯이, 조선 전기에는 상속이나 여타 문제에서 아들과 딸을 구분하는 사회가 아니었다. 따라서 족보에 자식을 출생순으로 싣거나, 외손을 빠짐없이 수록하는 것은 당연한 일이었고, 가문 의식 또한 친손만이 아니라 외손에게도 공유됐다. 그러니 외손봉사가 흔한 일이었고, 심지어 아들과 딸이 공평하게 돌아가면서 제사를 지내던 윤회봉사의 관습이 있었던 것도 그런 이유 때문이다.

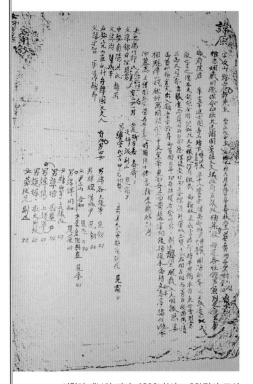

이원의 계보와 자녀 1600년(선조 33)경의 고성이씨 족보였던 『야로당초보』 중 이원 계보 부분. 부인을 선취·중취·후취로 구분했다. 야로당 이순의 종손 이병규 소장.

조선 초 세종 때 좌의정을 지낸 이원의 자녀는 모두 열세 명이었다. 그에게는 부인이 셋 있었는데, 1600년 전후에 작성된 것으로 추정되는 족보에는 선취_{先娶}, 중취_{中娶}, 후취_{後娶}로 표현한 동시에 이들이 낳은 자식까지 따로 표시했다. 위로 2녀 1남은 선취 양천허씨의 소생이고, 그 아래 열 명은 후취 전주최씨의 소생이다. 중취 남양홍씨에게는 자식이 없었으며, '이이_{離異}'라고 기록했다. 이이란 요즘말로 이혼했다는 뜻이다.

여기에는 이원 장녀의 남편이자 맏사위인 유방선부터 시작해 둘째 사위 유급의 가계가 나오고, 다음 순서에 셋째인 장남의 가계가 따라 나온다. 맏사위 유방선의 자식 역시 딸인 경우 남편의 이름만 기재되는 것은 물론이다. 너나없이 외가에 기대어 살던 시절이었는데도, 상대적으로 엄마의 존재가 별로 보이지 않는 것이 당시의 시대상이었다. 안동권씨나 문화류씨 가문에서 간행한 15세기의 족보에서도 여성이나 외손을 수록하는 방법이 대개는 비슷한 사례로 채워진다.

그러다가 17세기에 접어들면서 출생순이 아니라 아들을 먼저 기록하고 딸을 나중에 기록하는 선남후녀 방식으로 변했고, 또 외손도 2대에 한해 수록하는 관례가 서서히 정착되어갔으니, 여성은 족보에서 더욱 멀어졌다. 이렇듯 외손은 '남의 집' 자식이고, 외가는 '우리'의 범주에 넣지 않는다는 별천지 친족사회 세상이 되어버렸다.

그런데도 우리 전통사회에서 여성은 시집의 족보와 조상에 대하여 남성 못지않게 매달려 살았다. 영남 내륙 지방에서는 지금도 할아버지를 '할배'라 부르는데, 이때 할배는 2대 조상에게 쓰던 원칙을 아예 무시해버린 의미였다. 수백 년이나 1,000년 이상을 거슬러 올라가야만 연결되는 조상에게도 그냥 할배였다. 퇴계 할배, 학봉 할배, 서애 할배 등과 같은 말은 친숙하다 못해 수백 년 전에 돌아가신 조상이 마치 지금 옆에 살아 계신 것처럼 들리곤 한다. 갓 시집온 새색시도 피 한 방울 섞이지 않은 할배를 낯설어하기는커녕 자신을 혈연적으로 있게 해준 할배인 듯 부르면서 지극정성으로 섬기기를 주저하지 않았다.

조상과 후손을 일체화하는 우리네 습속은 가히 메가톤급이다. 조상에 대해서만큼은 신적인 존재로 받들어 모시는 이유가 바로 조상과 자신의 일체화 때문이다. 조상과 자신을 묶어놓고 생각하기에 조상신이 가히 절대적인 신일 수밖에 없다. 조선시대 여성의 조상에 대한 집념은 지극정성을 다하는 제사에서도 곧잘 나타나는데, 이 역시 조상과 자신을 일체화한 사고방식에서 나온 것이라고 본다. 일체화할 때 자신이 낳은 아들까지를 포함하기 때문이다. 우리의 엄마들은 자식을 가슴속에 담고 일체화한 채 살아갔기 때문에 자식은 단순한 자식이 아니었다.

아무튼 전통사회의 여성은 그 옛날의 뛰어난 조상인 남편과 자식의 할배와 내가 한 뿌리라는 사실에 만족감을 표하며 살았다. 따라서 퇴계 할배니, 무슨 할배니 하는 것이 성씨를 달리하는 여성에게도 매우 자연스러운 호칭이었는데, 이런 호칭이 살아 숨 쉬는 것에 대해 유교문화의 종주국인 중국은 물론 일본도 신기한 듯이 놀라는 눈치다. 중국이나 일본에서는 개인을 소개할 때 아버지나 할아버지를 언급하는 정도로 그친다. 그런데 우리는 아득한 시조 할아버지부터 시작하는 것이 관례다. 수많은 비석이나 옛날 어른들의 행장을 읽어보면 단박에 알 수 있다. '병조참판 ○○의 15대손' 등과 같이 이미 수백 년 전에 죽은 선조와 내가 결코 남이 아님을 강조하는 것이다.

우리 전통사회에서 가족 구성은 고조를 기점으로 8촌 이내로 한정됐다. 아들과 딸을 구분하지 않던 고려시대나 조선 16세기까지는 친손과 외손을 가리지 않는 8촌이었다. 그러나 17세기 후반 이후에는 직계친족을 대상으로 한 8촌 이내의 범위를 가족으로 잡았다. 10촌이 넘으면 남이라는 말이 있듯이, 8촌을 벗어나면 가족이 아닌 일가붙이로 이해해야 할 것이다.

영남 내륙의 향촌 사회에서 흔히 쓰던 '대소가'라는 말이 있는데, 이희승 편 국어사전을 비롯한 사전류에는 '큰집과 작은집', '큰마누라의 집과 작은마누라의 집'이라는 설명만으로 끝을 맺어버렸다. 그러나 영남 지방에서 이런 뜻으로 사용된 예는 거의 없었다. 대소가란 전통사회에서 가족 단위 중의 하나였는데, 가문보다는 훨씬 작은 규모의 가까운 일가, 즉 8촌의 가족 범위를 약간 벗어난 8촌의 손자와 증손자까지 포함하는 10여 촌 정도의 규모를 말한다. 이를 경상도 내륙에서는 '단집안'으로 표현하기도 한다.

따라서 한집안이라는 의식은 그 유대감이 매우 공고하다. 제사를 함께 지내지는 않지만, 음복 음식은 반드시 나누어 먹는다. 그 집안에서

한 사람이라도 출세를 했다면 내 일같이 즐거워하면서도 동시에 어떻게 덕을 좀 볼까 하는 생각부터 했다. 출세한 당사자도 당연히 집안사람을 돌봐야 하는 일종의 의무감 같은 것을 갖고 있었다. 1950~1960년대만 하더라도 시골에서 상경한 학생이 7촌이나 9촌 아저씨의 집에서 밥 얻어먹고 학교에 다니던 일이 비일비재했는데, 이런 것도 모두 그런 내력 때문이다.

철저하게 아들 위주, 아들 중에서도 장남 위주의 사고방식에서 벗어나지 못하는 우리의 가족제도가 그리 오래된 것은 아니다. 이것은 족보 기재 방식에서 단박에 드러나는데, 15세기의 가계 기록과 18세기의 족보를 비교하면 간단하게 알 수 있다. 조선시대 전반기에는 장자에게 아들이 없어도 양자를 들이지 않았다. 결혼 생활은 처가에서 시작하는 것이 당연한 순서였다. 따라서 '겉보리 서 말만 있으면 처가살이 안 한다'라는 속담 역시 그리 오래된 것은 아니다. 조선 17세기 중엽까지도 아들과 딸을 구분하지 않았고, 18세기에 들어서야 남계 혈통 만능주의로 변해갔다. 종법제도가 정착해갔기 때문이다.

일본은 우리처럼 남계 혈통주의로 살지 않았다. 예를 들어 아들이 없고 딸만 있는 경우 데릴사위를 들여서 가업을 잇게 하면 그만이었다. 자식 농사 마음대로 안 되는 것이 일본이라고 예외는 아닐 것이다. 사내자식이 변변찮으면 능력 있는 사람을 데릴사위로 앉히는 것이 훨씬 낫다. 박씨 가문에서 김씨 성을 가진 데릴사위를 맞아 그 가문에 입적해버리면 그만이기 때문이다. 우리 사회에서는 감히 상상도 못할 성씨까지 바꿔버리는 것이 일본 가족제도의 틀이었다. 그러니 몇백 년 전의 조상을 가지고 신처럼 받들 이유도 없고, 그 조상을 팔아 양반의 후손이라는 것으로 먹고살 일도 없었다.

일본에서는 이런 식으로 대를 잇는 풍속을 고수하는 상가商家가 아직도 많다. 오랜 전통을 지닌 점포에서 흔히 볼 수 있는데, 설사 아들이 있다 해도 데릴사위를 들여 가계를 계승시킨다. 많은 점원 중에서 타고난 상재에다 성실하기까지 한 사람을 사위로 고르면 시원찮은 아들에게 가업을 물려주는 것보다 합리적이기 때문이다. 이런 집안에서 딸이 출생하면 이웃 사람을 초대해 성대한 잔치를 벌이는 것도 그런 이유에서다.

일본에서 데릴사위가 흔한 곳이 스모 세계다. 씨름꾼 무리인 스모베야를 이끄는 감독은 제자 중에서 제일 마음에 드는 선수를 골라 데릴사위로 삼는다. 자신의 후계자로 삼기 위해서다. 스모의 전문성을 고려한 일종의 세습제인 셈인데, 아들의 능력이야 마음대로 할 수가 없지만, 실력 있는 사위는 마음껏 선택할 수 있기 때문이다. 그러니 딸을 낳는 것이 훨씬 유리하다는 결론이다.

서양의 어느 여성학자는 우리 전통사회의 여성에 대해 '자궁 파워'라고 평한 적이 있다. 시집온 여성이 최하위 밑바닥의 지위에서 출발해 아들을 낳고, 그 아들이 점차 장성해 급제한 후 관직 생활을 높여가는 데 비례해 여성의 지위가 향상됐는데, 이런 저간의 사정을 두고 자궁 파워라는 이름을 붙인 것이다. 그만큼 우리 전통사회에서 가계 계승 의식 문제만큼은 여성이 더 유별난 데가 있었다. 아들을 낳기 위한 수단과 방법을 가리지 않는 쪽은 언제나 여성의 몫이었다. 칠거지악七去之惡이 있어서 아들을 낳지 못하면 버림받는다는 풍속이 있긴 했지만, 그것 때문만은 아니었다. 이때 여성의 아들에 대한 집념은 자신의 영화를 담보받기 위한 것도 있었지만, 언제나 시집간 가문의 조상을 염두에 둔 행위였다.

유처취처가 생겨난 것도 그런 이유 때문이었을 것이다. 이는 문자 그대로 해석하면 '살아 있는 마누라를 두고, 또 마누라를 얻는다'는 뜻이다. 버젓이 살아 있는 부인을 두고 또 부인을 얻는다는 것을 어떻게 설명해야 할지 난감하긴 한데, 오늘날 민법에서 엄격하게 금지하는 중혼을 말하는 것이다. 그러니 첩과는 엄연히 구분되는 정식 부인을 또 얻는 행위다. 첩을 두는 데는 혼례 같은 의식 절차가 필요 없다. 하지만 유처취처의 경우에는 정식 혼례 절차를 거쳐야만 한다. 따라서 족보에도 정처와 동등하게 기록되고, 낳은 자식도 서자가 아니라 적자로 대접받는다.

유처취처에서 두 번째 부인을 얻기 위해서는 반드시 먼저 본처의 동의를 얻어야만 했다. 이것은 조선시대 양반가의 불문율이었다. 그리고 혼례를 주도하는 것도 본처였다. 영남 내륙 지방에서 가끔 있었던 관습으로, 다른 지역의 사정은 잘 모르겠다. 아들을 낳지 못해 후사가 없는 경우 조상을 뵐 면목이 없다는 것이 대개의 이유였는데, 가계 계승의 명분이 그만큼 중요하고 절실했음을 단적으로 보여주는 경우가 아닐 수 없다. 적자가 없어 서자로 가계를 계승한 명문가가 그 후 내리막길을 걸었던 다수의 경우를 보노라면, 이런 편법이 생긴 이유를 이해할 듯도 하다. 이 모두가 조상과 자신을 일체화해 살아갔던 우리 조상에게서 나온 웃지도 울지도 못할 일들이다.

안동 의성김씨의 내앞 종택에는 오래 묵은 산실이 있다. 산실이란 땅의 기운이 가장 좋은 곳을 정해 아기를 출산하도록 배려해 놓은 방이다. 그런데 그 산실을 딸에게는 절대 빌려주지 않았다. 왜 시집간 딸에게는 그들의 산실에서 출산을 허락하지 않을까? 이는 '출가외인'이기 때문이다. 결혼을 하면 곧 시집의 귀신이 되어야 한다는 것으로, 죽어

내앞마을 의성김씨 종택과 산실 김만근이 14세기 말에 임하 천전(내앞)에 정착한 이후 지금까지 의성김씨의 대표적인 거주지로 이어왔다. 의성김씨 종택과 산실을 보기 위한 관광객이 끊이지 않는다. 안동시 임하면 천전리 280번지 소재. 보물 제450호.

서 귀신이 되더라도 친정이 아닌 시집을 지켜야 한다는 뜻이다. 출가외인이라는 관습은 조선 후기에 생긴 것이다. 조선 전기만 해도 아들과 딸, 친손과 외손을 구분하지 않고 가족으로 받아들였기 때문이다. 조선 후기에 중국의 종법제도가 들어와 정착되면서 딸이 친정에서 소외된 것이다.

그러나 딸의 입장에서 보면 탐나는 것이 친정의 산실이었다. 오로지 시집이 잘되기를 바라는 심정은 이 땅에서 태어난 모든 여성의 바람이었다. 그런데 사실 시집온 여성과 시집의 조상은 혈연적으로 아무런 관련이 없지 않은가. 그런데도 남편이나 자식과 운명 공동체로 살아가야 하는 것이 조선 후기 가족제도하의 여성이었고, 이에 따라 남편과 자식의 조상이 곧 여성 자신의 신이었다. 신이시여! 이 가련한 여인들을 굽어 살피옵소서.

시조동원설과 조상 만들기

2007년 9월 6일 광주안씨대종회에서는 다각적인 고증을 거쳐 광주
안씨廣州安氏의 씨족 연원을 다음과 같이 확정해 공표했다.

　광주안씨의 시조는 방걸이며, 고려 태조 때 광주 지방의 관리로 뛰어났
던 분이다. 광주에서 어떤 사람이 지방 수령을 죽이고 반란을 일으키자
이를 진압했으므로, 그 공적으로 대장군에 오르고 광주군에 봉해져 광주
를 본관으로 하게 됐다. 성씨를 갖게 된 유래는 신라시대부터 고려 초까
지 대부분의 사람들이 성씨가 없었고, 고려 태조가 후삼국 통일 후에 지
방 유력자들에게 성씨를 갖게 하는 정책을 시행했으므로, 이에 따라 안씨
성을 가지게 된 것으로 추정한다.

그리고 이듬해인 2008년 9월 4일에 죽산안씨대종회 앞으로 최후통
첩에 해당하는 통문을 보냈다.

통문
　1. 죽산안씨 공식 족보인 1976년(병진년)『죽산안씨대동보』와 1999년
(기묘년)『죽산안씨대동보』의 주요 기록 부문 중에 광주안씨 관련 기록 전
부는 오류임을 언론매체에 공표 또는 광고하고,
　2. 죽산안씨의 공식 족보인 1976년(병진년)『죽산안씨대동보』와 1999

년(기묘년)『죽산안씨대동보』의 기록을 인용한, 죽산안씨의 모든 기록물과 문중 내 지파에서 설치한 석재물에 광주안씨를 표현하는 기록 문자는 오류임을 재확인하고, 죽산안씨대종회 책임하에 삭제 또는 파쇄할 것이며,

　　3. 죽산안씨의 공식 족보인 1976년(병진년)『죽산안씨대동보』와 1999년(기묘년)『죽산안씨대동보』의 기록을 인용한, 국내외 인터넷 사이트의 기록 중에 광주안씨를 표현하는 기록은 오류임을 확인해 죽산안씨대종회의 책임하에 삭제하고,

　　4. 위 요구 사항들은 2008년 11월 30일까지 조치해주시고 앞으로는 이와 같은 사례가 발생치 않도록 각별 유의 요망합니다.

　　　　　　　　　　　　　　　　　　　— 광주안씨대종회 회장 안갑원

이는 1976년과 1999년에 간행했던 죽산안씨 족보에 광주안씨 시조 방걸을 죽산안씨 시조 방준의 동생으로 연결했기 때문에 보낸 통문이다. 특히 1999년의『죽산안씨대동보』에서는 고성이씨의 시조 이황을 죽산안씨가 시조로 추대했던 이원의 동생으로까지 연결했다. 즉 당나라의 종실 후예인 이원과 이황 형제가 807년에 난을 피해 신라로 건너왔다는 설명이었다. 이황은 1033년과 1063년에 활약한 내용이『고려사』에 실려 있고, 고성이씨가 시조로 추대한 인물인데, 이것 역시 의문이라는 점은 필자가 이미 언급한 바 있다.

어쨌거나 죽산안씨가 내세운 이원과 이황 형제의 연결고리가 당나라에서 반란을 일으킨 이국정이었으며,『신당서』에는 그의 아들과 함께 807년에 처형됐다고 한다. 그리고 여기서는 이원과 이황 형제에 관한 기록이 보이지는 않지만, 죽산안씨 족보에서 이국정의 아들로 연접한 계보는 다음과 같다.

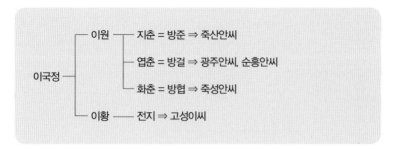

우리의 족보 발달사를 살펴보면 18세기 중반 이후부터 새로운 풍조가 나타났다. 그것은 시조를 비롯한 조상 연원을 가능한 한 올려잡는 풍조였는데, 그러다 보니 본관을 달리해도 성만 같으면 동일한 조상에서 갈라져 나왔다거나, 심지어 성관을 달리하는 종족까지도 한 형제로 연접한 경우가 많았다. 이 같은 한때의 풍조 때문에 어느 성씨 할 것 없이 경쟁적으로 조상 세계를 끌어올리는 데 혈안이었다. 시조의 연원을 중국으로 끌어다 붙인 것도 그런 시대적 조류 때문이었다.

안씨와 이씨가 같은 뿌리였다는 점을 처음으로 제기했던 것도 1700년대 후반이었다. 당나라의 농서이씨였던 이원이 중국에서 난을 피해 세 아들 지춘枝春·엽춘葉春·화춘花春과 함께 신라로 건너왔고, 864년 (경문왕 4) 왜란을 평정한 공으로 안씨로 사성된 것과 동시에 세 아들이 방준邦俊·방걸邦傑·방협邦俠으로 개명해 죽산과 광주를 분봉받았다는 것이다.

이런 사실이 처음 언급된 것은 광주안씨의 족보 『경술보』(1790)였다. 『경술보』 서두에 「시조 안방걸」과 「변무辨誣」라는 난을 설정했는데, 전자에서는 고려 태조 때 공을 세워 광주군으로 봉해졌다는 시조 연원을 소개해 광주안씨의 근원이 매우 오래됐음을 나타냈다. 후자에서는 조상의 기원을 중국으로 연결할 당시 만연했던 사례를 소개하면서 '농

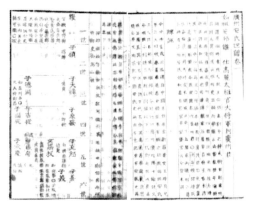

광주안씨의 족보 『경술보』 광주
안씨 문중 소장.

서이씨가 와서 안씨가 됐다는 것은 허무맹랑한 것'이라고 밝혔다. 특히
안씨 3파의 동래설에 대한 문제는 후인들에게 전해져 믿게 될까 두려
우므로 이 조항을 뽑아 「변무」를 지어 바로잡는다고 했는데, 이는 순
암 안정복이 쓴 견해여서 주목을 끈다.

따라서 당시에는 안씨가 한 뿌리에서 나왔다는 설조차 받아들이는
분위기가 아니었음을 알 수 있다. 안정복의 개인 저서가 아닌 족보 서
두에 「변무」를 실었기 때문이다. 그럼에도 광주안씨는 시조의 연원에
대한 글을 서두에 실었다는 사실로 미루어볼 때, 당시 추대된 시조가
안방걸이었음을 천명한 셈이다. 그리고 족보의 본문에 해당하는 계보
표에는 '안수-안정'을 1세와 2세로 할 수밖에 없었다. 시조로 내세운
안방걸과 1세의 안수를 연결할 수 있는 계보 자료가 없었기 때문이다.
따라서 안방걸은 명목상의 시조일 뿐이고, 실질적인 시조는 안수였다.

이렇듯 안씨가 모두 한 뿌리였다는 안씨동원설安氏同源說이 나온 것은
18세기 후반 무렵인 것으로 보이는데, 이는 오씨나 노씨를 비롯한 다
른 성씨들이 그들의 시조 연원을 중국으로 연결했던 것과 동일한 맥락
이었다. 순흥안씨 가문에서는 1546년 『병오보』를 간행한 이래 전후 다

宣校高麗國儒學提擧都僉議中贊修文殿大學士贈諡文成公安珦真

越延祐五年二月日降

宥吉其日云都僉議中贊修文殿大學士安珦有崇設學校之功亦於夫子廟庭圖形於粲䝉興州守散郎崔琳依其日摹寫一幅將安于鄉校時嗣于手嘉遠承之鎮遠崔君送以示之於是焚香拜手乃爲之贊曰

先君當日振儒風

上命圖形一幅丹靑照奈垾四時邊豆

文廟中一幅丹靑照奈垾四時邊豆

苶虜功

慶尙金羅州道处備鎭邊使匡靖大夫檢校僉議評理典儀寺事上護軍安于器拜題

是年秋九月日贊

안향의 초상화 동방의 주자로 추앙받는 성리학자 안향(1243~1306)은 순흥안씨를 중흥시킨 인물이다. 소수서원 소장. 국보 제111호.

섯 차례 정도 족보를 간행했지만, 죽산안씨나 탐진안씨 계보와 연결하지 않았다. 그러다가 1830년 『경인보』를 발간할 때 안씨동원설에 근거해 죽산안씨를 입보하기 시작했다.

　그런데 문제는 이때부터 시작됐다. 안씨동원설을 두고 순흥안씨 종족 내부에서 큰 홍역을 치른 것은 물론이고, 본관을 달리하는 다른 안씨와도 크고 작은 시비가 끊이지 않았다. 순흥안씨 족보를 편간할 때마다 시비로 얼룩질 수밖에 없었는데, 죽산안씨나 탐진안씨 계보에 대한 입보와 삭보를 거듭했던 것에서 그 전말이 잘 드러난다.

한편 죽산안씨 족보는 1801년의 『신유보辛酉譜』로부터 시작된다 해도 과언이 아닌데, 이때부터 그들의 조상이 순흥안씨 혈통에서 분리된 것으로 인식해왔다. 죽산안씨의 실질적 시조인 안원형을 문숙공 안목의 둘째 아들로 연결한 것이다. 안목은 고려 후기에 성리학을 도입한 안향의 손자다. 그러니 죽산안씨의 시조 안원형을 안향의 증손으로 연접한 셈이다. 그러나 안향의 피를 이어받은 직계 후손이라면 더없이 좋겠지만, 걸출한 역사적 인물이 탐나서 억지로 연접했다면 환부역조 행위라고 할 수 있을 것이다.

양 씨족 간에 벌어진 분쟁은 바로 이 문제였다. 안원형이 안목의 아들인가 아닌가에 대한 시비는 끊임없이 야기됐고, 1998년에 순흥안씨 종친회가 정관을 개정해 죽산안씨와 탐진안씨는 자기들과는 상관없는 혈족이라고 결정했다. 그러나 이 분쟁이 여러 계파의 이해관계가 얽힌 문제인 만큼 어떻게 해결될지는 두고 볼 일이다.

「변무」에서는 순암 안정복이 조상을 중국과 연결했던 폐해를 언급하면서 비슷한 사례로 압해정씨와 의령남씨를 들었는데, 이에 대해 따로 확인해보니 역시나 대동소이한 내용이었다. 당나라 사람 정덕성이 재상 자리에 있다가 853년(문성왕 15) 신라 압해도로 귀양을 왔는데, 그가 귀화해 우리나라의 정丁씨 연원을 이루었고, 후일 나주(압해)·창원·영광·의성의 4본으로 나누어졌다는 것이다. 또한 당나라 여남 사람 김충이 755년(경덕왕 14)에 일본 사신으로 갔다가 태풍을 만나 신라 유린지有隣地(경북 영덕 축산면)에 눌러 살게 됐는데, 여남汝南에서 왔다 하여 남씨로 사성됐고, 그 후손인 남홍보·남군보·남광보 3형제가 충렬왕 때 공을 세워 영양·의령·고성 남씨의 시조가 됐다는 것이다.

이는 본관에 상관하지 않고 공동 조상을 중국으로 연결한 오씨나

의령남씨 시조 남군보 묘역 남군보는 당나라 사람의 후손으로, 고려 충렬왕 때 공을 세워 의령남씨 시조가 됐다고 전한다. 경상남도 의령군 의령읍 서동리 400번지 소재. 경상남도 문화재자료 501호.

노씨 등의 집안에도 나타나는 천편일률적인 스토리텔링이다. 압해정씨 와 의령남씨는 조선시대의 대표적인 명문가였다. 압해정씨는 그 유명 한 다산 정약용 형제를 배출했으며, 의령남씨는 조선 초기에 개국공신 을 비롯한 재상을 줄줄이 배출해 당대에 누구도 따라올 수 없을 정도 의 가문이 됐다. 그런데도 조선 후기 한때의 시류에 휩쓸려 조상을 중 국으로 연결하는 우를 범하고 말았다.

조상과 시조 문제로 급기야 검찰에 고소하는 사건으로까지 간 경우 도 허다하다. 장씨 문중의 사례를 보자. 1763년(영조 43) 태사공 장길 (장정필)을 시조로 연결한 이른바 8관 장씨 족보에 "우리나라에는 본래 장씨가 없었는데, 태사 장정필이 중국에서 들어온 이후 장씨가 있게 됐 으며, 우리나라 장씨는 모두 장 태사의 후손이다"라고 했듯이, 18세기 중엽에 들어와 본관 여부에 상관없이 모든 장씨가 한 뿌리에서 갈라졌 음을 강조했고, 이를 기화로 고소 사건으로까지 번지게 됐다.

장 태사란 고려의 태조공신이었던 장정필을 가리킨다. 왕건이 안동 지역을 경략할 때 도왔던 김선평·권행·장정필 등이 공신으로 책록되

안동 태사묘와 그 안에 모셔진 위패 태사묘는 고려 건국에 공을 세운 안동권씨 시조 권행, 안동김씨 시조 김선평, 안동장씨 시조 장정필을 제향하는 곳이다. 안동시 북 문동 소재. 경상북도 기념물 제15호.

어 삼태사로 추앙받는 동시에 이들이 각각 안동김씨·안동권씨·안동 장씨의 시조가 됐다. 조선 후기에 들어와 김씨와 권씨는 삼태사 향사 때 자기 조상에게 먼저 잔을 올려야 한다는 위차 문제를 놓고 큰 시비 를 일으켰는데, 그 내용이 『조선왕조실록』에 소상히 나타나 있다.

아무튼 모든 장씨가 한 뿌리에서 갈라졌다는 장씨동원설을 놓고 발 끈한 쪽은 인동장씨였다. 우리가 왜 안동장씨 쪽으로 들어가느냐 하는 것이 이유였다. 인동장씨라면 조선 중기의 대학자 장현광을 배출한 삼한갑족三韓甲族의 명문 중에서도 명문으로 이름났기 때문일 것이다. 인동 장씨의 시조 장금용을 안동장씨의 장정필 15세손으로 넣은 족보가 나오기 시작한 것이 18세기 말부터였다. 안동장씨 시조의 15세손인 선용·갑용··을용 형제의 용 자 항렬에 맞춰 넣은 것이다. 그러다가 1920년대에는 장금용이 태사공 장정필의 손자로 계대繼代가 정해지기도 했다.

계대가 이렇듯 갈지자 행보를 했다는 것은 확실한 근거가 없다는 것을 반증하는 것이고, 또한 그 과정에서 수많은 논란과 시비가 있었음을 암시하는 것이다. 여덟 개 본관의 장씨가 연합한 범장종친회에서는 장금용이 안동장씨에서 갈라졌다는 설을 내세웠지만, 이에 대립각을 세운 인동장씨는 한 치의 양보도 없었다. 이렇듯 지루한 공방전은 아직도 진행 중에 있다.

지금까지 살펴본 것은 조상이 한 뿌리에서 갈라져 나왔다는 동원설이지만, 아득한 옛날 사람을 놓고 서로 자기 조상이라고 우겼던 시비 또한 적잖았다. 1153년에 찬술했던 김의원의 묘지문에는 그를 '나주 광양현인'이라 했고, 김의원의 장녀인 최윤의 처 김씨의 묘지명에도 '광양군부인光陽郡夫人'이라고 했다. 『고려사』「열전」'김약온전'에서도 그를 '광양현인'이라 했고, 『동국여지승람』의 「광양현」'인물편'에서도 김약온을 싣고 있다. 『동국여지승람』의 편찬 원칙은 인물을 본관지에 싣는 것이었다. 아울러 김약온의 사위인 윤언이의 묘지명에도 윤언이의 처 김씨를 '광양군대부인'이라 했다.

이에 따라 김의원의 묘지에 기록된 그의 상계 인물인 김길까지는 광양김씨 인물로 해석되기도 한다. 그러나 이들은 이미 광산김씨 족보에 올라 있던 인물이었다. 이에 대한 해석을 놓고 학계나 문중에서도 신경전이 있을 수밖에 없었는데, 그동안 상계를 알 수 없었던 광양김씨 종

노사신의 묘갈 교하노씨인 노사신(1427~1498)은 조선 초기 당대의 최고 정치가이자 학자였고, 시호는 문광文匡으로, 우의정 노한의 손자다. 묘소는 파주시 파주읍 백석리 소재.

중에서 1997년에 족보를 간행하면서 지금까지 광산김씨가 모시던 조상을 자기들 족보에 올렸다. 그리하여 조상 문제로 양 문중에서는 당분간 뜨거운 세월을 보내야 할 것 같다. 문제의 핵심은 '광양현인'이라는 것이 거주지를 말한 것이냐, 아니면 본관을 말한 것이냐 하는 것이다.

이와 비슷한 사례가 바로 교하노씨의 족보다. 고려 명종 때 활약했던 상장군 노탁유는 교하노씨 족보에 올라 있다. 노탁유의 묘지명이나 『고려사』에는 노탁유와 그의 아버지 노영순에 대해 '기계현인'이라 소개한다. 따라서 기계노씨인지 교하노씨인지에 대한 의문이 드는데, 이 자료에서 확인할 수 있는 계보는 '〖?〗거〖?〗居－안맹安孟－영순永醇－탁유卓儒－양혁陽赫'이다.

교하노씨는 노안맹 이하 계보를 그들이 추대한 시조 노강필과 바로 연결해 족보를 만들었다. 즉 노안맹이 노강필의 아들로 연접된 것이다. 그런데 노안맹과 그 자손이 활약한 시기는 대략 1160~1211년 무렵이었고, 교하노씨의 시조 노강필의 활동 시기는 930년 무렵이었다. 이들 사이에는 약 250년 이상의 시차가 난다. 그런데도 시조 노강필과 노안맹을 부자간으로 바로 연결한 것이 교하노씨의 족보다.

이상에서 살펴보았듯이 애당초 부실했던 가계 기록을 놓고 서로가 자기 조상이라고 우기는 사태를 어떻게 설명해야 할까? 진실로 난감한 일이 아닐 수 없다. 차라리 공간을 비워놓는 것이 왜곡하지 않는 것이라는 사실을 모를 리 없건만, 조상의 세계를 보다 멀리 끌어올리려는 데서 이상한 계보가 되고 말았다. 중요한 것은 자기 할아버지를 모셔놓고 숭모해야 한다는 사실이다. 남의 할아버지를 모셔놓고 절하며 산다는 것 자체가 우스운 꼴이 아닌가? 우리의 지난 세월에 대한 진지한 고민이 필요한 때가 아닌가 한다.

현대판 보학의 대가들

필자의 호적이나 주민등록상 생일은 엉터리다. 귀한 아들로 태어났는데도 정확히 한 달 차이가 난다. 시골 동네 이장이 그 마을에 태어난 아이들을 모아 한꺼번에 면사무소로 가서 신고하던 과정에서 빚어진 실수였을 것이다. 우리네 출생신고가 대개 그러하듯, 한국전쟁을 전후로 태어난 사람들은 물론 베이비부머 세대도 실제 생년월일과 맞지 않은 사람이 많다. 그리하여 서열병에 젖은 우리는 가끔 출생연도를 놓고 실랑이를 벌이는 웃기지도 않는 풍경을 자주 연출하곤 하는데, 이때는 민증보다 족보를 들이대야 한다. 족보에 기재된 생년월일은 대개 정확하기 때문이다.

이렇듯 우리 족보가 정확하다는 것은 큰 장점이 아닐 수 없다. 이런 사실에 큰 무게를 둔 연구자가 바로 송준호 교수다. 족보의 신빙성에 점수를 후하게 주었다는 뜻이다. 송 교수의 연구는 고증을 바탕으로 한 역사 논문이라기보다는 직접 양반 가문을 탐방하고 사례를 수집한 문화인류학적인 보고서와 같아 매력이 있다. 필자가 송 교수의 논문에 흠뻑 빠진 것도 바로 그런 점 때문이었다.

역사학계에서 보학 연구에 매진해 큰 성과를 거둔 또 다른 이가 이수건 교수인데, 송 교수와는 상반된 입장이다. 이 교수는 성씨 연구로 출발한 고증학의 대가답게 치밀한 자료 분석을 통해 족보가 역사적 진실을 담고 있는 경우가 드물다고 결론을 내린 것이다. 이참에 이들의 연구 성과를 간략하게나마 소개하는 것이 좋을 듯하다. 독자들이 우리 족보의 역사적 진실을 보다 쉽게 이해할 수 있을 것으로 판단되기 때문이다.

굳이 두 연구자를 소개하는 것은 선학의 의견을 제시함으로써 필자의 모자라는 부분을 해소하자는 차원도 있고, 말 많고 탈 많은 족보 이야기를 남의 입을 통해 은근슬쩍 흘리는 것도 쉽게 넘어가는 방법이기 때문이다. 두 분 다 이미 고인이 됐지만, 개인적으로 학은을 입은 선배 학자이자 스승이었기에 용서해주실 것으로 믿는다.

족보에 기재된 내용이라는 것이 대체로 생년월일, 과거 급제와 역임 관직, 묘소의 위치, 배우자의 소속 씨족과 그 아버지와 할아버지의 이름 및 이력에 관한 사실을 늘어놓은 것인데, 이에 대해서는 놀라울 만큼 정확하다. 단 여기서 주의를 요하는 것은, 과거 급제 사실이나 역임 관직에 대한 기록에 부정확한 내용이 개입될 요소가 많다는 것이다. 이 부분에 대해서는 송준호 교수도 동의한다. 족보에 허위가 끼어들 수 있는 것이 크게 두 가지인데, 그중 하나가 바로 과거 급제나 관직 부분이라는 것이다. 그리고 나머지 하나는 환부역조한 경우인데, 이는 앞에서도 여러 번 설명했던 내용이다.

그럼에도 족보 위조는 쉽지 않았다는 것이 송 교수의 주장이다. 향촌 사회에서 양반이 살아가는 모습을 보면, 보학 지식이 그들의 필수 교양이라 했듯이, 서로 그물코같이 엮여서 살아가기 때문에 족보를 위조해봐야 금방 탄로 나기 십상이었고, 그런 턱걸이 양반은 혼담이 오갈 때나 향회 같은 모임에서 소외되기 일쑤였다는 것이다. 물론 틀린 말은 아니다. 우리의 향촌 사회는 당연히 그렇게 살아가는 사회였다.

그런데 실제 족보의 내용을 하나하나 검토하다 보면 예기치 않은 정도가 아니라 너무 심하다 싶을 만큼 성관이 다른 인물을 자기 조상으로 둔갑시킨 예도 허다하다. 실제 고문서 형태로 남아 있는 조선시대의 소송 문서를 보면 족보와 관련된 것이 상당하다. 이런 부분에 대해서는 최근 들어 사례별로 연구된 학술 논문이 꽤 많이 발표됐는데, 남의 할아버지를 모셔놓고 절을 하고 싶을까 하는 생각까지 들게 된다. 범인류애로 무장한 경로효친 사상일지는 모르나, 이 정도는 정말 아니다 싶다.

이수건 교수가 주목한 것도 바로 이 부분이었다. 조선 후기에 신흥 양반이 대거 생겨나면서 족보 편간 과정에서 본관을 개변하거나, 조상 계보와 파계派系를 조작하고 가탁하는 행위가 만연했다는 것이다. 성씨와 족보를 연구하면서 이 교수는 보다 더 근원적인 문제를 제기했다. 우리의 성과 본관의 출발점이 되는 '토성'에 대한 이해와 『세종실록지리지』의 군현별 성씨 조항을 배제하고는 성관제도를 제대로 이해할 수 없다는 사실이다. 15세기 후반 이래 지금까지 이 땅에 수많은 보학자가 있었지만, 그들은 이런 자료를 제대로 접하지 못한 채 연구를 시작했으니 출발선부터 문제점을 안고 있는 것이나 마찬가지였다. 다시 말하면 선조들이 처음부터 잘못된 성관 인식과 지식을 바탕으로 가승이나 행장과 비문을 지었고, 빗나간 관념에서 출발해 성관 생성과 유래를 정리하고 이를 바탕으로 족보를 간행했으니, 이것 자체가 문제였다는 것이다.

이것은 그야말로 어마어마한 폭탄선언이나 다름없다. 신과 같은 존재로 여기던 조상의 과거를 통째로 부정하는 것이 되기 때문이다. 특히 이 교수는 한국의 성관 유래를 중국과 동일시한 것을 큰 문제로 삼았다. 우리의 성관 주체는 토성인데, 시조가 중국에서 건너왔다는 시조동래설을 내세운 것도 그중 하나였다. 고려나 조선시대에 귀화한 극소수의 인물을 제외하면 아득한 조상 세계를 중국 인물로 연접한 대다수의 가문은 조작된 것이라고 보았다.

아울러 이 교수는 우리의 성관은 중국처럼 봉건제하에서 봉후封侯에게 성과 본관을 내려준 것과는 다르다는 것을 강조했다. 우리 문중에서 발간한 족보를 보면, 예외 없이 왕으로부터 봉작을 받아 그 지역을 본관으로 삼았다고 설명하는데, 이것은 중국의 관례를 우리에게 그대로 적용한 억지춘향에 불과하다. 우리는 토성을 분정 받아 본관지에서 살아가던 중 벼슬길에 오른 인물이 공을 세워 그 본관지에 봉작읍호를 받은 것이지, 중국처럼 어떤 지역에 봉군됨으로써 본관을 하사받은 것이 아니라는 것이다.

우선 박씨와 김씨의 경우를 보자. 이들 성씨는 왕자들에게 분봉하는 과정에서 본관이 나누어졌다고 설명한다. 김씨는 신라의 역대 왕자나 경순왕의 여러 아들이 각 고을을 분봉 받아 다스리게 되어 그 지역을 본관으로 삼았다 했고, 박씨는 신라의 경명왕이 낳은 여덟 대군이 각각 큰 고을을 분봉 받아 본관지로 정했다고 했는데, 이는 중국의 분봉 관념을 우리에게 그대로 적용한 대표적인 사례다. 이들 외에 무수한 성씨 또한 중국의 분봉 관념을 머릿속에 넣고 살다 보니, 여러 형제가 분봉을 받아 각기 본관으로 삼으면서 갈라졌다고 설명한다. 그리하여 혈연적으로 무관한 동성이본이 모두 한 형제로 둔갑하게 되는 것이다.

우리의 조상을 찾아 거슬러 올라가면 대개는 호장이나 부호장이라는 향리층 직함과 맞닥뜨리게 된다. 고려 초기에 일찍 출사해 개경으로 벼슬살이하러 올라간 가문을 제외하면 본관지에 정착해 살아가던 향리층이 지방을 지배했다. 따라서 고려시대 각 지방의 본관지에 토착했던 향리층은 중앙 관인의 주된 공급원이었고, 향리 집단에서 중앙으로 처음 진출해 그 가문을 빛낸 이가 이른바 기가조다. 중시조로 받들어지는 대개가 기가조인 셈인데, 기가조의 조상을 추심해 올라가다 보면 그 직함이 호장이나 부호장이다.

조선 후기의 관념에서 본다면, 호장이나 부호장은 별 볼일 없는 정도가 아니라 그야말로 부끄러운 존재나 다름없었다. 세월이 흐를수록 중앙집권화의 강도가 세어지자, 지방을 주름잡던 향리층이 점차 천대받기 시작했기 때문이다. 조선 초기 이래 양반은 사족으로, 향리층은 이족으로 분화되면서 나타난 현상이었는데, 족보 편간 과정에서 조상을 추심해 나가다 시조가 향리층으로 판명되면 그 후의 행동은 불을 보듯 뻔했다. 당황한 족보 편찬자는 이내 정신을 가다듬어 다양한 방법을 모색하게 되는데, 이때 대략 다음과 같은 행동 반응으로 나타났다.

첫째, 향리층 인물을 버리고 후손 중에서 근사한 관직을 가진 이를 은근슬쩍 시조로 삼는다.

둘째, 호장이나 부호장 같은 향직 대신 아예 그럴듯한 직함을 새로 만들어 채워 넣는다.

셋째, 왕조 교체기에 두 임금을 섬기지 않는다는 불사이군不事二君 정신으로 정권에 협력하지 않아 향리로 전락했다고 변명한다.

조상을 추심해 올라가다 확인된 향직을 그대로 표기하는 가문도 있지만, 대개는 이런 방법으로 자기 합리화를 시도했다. 문벌을 숭상했던

김방경 영정 김방경(1212~1300)은 안동김씨를 명문으로 올려놓은 고려 후기의 무신이다. 삼별초 토벌 등의 공으로 고려 왕실을 지켜냈다. 안동김씨 문중 소장.

당시 풍속에 견주어 이런 정도는 애교로 봐줄 수도 있다. 환부역조에 이르기까지 서슴없이 자행한 일들이 많기 때문이다.

이수건 교수의 연구에 따르면, 안동권씨의 3세 권책이 자원해서 안동의 향리가 됐다거나, 몽골 침략 때 활약한 안동김씨의 김방경이 실제로는 안동의 향리 후예였는데 경순왕의 후예로 가탁한 내용이 『고려사』 「열전」에까지 등재됐다는 것이다. 또한 안동권씨의 시조 권행에 대해 "본래 김씨였는데, 태조 왕건을 도운 공으로 권씨 성을 받았다"라는 내용도 고려 말 묘지墓誌에까지 등장했고, 후대의 족보에 이런 내용이 그대로 수용되고 말았다고 했다. 권씨의 후손은 '원래 우리 할아버지가 김씨였다'는 사실을 금과옥조로 여기지만, 후대에 와서 견강부회된 내용일 뿐이라는 주장이다. 아울러 고려 후기에 성장한 광주김씨가 선대 계보를 잇는 과정에서 고려 전기에 융성했던 영광김씨와 광양김씨 인물에 연접했다거나, 문화류씨와 연안차씨의 성관이 원래 다르게 출발했는데도 류씨의 시조 이름이 차달이라는 것을 근거로 견강부회하여 원래 차씨로 내려오다 류씨로 분파됐다는 『차원부설원기』까지 나오게 됐다 한다.

지금까지 족보 연구에 헌신해온 두 교수의 대비되는 연구 시각을 맛보는 정도로 소개했지만, 최근에는 계보학회가 발족되는 등 활발한 족보 연구가 이어질 전망이다.

우리 전통사회의 풍속이 급격하게 변한 것은 임진왜란과 병자호란을 겪은 후부터다. 특히 인조반정과 병자호란을 겪으면서 오로지 대의명분에 집착하게 됐고, 숙종조에 이르러 단종이 복위되고 영조조에 와서 두문동 72현을 추숭하게 되면서 사회 분위기가 확 바뀌고 말았다. 국가가 나서서 대대적으로 충신과 절사 및 효자와 열녀에 대한 충절 표창 정책을 펴게 되니, 여기에 편승한 신흥 세력에게는 더없이 좋은 기회였다.

고려가 멸망할 때 절의를 지켜 깊은 산속에 숨어 살았다는 인물이 수없이 쏟아졌고, 세조가 단종을 몰아낼 때 함께 화를 당했거나 관직을 버리고 떠났다는 인사가 속출했으며, 임진왜란과 병자호란 때 의병으로 몸을 던졌다는 의인이 넘쳐흘렀다. 또한 명나라가 망하자 모든 것을 포기하고 향촌에 은거한 숭정처사도 이루 헤아릴 수 없을 만큼 많았다고 한다. 모두가 그럴듯한 사실과 명분을 내세워 견강부회했다고 할 수는 없지만, 그렇다고 이런 점에서 자유로울 문중은 없다고 봐야 한다.

마치 고려 후기에 정책적으로 후삼국 통일 당시 삼한 공신의 후예를 우대하는 정책을 펼치자, 신흥 세력이 자신들의 선조를 각종 공신과 연결하려 꾀했듯이, 17세기 이래 국가적 충절 표창 정책에 편승해 선조들의 증직贈職과 증시贈諡 운동이 대대적으로 벌어진 것은 우연이 아니었다. 그런 국가적 정책에 편승해 충·효·열의 사례를 찾아내 정표旌表를 받고, 사우祠宇나 서원을 건립해 향중 사림의 공인까지 받은 것도 모두 그 때문이었다.

　그러니 단종 사절자死節者의 후손이 속출하게 되고, 영조가 개성을 행차할 때 고려에 절개를 지킨 인사나 전쟁 또는 반란 사건에 공을 세운 이들의 명부인 창의록倡義錄 · 회맹록會盟錄 · 동고록同苦錄 · 절의록節義錄과 같은 문적이 쏟아져 나왔다. 이런 시대적 분위기 속에 간행된 각종 인물록이나 실기實記는 화려한 미사여구를 동원해 적당한 선에서 은근슬쩍 세운 공을 부각한 것이 대부분인데, 이를 신주단지 모시듯 하여 조상의 이름과 이력에 대해 앞뒤 가리지 않고 흥분부터 하는 것이 우리의 삶이었다.

제2장

조상과 족보를 통한 전통 가꾸기

개 족보, 말 족보 그리고 인간 족보

혈통과 계보에 복잡한 문제가 얽혀 있는 경우 흔히들 "저 집안은 개 족보"라고 말한다. 그런데 순수 혈통을 따지는 개 족보는 매우 중요해 엄격하게 관리되고, 그에 따라 때로는 범죄에까지 이용되기도 하니 참으로 아이러니한 일이 아닐 수 없다. 2004년 서울경찰청 기동수사대가 개 족보를 속여 수억 원을 챙긴 일당을 잡아들였다는 뉴스를 본 적이 있다. 잡종 개를 뼈대 있고 혈통이 분명한 애완견으로 속여 팔다 붙잡힌 것이다. 이렇듯 이름값을 하는 개에게는 반드시 혈통서가 따라다니는데, 몇몇 애견협회가 확인 절차도 없이 혈통서를 발급해주는 맹점을 이용해 모두 120명에게 4억 원가량을 받아 챙긴 혐의로 불구속 입건됐다.

족보를 위조한 범죄 행위가 애견에게만 해당하는 것은 아니다. 인간 세계에도 자주 등장하기 때문이다. 독립유공자 후손의 생활을 돕기 위한 정착지원금제도를 악용해 족보와 가계도를 위조한 뒤 억대의 지원금을 타낸 삼남매가 2013년 12월에 적발됐다. 독립군에 군자금을 지원했던 박상진은 중국 지린 성吉林省에서 열린 3·1운동 행사에 참석했다가 순국한 인물이다. 이런 공로가 인정되어 독립유공자가 됐지만, 그에게는 직계 후손이 없었다. 그런데 박상진의 먼 친척인 중국 동포 삼남매가 지난 2004년 우리의 주민증에 해당하는 신상 카드인 '인사당안人事檔案'을 위조해 친손자로 둔갑시킨 가계도와 족보까지 들이대니 국가보훈처에서는 정착 지원금으로 거금 1억 5000만 원을 지불했던 것이다. 이렇듯 인간이 가짜 족보를 만들어 범죄에 이용한 사례가 심심찮게 일어나곤 하는데, 대개는 문중의 재산이나 남의 땅을 몰래 가로채기 위한 수법으로 활용돼왔다.

인간이나 동물이나 그 대상이 존귀할수록 혈통을 매우 중요하게 여긴다. 중요하다는 것은 다른 피가 섞이지 않은 순수 혈통을 얼마나 지켜냈는가 하는 점인데, 이렇게 본다면 개나 말 같은 동물의 순수 혈통을 따지는 것은 인간의 욕구 때문에 생겨난 것임이 틀림없다. 그러나 인간의 경우엔 사회학적·인류학적 측면에서조차 순수 혈통을 따지기 힘든 부분이 있는 것도 사실이다. 뚜렷한 신분사회에서야 귀족 가문끼리 혼인하는 등 혈통을 따지는 것이 당연하겠지만, 그것이 꼭 순수 혈통을 의미하는지도 의문이거니와, 오늘날같이 다원화된 사회에서는 인간의 순수 혈통을 논한다는 것 자체가 무의미하기 때문이다. 그러니 동물에게는 순종을 가리기 위한 혈통 따지기가 매우 의미 있겠지만, 인간에겐 순종의 의미가 아니라 단순히 뿌리 찾기라는 관점에서 혈통과 계보를 따져야 할 것이다.

개의 학명이 켄넬Kennel이고, 그에 따라 우리는 애견협회를 켄넬 클럽이라 칭한다. 나라마다 켄넬 클럽이 있어서 그 지역의 개를 조사해 독립된 순종으로 인정하고, 순혈종 혈통 관리를 통한 보존에 힘을 쏟는다. 그러자니 개의 등록 업무와 함께 여러 가지 법규와 기준을 제시해 개 품평회를 열고, 훈련 경기나 사냥 경기 등도 주관한다. 영국 켄넬 클럽과 미국 켄넬 클럽 그리고 국제축견연맹 등이 세계에서 세 손가락 안에 꼽히는 개 등록 기관으로 인정받는데, 이 중에서 최고 권위를 자랑하는 영국의 켄넬 클럽은 영국 왕실의 지원을 받는다. 1873년에 설립됐을 정도로 역사가 오래됐을 뿐만 아니라 세계 최초로 개 족보를 만든 기구였다는 점에서 관심을 끌었다. 까다롭기로 이름난 영국의 켄넬 클럽에는 영국의 불도그나 그레이하운드, 독일의 셰퍼드와 도베르만, 일본의 아키타秋田와 같은 세계적인 명견 196종이 등록되어 있으며, 우리나라의 진돗개는 2005년 5월에야 이름을 올렸다. 한국애견협회가 더욱 분발한다면 풍산개나 삽살개도 영국의 켄넬 클럽에 등록되는 날이 올 것으로 믿는다.

2014년 3월에도 영국에서는 '크러프츠 도그쇼'라는 세계 최대의 명견 대회가 어김없이 열렸고, 여기에 동반 출전한 진돗개 두 마리가 모두 2위에 올랐다. 올해로 123회를 맞은 크러프츠 도그쇼는 세계 45개국의 명견 2만 2,000여 마리가 다양한 부문에서 경연을 펼쳤고, 관람객 또한 나흘 동안 15만여 명이 몰릴 정도로 성황을 이루었는데, 처음 출전한 작년에 이어 연속 2등을 한 것이다. 벨기에에서 온 체시와 덴마크에서 온 메이시가 그 주인공이며, 2003년 영국 땅을 처음 밟은 진돗개가 유럽 전역으로 퍼져 지금은 104마리의 순수 혈통이 사랑받고 있다고 한다.

이처럼 이름 있는 명견에게는 무엇보다 중요한 것이 순수 혈통을 보

진돗개 혈통서 개의 족보는 순수한 혈통을 생명으로 한다는 점에서 매우 엄격하게 관리되고 있다.

장하는 족보일진대, 2013년 7월에 농촌진흥청에서는 재미있는 연구 결과를 밝혔다. 한국의 주요 토종개가 유전적으로 매우 유사한 친척 관계의 고유종이며, 외국 개와는 혈연관계가 독립적인 것으로 밝혀졌다는 내용이다. 이 연구에 동원된 개는 천연기념물로 지정된 진돗개, 삽살개, 경주개 동경이와 풍산개 등 120마리이며, 개의 혈액 DNA를 16개 초위성체 마커(유전자 마커)를 이용해 각 마커의 대립유전자 정보를 확보한 후 개체 간 이형 접합률과 유전자 빈도, 유전적 거리 등을 분석하여 유전적 특성을 알아냈다고 한다.

이형 접합률이 높을수록 해당 품종의 유전적 다양성이 높고 고정되지 않아 개량의 소지가 높다는데, 진돗개는 61퍼센트로 57퍼센트인 풍산개나 경주개와 혈연관계가 매우 가깝고, 삽살개는 56퍼센트로 한국 토종개 중에서 유전적인 고정이 비교적 잘되어 있다고 한다. 경주개는 한국 토종개 중에서 진돗개와 유일하게 비슷한 유전자를 공유하며, 유전자의 이형 접합률도 70퍼센트로 가장 높았다. 그리고 유명 외국 견종인 독일 셰퍼드와 리브라도 레트리버와 한국 토종개의 유전적 혈연관계는 뚜렷하게 분리되어, 한국 토종개의 독창성과 보존성을 잘 나타내준다고 한다. 아울러 제주개(제주도), 불개(경북 영주), 오수개(전북 임실)의 유전체도 함께 분석해 우리 토종개의 우수성을 세계에 알리겠다고 한다. 한국의 똥개인 황구도 순수한 혈통만 찾을 수 있다면 명견의 반열에 오르지 않을까 하는 것이 필자의 생각이다.

명가名家일수록 혈통과 족보를 중하게 여기듯이, 명견일수록 순수 혈통의 족보 관리에 만전을 기할 수밖에 없다. 요즘에는 핵가족과 노령인구가 급증하는 고령화 사회다 보니 너나없이 반려동물인 개에게 정성을 쏟는다. 일찍이 펫테크에 관심을 가진 이들은 혈통 좋은 수컷을 확보해 하룻밤 잠자리 대가로 수백만 원 이상을 챙긴다니, 이것이야말로 신종 산업이 아니겠는가?

말도 사람처럼 족보가 있지만, 사람 족보보다 오히려 더 엄격하게 관리되고 있다. 혈통서Stud Book라고 불리는 경주마 족보는 국내뿐 아니라 국제적으로 통용되며, 족보가 없는 말은 경주에 참가할 수 없다. 한국마사회 소속 전문가인 말 등록원이 엄격하게 심사해 혈통서에 이름을 올려야 비로소 경주마 자격을 얻게 된다. 아울러 대한민국 경주마는 국제혈통서위원회에서 인정을 받아야만 한다.

말의 부모가 누구인지에 따라 배 속에 들어 있을 때부터 매매가 이뤄진다니, 경마를 흔히 '혈통 스포츠'라고 부르는 까닭을 이해할 만도 하다. 우수한 씨수말의 기준은 자신의 경주 성적과 부계 혈통만을 보지만, 암말은 더 꼼꼼하게 '족보'를 따진다. 그러니 말 사회에서 족보의 위력은 상상을 초월할 지경이다. 이 모두가 경마 때문이 아닌가 한다.

오늘날 경마는 1780년 영국에서 더비가 창설되면서부터 시작됐고, 이후 세계 각국으로 확산되어갔다. 당초에는 말의 품종 개량을 위한 귀족의 취미로 시작됐지만, 지금은 대중오락을 넘어서 도박으로까지 가는 형국이다. 돈이 걸린 도박판과 연결된 경마이고 보면, 경주마에 인생 한 방을 걸었던 사람들의 관심엔 말 족보가 자신의 조상과 족보보다 더욱 귀할 수밖에 없다.

이 지구상에는 수많은 종류의 말이 있지만, 경주마로는 영국에서 개량한 더러브렛 품종이 단연 으뜸이다. 더러브렛종은 1791년부터 혈통서를 갖고 있다. 체격이 날씬한 데다 속도감이 좋고 대담해 도전적인 성질을 갖고 있는데, 과천경마장을 질주하는 대개의 말이 같은 모계 혈통을 지닌 더러브렛종이다. 17세기에 한 영국인이 영국 암말과 수말인 아라비아 바이얼리 터크, 달리 아라비안, 고돌핀 아라비안을 몇 대에 걸쳐 짝짓기시켜 얻은 것이 더러브렛종이 됐고, 1660년에 1마일(1.6킬로미터)을 1분 내에 주파하는 혈통으로 완성됐다. 물론 경주마에는 더러브렛종 외에 아랍종과 앵글로아랍종이 더 있긴 하다. 하지만 수적으로 볼 때 무시해도 좋을 만한 수준이다.

그리하여 오늘날 경주마가 되기 위해서는 부계와 모계 모두 8대를 거슬러 더러브렛 품종이어야 하며, 친자 관계를 증명하기 위해 유전자 감정, 혈액형 감정 등 까다로운 검사를 통과해야 한다. 그래야만 더러브렛 혈통서에 이름을 올릴 수 있다. 우리가 경마장에서 볼 수 있는 말은 이처럼 족보가 있는 말이며, 순혈주의를 택하고 있기에 인공수정이나 복제로 만들어진 말은 경주마가 될 수 없다. 경주마로 크게 활약했

말 족보 순수 혈통을 관리하기 위해 다양한 정보를 담고 있는 말 족보.

던 씨수말은 교배료도 상상을 초월할 정도인데, 경마가 '그 아비에 그 자식'을 기대하는 혈통 스포츠이기 때문이다. 역사상 가장 유명했던 씨수말은 노선 댄서(1961~1990)인데, 1987년에 암말과 하룻밤을 보내는 값이 무려 100만 달러, 우리 돈으로 약 11억 원이었다. 그리하여 세간에는 "노선 댄서 정액 한 방울이 다이아몬드 1캐럿보다 비싸다"는 말이 나돌 정도였다.

말로 세계를 제패한 인물 중엔 "칭기즈칸과 싸이가 있다"는 우스갯소리가 있나. 우리는 기마민족의 후손이기에 수천 년 동안 말과는 떼려야 뗄 수 없는 불가분의 관계에 놓여 있었고, 싸이의 말춤도 그런 DNA 속에서 나온 것이리라. 그리고 한때 칭기즈칸의 지배를 받아 제주도가 그들의 목장으로 활용됐기에 제주마가 우리의 토종말이 된 지는 오래다. 더러브렛 경마도 좋지만 제주마 경주처럼 지역마다 특색 있는 마문화馬文化를 살리기 위해 토종말 족보 관리에도 더욱 만전을 기

서양 족보 오바마 패밀리 트리(오른쪽)와 도널드 덕 패밀리 트리(왼쪽).

해야 할 것 같다.

인간의 뿌리 찾기는 자연스럽게 일어나는 본능과도 같은 것이다. 유럽이나 미국의 아일랜드계 이민자들이 그들의 가계도인 패밀리 트리를 만들었던 것도 같은 이치다. 패밀리 트리, 즉 가족나무 전통은 멀리 구약시대의 '누구는 누구와 혼인해 누구를 낳고……' 하는 식의 가계보가 10대까지 이어진 것과 연결되는데, 10대의 계보에서 10은 완전하고도 풍부하다는 함축적인 의미를 담은 숫자라고 성서학자들은 풀이하기도 한다. 그러니 인간의 족보에 대한 연원을 따지자면 구약성서 그 자체가 유대인의 역사요, 족보인 셈이다.

최근 미국인들이 공영방송 PBS의 시리즈 「로드쇼, 조상을 찾아서」나 NBC의 인기 프로그램 「당신은 누구라고 생각하나요」 같은 것에 열광하는 것을 보면, 미국 사회에서 계보학 전문가의 주가는 꽤 높은 편임을 알 수 있다. 이미 미국에서 가계조사 관련 서비스 산업은 거대 시장으로 성장했다. 조상을 찾아주는 인터넷 서비스를 1990년에 처음 시작한 앤세스트리닷컴Ancestry.com은 지난해 16억 달러에 팔렸는데, 미국과 캐나다·영국·오스트레일리아를 중심으로 전 세계 15개국에서 200만 명의 회원을 보유한 거대 웹사이트다. 아울러 미국에는 패밀리 리서치 등 수천 개의 족보 찾기 사이트와 블로그가 있는 것으로 추정되며, 해를 거듭할수록 시장 규모가 커지고 있다.[5] 100대 웹사이트 가운데 족보 관련 사이트가 무려 네 개나 올랐다고 한다. 미국 정부가 이민 입국심사 서류나 재판 기록 등 각종 공문서를 일반에 공개함으로써 그 열기를 부채질했는데, 이민자로 형성된 나라일수록 뿌리 찾기에 대한 열망이 강한 것으로 나타났다. 그러니 미국에서 족보학회가 창립된 지도 한 세기가 훨씬 더 지났고, 하버드 대학에서는 다량의 우리나라 족보를 마이크로필름화하여 연구에 몰두하고 있기도 하다.

미국의 초등학교에서는 일찍부터 족보를 가르친다. 나무를 두 개 그린 후 한쪽은 친가 다른 한쪽은 외가인데, 뿌리에는 할머니와 할아버지를 자리 잡게 한 후 자식 수만큼 가지를 그려 이름을 적는다. 그런 다음 엄마와 아빠를 만나게 해서 하나의 가지로 묶는 방식이다. 여기서 태어난 형제자매는 또 가지를 치게 된다. 이것이 우리의 족보와 같은 패밀리 트리다. 자신의 뿌리가 누구인지 삼촌과 사촌은 어디서, 어떻게 지내는지를 이 그림을 통해 배워 나간다. 오동나무 상자에 넣어 신주 모시듯 하는 한국의 족보와는 사뭇 다른 접근 방식이어서 패밀리 트리가 훨씬 가깝게 와 닿으니, 이런 교육 방식은 참으로 본받을 만하다 하겠다.

미국 유타 주 소금호수의 도시 솔트레이크시티에는 대규모의 가족역사도서관이 있는데, 여기서 약 40킬로미터 떨어진 곳에 세계 족보 정보 자료를 보관하는 기록보관화강암동물에 지하 수장고를 따로 지어 관리한다. 산 입구에 동굴을 뚫어 만든 세 개의 수장고에는 각각 약

미국의 가족역사도서관과 수장고 미국 유타 주 솔트레이크시티에 있는 가족역사도서관Family History Library(위)과, 여기서 약 40킬로미터 떨어진 캐나다 쪽 로키 산맥 줄기 1,000미터 고도에 만든 기록보관화강암동굴Granite Mountain Records Vault(아래). 이 동굴은 1963년에 완공됐는데, 수집 족보 원본 필름 250만 롤(약 1억 책 분)을 수장하고 있다.

500장 내외를 담을 수 있는 마이크로필름 100만 롤씩을 보관하고 있다. 우리나라 주요 가문의 족보 2만여 권이 이곳에서 자료로 보존, 활용되고 있다. 가족역사도서관 측은 1972년 4월에 국립중앙도서관과 정식 협약을 맺어 우리 족보들을 복사하기 시작했는데, 중앙도서관 1만 2천 권, 서울대 도서관 700권 및 개인 소장본까지 총망라했기에 우리 족보의 필름 길이만 약 30킬로미터로 추정된다. 버락 오바마가 대통령 후보로 나서면서 시작된 그의 가문에 대한 자료가 세 권의 책으로 완성되어 백악관으로 바로 전달됐다고 하니, 그들의 정보 축적량을 가히 짐작할 수 있다.

이렇게 거대한 족보 도서관은 1894년에 유타계보학회Genealogical Society of Utah가 창설되면서 만들어졌다. 유타계보학회는 예수 그리스도 후기성도 교회The Church of Jesus Christ of Latter-day Saints(일명 모르몬교)가 가족의 역사를 조사하기 위해 만든 것이다. 이 교회에서는 개인이 구원을 받으려면 조상들의 계보를 대야만 했다. 가족은 영원한 것이라는 믿음 때문이었다. 즉 부부가 결혼하면 두 가문이 계보상 한 가족이 되고, 이를 반복하다 보면 궁극적으로는 지구상의 모든 인류가 한 가족이 된다는 것이니, 모든 인류의 계보가 중요하게 취급되는 것이다.

부계를 중심으로 한 우리 족보와 달리 서구의 족보는 부계와 모계를 함께 수록하는 특징을 보인다. 부부가 결혼하면 두 가문이 계보상으로 한 가족이 되고, 그것을 반복하면 지구상의 인류 모두가 하나의 가족이 된다는 것을 어릴 때부터 배우니 혈연의 보편성과 포용성을 함께 습득하게 된다. 따라서 미국에서 족보는 명문가임을 나타내려는 의도보다는 조상의 역사를 기록했다는 의미가 더 크다. 신대륙으로 이민 온 첫 조상의 정착지나 살던 집과 아울러 그들의 사진이 수록되고, 개인마다 고유번호를 부여한 직계 조상의 이름이 나열된다. 생몰연도와 출생지, 결혼 날짜 등과 함께 배우자의 출생지나 생몰연대를 함께 기록하며, 그 아래 자식의 이름과 출생지 및 출생연도, 출가한 여자는 배우자와 자손이 누구라는 것도 함께 적는다. 이런 식으로 만들어지는 족보는 하나의 사례에 불과하지만, 좀 더 다양한 형태의 족보 책을 소중하게 간직하는 미국 사회의 풍속에서 우리가 배울 것이 무엇인지 진지한 고민이 필요한 때인 것 같다.

이렇듯 서구에서는 일찍이 뿌리 찾기를 통한 계보학이 발달했으며, 동양에서도 예외는 아니었다. 특히 한자 문화권의 종주국인 고대 중국에서부터 발달한 족보 문화는 이웃 국가로 파급되어갔는데, 유독 일본만은 동일한 한자 문화권에서 살았지만 족보가 없다. 족보를 알지 못하는 일본인에게는 '가계도'라고 해야만 겨우 알아듣는다. 일본가계도학회 같은 조직이 전국적으로 있긴 하나, 그 가계도라는 것도 피를 나눈 혈통을 표시하는 계보도가 아니라 가업을 물려받은 사람 중심으로 그려진 계보도다. 한국의 가문은 핏줄을 중시한 '혈연 중심'이지만 일본의 가문은 가업을 중시한 '업연業緣 중심'이기 때문이다. 일과 직업을 뜻하는 '업業'과 기술이나 솜씨를 뜻하는 '기技'의 일본 발음(와자ゎざ)은 동일하다. 이를 두고 혹자는 혈통에 집착하던 우리와 달리, 직업과 기술을 전수하고 계승하는 데 양자나 데릴사위를 얻어 가업을 세습하던 것이 그들이 삶이었기 때문이라고 설명하기도 한다. 그래서인지 일본 총각이 장가들면서 성을 바꾸는 일은 아주 흔한 일이다. 그러니 13만 2,000개가 넘는 성씨를 가지고 있는 일본에서는 족보다운 족보를 생각할 수도 없는 것이 당연하고, 가계도를 그리는 것이 보다 합리적인 일이다.

"일본에서는 개도 족보가 있는디, 사람 족보는 없담서?"라는 우리 촌로들의 말은 문화민족이 야만족을 보듯 하는 데서 나온 것이 분명하다. 우리가 자주 쓰는 '피는 물보다 진하다'거나 '차라리 내 성을 갈겠다'고 하는 의미는 혈통 계보에 집착하는 우리에게만 해당하는 소리일 뿐이다. 문화상대주의적 관점에서 바라본다면 우리는 우리일 뿐이고 일본은 일본일 뿐이다. 우리의 문화적 관점에서 상대방의 문화를 평가하는 것 자체가 모순이기 때문이다. 최고의 고아 수출국으로 빈정거

림을 받으면서도 입양 방향을 해외로 잡을 수밖에 없는 우리 사회의 구조적 모순도 바로 여기서 출발하는 것이다. 아무튼 명분보다는 실리를 택하는 일본인의 생활풍속을 이해하고 들여다보면, 이를 그냥 흘려버릴 수는 없을 것 같다.

우리나라의 족보는 중국에서 들어왔기에 대개 중국의 것을 모방한 것이다. 그러나 중국의 족보와는 내용과 형식이 크게 다르다. 조선시대의 수많은 족보 서문에 공통으로 보이는 내용은 중국 송나라의 소순과 구양수의 족보를 모범으로 삼는다는 것이다. 그럼에도 『소씨족보蘇氏族譜』처럼 고조 후손의 유복친 중에서도 부계 혈통(부계 8촌 이내)만을 수록하는 소종보법小宗譜法이 아니라, 내·외손을 동일한 수준에서 함께 싣거나 백세불천百世不遷의 대종을 지향하는 족보로 편찬됐다. 그뿐만 아니라 우리 본관은 좀처럼 바뀌지 않지만, 중국에서는 거주지를 옮기면 본관도 따라 변경됐다. 그러니 우리에게는 한번 시조는 영원한 시조지만, 중국에서는 거주지를 옮긴 시천조始遷祖가 곧 시조로 추앙받았다. 그래서 우리의 시조는 유명 인물뿐이지만, 중국에서는 두부 장사를 했던 평범한 인물까지도 시조로 추대된다.

이렇듯 양국의 족보에서 명목과 실제가 차이 나는 이유는 각각의 사회 환경과 여건이 달랐기 때문이다. 성씨의 도입 과정이 서로 같지 않고, 가족제도와 혼인 풍속이 다르고, 나아가 가계家系 관념이나 혈연 의식도 상이했기 때문에 족보의 내용과 형식이 달리 나타날 수밖에 없었다. 그것이 바로 신토불이다. 족보가 중국에서 도입됐다 할지라도 우리 토양에 알맞은 형태로 정착된 것이다. 과거에 많은 문물제도가 중국에서 도입됐지만, 우리 고유의 환경과 특수성을 함께 버무려 정착해왔기에 우리는 기나긴 세월 동안 문화대국으로서의 자부심과 명성을 고이 지켜낼 수 있었던 것이다.

다문화 사회와 시조 할머니

2000년 통계청 조사에 따르면, 우리나라 인구 중 김·이·박을 비롯한 상위 10대 성씨가 차지하는 비중이 전체 인구의 64.1퍼센트에 달했다. 이는 1985년 조사 때와 변화 없는 수치이니, 어림잡아 10대 성씨가 전체 인구의 64퍼센트를 차지한다고 보면 된다. 이 가운데 김씨 성을 지닌 사람이 21.6퍼센트로 가장 많고, 이씨 14.8퍼센트, 박씨 8.5퍼센트, 최씨 4.7퍼센트, 정씨 4.4퍼센트 등의 순인데, 이들 5대 성씨가 전체 인구의 54퍼센트를 차지한다. 돌을 다섯 번 던지면 한 번은 반드시 김씨가 맞게 되는 것이다. 한편 전국 거주자가 100명 미만인 희귀 성씨도 경京, 빙氷, 삼杉, 예乂, 우宇, 원苑, 증增 등 10개인 것으로 조사됐다.

족보는 동일한 성관을 가진 사람을 대상으로 수록한다. 성관이란 성씨와 본관을 합친 용어인데, 우리나라 사람치고 성과 본관이 없는 사람은 하나도 없다. 그런데 이런 말도 이제는 참이 아닌 거짓이 되어버렸다. 귀화하려는 외국인은 반드시 성과 본관을 가지지 않아도 되기 때문이다. 프랑스 출신의 유명 방송인으로 우리에게 친숙한 이다도시 씨도 한국인으로 귀화했으나, 성과 본관을 한자식으로 변경하지 않았다. 그냥 성을 이다, 이름을 도시로만 구분한 채 본관을 신고하지 않았으니, 민법상 본관 없이도 우리 국민으로 살아갈 수 있다는 이야기다.

외국인이 귀화할 때 보통은 창성創姓을 하면서 본관까지 함께 만들어 신고하는 것이 대부분이었다. 그만큼 우리의 성관에 관한 특수성이 오랜 세월에 걸쳐 지배하다 보니 보편성까지 추가되어 있었던 것이다. 1979년에 기독교 관련 행사를 위해 방한했다가 눌러앉아 교수와 방송인 그리고 회사 경영자 등 다양한 스펙으로 한국관광공사 사장 자리에까지 올랐던 이참 씨는 1986년에 귀화하면서 본관을 독일로 신고했기에 현재 '독일이씨'의 시조다. 그의 자녀 둘까지 합친다면 독일이씨는 모두 세 명인 셈이다. 구수한 경상도 사투리로 방송과 광고에 등장해 웃음을 주는 미국계 로버트 할리 변호사는 지난 1997년 하일로 개명할 때 부산 지명을 따서 '영도하씨'로 귀화해 시조가 됐고, 2000년에 귀화한 러시아의 축구대표 선수 출신 골키퍼 신의손 씨 역시 별명을 한 자로 그대로 옮겨 신씨로 창성함과 동시에 프로축구팀 LG의 연습장이 있는 구리를 본관으로 삼았다. 그래서 '구리신씨'의 시조다.

이 시기를 전후해 한국에 귀화하는 외국인이 급격하게 증가하면서 이색적인 성씨도 크게 늘어났다. 통계청이 발표한 자료에 따르면, 필리핀계 귀화 성씨로는 '골라낙콘치타', '귈랑로즈', '글로리아알퀘아포스' 등이 많고, 일본계는 고전古田, 길강吉岡, 길성吉省의 비중이 높다. 이들 귀화 외국인은 혼인으로 인한 귀화가 96.2퍼센트이며, 이 가운데 여자가 87.3퍼센트를 차지한다. 그 밖에 노동 문제로 귀화한 사람은 상대적으로 많지 않다.

귀화하는 외국인이 갈수록 많아지자 성과 이름을 분리하는 것이 힘들어 정확히 파악하려는 것에 대해서는 통계청도 손을 놓고 말았다. 본관은 고사하고 성과 이름의 구분도 분명하게 잡아낼 수 없는 것이 대부분인데, 본인에게 일일이 확인 절차를 거칠 수도 없는 노릇이다. 통계청이 발표한 '인구주택조사 성씨 및 본관 집계'에 따르면 2000년 말 현재 귀화 거주자의 성씨는 총 442개였는데, 이 중에서 필리핀계가

145개로 가장 많았고, 일본계 139개, 중국계 83개 등이 뒤를 이었다. 이 밖에 베트남, 태국, 방글라데시 등 동남아시아 등지에서 귀화한 사람의 성씨도 총 75개다. 국내에 사용되는 본관 4,179개 가운데 1985년 이후 새롭게 추가된 본관은 한양강씨, 장지김씨, 태백김씨, 덕산박씨, 제천백씨, 한밭서씨, 대전여씨 등 15개인 것으로 조사됐다.

그 후 2010년도 법원행정처 사법등기국 발표에 따르면, 우리나라에 새로운 성과 본을 만든 외국인은 2009년에 4,884명을 기록해 전년 대비 74퍼센트나 증가했다. 따라서 시조 할아버지뿐만 아니라 시조 할머니도 그만큼 늘었다는 것인데, 아마 시조 할머니가 더 많은 것으로 추측된다. 호주제가 폐지되어 민법상 자식이 엄마의 성씨를 이어받는 것도 어렵지 않은 데다 고모와는 어색해하면서 이모와 더 친밀하게 지내는 신모계사회가 도래한 것이다. 그러니 시조 할머니라는 단어는 하등 이상할 게 없는 듯하지만, 그래도 조금은 쓴웃음이 난다. 필자에게도 가부장적 권위의 피가 흐르고 있는 모양이다.

귀화인이 한국식 성과 본관을 새로 만드는 몇 년간의 추이를 보면 2005년 2,530명에서 2006년에는 1,523명으로 잠시 줄었다가, 2007년에 1,927명으로, 2008년에는 2,810명으로 3년째 증가 추세이고, 2009년 이후에도 귀화 외국인이 새로운 성과 본을 등록하는 일이 늘어나고 있다. 귀화인 중에서 20퍼센트 정도가 새로 만드는 가족관계등록부에 본래 이름 대신 한국식 이름을 등록하면서 성과 본을 만들고 있다는 것이다.

아울러 귀화인이 기존의 한국 성을 따르면서도 본관은 자신의 고향이나 모국으로 하는 경우가 많다. 그리하여 2006년에는 몽골김씨·대마도윤씨·용궁김씨가 등록됐고, 2007년에는 기계유씨·봉황신씨·청도후씨 등이 나왔으며, 2008년에는 길림사씨·려산송씨, 2009년에는 라주라씨·건지화리오씨·태국태씨가 탄생했고, 2010년에는 서생김씨·왕장박씨·우주황씨 등과 같은 새로운 본관이 생겼다. 그리하여 이제는 한국 지명 본관과 외국 지명 본관이 뒤섞여 혼란스럽기까지 하다.

최근에 귀화하는 외국인은 해마다 50개국 내외의 2만 5,000명 이상으로 알려져 있다. 이런 뉴스를 접하면서 전통사회 성관 연구자로서는 난감하기 그지없다. 이제까지 생각조차 못했던 시조 할머니가 생기기도 하거니와, 우리 전통사회에서 수백 년간 280개 내외의 성과 3,700개 내외의 본관으로 살아왔던 것이 허물어질 판이기 때문이다.

우리의 본관은 고려 초기의 영토였던 대동강에서 원산만을 잇는 지역을 상한선으로 하여, 그 이남 지역에 산재한 360개 내외의 군현 단위 행정구역으로 설정되어 있다. 이는 누구에게도 예외가 없었다. 그렇기에 앞에서도 언급했듯이, 경주를 본관으로 둔 김씨·이씨 등과 같은 성씨가 전부 87개에 달하며, 진주를 본관으로 둔 성씨도 80개다. 그런데 이제는 우리 국민의 본관지가 이웃 중국이나 일본뿐만 아니라 태국, 몽골 등에 이르기까지 세계로 뻗어나가고 있으니, 우리 성관과 족보도 가히 국경 없는 지구촌 시대를 맞이했다고 볼 수 있겠다.

이렇듯 빠른 속도로 진행되는 다문화 사회에서 한국의 문화 특성 중 하나요, 한국 문화를 알기 위한 필수 키워드였던 성관과 족보가 여전히 우리에게 유용한 것일까? 이런 과도기일수록 우리 고유의 성관 내력과 족보 유래에 대해 좀 더 정확한 정보를 알고 있어야 할 것이라고 생각한다. 그래야만 앞으로 진행되는 다문화 사회에 적용할 방안과 대안까지 생각해볼 여유가 생기기 때문이다.

우리 성씨제도는 중국의 것을 모방해 도입됐지만, 중국과는 다른 독특한 고유성을 바탕으로 한다. 다시 말해 중국 대륙의 대성이던 장씨·이씨·노씨 등과 같은 성씨의 글자, 즉 성자姓字만 빌려온 것이지, 실제 운용은 중국과 다른 한국의 토양에 맞게 가꾸어진 측면이 강하다는 이야기다. 우리나라의 모든 성자는 중국에서 차용해왔지만, 중국에서 찾아지지 않는 유일한 것이 박씨다. 따라서 수많은 본관을 가진 박씨 중에서 그 조상을 중국과 연결하는 문중이 하나도 없다. 만약 중국에 포진한 대성 중에 박씨가 보였더라면, 분명히 그들의 조상을 중국과 연결한 박씨 문중 또한 나타났을 것이다. 그리하여 8대군파 후손의 44개나 되는 본관을 가진 박씨 문중이 오로지 토종 인물인 박혁거세를 시조로 받들고 있는 것이다. 8대군파에 속하지 않는 후예의 박씨까지도 박혁거세에 연접하기는 마찬가지였고, 약 300여 본이 전해지기도 한다.

그런데 다문화 사회로 가고 있는 현실에서 박씨 역시 귀화 본관 문제에 부딪힐 일이 있었다. 러시아인으로 태어나 한국학을 전공한 박노자의 경우다. 그러나 박노자는 우리나라에 귀화했어도, 여권을 비롯한 공식 이름은 블라디미르 티호노프를 그대로 사용한다. 그 이유는 공식 개명이 힘들어서라는데, 새로운 본관을 만들기 위해서는 박씨 문중의 양해를 얻거나 행정소송을 해야 하기 때문이라고 한다. 관청을 상대하는 일이 버겁고, 이름 같은 외연에 집착하는 게 의미가 없다는 판단에 따라 원래 이름으로 살아간다는 것이다. 유일하게 고유의 성이라고 자부해온 박씨 문중에서는 귀화 박씨가 생기는 것을 반길 것인가, 아니면 드러내놓고 싫어할 것인가? 이것이 궁금하다.

그리고 우리 전통사회에서의 본관은 모든 성씨를 합쳐 3,600개 내외를 유지해왔는데, 앞으로 시조 할아버지보다 시조 할머니가 더 많은 세상이 도래할지도 모르겠다. 다문화 가정마다 시조 할머니의 혈통과 계보를 어떻게 마련하는가에 따라 문화 현상도 달라질 수 있으며, 그와 짝하여 우리의 성씨와 족보 문화에 대한 패러다임도 바뀌어야 할 것이다. 새로운 성씨 문화를 어떻게 정립해야 할 것인지에 대한 진지한 고민이 필요한 때다.

영남 사람 호남 사람, 그대의 본관지는 안녕하신가?

문묘란 공자와 그 제자를 비롯한 최고의 유학자를 모시는 곳인데, 이곳에 이름을 올려 제사로 받들어진다는 의미를 생각하면 성리학적 사회에서 이보다 큰 광영은 없었다. 우리 전통사회에서 배출된 인물 18위가 안치된 문묘에 유일한 전라도 인물이 하서 김인후다. 중국의 인물 배향에 대한 도통道通은 일찍이 정리가 됐으나, 조선 학자를 문묘에 모시는 문제에 대해서는 논란만 계속됐다. 사림파의 이념적·정치적 승리가 완결된 시점이었던 광해군 대에 김굉필·정여창·조광조·이언적·이황, 이른바 동방 5현을 문묘종사文廟從祀 할 때까지는 큰 논란이 없었으나, 이이와 성혼에 대한 문묘종사 문제가 대두되자 서인과 남인 학맥으로 연결되어 매우 시끄러워졌기 때문이다. 그리하여 최종적으로 공자를 정위에 두고 그 좌우에 중국의 현철賢哲을 배향하고, 동무東廡와 서무西廡에 각각 중국과 한국의 명현을 모시도록 결정했다. 그리하여 최종 확정된 동방 18현 중에서 조선시대 인물 14명이 낙점됐는데, 그 중에서 유일하게 호남 출신인 김인후도 이름을 올린 것이다.

문묘에 모신 인물이라면 자자손손 그 영광을 누리게 되니, 그 후손

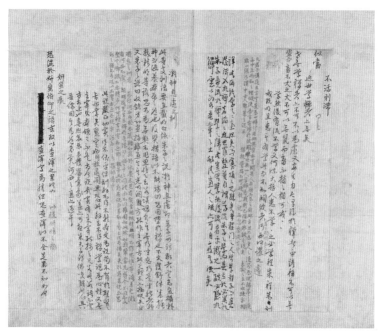

김인후와 이황의 편지 김인후와 이황이 노수신의 「숙흥야매잠해夙興夜寐箴解」에 대해 서로의 견해를 표명하면서 주고받은 서한. 진성이씨 상계 종택 소장.

은 조선의 갑족 중에서도 갑족 양반, 특A급 대우를 받을 수 있었다. 그리하여 전라도 장성고을이라면 바로 하서 김인후를 떠올리게 되고, 하서 하면 바로 울산김씨와 연결했던 것이 학맥과 보학을 조금 안다 하는 호사가들의 큰 일거리였다.

그렇다면 울산김씨가 왜 장성에까지 와서 살았을까? 경상도 울산 땅에는 고려시대 이래 김씨를 비롯한 여러 토성이 정착하고 있었다. 그래서 본관을 울산으로 삼았던 것이다. 김인후의 가문이 장성과 인연을 맺은 것은 홀로 된 하서의 5대 조모 민씨 부인의 결행 때문이었다. 민씨 부인은 태종 이방원의 비인 원경왕후와 사촌 사이였으며, 남편 김 온(1530~1594)은 문과를 거쳐 고려 말에 밀양부사를 지낸 인물이었다.

전해지는 자료에 따르면, 남편이 사망한 후 중앙 정치무대의 난을 피해 세 아들을 데리고 장성으로 들어왔으며, 그 시기는 태종 집권 하반기일 가능성이 높다. 왜 장성으로 이주했는지는 전하는 바가 없어 알 수 없으나, 장성에 경제적 토대가 있었던 것은 분명하다. 이때 데리고 온 세 아들이 달근·달원·달지였는데, 이들 세 파의 후예가 장성을 중심으로 하여 인근 지역에 산재해 있다.

김인후는 그 세 파 중에서 중파에 해당하는 달원의 후손이다. "조선의 인물 중에 도학과 절의와 문장을 겸비한 자가 매우 드문데, 하서는 바로 그런 사람"이라는 송시열의 칭송만으로도 그 인품과 학문의 깊이를 짐작할 수 있다. 사실 김인후가 두각을 나타내 장성의 울산김씨가 조선의 갑족으로 성장하기도 했지만, 이미 달지의 후손이 먼저 중앙 정치무대로 진출해 울산김씨 가문을 드높이고 있었다. 중종 때 문과에 합격해 응교를 지낸 김응칠과 대사간을 지낸 그의 아들 백균 등이 배출됐던 것이다.

장성으로 이주한 울산김씨는 근대에도 큰 인물을 배출했다. 해방 공간을 전후해 민족운동을 전개하면서 고려대학을 세운 인촌 김성수가 바로 울산김씨인데, 세인들은 고창 출신으로 알고 있지만, 처음엔 장성에서 살다가 선대에 고창으로 이주한 것이다.

장성 지역에 정착한 행주기씨 또한 자타가 공인하는 이 지역의 1급 양반이었는데, 장성기씨의 현조로 받들어지는 인물은 금강 기효간(1530~1594)이다. 그는 광주의 명문으로 이름값을 높였던 고봉 기대승의 5촌 조카이자 하서 김인후의 문인이다. 따라서 장성의 기씨는 '기금강 후손'이라고 목소리를 높여 말할 정도로 자부심이 높다. 19세기에 들어와 대단한 성리학자로 이름 높았던 노사 기정진이 금강 기효간의 9대손이

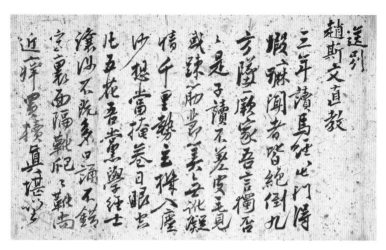

기정진 시고詩稿 19세기의 대학자 기정진(1798~1879)이 1852년(철종 3)에 쓴 시 원고.

니, 그럴 만도 하다.

　말이 나왔으니 덧붙이는 것이지만, 장성의 행주기씨보다 광주에 오래도록 세거해온 기씨 일파가 더 알려져 있다. "광주에서 명함을 내밀고 큰기침이나 하면서 살려면 적어도 기·고·박 정도는 되어야 한다"는 말이 있을 정도다. 퇴계와 사단칠정 논쟁을 벌인 성리학자 기대승, 임진왜란 당시 의병을 이끌고 호남 지역을 지켜내 왜적을 향해 반격의 발판을 마련케 한 고경명, 중종 때 기묘사림己卯士林이 훈구 세력을 몰아내고 개혁정치를 이끌 때 조광조와 뜻을 같이하던 박상과 같은 인물을 각각 배출했으니, 이들 세 성씨가 광주 일원의 최고 명문가로 자리 잡은 것은 당연하다 하겠다. 그리하여 광주에는 세칭 '기고박'이란 말까지 유행하게 됐는데, 이들 역시 전라도 지역의 토박이는 아니었다.

　우선 행주기씨를 살펴보면, 한양에서 광주와 장성으로 내려온 것이 1530년경이었다. 고봉 기대승의 아버지 기진이 광주에, 백부 기원이 장성에 각각 정착했다고 하는데, 기진과 기원의 막내 동생이 기묘명현己卯

담양 송강정松江亭 후손들이 정철을 기리기 위하여 1770년(영조 46)에 세운 누정이다. 전라남도 담양군 고서면 원강리 소재.

名賢(조선 중종조에 조광조 일파가 화를 당할 때 함께했던 사림을 일컬음)으로 날렸던 기준이었고, 그의 자손 일부도 광주에 함께 내려왔다고 한다.

전라도의 4대 양반을 꼽으라면, 이 방면을 연구하는 학자든 일반인 이든 대개는 '기·고·정·김'을 든다. 행주기씨와 울산김씨는 이미 살펴봤고, 고씨는 고경명을 현조로 내세우는 장택고씨이니, 이 지역 토박이 성씨인 셈이다. 나머지 정씨는 가사문학의 대가였던 송강 정철을 현조로 모시는 영일정씨다. 영일정씨 역시 그 본관은 경상도지만, 송강의 선조가 한양으로 벼슬살이 갔다가 다시 전라도 창평현(현 담양군)으로 세거지를 옮겨 이곳 사람이 됐다.

명종이 즉위한 후 대윤과 소윤의 갈등 속에서 을사사화乙巳士禍가 일어나 송강의 부친 정유침이 전라도 화순 동복현에 유배됐을 때, 정철도 열 살의 어린 나이에 배소에 함께 내려와 생활했던 것이 인연이 됐다. 그의 장인은 문화류씨 집안의 류강항인데, 당시 창평현에서 고씨나 오씨와 어깨를 나란히 했던 가문이다.

그들의 세거지인 유곡維谷이라는 마을 이름에서 따온 세칭 '월구실류씨'로 더 잘 알려진 이들은 석헌 류옥을 현조로 받든다는 자부심이 강하다. 문화류씨가 이곳에 세거하게 된 것은 류옥의 조부 류인흡이 전라도 순창으로 낙향한 것이 계기가 됐다. 그에게 6촌인 류성원이 사육신 사건으로 처형되자, 화가 미칠 것을 예견하고 내려온 것이다. 그 후 류인흡의 아들이자 류옥의 아버지 류문표가 처가 동네인 창평으로 옮겨가 번성한 가문을 만들었다.

중종반정 때 반정군에 의해 쫓겨난 단경왕후 신씨의 복위 문제는 누구도 거론할 수 없는 금기사항이었다. 반정공신들이 시퍼렇게 살아 있는 상황에서 마땅히 신씨를 복위하고 훈신들의 죄를 규탄해야 한다고 주장한 강단 있던 선비가 바로 류옥이었다. 송강 정철이 류옥의 손녀사위가 된 인연으로 영일정씨의 후손이 창평 지곡에 세거하게 됐는데, 호남의 갑족 양반으로 이름난 지실정씨는 이렇게 하여 생겨난 것이다.

전라도의 대읍이던 남원에서는 '최·노·안·이'라는 걸출한 세족을 양반으로 꼽기를 주저하지 않는데, 삭령최씨·풍천노씨·순흥안씨·효령대군과 전주이씨(혹자는 광주이씨를 꼽는다)가 바로 그들이다. 1590년대부터 1700년에 이르는 약 100년 동안 남원 향안에 참여한 명단을 분석하면, 남원을 본관으로 하는 인물은 겨우 9퍼센트에 지나지 않는다. 그리고 이들 이주 성씨들의 입향조는 본관지에서 직접 온 것이 아니라 한양에서 내려온 것이고, 처가나 외가를 따라 남원으로 들어온 사람들이었다.

본관지와 무관하게 타관에 정착해 살아갔던 우리 선조의 상황은 남원이나 전라도에만 국한된 것이 아니라, 다른 지역에서도 마찬가지였다. 조선시대 유교 전통사회의 풍속이 가장 많이 남은 지역을 꼽으라

농암 이현보 초상화 이현보 (1467~1555)는 조선 중기의 문신으로 여러 편의 시조를 남겼는데, 「어부사漁父詞」는 우리 시조의 변천 과정을 보여주고 있어 국문학사에서 중요하다. 후손 이용구 씨 소장. 보물 제872호.

면 단박에 안동을 거론할 것이다. 이는 안동 지역이 그만큼 폐쇄적이면 서도 보수적인 곳임을 입증하는 셈이다. 반면에 바쁘게 돌아가는 현대 생활 속에서도 이러한 전통사회의 미풍양속이 주는 긍정적인 기능 또 한 적잖았음을 우리는 봐왔다.

원래 안동에는 삼태사의 후예인 안동김씨, 안동권씨, 안동장씨가 주 인이었다. 그러다가 조선시대에 들어와 동방의 주자로 받들어지는 퇴 계를 배출한 진보이씨를 정점에 두고 하회에 정착한 풍산류씨, 내앞과 금재의 의성김씨, 농암 이현보를 현조로 모시는 영천이씨 등 내로라하 는 가문들이 모여들었다.

조선시대의 명가를 일람해보면, 대개는 고려시대 이후 성장하는 과 정이 비슷했다. 즉 원래 선조들이 토착했던 지역의 호장층에서 출발 해 고려 말에 과거에 급제하거나 군공을 세워 사족으로 변신하게 된다. 이때 읍치邑治 또는 본관지를 이탈해 외곽의 향촌이나 인근 지역에 새로운 삶의 터전을 마련하는데, 읍내는 아전들이 사는 고을로 인식되어 나중에는 혼인하기조차 꺼릴 정도까지 됐다. 아무튼 대개의 가문은 고려 말을 전후해 토성이족土姓吏族과 재지품관在地品官이라는 기반 위에 치산이재治産理財에 밝은 조상이 나와 부를 축적한 동시에 자손을 벼슬길로 내보내는 과정을 밟았던 것이다.

이때 벼슬길에 올라 개경이나 한양 땅으로 거주지를 옮긴 가문들이 다시 낙향할 때에는 처가나 외가 동네로 이주한 경우가 많았다. 조선 전기까지만 하더라도 아들과 딸을 구분하지 않고 균등하게 재산을 상속하는 시대였기 때문이다. 전라도 지역 본관으로 안동 땅에서 수백 년 동안 뿌리내리며 살았던 가문들은 대개 이런 경우였다. 결론적으로 말한다면, 이들은 고려 500년은 전라도 본관지에서, 나머지 500년은 경상도에서 살았던 것이다.

안동 지역의 명문가를 이야기할 때 빼놓을 수 없는 가문이 광산김씨 예안파다. 그들이 이 지역의 명당으로 알려진 오천마을에 정착한 것은 조선조 16세기부터였다. 광산김씨 시조로부터 20대손인 김효로(1454~1534)가 오천마을에 입향한 것으로 알려졌다.

김효로의 5대조 김진은 1308년(충렬왕 34) 문과에 급제해 정당문학과 대제학을 거쳤는데, 그의 부인이 영가군부인 안동권씨였다. 영가군이란 안동의 별칭이며, 그녀의 친정인 안동권씨 집안 역시 개경에서 벼슬살이하던 가문이었다. 따라서 영가군부인은 개경에서 태어나 그곳에서 결혼생활을 했을 것이다. 고려 후기에 전라도 광주에서 벼슬길에 올라 중앙 관료가 된 김진에게 시집갔기 때문이다.

영가군부인의 외조부가 안동김씨의 중시조 충렬공 김방경이다. 김효로의 증조모도 안동김씨 가문의 선공繕工 영令을 지낸 김서린의 딸이니, 개경에 정착했던 광산김씨가 안동 지역과 인연을 맺은 것은 오래된 것으로 보인다. 이들 광산김씨가 개경에서 낙향지로 안동을 선택하게 된 것도 이런 인연이 작용한 것이 분명하다.

조선 초 군기소감을 지낸 김무가 경기도 고양에서 안동으로 이주한 이래, 그 아들 음성현감 김회가 풍산 도양에 살았고, 연산군 때 그의 아들 김효로가 예안의 내외마을로 옮겨가 그 후손이 세거하는 마을이 됐다. 김효로가 안동 예안의 내외마을 입향조로 배향되는 배경에는 그의 외조부인 노응이 자리하고 있다. 안강노씨인 노응은 현령을 지냈는데, 그가 소유했던 이 지역의 많은 재산을 김효로의 어머니에게 상속했고, 이로 말미암아 김효로가 예안에 정착하게 된 것이다. 어린 김효로는 주로 외가에서 생활하며 외조부의 사랑을 독차지했으며, 이름을 효로孝盧라고 한 것도 노씨 문중을 잊지 말고 효도를 다하라는 뜻으로 외조부가 지어준 것이었다.

예안의 내외마을에 정착한 김효로는 아들 김연(1487~1544)을 문과에 급제시켰다. 강원감사·경주부윤 등을 역임한 김연은 당시 영남의 종장이던 회재 이언적이나 충재 권벌 등과 교유했다. 광산김씨 예안파가 안동 사회에서 일정한 지분을 확보한 것은 김연 때부터였으며, 그의 아들과 조카들이 퇴계의 문하에서 성장해 가문을 더욱 번성하게 만들었다.

예안의 내외마을은 군자마을 혹은 군자리로 불렸던 동시에 오천마을이라고도 했다. 오천은 지명으로 불린 것이지만, 군자마을의 별칭이었다. 안동부사로 부임했던 한강 정구가 "오천마을에는 군자가 아닌 사람이 없다"라고 칭송한 것이 계기가 됐다. 김효로의 손자 후조당 김

오천마을에 있는 탁청정의 시판 퇴계 이황이 김유의 정자인 탁청정에 가서 지은 시를 시판으로 제작했다. 광산김씨 탁청정 종가 소장.

부필, 읍청정 김부의, 산남 김부인, 양정당 김부신, 설월당 김부륜(이상 오천김씨)과 일휴당 금응협, 면진재 금응훈(이상 봉화금씨)까지 가세해 군자가 즐비했기 때문이다. 여기에서 유래해 속칭 '군자리'로 알려졌는데, 오천의 봉화금씨 역시 이 마을의 주인이었던 광산김씨의 외손으로 이주한 자들이었다. 외손이 마을을 장악하게 되는 역사적 배경은 앞에서 이미 설명한 바가 있다.

안동시 와룡면 오천리의 내외마을은 안동댐이 건설되면서 수몰 위기에 처해 안동시내에서 35번 국도를 따라 도산서원으로 가는 중간쯤에 가옥을 옮겼다. 종가에는 21대 600년간에 걸쳐 전래된 고문서 1,000여 점이 보관되어 있고, 이 중에서 문화재로 지정된 것만도 7종 429점에 이른다. 각종 교지와 교서는 국가에서 받은 임명장이며, 분재기나 매매문서는 그 집안의 경제 규모를 나타내주는 것이다. 족보 연구자의 관심을 끈 것은 1301년(충렬왕 27) 김연·김진의 호구단자를 비롯한 호적

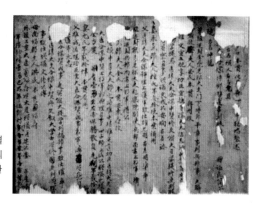

광산김씨 호구단자 1301년(충렬
왕 17)에 작성된 김연·김진의
호구단자. 안동 광산김씨 예안
파 종택 소장. 보물 제1018호.

관계 자료인데 모두 43점이나 되고, 1480년(성종 11)에 작성된 김효로
의 후계 입양·입안 문서를 비롯한 입양 관련 문서도 4점을 소유하고
있다.

1933년 조선총독부에서 간행한 『조선의 취락朝鮮の聚落』에 따르면, 우
리나라의 집성촌 가운데 가장 큰 규모를 자랑하는 곳이 안동 풍천 구
담리의 순천김씨 마을이었다. 마을 주변을 굽이져 흐르는 낙동강 지류
에 따라 생겨난 아홉 개의 깊은 소潭가 있다 하여, 구담이라 이름 붙여
진 동네다. 지금에야 순천김씨가 약 120호에 지나지 않지만, 조사 당시
만 해도 150호나 되는 대규모였다. 마을 앞 낙동강 건너 기산리의 강
남평야와 마을 뒤 나지막한 언덕 너머로 넓은 들판이 펼쳐져, 풍수지리
에 문외한인 사람도 생리生利에 적합한 동네임을 한눈에 알 수 있다. 정
언 김기황이 지은 취담정과 김수한의 손자 김협이 지은 충효당 등 정
자 건물이 마을 동쪽과 서쪽에 있고, 구담의 원래 주인인 권집경의 묘
가 동쪽 월암산을 지키고 있다.

구담의 순천김씨 입향조는 병조판서를 역임한 김승주(1354~1424)의
아들 김유온으로, 예조참의로 있다가 계유정난이 일어난 후 이곳으로

낙향했다고 전한다. 세조가 계유정난을 일으키자 낙향했다고 하나, 김유온이 구담을 낙향지로 선택한 이유는 간단하다. 구담은 김유온 처가의 경제적 터전이 있는 곳이기 때문이었다. 상주목사 권집경의 사위가 된 김유온은 그 인연으로 안동 사람으로 거듭났고, 그 후손은 후사가 없던 외선조 권집경의 묘소를 지금까지 돌보면서 외손봉사를 이어가고 있다. 아마 권집경의 막대한 재산이 고스란히 김유온에게 상속됐을 것으로 추정된다.

김유온은 원석과 형석 두 아들을 두었다. 임진왜란 때 신립 장군과 함께 탄금대에서 장렬하게 전사한 의주목사 김여물, 인조반정의 일등 공신이자 영의정에 올랐던 김유 등이 원석의 큰아들 약균 계열 후손이다. 작은아들 수한 계열과 형석의 아들 약평(목천현감) 계열만이 구담을 중심으로 세거하고 있다. 따라서 순천김씨 구담파는 일찍이 한양으로 이주한 약균 계열의 경파와 수한·약평 계열의 향파로 나누어졌다. 그렇지만 향파에서도 문과 급제자 여섯 명에 사마시 합격자도 열네 명이나 배출했다. 약평의 아들 희열은 중종 때 문과에 급제해 병조참판과 전주부윤에 올랐고, 수한의 증손 윤안은 29세에 생원·진사 양과에 합격하고 문과에 급제해 대구부사에 이르렀다.

안동에 세거하는 성씨 중에 전주를 본관으로 하는 류씨는 무실(현 임동면 수곡리)과 박실에 집성촌을 이루었다. 조선 후기에 대학자로 이름 높았던 류치명을 배출한 가문이다. 류치명은 퇴계 학통의 정수를 이어받았다. 퇴계의 학통은 학봉 김성일을 거쳐 장흥효와 이현일 그리고 이상정에게 의발衣鉢이 전수됐고, 그것이 다시 류치명에게 전해졌으니, 이들 가문의 영광은 영남만이 아니라 조선 천지를 대표하고도 남았다.

병조참판 등을 역임한 류치명은 금기시됐던 장헌세자(사도세자) 추

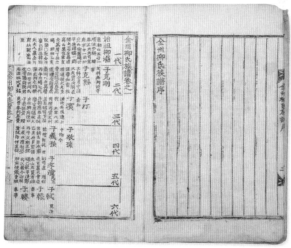

『전주류씨족보』 17세기에 전주류씨 수곡파에서 최초로 간행한 족보다. 안동 전주류씨 백졸암 종택 소장.

존 상소를 올렸다가 대사간 박내만의 탄핵을 받고 유배됐다. 당쟁의 격화 속에 뒤주에서 죽은 장헌세자를 입 밖에 낸다는 것은 죽음까지 각오하는 일이었다. 서릿발 같은 영조가 그 누구도 이 일에 대해 거론하지 말라는 엄명을 내렸기 때문이다. 이후 류치명은 벼슬을 단념한 채 제자들이 지어준 뇌암 만우재에서 후진 양성에만 전념했다. 그가 죽은 후 상여 줄을 잡은 선비가 900명에 이르렀다는 전설 같은 이야기도 장헌세자의 죽음과 무관하지는 않다.

류치명 같은 큰 선비를 배출한 전주류씨가 안동 땅에 살기 시작한 것은 1550년경에 전주류씨의 시조로부터 8세손인 류성이 안동 무실에 정착하면서부터였다. 전주류씨는 고려 말에 완산백에 봉해진 류섭을 시조로 받든다. 시조의 둘째 아들 극서가 직제학에 올랐고, 극서의 둘째 아들 류빈이 영흥부사, 류빈의 둘째 아들 류의손이 세종 때 예조참판에 올랐다. 이렇듯 류극서 계열은 대대로 벼슬해 한양 땅에 정착한 가문이었지만, 류의손의 증손 류윤선은 박승장(반남박씨)의 사위가 되어 그의 처향인 영주로 내려갔다. 그 후 류윤선의 아들 류성이 안동 내앞(현 예안면 천전리)에 살던 청계 김진의 사위가 되면서 처가의 농장이 있는 무실에 정착했다.

무실에 정착한 류성은 25세에 요절했으나, 임진왜란 때에는 맏아들 류복기가 곽재우와 함께 화왕산전투에서 공을 세웠고, 작은아들 류복립은 외숙인 학봉 김성일을 따라 진주성을 지키다가 순절했다. 안동 지방에 살고 있는 류씨는 모두 류복기의 후손이다. 그의 아들 여섯 형제의 후손이 임동면 수곡리(무실)를 근거지로 임동면 박곡리·마령리·고천리·삼산동 등 세거지를 넓게 됐다. 이 가문에서 문과 급제 10여 명, 생원과 진사 30여 명, 문집 출간 100여 명에 퇴계 학통을 계

기양서당岐陽書堂 1615년(광해군 7) 류복기가 안동시 임동면 수곡리에 후손들을 교육하기 위해 세운 서당이었으나, 1780년(정조 4) 류복기의 위패가 봉안되고, 1806년(순조 6) 류의손의 위패가 추봉됨으로써 서원의 모습으로 바뀌었다.

승한 도학과 예학의 대가가 줄줄이 배출되어, 안동 지역에서도 손꼽히는 명문으로 성장하게 됐다. 그런데 무려 400여 년을 이어오던 전주류씨 세거지인 수곡·박곡·한들·마령 등이 임하댐 건설로 모두 수몰되고 말았다. 종가를 비롯한 일부는 옛 수곡마을 뒷산에 이주 단지를 조성해 옮겼고, 일부는 구미 해평 일선리에 새 터를 마련해 집단으로 옮겨갔다. 조국 근대화가 수백 년간 이어 내려온 전통마을을 앗아가버린 셈이다.

지금까지 전라도와 경상도로 왔다 갔다 하느라 정신이 없었다. 전라도 광주 인근에 정착한 울산김씨, 영일정씨, 행주기씨와 경상도 안동 땅에 정착한 광산김씨, 순천김씨, 전주류씨는 영남 사람인가, 호남 사람인가? 아니면 서울 사람인가? 시조 할아버지가 살았던 본관지는 무엇이고, 중시조 이래 줄곧 살았던 한양의 동네는 무엇이며, 가까운 선조가 살았던 본적지는 또 무엇인가?

혈연과 지연으로 맺어진 성씨와 본관. 종친회와 향우회가 여전히 우리에게 매력적으로 다가오는 오늘의 현실 속에서 진지한 고민을 해봐야 할 것 같다. 내 시조 할아버지는 누구인가? 그리고 중시조는 누구이며, 입향조는 누구인가? 동일한 시조의 후손임을 강조하는 마당에 이 비좁은 땅덩어리에서 굳이 영남 사람, 호남 사람, 서울 사람으로 편 가르기를 할 이유가 있겠는가?

몇 대손인가, 몇 세손인가? 헷갈리는 논쟁

2001년 10월 9일 자 한 일간지의 독자 투고란에 실린 글의 제목은 「'대'와 '세' 구분 정확히」라는 것이었는데, 그 전문을 소개하면 다음과 같다.

6일자 21면 '공자 77대손이 퇴계 탄신 기념식에'를 읽었다. 여기에서 '77대손'이라는 용어는 잘못 사용한 것이다. 간혹 신문을 보면 '대代'와 '세世'의 의미를 정확히 구분하지 않고 기사화하는 경우가 있는데, 대는 특정 후손을 기준으로 해서 그 사람의 윗대 조상을 지칭할 때 사용하는 용어이고, 세는 특정 선조를 기준으로 해서 후세의 사람을 지칭할 때 사용하는 용어다. 예를 들면 자기의 증조할아버지를 지칭할 때 '3대조'라고 하지 '3세조'라고 하지 않고, 나폴레옹의 아들을 '나폴레옹 2세'라고 하지 '나폴레옹 2대'라고 하지 않는 것이다. '재벌 2세'도 좋은 예다. '공자 77세손'이 맞는데 '공자 77대손'이라고 잘못 표현해 안타깝다. 또한 '대'는 계산에

청주한씨 천산재 진주시 이반성면 평촌리 중도마을에 있는 청주한씨 재실.

서 기준이 되는 사람을 포함하지 않으나 '세'는 기준이 되는 사람을 포함한다. 즉 나폴레옹 2세에서는 나폴레옹 자신이 1세가 되나, 나폴레옹 2대조라 할 때는 나폴레옹의 아버지가 1대가 된다. 이처럼 그 사용법과 세수계산에서 분명한 차이를 보이는 '대'와 '세'를 신문에서조차 너무 무심코혼용하고 있는 것 같아 유감이다.

— 박태진(당시 43), 자영업, 경기도 고양시

이 글을 읽었을 때 필자 자신도 오랜 기간 동안 그렇게 이해해왔으니, 당연한 지적이라는 생각으로 그냥 넘기고 말았다. '상대하세上代下世', 즉 위로는 대를 붙이고 아래로는 세를 붙이는 것이 오랜 관행이었고, 그럴 경우 나의 5대조면 나는 그분으로부터 6세손이 된다는 생각이었다.

그로부터 1년쯤 흘렀을 무렵 이종사촌 형님으로부터 한 통의 이메일을 받았다. 청주한씨 문중에서 가을 묘사墓祀(시제) 때 내로라하는 어른들이 모여 입씨름을 벌였지만, 세와 대의 구분에 대한 결말이 나지 않아 묻는다는 것이 요지였다. 별 생각 없이 필자의 견해를 적어드렸더니, 그때부터 형님의 반론이 시작됐다.

그래서 좀 더 확인해봐야 할 사안임을 직감한 필자는 관련 자료를 뒤지기 시작했다. 마침 박태진 씨의 투고 내용에 대한 즉각적인 반론이 있었다는 것을 확인할 수 있었다. 그 반론은 한국전통상학회 회장이자 경기대학교 경영학과에 재직 중인 이훈섭 교수의 글이었는데, 이해를 돕기 위해 「올바른 '세와 대'의 뜻」이란 글의 전문을 함께 살펴보자.

경기도 고양시에 사는 박태진 씨가 『조선일보』 2001년 10월 9일 13면 '조선일보를 읽고'에 게재한 '대'와 '세' 구분 정확히」라는 제목의 해괴망측한 글을 읽고 아연실색한 나머지 팔을 걷고 반론을 제기한다. ① 세世와 대代는 구분할 필요가 없이 조상을 헤아리는 '셈수의 단위'로서 동일한 의미다. ② 특정 후손을 기준으로 해서 위 조상을 지칭할 때 대를 사용하고 후세의 사람을 지칭할 때 세를 사용한다는 견해도 옳지 않다. ③ 계산에서 기준인을 포함하면 세이고, 제외하면 대라는 견해도 틀린 것이다. ④ '나폴레옹 II'라고 표기되어 있을지언정 나폴레옹의 아들로 오인된 '나폴레옹 2세'는 잘못 번역된 표기다. ⑤ 대손代孫(世孫)과 대조代祖(世祖)에서처럼 손과 조가 표기될 때 헤아리는 출발 세를 제외하고 헤아릴 뿐이다. 박태진 씨의 논법은 1994년 3월 한국전통상학회에서 발행한 『한국전통상학연구』 제7집에 게재된 특별 기고인 「한국의 선정先正들께서 쓰신 세와 대의 진의」에 크게 위배되는 허무맹랑한 논리로서 신뢰할 수 없다. 이 기고문은 당시 성균관 전의인 청운 선생께서 각 성씨의 비명碑銘을 비롯한 시장諡狀과 행장 그리고 각 문중의 실제 족보에 표기된 인물 계대를 대조

검증한 실증적 분석 논문이다. 박태진 씨가 주장하는 논법이 옳다면 ① 전국에 산재되어 있는 수많은 비석이 제거되어야 하고, ② 전국의 각 문중에서 애지중지 소장하고 있는 족보를 모두 소각해버려야 하는 전대미문의 불상사가 일어나야 한다. 만일 우리의 역사를 의도적으로 왜곡 날조하는 일본인이 이러한 꼴을 본다면 엄청난 우스갯거리로 충분할 것이다.

이 교수가 제시한 객관적인 근거는 청운 이주엽이 쓴 「한국의 선정들께서 쓰신 '세와 대'의 진의」라는 글이다. 그 논고를 보면 우선 세와 대의 해석에 대한 현황을 세와 대에 주격을 넣지 않는 동의同意로 해석하는 측면과 세에는 주격을 넣고 대에는 주격을 뺀다는 이의異意로 해석하는 두 측면이 있다고 전제한다. 그리고 해석 차이에 따른 현실적 부작용으로 앞에서 말한 청주한씨의 경우와 같이 성묘나 시제 때 '○○대조 ○○', '○○세손 ○○'이라는 문제로 갑론을박식 토론이 난무하다가 유야무야되곤 했다고 한다. 그리하여 그는 서울대학교에서 3책으로 편찬한 『국조인물고』에 나타난 김·이·박 3성씨를 비롯해 총 88개의 묘갈명 등을 조사한 '선정들의 세와 대에 대한 사용 사례 조사 분석'과 '조사 분석의 검증 결과편'을 본론으로 구성해, 우리 전통시대의 거유 50여 명이 찬술한 비명과 시장 및 행장 등에서 '○○세손 ○○세조'라고 표기된 사항을 모두 추출했고, 이를 각 문중의 실제 족보에 표기된 인물 계대와 일일이 대조해 검증했다.

그 결과 우리의 선정先正들은 '세와 대'를 한결같이 주격을 뺀 같은 의미로 사용했다는 것을 확인했다. 그러므로 '세에는 주격을 넣고 대에는 주격을 뺀다'는 식의 해석에 집착하게 되면, 계대에 차질이 생겨 '아버지가 할아버지로, 혹은 할아버지가 아버지로 둔갑되는 망발'이 나타날 뿐만 아니라, 거유 선정이 작성한 수많은 비석문과 금석문이 등재된 문헌을 일시에 폐기해야 하는 일까지 생길 수 있다고 경고한다.

아울러 세와 대에 대한 자전적 의미도 대개 같은 뜻으로 쓰였다고 밝혔다. 예컨대 대만에서 발행한 『한문대사전』(20책)에서는 "부자상계왈세父子相繼曰世, 부자상계역왈대父子相繼亦曰代"라고 했듯이 같은 의미임을 분명히 했고, 일본에서 발행한 『대한화사전』(13책)에서도 "부사자립왈세父死子立曰世, 부사자계왈세父死子繼曰世, 부자상계왈세父子相繼曰世인데 대와 세는 같다"라고 했으며, 『강희자전』에서도 "세世 : 대야代也, 대代 : 세야世也"라고 했듯이, 사전적 의미에서도 세와 대를 구분할 수가 없다. 다만 "부자상계왈세父子相繼曰世, 부자상계역왈대父子相繼亦曰代"에서 '역亦' 자에 주목하면, 세가 선先이고 대가 후後인 듯 사료될 뿐이다. 따라서 1세, 2세, 3세와 1대, 2대, 3대 등은 단순히 순서를 의미하는 수사數詞에 불과한 것이다. 예컨대 조·부·손이 한집에서 함께 사는 경우를 '삼대동당三代同堂' 또는 '삼세동당三世同堂'이라 한다. 그러나 세와 대에 조와 손이 붙은 'ㅇㅇ세조 ㅇㅇ세손'과 'ㅇㅇ대조 ㅇㅇ대손'의 복합명사 해석은 주격을 넣지 않는 같은 의미로 일원화해야 옳다는 것이다.

예를 들어 경주김씨 제례편람을 보면, 「시향제축」에서 "유세차……5대손 ㅇㅇ감소고우, 현5대조고 가선대부……"라고 하듯이, 5대조 제사를 6세손이 아닌 5대손 혹은 5세손이 지내는 것으로 표현한 것이 옳다는 생각이다. 그럼에도 문중마다 각기 다르게 사용하고 있어 혼란을 부추기는 셈인데, 이 문제에서는 필자의 문중도 예외는 아니었다. 청도 지역 범박종친회에서 발간한 책자를 뒤적이다가 필자와 같은 항렬인 집안 형님을 소개하는 난에 병재공 16세손으로 표기된 것을 보았다. 주격을 뺀다면 분명히 15세손이어야 하는데, 문중 대소사에 가장 해박한 분이 편집인인데도 이러하니 잘못된 관행이 굳어진 것으로 보인다.

필자의 17대조 소고공이 청도에 입향한 이래 손자 세 명이 이웃하는 탁영 김일손 가문과 혼맥이나 학맥으로 뒤엉키면서 출사를 포기한 채 살아갔다. 그 삼형제 중에 막내가 필자의 15대조인 병재 박하징이다. 2004년 초에『병재문집瓶齋文集』역주 작업을 하던 필자는 대와 세에 관한 의문을 풀 수 있는 실마리를 하나 얻었다. 사실 역주 작업을 시작할 때만 해도 필자가 16세손인지 아니면 15세손인지 헷갈릴 때가 더러 있었는데, 작업을 진행하면서 확실한 15대손 혹은 15세손임을 인지할 수 있었다. 왜냐하면『병재문집』에는 간행할 당시 노력했던 후손의 이름이 여기저기에 나오는데, 당대의 쟁쟁한 학자들이 쓴 글에도 'ㅇ세손'이 아닌 'ㅇ대손'으로도 표현하고 있었다. 그러니 우리 문중 조상들도 '상대하세'의 개념으로 살았던 것이 아니라는 것이다. 또 거론된 인물의 계보를 따져보니, 앞에 소개했던 청운 이주엽의 주격을 뺀다는 설명이 정확했음을 확인할 수 있었다.

거듭 말하지만 '대와 세'는 다 같이 한 세대를 헤아리는 수의 단위다. 그 수가 시조로부터 몇 대(세)가 되느냐 하는 것이다. 예컨대 '밀양박씨 20대(세)'라는 말은 시조(1대, 1세)로부터 20대(세)째가 된다는 의미다. 그러니까 주격을 포함해 시조로부터 20대째까지 총 20명의 인물을 늘어놓았다는 이야기다. 여기에서 주격을 빼면 마지막 스무 번째 인물은 시조의 19대손이 되는 것이다. 대와 세를 구분하지 않고 주격을 빼면 그렇다는 것이다. 따라서 족보에서 세대수를 표기하는 숫자 '20대(세)'를 '20대(세)손'으로 해석했다면, 이는 한 세대가 차이 나므로 자식과 아버지가 뒤섞이는 우스운 꼴이 되고 만다.

우리에게 이렇듯 혼란을 가중시킨 것은 족보 편찬 방법 때문이 아닌가 한다. 시조가 1세, 그 아들이 2세, 손자가 3세로 표기되기 때문이다. 흔히 '재벌 2세'라거나 '○○ 2세'라는 말을 많이 쓰는데, 재벌 2세는 재벌 집안의 두 번째 세대를 말하는 재벌 ○○의 1대(세)손이니, '재벌 ○○의 아들'이라는 뜻이다. 따라서 '대와 세'는 계산에서 세대수 모두를 포함하며, '대(세)조나 대(세)손'은 주격을 빼고 계산하면 된다. 그리고 '대와 세'는 선·후대에 모두 사용할 수 있다. 다만 후손을 주격으로 삼았을 때는 '대(세)조', 윗대 조상을 주격으로 삼았을 때는 '대(세)손'으로 지칭하는 것으로 구분하면 될 듯하다.

연줄로 맺은 세상, 연줄로 풀자

인간에게 공동체 생활이란 매우 중요한 과제로, 중학교 도덕 교과서에까지 '인간과 공동체 생활'이라는 단원이 들어갈 정도다. 인간은 혼자 살기 어렵기 때문에 공동체 생활을 할 수밖에 없고, 그리하여 끊임없이 공동체를 확대해 나갔다고 설명한다. 즉 혈연공동체→지연공동체→부족공동체→국가공동체로 확대되어갔다는 것이다. 그리고 전통사회의 공동체는 지연 중심이었는데, 그것은 직접적인 인간관계가 형성되어 있고 노동을 비롯한 생활이 협동 없이는 불가능했기에 자연히 지연을 중심으로 한 공동체 의식이 형성됐다는 것이다.

우리 전통사회에서 이런 공동체 의식은 상부상조를 낳아 사람들의 마음과 생활을 모두 풍요롭게 해주었다. 그런데 오늘날 현대 사회의 공동체는 계약적·경쟁적 인간관계에 기초하고 있다. 따라서 인간성 상실, 이기주의, 물질 만능주의, 쾌락 추구와 같은 도덕적 문제가 심각한 지경에 이르렀다.

아득한 옛날에는 혈연공동체에 기초하는 것이 당연한 이치였다. 특정 정치 세력이 등장하기 이전에는 모계사회였건 부계사회로 넘어왔건 간에 혈연을 바탕으로 한 공동체 생활을 영위할 수밖에 없었지만, 정치 연합체 성격을 띠는 부족장이나 추장이 나타나면서 지연공동체 사회로 옮겨가게 됐다. 이것이 결국 부족국가의 부족공동체가 되고, 부족국가가 다시 연합해 고대국가를 형성하면서 국가공동체로까지 발전하게 된 것이다.

그런데 우리가 유지, 발전해온 국가공동체 속에서도 혈연과 지연을 중심으로 한 공동체가 지속될 수밖에 없었다. 이는 우리 특유의 성관제도 때문이기도 하다. 우리의 성씨는 부계 혈통을 나타내는 혈연적 요소인 성과 어느 특정 행정구역의 본관에 해당하는 씨가 합쳐진 것이며, 이를 토성이라는 고유용어로 사용해왔다는 점에 대해서는 이미 설명했다. 고려 초기부터 지역별 토성이 본관지에 정착하면서 중앙 관인을 배출해왔고, 이들은 거주지를 개경으로 옮기더라도 원래의 출자지 명칭을 그대로 사용하면서 다른 가문과 구분하기 시작했다. 그리하여 원래 거주지를 뜻했던 본관이 고려 후기 문벌사회와 결합되면서 성과 병칭하게 되어 경주김씨·인주이씨처럼 불리게 됐고, 이런 연유로 부계를 중심으로 한 혈연공동체와 본관을 위주로 한 지연공동체가 함께 발달하게 된 것이다. 하지만 본관은 혈연을 기반으로 한 것이기에 오히려 혈연공동체에 포함해야 할 문제이기도 하다.

인간은 어차피 혼자 살기 힘드니까 공동체를 만든 것인데, 혈연공동체는 원한다고 그 일원이 되는 것이 아니다. 태어나보니 박씨 집안의 몇 대손인 것이고, 조상 중에 벼슬한 어른은 누구이며 현재의 명망가는 누구라는 따위의 교육을 받으며 자란다. 아울러 집안의 촌수를 따질 줄 알아야 하고, 온갖 대소사에 참여해야만 사람 구실을 제대로 하는 것이다. 이런 혈연공동체 속에는 가족주의가 좀 더 확대된 '우리 집안'이라는 의식이 깔려 있다. 따라서 혈연공동체에서의 '우리'는 귀속성과 아울러 강한 폐쇄성을 동반한다. 빠져나오고 싶어도 불가능하고, 우리 아닌 다른 사람은 들어오고 싶어도 들어올 수가 없다. 모두 촌수로 얽혀 있고 정으로 맺어져 있으며, 서로 돕고 감싸주는 것이 매우 돈독해 든든한 배경으로도 통한다. 이에 반해 어떤 일을 위해 회사에 모인 사람들의 공동체와 같은 이익공동체는 원하면 들어갈 수도 빠져나올 수도 있는 개방성이 특징이다. 이익으로 얽혀 있다 보니, 돈이나 사회적 명성을 내세워 안면을 바꿀 수도 있고, 험상궂은 얼굴로 대할 때도 많다. 따라서 사랑이니 정이니 하는 것이 있긴 하나 강도가 훨씬 약할 수밖에 없다.

예부터 서구의 유목민족이나 장사를 하기 위해 떠돌아다니는 사람은 생면부지의 타인과 접촉해야만 살아갈 수 있었다. 그렇기에 직업 중심의 조합(길드)이 발달한 반면에, 한 곳에 정착해 농경을 영위했던 우리 민족은 향약이나 두레 같은 마을 단위의 공동체를 활성화시켰다.[6] 사방이 산으로 둘러싸여 하나의 섬처럼 존재하던 평생 벗어나기 힘든 마을, 손이 많이 가는 벼농사의 북방 한계 지역에서 협동과 화합 없이 살아간다는 것은 불가능했다. 이에 따라 자연적으로 마을이 하나의 단위가 되는 향약·두레·계와 같은 지연공동체가 결성될 수밖에 없었다. 혈연공동체를 제외하면 거의 이익공동체에 지나지 않지만, 지연공동체로 어우러진 영암 도포마을이나 창녕 영산마을의 줄다리기를 보노라면, 이웃과의 공동 이익을 위해 벌이는 거대한 놀이마당이자 한바탕 축

제라고 할 수 있다. 이런 점에서 우리 공동체를 새롭게 조명해볼 필요를 느끼게 된다.

오늘날 우리의 혈연·지연·학연에 대한 연줄 문화가 도를 넘어 심각한 수준이라는 것을 모르는 사람은 없다. 오죽하면 『서울대의 나라』라는 해괴(?)한 책이 잘 팔리겠는가. 그럼에도 한 주간지가 실시한 설문조사에 나타난 우리의 패거리 문화에 대한 인식 정도를 보면, '집단을 이뤄 안정감을 얻으려는 인간의 속성 때문'(31.4퍼센트)이라는 견해가 '해방 이후 정치가들이 선거에서 승리하기 위해 이용했기 때문'(30.1퍼센트)이라는 시각보다 약간 우세하다. 또 이 문제에 대해 '인간의 속성'에 무게를 둔 응답자가 젊고(20대 38.4퍼센트), 학력이 높을수록(대학 재학 이상 36.5퍼센트) 높았다. 이런 사실에 기초해보면, 인간은 사회적 동물이기에 '연'으로 맺어진 네트워크에 의존할 수밖에 없는 것 같다.

그렇다면 개인의 고립과 분절화로 치닫는 오늘날 사회적 병리 현상에 대해 '연고에 의한 사회적 결사'를 유용하게 활용할 방법을 찾아 치유의 길로 유도하는 것이 좋겠다는 생각이 든다. 오늘날에도 과거의 전통적인 연고 공동체 개념이 여전히 살아 숨 쉬고 있으며, 거주지에 구애받지 않고 혈연·지연·학연 같은 연줄에 매달려 '장거리 유대'를 이어가고 있기 때문이다. 이처럼 우리의 조상 뿌리 찾기와 족보를 고장 난 시계처럼 내팽개칠 수도 없는 것이라면, 그에 근거한 혈연공동체나 지연공동체가 보다 건강한 공동체로 거듭날 수 있도록 촉매제로 활용하자는 것이 필자의 생각이다.

우선 혈연망을 살펴보자. 초현대 사회로 진입하면서 혈연망의 범위가 다소 축소되긴 했으나, 우리 사회에서 가장 강한 연줄로 지속되는 것이 혈연이다. 씨족별로 조직된 문중은 공통의 조상을 지닌 자손이

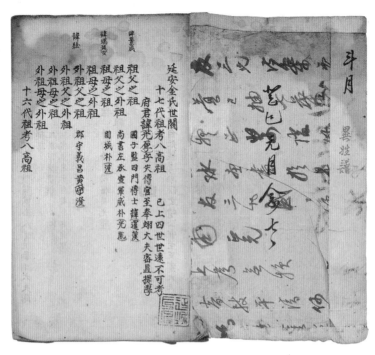

『연안김씨세벌延安金氏世閥』 선조들의 혼맥이 잘 드러나 있어 당시 양반 가문의 연결망을 보여준다.

제사나 족보 간행 등과 같은 위선 사업을 목적으로 조직한 부계 혈연 집단으로, 포함되는 자손의 범위에 따라 대문중大門中·파문중派門中·소 문중小門中으로 구분하기도 한다. 예전에는 그 범위가 농촌 지역의 한 마을이나 인근 지역에 흩어져 사는 동족으로 구성됐지만, 날이 갈수록 그 조직이 도시에까지 확대되어가고 있다. 도심의 빌딩 숲 속에 'ㅇㅇ김 씨종친회', 'ㅇㅇ이씨화수회' 같은 간판이 즐비한 것도, 이방인에게는 생 소할지 모르나 우리에게는 매우 낯익은 것임에 분명하다.

이렇듯 가족주의적 혈연관계의 확정판인 문중은 사회적 이익단체 또 는 압력단체의 모습을 보이기도 한다. 우리 사회의 혈연 커뮤니케이션

조선 중기 동향 출신들의 계회 모습 『보첩實帖』에 실린 계회도로, 1654년(효종 5) 9월 6일 재경 영남 지방 관인 26명이 서울 삼청동에 모여 연회하는 모습이다. 한국국학진흥원 소장.

은 정도의 차이는 있을지라도 성별·연령·학력·주거지에 상관없이 보편적으로 이루어지고, 특히 고소득층이나 전문직 종사자 등의 기득권 층에서 두드러지게 나타난다. 이는 혈연 커뮤니케이션이 종친 간의 인간관계를 다지기 위한 정서적 기능만이 아니라 이해관계를 도와주는 도구적 기능까지 함께 수행하기 때문이며,[7] 그 문중이 배출한 인물이나 공유하는 재산 규모에 비례하는 경향을 보이기도 하기 때문이다.

　다음으로 살펴볼 것은 지연망인데, 우리 사회의 지역 연고주의를 바탕으로 한 연줄망은 고향에 대한 애착을 넘어 집념으로까지 발전하게 된다. 오늘날 인구의 절반 이상이 고향을 떠나 살고 있으며 지연 커뮤니케이션은 고향 이외의 다른 지역에서 이루어질 때 의미가 더 커진다. 낯선 도시생활 속에서 자신의 정체성 확인만이 아니라 사회생활에 직·간접적인 도움을 받을 수 있기 때문이고, 교통과 통신의 발달로 인해 '원격지 지연망'이 점차 확대되어가는 추세이기도 하다.

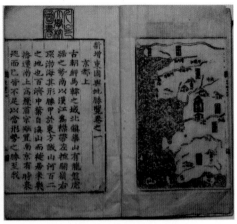

『신증동국여지승람』 55권 25책으로 된 조선 전기의 대표적인 관찬 지리서다. 1481년(성종 12) 50권으로 편찬됐던 『동국여지승람』을 1530년(중종 25)에 증수하여 편찬한 것으로, 서울대학교 규장각 등에 소장되어 있다.

전통사회에서는 지역 단위인 동洞, 방方, 현縣, 목牧에 같이 사는 친지를 지연이라 했고,[8] 이런 우리식 지역 연고는 혈연적인 유대와도 밀접한 관계를 맺고 있다. 본관지에 함께 살았던 내집단의 동족이 함께 공동체 생활을 영위해왔고, 본관지를 떠나 다른 지역으로 옮긴 후에도 거의 동족 마을로 살아왔다.

『삼국사기』 「지리지」에서부터 『신증동국여지승람』까지 역대 지리지에 나타난 군현의 연혁과 변동 과정을 살펴보면, 고대 성읍국가 이래 정해졌던 행정구역이 좀처럼 분해되지 않은 채 존속해온 모습을 확인할 수 있다. 대개 산천을 경계로 하되, 농업을 영위할 수 있는 삶의 조건이 구비된 곳이어서 그 영속성을 지니고 있었던 것이다. 아울러 중앙 정부에서 실시한 지방민 통제는 군현을 단위로 실시해왔는데, 예컨대 부세액을 정하고 수취 장부를 작성하는 것과 같은 일을 개별적으로 한 것이 아니라는 점이다.

특히 고려에서는 군현 단위로 토지와 민의 적籍을 작성하고, 그 지역의 유력 세력에게 토성 분정을 실시했다. 이는 중앙정부가 지방 세력에게 성씨와 본관을 하사해 그들 영역에 대한 지배권과 자율성을 주는 동시에, 그들을 국가의 지배질서에 편입했던 것이니, 백성이 떠도는 것을 방지하고 조세와 역을 수취해 국가의 물적 기반을 확보함과 아울러 지방사회를 안정시켜 지역적·계층적인 통합력을 제고하고자 하는 장치였다. 따라서 우리의 지역 의식 또는 지역주의는 본관을 기본 단위로 생겨날 만한 조건을 구비하고 있었던 셈이다. 오늘날 우리가 말하는 지역 연고주의가 단순한 지연만이 아니라 혈연(혹은 성씨집단)이나 학연을 연결고리로 한다는 점에 비춰보더라도, 본관제도가 지역 연고주의 태동에 중요한 의미를 갖게 된다.

아무튼 이런 이유들로 인해 한국적인 커뮤니케이션의 연고주의적 편향성이 점차 고착되어갔는데, 내집단 구성원에게는 개방적이지만 외집단 구성원에게는 매우 폐쇄적인 면을 나타내는 특징으로 굳어져갔다. 특히 최근에는 정치권의 영향 아래 출신지에 따른 지역 연고주의가 너무 과도하게 나타나 사회 통합을 저해하는 큰 병폐로 부각되어버리고 말았다. 하지만 이를 향우회나 군민회 차원이 아닌 혈연 연고주의의 종친회나 화수회로 접근한다면 사정은 달라질 수 있다.

해주최씨대종회에서는 매년 한 차례씩 전국에 산재한 종원들을 대상으로 연찬회를 겸한 모임을 갖는다. 어느 여름날 강의를 부탁받고 참여했던 필자에게는 꽤 큰 충격으로 다가왔다. 전국 규모라는 사실을 사전에 듣긴 했지만, 일렬로 늘어선 수많은 관광버스 앞 유리창에 붙어 있는 출발지 안내판에는 영남과 호남을 비롯한 수백 킬로미터 떨어진 먼 지역에서부터 가까운 수도권에 이르기까지 얼마나 다양한 지역을 표시하고 있는지 거기서 우선 기가 질려버렸다. 젊은 사람보다는 40대 이후 청장년층이 주류를 이루었고, 여성 비율 또한 만만찮았는데, 어마어마한 규모의 대강당을 꽉 메우고도 남을 정도였다.

강제동원이 아닌 자발적인 참여에다 회비까지 부담했을 텐데, 무엇이 이토록 큰 규모의 집회를 가능하게 했을까? 이는 분명히 아직까지 우리 뇌리 속에 박혀 있는 일종의 전근대적인 양반 의식 때문이었을 것이다. 집회에 참가함으로써 고려가 낳은 대학자 최충의 후손임을 재확인하고, 이런 정체성 확인을 통해 정신적인 삶의 질까지 높여 나간다면 그 긍정적 기능 또한 가볍게 넘길 수 있는 것이 아니라는 생각도 들긴 했다. 이런 상념에 젖어 있을 무렵 행사를 주관하던 분이 "박사님, 지역감정을 없애는 데는 종친회가 최고입니다" 하며, 낮은 어조지만 신념에 가득 찬 어투로 말을 건넸다. 이런 행사를 여러 번 치른 경험을 통한 결론이었고, 필자도 눈으로 현장을 직접 보니 그 의견에 선뜻 동의할 수 있었다.

한국인에게 피는 물이 아니라 그 무엇보다 진한 것이다. 그것도 부계 혈통을 따지는 피는 더욱 진했다. 그런데 2008년 호적제도가 폐지되고 모계 성을 계승하는 것이 허용된 마당에 더 이상 부계 혈통을 논한다는 것 자체가 무의미한 일이 되고 말았다. 그렇기는 하지만 오히려 이런 조치는 모계 혈통의 연줄망 확대를 의미하는 것이기도 하다. 어떻게든 한국인은 연줄망에 기대지 않고는 살아갈 수 없을 것이 불을 보듯 뻔하기 때문이다.

그렇다면 종친회라는 연줄 커뮤니케이션도 이를 통한 내부 결속만 다질 것이 아니라, 다른 관점을 지닌 구성원끼리 뭉쳐 보다 생산적인 의사 교환을 촉진할 방안을 찾는 게 급한 일이다. 또한 건전한 시민사회 육성과 사회 통합을 위해 행정조직 같은 하향식 공식 채널보다는 연줄망처럼 수평적인 커뮤니케이션 채널을 활용하는 것이 훨씬 효율적일 것이다. 문제는 '금쪽 같은 내 새끼'나 '우리가 남이가?'라는 연줄 커뮤니케이션의 배타적 성격을 어떻게 극복하면서 구성원들의 동기를 공공 이익의 방향으로 끌고 가느냐 하는 데 있다. 그래야만 활용 가치를 무진장으로 소유한 우리 고유의 '구조적 특권'으로 만들어갈 수 있기 때문이다.

유구한 내 가문 전통 가꾸기

신화와 역사, 이 둘은 서로 거리감 있는 이질적이고 대립되는 개념으로 생각되지만, 인간의 역사는 찬찬히 들여다보면 신화에서 출발했다고 해도 과언이 아니다. 우리 역사의 출발점에는 단군신화가 놓여 있고, 중국의 역사는 삼황오제의 전설로 시작되며, 일본에는 이자나기와 이자나미라는 창조신들의 이야기가 펼쳐진다. 이처럼 역사의 출발점이 되는 신화는 동양 삼국에만 해당하는 것이 아니라, 서양에 그리스·로마 신화가 큰 영향력을 끼치는 것처럼 동서고금을 막론하고 보편적으로 나타나는 현상이다.

이렇듯 모든 역사의 출발선에 신화가 존재하는 것은 고대사회로 올라갈수록 이성의 바깥 영역에 경외심을 갖게 해줄 일종의 종교적 역할이 필요했기 때문인데, 현실에서는 불가능한 일로 채워졌다 할지라도 신화 속에는 이 세상을 바라보는 고대인의 시각이 들어 있다. 그리하여 고대 그리스 사람들이 아름다운 경치와 인생에 대한 사랑으로 영웅을

제주도 삼성혈三姓穴 제주도 원주민인 고高·양良(뒤에 양梁으로 고침)·부夫씨의 시조인 고을나高乙
那·양을나良乙那·부을나夫乙那 세 신인神人이 솟아났다는 구멍이다. 고, 양, 부 순서를 두고 소송이
벌어지기도 했다. 제주시 이도동 소재. 사적 제134호.

찬미하면서 다양한 올림포스 신화를 엮어냈듯이, 우리도 단군 할아버
지를 민족 시조의 주인공으로 가공하는 신화를 탄생시켰던 것이다. 따
라서 신화 속에 숨어 있는 당대인의 시선을 먼저 파악하는 것이 그 본
질적인 의미에 한 발짝 더 다가갈 수 있는 방법이 된다.

　나라마다 건국신화가 있듯이 성씨마다 시조신화가 있다. 가문별
시조신화를 조사해보면 크게 네 가지 유형으로 나눌 수 있다. 첫째
는 천손하강형天孫下降型, 둘째는 난생상생형卵生箱生型, 셋째는 이류교
혼형異類交婚型, 넷째는 지손용출형地孫聳出型이다.[9] 천손하강형은 글
자 그대로 시조가 하늘에서 내려왔다는 것으로, 신라 6촌의 성씨인
이·최·배·정·손·설씨가 이에 해당한다. 그리고 시조가 알이나 궤
짝 같은 상자에서 나왔다는 난생상생형은 박·석·김을 비롯해 파평윤
씨·남평문씨·달성배씨의 시조신화에 잘 나타난다. 아울러 사람이 아
닌 다른 동물과의 교혼으로 탄생했다는 이류교혼형은 견훤의 지렁이

설화를 잘 보여주는 견씨를 비롯해 남원진씨·충주어씨·평강채씨·창녕조씨 등의 시조신화에서 보이며, 마지막으로 시조가 땅에서 솟았다는 지손용출형은 제주도 삼성혈三姓穴과 연관된 고·부·양씨의 시조신화가 바로 그것이다.

이런 시조신화는 문화권에 따라 유형을 달리하며 구전되어오다가 문헌에 기록됨과 아울러 씨족별 집단기억으로 고착화됐는데, 따라서 신화의 전승은 전통 만들기 집단기억의 출발선이다. 예컨대 기원전 2333년에 하늘에서 환인의 아들 환웅이 널리 세상을 이롭게 할 목적으로 이 땅에 내려왔다는 『삼국유사』의 단군신화 내용을 액면 그대로 받아들일 수는 없다. 곰이 여자의 몸이 됐다는 내용은 차치하고라도, 세계사적으로도 청동기시대에 와서야 비로소 나라가 세워진 것은 일종의 상식에 속하는 일인데, 기원전 2333년은 우리나라의 신석기시대에 해당하며, 고조선이 기록에 처음 나타나는 것은 기원전 7세기부터이기 때문이다.

이렇듯 사실의 역사와 전승의 역사는 언제나 일정한 거리가 있으며, 특히 전통사회에서 씨족별로 전승되어온 다양한 시조신화를 보면 사실의 역사와는 동떨어져 있기 일쑤다. 전승의 역사에서 그려지는 주인공은 언제나 일상을 벗어난 너무나 특수한 존재다. 그런데도 각 나라는 건국신화를 애지중지하고 소중히 여기며, 씨족마다 가진 시조신화 역시 소중하게 가꾼다. 이는 각 집단이 가지는 정체성의 출발점이기에 특정 내용의 이야기를 공유함으로써 그 성원으로 거듭나게 되기 때문이다. 이성의 영역을 넘어서서 일종의 종교적 차원으로 접근해야 하는 이유도 여기에 있다.

특히 부계 혈연을 매우 중시했던 전통사회에서는 그 조상을 대면하는 태도도 종교적 신앙심에 버금갈 정도였으니, 시조설화나 신화에도 맹목적일 수밖에 없었다. 이는 조선 후기에 들어와 종법 질서가 확립되어 장자 상속 관행이 굳어져간 분위기 속에서 부계 중심의 족보가 편찬되던 사회상에 편승된 측면이 컸다. 게다가 조상에만 매달려 그들의 위세에 기대어 살아야 하는 양반 사회의 구조적 모순과 결합되어 조상 만능주의가 탄생한 데다. 인간의 보편적이고도 본능적 행위와도 같은 뿌리 찾기가 조선 후기 사회상과 맞닿게 되면서 한국 특유의 족보 문화가 생겨났는데, 부계 중심의 혈통을 밝혀주는 족보는 혈연적 범위가 제한적일 수밖에 없었다. 그리하여 결혼한 부부의 두 가문이 한 가족이 되고, 이를 반복하면 지구상의 모든 인류가 한 가족이 된다는 혈연의 보편성과 포용성을 함께 품은 서양의 뿌리 찾기와는 달리, 우리의 족보는 혈연적 배타성과 편협성을 애초부터 안고 출발한 것이기도 하다. 또한 우리는 그동안 가꿔온 역사에서 항상 '반만년을 이어온 단일 민족 국가'라는 순수 혈통을 자랑으로 내세웠건만, 실제로는 순종으로 자랑할 만한 혈통이 아니듯, 씨족 단위별 시조 이하 혈통 계보 역시 비슷하다 못해 환부역조와 같은 더한 측면이 많았다.

그러나 수백 년 동안 내려온 가문의 역사와 전통이 사실의 역사와 다른 측면이 있다 할지라도 전승의 역사로 자리매김해온 의미를 그냥 흘려버릴 수는 없다. 시조설화를 비롯해 족보에 담긴 형식과 내용이 그 당시의 사회상을 잘 반영하는 것이기 때문이다. 전통은 끊임없이 만들어지고, 또한 만들어진 전통은 당대의 사회상에 잘 어울리게 가꾸어가는 것이 전통을 이어받은 이들의 소임이다. 그리고 그 소임을 다할 때 우리의 유구한 전통문화는 현대 사회에서도 더욱 빛을 발할 것이다.

그러므로 대명천지 21세기를 살아가는 오늘날의 사회에서도 남북

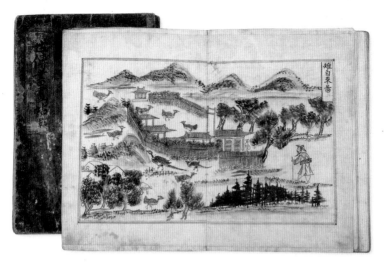

『세전서화첩世傳書畵帖』 풍산김씨 미동파의 후손인 김중휴(1797~1866)가 가문을 선양할 목적으로 만든 서화첩. 조상의 행적과 관련된 자료를 대본으로 하여 모두 19명의 조상에 얽힌 서른한 가지 이야기를 글과 그림으로 묶어 만들었다. 조선 후기 사대부가의 문중 의식과 조상관을 잘 보여준다. 풍산김씨 참봉댁 소장.

정상의 회담 자리에서까지 혈연적 연줄 커뮤니케이션이 큰 활력으로 작용했음은 이미 서두에서 살펴본 바 있다. 이렇듯 전통사회에서의 소통 수단이었던 보학 커뮤니케이션이 오늘날에 와서도 훌륭한 소통과 화합의 매개체로 기능하고 있다. 이것이야말로 한국인만이 누려온 특유의 정서 때문인데, 우리가 활용하기에 따라서는 충분히 배타적 성격을 극복하면서 공공 이익의 방향으로 끌고 갈 수 있다고 본다. 우리의 고단했던 역사를 돌이켜봐도 고비의 순간마다 이 땅의 수많은 명문가들이 묵묵히 수행해온 노블레스 오블리주가 큰 역할을 해왔기 때문이다. 경주 최 부잣집 가훈에서나 이름난 명문가에서 수많은 독립운동가를 배출한 사례에서 이런 사실이 잘 증명되고도 남는다.

우리는 행동거지가 반듯한 사람을 두고 "저 사람 참으로 양반일세"

라고 한다. 양반이란 용어 속에는 부정적인 이미지가 포함되어 있긴 하지만, 이런 언어 습관을 보노라면 양반이야말로 모두가 선망하는 신분이자 품격을 나타내는 바로미터였던 것이다. 우리가 족보에 매달리며 살아왔던 이유가 단순한 뿌리 찾기를 넘어 명문名門이라는 자긍심을 갖고 살아가기 위한 수단이었다는 점을 부인할 수 없으며, 그러한 명문가들이 각 지역사회에 웅거해 이 나라를 지탱해온 것도 사실이다. 향촌 자치의 공동체 생활에 젖어 있던 우리네 전통적 삶의 방식에서 정신적 지주 역할을 해왔던 것이 각 지역의 명문가였기 때문이다. 자본주의가 발달한 오늘날에는 대기업을 비롯한 중소기업이 전 국민의 삶의 질을 높여주고 있듯이, 우리 전통사회에서는 명문가가 그 사회를 지탱하는 하나의 축으로 작용했던 것이다.

그리하여 모두가 "우리 몇 대 할아버지는 무슨 벼슬을 하셨고⋯⋯"라는 식의 명문가 자제로 살아가기 위한 노력을 경주해왔고, 이런 면이 자율적인 정화 작용으로까지 발전하게 됐다. 왜냐하면 자신의 잘못된 행동으로 조상까지 욕을 보인다는 것이 우리에겐 가장 큰 치욕이었는데, 이것은 조상과 자신을 일체화하는 사유체계가 우리 삶 속에 녹아 있기 때문이다. 예컨대 우리의 전통적인 삶의 방식을 보면 외부에 출타하는 자잘한 일에서부터 대의를 위한 큰일을 선택하는 데 이르기까지 조상을 모신 가묘家廟에 반드시 고하는 것이 필수 사항이었다. 이처럼 후손으로서 조상 뵐 낯이 없는 행위를 함부로 할 수 없는 것이 우리의 전통문화였으니, 조상은 가히 후손을 바른 길로 인도하는 윤리 지침서이자 수호신이나 다름없었다. 이럴진대 각자 제 나름의 방식에 맞춰 조상신을 가슴에 묻어두고 살아가는 우리는 더 이상 조상을 욕보이지 않기 위한 노력을 해왔고, 앞으로도 계속 그리할 것이다. 그러니 전통 만들기로 시작된 전승의 역사에 대한 집단기억도 긍정적인 방향으로 기능하도록 잘 가꾸어가야 할 필요가 있겠다.

아울러 명문가 유지를 위한 사회경제적 방식도 새롭게 가꾸어가야 할 전통으로 생각된다. 우선 그들의 혈통 보존을 위한 노력인데, 전통사회에서는 명문거족의 종가끼리 사돈을 맺는 종혼宗婚을 지켜왔고, 이것이야말로 양반사회 네트워크의 핵심이자 양반의 정도를 가늠하는 척도이기도 했다. 그리하여 '벼슬 중에는 종손 벼슬이 최고'라는 말까지 생겨나기도 했지만, 오늘날의 종손은 권리보다는 책임감만 지고 살아가야 하는 사람들이기에 전통문화가 잘 보존되기에는 한계가 있었다. 그럼에도 각 지역의 이름난 명문가에는 종가를 지키기 위해 경제적 어려움을 무릅쓰고 도시 생활을 접은 종손이 의외로 많다. 참다운 생생한 교육 현장이 도처에 자리 잡고 있다면 우리의 숭고했던 정신문화도 더욱 살찌지 않을까 싶다. 특히나 각박해지고 메말라가는 오늘날의 정보화 사회를 좀 더 풍성하게 해줄 전통문화를 재정립해야 할 시점에와 있기 때문에 정부 차원에서의 다양한 지원책도 필요할 것이다.

옛것을 익혀 새로운 것을 알고 옛것을 본받아 새로운 것을 창조하는 온고지신溫故知新과 법고창신法古創新의 지혜가 절실히 요구되는 이 시점에서 조상과 족보에 대한 전통 만들기와 전통 가꾸기를 다시금 생각해본다. 사실의 역사만이 역사는 아니며, 전승의 역사도 우리가 소중히 가꾸어가야 할 자산이기 때문이다. 이를 토대로 우리 모두가 보다 품격 있는 '양반의 자손'으로 살아가기 위한 노력을 기울인다면 이 사회는 갈수록 밝아질 것이 틀림없다.

제1부 우리 족보 변천사

1. 이수건, 「조선 전기 성관(姓貫)체계와 족보의 편찬체제」, 『한국사학논총』 상, 박영석교수화
   갑기념논문집, 1992. ; 이수건, 「조선시대 신분사 관련 자료의 비판 : 성관(姓貫)·가계(家
   系)·인물 관련 위조 자료와 위서(僞書)를 중심으로」, 『고문서연구』 14, 고문서학회, 1998.
2. 정재훈, 「해주오씨족도고」, 『동아연구』 17, 서강대학교 동아연구소, 1989.
3. 이성무, 「한국의 성씨와 족보」, 『조선시대 사상사 연구』 II, 지식산업사, 2009.
4. 박홍갑, 「고성이씨족보 간행과 그 특징」, 『고성이씨 가문의 인물과 활동』, 일지사, 2010.
5. 정승모, 『한국의 족보』, 이화여대출판부, 2010.
6. 성봉현, 「고성이씨 선세외가족보와 팔고조도 검토」, 『고문서연구』 24, 고문서학회, 2004.

제2부 성씨와 본관 그리고 조상 찾기

1. 이종서, 「나말여초 성씨 사용의 확대와 그 배경」, 『한국사론』 37, 서울대학교, 1997.
2. 채웅석, 『고려시대 본관제 시행과 지방 지배질서』, 서울대학교 박사학위논문, 1995.
3. 김수태, 「고려 초기 본관 연구」, 『한국중세사연구』 8, 한국중세사연구회, 1999.
4. 송준호, 「한국의 씨족제에 있어서의 본관 및 시조의 문제 : 한·중 양국의 전통사회를 비교
   하는 입장에서」, 『역사학보』 109, 역사학회, 1986.
5. 박기현, 『우리 역사를 바꾼 귀화 성씨』, 역사의 아침, 2007.
6. 박홍갑, 「발해 유민 대씨의 한반도 정착」, 『동북아역사논총』 16, 동북아역사재단, 2007.
7. 미즈노 나오키(水野直樹), 정선태 옮김, 『창씨개명』, 산처럼, 2008.
8. 송준호, 앞의 논문, 1986.

제3부 집단기억과 족보의 문화사

1. 최호근, 「집단기억과 역사」, 『역사교육』 85, 역사교육학회, 2003.
2. 안병직, 「동아시아의 역사 갈등과 한국사회의 집단기억」, 『역사학보』 197, 역사학회, 2008.
3. 김경란, 「조선 후기 도시 지역의 성관(姓貫) 변동」, 『대동문화연구』 71, 성균관대학교 대동

문화연구원, 2010.

4. 유진 Y. 박, 「새로운 가족사의 추구」, 『역사문제연구』 20, 역사문제연구소, 2008.

5. 이정란, 「신돈 당여 가문의 조상 감추기와 포폄론」, 『한국사학보』 27, 고려사학회, 2007.

6. 유진 Y. 박, 앞의 논문, 2008.

7. 백승종, 「천태만상 족보 위조」, 『신동아』 1999년 9월호.

8. 백승종, 「위조 족보의 유행」, 『한국사 시민강좌』 24, 일조각, 1999.

9. 이종일, 「능성구씨 좌정승공파의 종중 시비」, 『법사학연구』 13, 한국법사학회, 1992.

10. 박병호, 「조선 후기 보송(譜訟)의 일 사례 : 종통 계승과 위보」, 『한국계보연구』 1, 한국계보학회, 2010.

11. 『고문서』 23, 규장각, 2001, 76~77쪽.

12. 전경목, 「고문서를 통해 본 족보 편간 과정상의 분쟁」, 『한국학논집』 44, 계명대학교, 2011.

13. 『고문서』 23, 앞의 책, 72~76쪽.

14. 같은 책, 78~79쪽.

제4부 조상과 족보에 대한 전통 가꾸기

1. 송준호, 「한국에 있어서의 가계기록의 역사와 그 해석」, 『역사학보』 87, 역사학회, 1980.

2. 윤경진, 「고려·조선의 계보 관념과 족보 문화의 추이」, 『선비문화』 4, 남명학연구원, 2004.

3. 같은 논문.

4. 박병련, 「한국의 전통사회와 족보 읽기」, 『장서각』 창간호, 1999.

5. 『국민일보』 2013년 10월 13일 자, '뿌리 찾기' 열풍.

6. 이규태, 『한국인의 버릇』, 신원문화사, 1991.

7. 김현주, 「끈끈한 연줄의 나라 한국」, 『정·체면·연줄 그리고 한국인의 인간관계』, 한나래, 1995.

8. 이규태, 앞의 책, 1991.

9. 서해숙, 「성씨 시조신화의 전승과 분포 그리고 문화권역」, 『남도민속연구』 19, 남도민속학회, 2009.

참고문헌

논문

강은경, 「고려시대 본관(本貫)에서의 정주(定住)와 타향(他鄕)으로의 이동」, 『사학연구』 81, 한국사학회, 2006.

고혜령, 「성주이씨 만력보의 제작과 의의」, 『한국계보연구』 1, 한국계보학회, 2010.

권기석, 『15~17세기 족보편찬과 참여계층 연구』, 서울대학교 박사학위논문, 2010.

_____, 「조선시대 족보의 입록계층 확대와 한계」, 『조선시대사학보』 55, 조선시대사학회, 2010.

권내현, 「조선 후기 호적과 족보를 통한 동성촌락의 복원」, 『대동문화연구』 47, 성균관대학교 대동문화연구원, 2004.

김경란, 「조선 후기 도시지역의 성관(姓貫) 변동」, 『대동문화연구』 71, 성균관대학교 대동문화연구원, 2010.

김광철, 「여말선초 사회변동과 박익(朴翊)의 생애」, 『밀양고법리벽화묘』, 동아대학교박물관, 2002.

김난옥, 「여말선초 묘지명의 가계 기록방식」, 『한국사학보』 21, 고려대학교, 2005.

_____, 「여말선초 선조의식(先祖意識)과 족보편찬의 신분적 배경」, 『한국중세사연구』 25, 한국중세사학회, 2008.

김문택, 「1600년 간행 진성이씨족보 편찬과정과 그 성격」, 『연구논문집』 1, 서울역사박물관, 2003.

김성우, 「밀성박씨 소고공파(嘯皐公派)의 청도 정착과 종족 활동」, 『진단학보』 91, 진단학회, 2001.

김수태, 「고려 본관제의 성립」, 『진단학보』 52, 진단학회, 1981.

_____, 「고려 초기 본관 연구」, 『한국중세사연구』 8, 한국중세사연구회, 1999.

김용선, 「족보 이전의 가계 기록」, 『한국사 시민강좌』 24, 일조각, 1999.

김유경, 「국민국가의 집단기억과 역사교육·역사교과서」, 『창작과 비평』 115호, 창작과비평사, 2002.

김은국, 「중국의 발해 멸망과 유민연구 동향」, 『중국의 발해사연구 : 동향분석』, 고구려연구
　　재단, 2004.

김정재·유재신 편, 「발해족의 형성과 귀향에 대하여」, 『발해국사(I)』, 정음사, 1988.

김창겸, 「후삼국 통일기 태조 왕건의 패서호족(浿西豪族)과 발해유민에 대한 정책연구」, 『성
　　대사림』 4, 성대사학회, 1987.

김현주, 「끈끈한 연줄의 나라 한국」, 『정, 체면, 연줄 그리고 한국인의 인간관계』, 한나래,
　　1995.

나경준, 「청주지역 세거문중의 입향과정에 관한 연구」, 『고인쇄문화』 14, 청주고인쇄박물관,
　　2007.

노관범, 「19세기 후반 청도지역 남인학자의 학문과 소학(小學)의 대중화 : 진계(進溪) 박재형
　　(朴在馨)의 해동속소학(海東續小學)을 중심으로」, 『한국학보』 104, 일지사, 2001.

노명호, 「고려 지배층의 발해유민에 대한 인식과 정책」, 『산운사학』 8, 고려학술문화재단,
　　1998.

마르티나 도이힐러, 「한국에 있어서 씨족의 중요성과 의미」, 『한국계보연구』 1, 한국계보연구
　　회, 2010.

문숙자, 「조선 후기 양반의 일상과 가족내외의 남녀관계 : 노상추의 일기(1763~1829)를 중
　　심으로」, 『고문서연구』 28, 고문서학회, 2006.

미야지마 히로시(宮嶋博史), 「안동권씨성화보를 통해 본 한국 족보의 구조적 특성」, 『대동문
　　화연구』 62, 성균관대학교 대동문화연구원, 2008.

박병련, 「한국의 전통사회와 족보읽기」, 『장서각』 창간호, 1999.

박병호, 「조선 후기 보송(譜訟)의 일 사례 : 종통계승과 위보」, 『한국계보연구』 1, 한국계보학
　　회, 2010.

박옥걸, 「고려시대의 발해인과 그 후예」, 『사학논총』, 민병하교수정년기념논문집, 1988.

박은경, 「고려시대 사적(賜籍)·사관(賜貫) 연구」, 『한국중세사연구』 15, 한국중세사연구회,
　　2003.

_____ , 「고려시대 이적(移籍) 연구」, 『한국중세사연구』 17, 한국중세사연구회, 2004.

박홍갑, 「경주노씨 성립과 그 일파의 선산지역 정착과정」, 『역사와 실학』 31, 역사실학회,
　　2006.

_____ , 「고성이씨 족보 간행과 그 특징」, 『고성이씨 가문의 인물과 활동』, 일지사, 2010.

_____ , 「발해유민 대씨의 한반도 정착과정」, 『동북아역사논총』 16, 동북아역사재단, 2007.

_____ , 「안강·기계노씨를 통해서 본 족보자료의 실상과 허상」, 『국학연구』 16, 한국국학진
　　흥원, 2010.

_____, 「전통사회 가계 기록과 시조 만들기」, 『사학연구』 96, 한국사학회, 2009.

_____, 「조선 초기 밀양 재지세력의 청도이주와 정착과정」, 『백산학보』 70, 백산학회, 2004.

백승종, 「천태만상 족보 위조」, 『신동아』 1999년 9월호.

_____, 「위조 족보의 유행」, 『한국사 시민강좌』 24, 일조각, 1999.

서해숙, 「성씨시조신화의 전승과 분포 그리고 문화권역」, 『남도민속연구』 19, 남도민속학회, 2009.

성봉현, 「고성이씨 선세외가족보와 팔고조도 검토」, 『고문서연구』 24, 고문서학회, 2004.

_____, 「비래골 고성이씨 가문의 입향과 전개」, 『대전문화』 10, 대전시사편찬위원회, 2001.

송준호, 「한국에 있어서의 가계기록(家系記錄)의 역사와 그 해석」, 『역사학보』 87, 역사학회, 1980.

_____, 「한국의 씨족」, 『청림(靑林)』 25, 1982.

_____, 「한국의 씨족제에 있어서의 본관 및 시조(始祖)의 문제 : 한·중 양국의 전통사회를 비교하는 입장에서」, 『역사학보』 109, 역사학회, 1986.

송준호, 「족보를 통해 본 한(韓)·중(中) 양국의 전통사회」, 『한국사학논총』, 이병도 박사 구 순기념논문집, 1987.

신병주, 「16세기 초 처사형 학자의 학풍과 현실관 : 김대유(金大有)와 박하담(朴河談)을 중심 으로」, 『남명학연구논총』 5, 남명학연구원, 1997.

심승구, 「조선 초기 족보의 간행 형태에 관한 연구」, 『국사관논총』 89, 국사편찬위원회, 2000.

안병직, 「동아시아의 역사갈등과 한국사회의 집단기억」, 『역사학보』 197, 역사학회, 2008.

양호환, 「집단기억, 역사의식, 역사교육」, 『역사교육』 109, 역사교육학회, 2009.

오영선, 「조선 초기 가계 기록에 대한 일고찰」, 『전농사론』 7, 서울시립대학교, 2001.

옥영정, 「조선 후기 족보의 인쇄문화사적 접근」, 『한국학논집』 44, 계명대학교 한국학연구원, 2011.

_____, 「한국국학진흥원 소장 족보, 동몽서(童蒙書), 지지(地誌), 일기류 등 책판의 성격과 가치」, 『대동문화연구』 70, 성균관대학교 대동문화연구원, 2010.

유진 Y. 박, 「새로운 가족사의 추구」, 『역사문제연구』 20, 역사문제연구소, 2008.

윤경진, 「조선 초기 이암(李嵒) 후손의 계보와 문화활동」, 『행촌 이암의 생애와 정치활동』, 일 지사, 2002.

_____, 「고려·조선의 계보 관념과 족보 문화의 추이」, 『선비문화』 4, 남명학연구원, 2004.

이남희, 「조선 사회의 유교화와 여성의 위상」, 『원불교사상과 종교문화』 48, 원광대학교 원 불교사상연구원, 2011.

이동후, 「국가주의 집합기억의 재생산 : 일본 역사교과서 파동을 중심으로」, 『언론과 사회』

39, 성곡언론문화재단, 2003.

이성무, 「한국의 성씨와 족보」, 『조선시대 사상사 연구』 II, 지식산업사, 2009.

이수건, 「고문서를 통해 본 조선조 사회사의 일연구」, 『한국사학』 9, 한국정신문화연구원, 1987.

_____, 「광산김씨 예안파의 세계와 그 사회·경제적 기반」, 『역사교육논집』 1, 경북대학교, 1980.

_____, 「조선 전기 성관(姓貫)체계와 족보의 편찬체제」, 『한국사학논총』 상, 박영석 교수 화갑기념논문집, 1992.

_____, 「조선 전기 지방통치와 향촌 사회」, 『대구사학』 37, 대구사학회, 1987.

_____, 「조선 전기의 사회변동과 상속제도」, 『역사학보』 129, 역사학회, 1990.

_____, 「조선시대 신분사 관련 자료의 비판 : 성관(姓貫)·가계·인물 관련 위조자료와 위서(僞書)를 중심으로」, 『고문서연구』 14, 고문서학회, 1998.

_____, 「족보와 양반 의식」, 『한국사 시민강좌』 24, 일조각, 1999.

_____, 「토성연구(其一)」, 『동양문화』 19, 영남대학교 동양문화연구소, 1975.

_____, 「한국에 있어서 지방사 연구의 회고와 전망」, 『대구사학』 20·21, 대구사학회, 1982.

_____, 「후삼국시대 지배세력의 성관 분석」, 『대구사학』 10, 대구사학회, 1977.

이수건·이수환, 「조선시대 신분사 관련 자료조작」, 『대구사학』 86, 대구사학회, 2007.

이순근, 「신라시대 성씨 취득과 그 의미」, 『한국사론』 6, 서울대학교, 1980.

이 욱, 「족보 위조의 사회사」, 『내일을 여는 역사』 21, 서해문집, 2005.

이정란, 「신돈 당여 가문의 조상 감추기와 포폄론」, 『한국사학보』 27, 고려사학회, 2007.

_____, 「족보의 자녀 수록방식을 통해서 본 여말선초 족보의 편찬 배경」, 『한국중세사연구』 25, 한국중세사연구회, 2008.

이정우, 「17~18세기 충주지방 서원과 사족의 당파적 성향」, 『한국사연구』 109, 한국사연구회, 2000.

_____, 「조선시대 대전지방 충주박씨의 동향과 재지적 위상 : 원(院)·사(祠) 활동 및 고문서 입록을 중심으로」, 『대전문화』 9, 대전시사편찬위원회, 2000.

이종명, 「고려에 내투한 발해인고」, 『백산학보』 4, 백산학회, 1968.

이종서, 「나말려초 성씨 사용의 확대와 그 배경」, 『한국사론』 37, 서울대학교, 1997.

_____, 「조선 후기 울산 학성이씨 가계의 향리 이탈과 사족화」, 『고문서연구』 40, 한국고문서학회, 2012.

이종일, 「능성구씨 좌정승공파의 종중시비」, 『법사학연구』 13, 한국법사학회, 1992.

_____, 「18·19세기 한중(韓中) 족보상의 적서 표시와 그 신분사적 의의」, 『동국사학』 37,

동국사학회, 2002.

이태진, 「15세기 후반기의 '거족(鉅族)'과 명족 의식」, 『한국사론』 3, 서울대학교, 1976.

_____, 「동국여지승람 편찬의 역사적 성격」, 『진단학보』 46·47, 진단학회, 1979.

이해준, 「대전의 전통마을 4 : 갑천변의 충주박씨 마을 도안동」, 『대전문화』 9, 2000.

이효형, 「고려시대 발해유민 후예의 사회적 지위 : 대씨계(大氏系) 인물을 중심으로」, 『백산학
　　　보』 55, 백산학회, 2000.

_____, 『발해 유민사 연구 : 고려와의 관계를 중심으로』, 부산대학교 박사학위논문, 2004.

이훈상, 「거창신씨 세보의 간행과 향리파의 편입」, 『백산학보』 33, 백산학회, 1986.

임상선, 「발해 유성인(有姓人)의 품계와 사회적 위상」, 『한국고대사연구』 13, 한국고대사학회,
　　　1998.

장동표, 「16·17세기 청도지역 재지사족의 향촌지배와 그 성격」, 『부대사학』 22, 부산대학교,
　　　1998.

장인진, 「계명대 동산도서관 소장 족보의 현황과 선본(善本)」, 『한국학논집』 44, 계명대학교
　　　한국학연구원, 2011.

_____, 「한국 족보의 문헌적 고찰」, 『고전적』 3, 한국고전적보존협의회, 2007.

장희흥, 「양세계보를 통해 본 조선시대 내시가의 가계 계승」, 『역사민속학』 22, 역사민속학회,
　　　2006.

전경목, 「고문서를 통해 본 족보 편간 과정상의 분쟁」, 『한국학논집』 44, 계명대학교, 2011.

정구복, 「족보와 족보문화」, 『고문서와 현대사회』, 일조각, 2002.

정두희, 「조선 초기 지리지의 편찬」, 『역사학보』 69·70, 역사학회, 1976.

정병완, 「한국족보의 구보서(舊譜序) 비교연구」, 『논문집』 6, 한국방송통신대학교, 1986.

정승모, 「족보에 나타난 성씨의 이거(移居)와 지역의 역사」, 『한국학논집』 44, 계명대학교 한
　　　국학연구원, 2011.

정재훈, 「해주오씨족도고」, 『동아연구』 17, 서강대학교 동아연구소, 1989.

정진영, 「18세기 호적대장 '호구' 기록의 검토」, 『한국중세사논총 : 이수건교수정년기념』, 간
　　　행위원회, 2000.

차장섭, 「능성구씨 족보의 간행과 그 특징」, 『한국사학보』 22, 고려사학회, 2006.

_____, 「조선시대 족보의 유형과 특징」, 『역사교육논집』 44, 역사교육학회, 2010.

_____, 「조선시대 족보의 편찬과 의의 : 강릉김씨 족보를 중심으로」, 『조선시대사학보』 2,
　　　조선시대사학회, 1997.

채웅석, 「고려 전기 사회구조와 본관제」, 『고려사의 제 문제』, 삼영사, 1986.

_____, 『고려시대 본관제 시행과 지방지배질서』, 서울대학교 박사학위논문, 1995.

채태형, 「협계태씨 족보에 실린 발해사 관계 자료에 대하여」, 『발해사연구논문집(1)』, 사회과
학원 력사연구소, 1992.

최양규, 「족보 기록을 통해 본 조(朝)·청(淸)의 적서 의식 비교」, 『백산학보』 87, 백산학회,
2010.

최재석, 「조선시대의 족보와 동족조직」, 『역사학보』 81, 역사학회, 1979.

_____, 「족보에 있어서의 파(派)의 형성」, 『민족문화』 제7집, 민족문화추진회, 1981.

최호근, 「집단기억과 역사」, 『역사교육』 85, 역사교육학회, 2003.

허흥식, 「고려시대의 본과 거주지」, 『고려 사회사 연구』, 아세아문화사, 1981.

황운룡, 「한국 족보연구 서설」, 『석당논총』 10, 동아대학교, 1985.

北村秀人, 「高麗時代の渤海系民大氏について」, 『三上次南博士喜壽記念論文集』 3, 平凡社,
1985.

Wagner, Edward W., 「1476년 안동권씨족보와 1565년 문화류씨족보」, 『석당논총』 15, 동
아대학교, 1989.

단행본

경상대학교 경남문화연구원, 『사성강목(四姓綱目)·춘파심역(春坡心易)』, 경남문화자료총서 1,
2002.

김용선, 『고려금석문 연구』, 일조각, 1994.

_____, 『고려묘지명집성』, 한림대학교출판부, 1993.

동아대박물관, 『밀양 고법리 벽화묘』, 동아대학교, 2002.

미즈노 나오키(水野直樹), 정선태 옮김, 『창씨개명』, 산처럼, 2008

박기현, 『우리 역사를 바꾼 귀화 성씨』, 역사의 아침, 2007.

박옥걸, 『고려시대의 귀화인 연구』, 국학자료원, 1996.

박홍갑, 『고성이씨 가문의 인물과 활동』, 일지사, 2010.

_____, 『조선시대 사족사회의 전개』, 일지사, 2012.

윤학준, 『양반동네 소동기』, 효리미디어, 2000.

이규태, 『한국인의 버릇』, 신원문화사, 1991.

이수건, 『영남사림파의 형성』, 영남대민족문화연구소, 1980.

_____, 『한국의 성씨와 족보』, 서울대학교출판부, 2003.

_____, 『한국중세사회사연구』, 일조각, 1984.

이태진, 『한국사회사연구』, 지식산업사, 2008.

정승모, 『한국의 족보』, 이화여대출판부, 2010.

채웅석,『고려시대의 국가와 지방사회 : 본관제의 시행과 지방지배질서』, 서울대학교출판부, 2000.

최양규,『한국 족보 발달사』, 혜안, 2011.

善生永助,『朝鮮の聚落』, 朝鮮總督府, 1933.

朝鮮總督府,『朝鮮の姓』, 第一書房, 1934.

찾아보기